中国少数民族犯罪及其对策研究

——以贵州省世居少数民族为视角

China's Ethnic Minorities Crime and Its Countermeasures:
From the Perspective of Indigenous Minorities in Guizhou Province

吴大华 著

经济管理出版社
ECONOMY & MANAGEMENT PUBLISHING HOUSE

图书在版编目（CIP）数据

中国少数民族犯罪及其对策研究：以贵州省世居少数民族为视角/吴大华著. —北京：
经济管理出版社，2015.9
ISBN 978-7-5096-3791-3

Ⅰ. ①中… Ⅱ. ①吴… Ⅲ. ①少数民族—犯罪—研究—中国 Ⅳ. ①D924.114

中国版本图书馆 CIP 数据核字（2015）第 107217 号

组稿编辑：宋　娜
责任编辑：宋　娜　梁植睿
责任印制：黄章平
责任校对：王　淼

出版发行：经济管理出版社
　　　　　（北京市海淀区北蜂窝 8 号中雅大厦 A 座 11 层　　100038）
网　　址：www. E-mp. com. cn
电　　话：（010）51915602
印　　刷：北京晨旭印刷厂
经　　销：新华书店
开　　本：720mm×1000mm/16
印　　张：25
字　　数：410 千字
版　　次：2015 年 9 月第 1 版　　2015 年 9 月第 1 次印刷
书　　号：ISBN 978-7-5096-3791-3
定　　价：125.00 元

编委会及编辑部成员名单

（一）编委会

主　任：李　扬　王晓初

副主任：晋保平　张冠梓　孙建立　夏文峰

秘书长：朝　克　吴剑英　邱春雷　胡　滨（执行）

成　员（按姓氏笔画排序）：

卜宪群　王　巍　王利明　王灵桂　王国刚　王建朗　厉　声
朱光磊　刘　伟　杨　光　杨　忠　李　平　李　林　李　周
李　薇　李汉林　李向阳　李培林　吴玉章　吴振武　吴恩远
张世贤　张宇燕　张伯里　张昌东　张顺洪　陆建德　陈众议
陈泽宪　陈春声　卓新平　罗卫东　金　碚　周　弘　周五一
郑秉文　房　宁　赵天晓　赵剑英　高培勇　黄　平　曹卫东
朝戈金　程恩富　谢地坤　谢红星　谢寿光　谢维和　蔡　昉
蔡文兰　裴长洪　潘家华

（二）编辑部

主　任：张国春　刘连军　薛增朝　李晓琳

副主任：宋　娜　卢小生　高传杰

成　员（按姓氏笔画排序）：

王　宇　吕志成　刘丹华　孙大伟　陈　颖　金　烨　曹　靖
薛万里

贵州省社会科学院民族法学重点学科学术成果

教育部人文社会科学研究项目结项最终成果

序　一

　　博士后制度是 19 世纪下半叶首先在若干发达国家逐渐形成的一种培养高级优秀专业人才的制度，至今已有一百多年的历史。

　　20 世纪 80 年代初，由著名物理学家李政道先生积极倡导，在邓小平同志大力支持下，中国开始酝酿实施博士后制度。1985 年，首批博士后研究人员进站。

　　中国的博士后制度最初仅覆盖了自然科学诸领域。经过若干年实践，为了适应国家加快改革开放和建设社会主义市场经济制度的需要，全国博士后管理委员会决定，将设站领域拓展至社会科学。1992 年，首批社会科学博士后人员进站，至今已整整 20 年。

　　20 世纪 90 年代初期，正是中国经济社会发展和改革开放突飞猛进之时，理论突破和实践跨越的双重需求，使中国的社会科学工作者们获得了前所未有的发展空间。毋庸讳言，与发达国家相比，中国的社会科学在理论体系、研究方法乃至研究手段上均存在较大的差距。正是这种差距，激励中国的社会科学界正视国外的研究成果，大量引进，兼收并蓄，同时，不忘植根本土，深究国情，开拓创新，从而开创了中国社会科学发展历史上最为繁荣的时期。在短短 20 余年内，随着学术交流渠道的拓宽、交流方式的创新和交流频率的提高，中国的社会科学不仅基本完成了理论上从传统体制向社会主义市场经济体制的转换，而且在中国丰富实践的基础上展开了自己的伟大创造。中国的社会科学和社会科学工作者们在改革开放和现代化建设事业中发挥了不可替代的重要作用。在这个波澜壮阔的历史进程中，中国社会科学博士后制度功不可没。

值此中国实施社会科学博士后制度20周年之际，为了充分展示中国社会科学博士后的研究成果，推动中国社会科学博士后制度进一步发展，全国博士后管理委员会和中国社会科学院经反复磋商，并征求了多家设站单位的意见，决定推出《中国社会科学博士后文库》(以下简称《文库》)。作为一个集中、系统、全面展示社会科学领域博士后优秀成果的学术平台，《文库》将成为展示中国社会科学博士后学术风采、扩大博士后群体的学术影响力和社会影响力的园地，成为调动广大博士后科研人员的积极性和创造力的加速器，成为培养中国社会科学领域各学科领军人才的孵化器。

创新、影响和规范，是《文库》的基本追求。

我们提倡创新，首先就是要求入选的著作应能提供经过严密论证的新结论，或者提供有助于对所述论题进一步深入研究的新材料、新方法和新思路。与当前社会上一些机构对学术成果的要求不同，我们不提倡在一部著作中提出多少观点，一般地，我们甚至也不追求观点之"新"。我们需要的是有翔实的资料支撑，经过科学论证，而且能够被证实或证伪的论点。对于那些缺少严格的前提设定，没有充分的资料支撑，缺乏合乎逻辑的推理过程，仅仅凭借少数来路模糊的资料和数据，便一下子导出几个很"强"的结论的论著，我们概不收录。因为，在我们看来，提出一种观点和论证一种观点相比较，后者可能更为重要：观点未经论证，至多只是天才的猜测；经过论证的观点，才能成为科学。

我们提倡创新，还表现在研究方法之"新"上。这里所说的方法，显然不是指那种在时下的课题论证书中常见的老调重弹，诸如"历史与逻辑并重"、"演绎与归纳统一"之类；也不是我们在很多论文中见到的那种敷衍塞责的表述，诸如"理论研究与实证分析的统一"等。我们所说的方法，就理论研究而论，指的是在某一研究领域中确定或建立基本事实以及这些事实之间关系的假设、模型、推论及其检验；就应用研究而言，则指的是根据某一理论假设，为了完成一个既定目标，所使用的具体模型、技术、工具或程序。众所周知，在方法上求新如同在理论上创新一样，殊非易事。因此，我们亦不强求提出全新的理论方法，我们的最低要求，是要按照现代社会科学的研究规范来展开研究并构造论著。

我们支持那些有影响力的著述入选。这里说的影响力，既包括学术影响力，也包括社会影响力和国际影响力。就学术影响力而言，入选的成果应达到公认的学科高水平，要在本学科领域得到学术界的普遍认可，还要经得起历史和时间的检验，若干年后仍然能够为学者引用或参考。就社会影响力而言，入选的成果应能向正在进行着的社会经济进程转化。哲学社会科学与自然科学一样，也有一个转化问题。其研究成果要向现实生产力转化，要向现实政策转化，要向和谐社会建设转化，要向文化产业转化，要向人才培养转化。就国际影响力而言，中国哲学社会科学要想发挥巨大影响，就要瞄准国际一流水平，站在学术高峰，为世界文明的发展作出贡献。

我们尊奉严谨治学、实事求是的学风。我们强调恪守学术规范，尊重知识产权，坚决抵制各种学术不端之风，自觉维护哲学社会科学工作者的良好形象。当此学术界世风日下之时，我们希望本《文库》能通过自己良好的学术形象，为整肃不良学风贡献力量。

中国社会科学院副院长
中国社会科学院博士后管理委员会主任
2012 年 9 月

序　二

在 21 世纪的全球化时代，人才已成为国家的核心竞争力之一。从人才培养和学科发展的历史来看，哲学社会科学的发展水平体现着一个国家或民族的思维能力、精神状况和文明素质。

培养优秀的哲学社会科学人才，是我国可持续发展战略的重要内容之一。哲学社会科学的人才队伍、科研能力和研究成果作为国家的"软实力"，在综合国力体系中占据越来越重要的地位。在全面建设小康社会、加快推进社会主义现代化、实现中华民族伟大复兴的历史进程中，哲学社会科学具有不可替代的重大作用。胡锦涛同志强调，一定要从党和国家事业发展全局的战略高度，把繁荣发展哲学社会科学作为一项重大而紧迫的战略任务切实抓紧抓好，推动我国哲学社会科学新的更大的发展，为中国特色社会主义事业提供强有力的思想保证、精神动力和智力支持。因此，国家与社会要实现可持续健康发展，必须切实重视哲学社会科学，"努力建设具有中国特色、中国风格、中国气派的哲学社会科学"，充分展示当代中国哲学社会科学的本土情怀与世界眼光，力争在当代世界思想与学术的舞台上赢得应有的尊严与地位。

在培养和造就哲学社会科学人才的战略与实践上，博士后制度发挥了重要作用。我国的博士后制度是在世界著名物理学家、诺贝尔奖获得者李政道先生的建议下，由邓小平同志亲自决策，经国务院批准于 1985 年开始实施的。这也是我国有计划、有目的地培养高层次青年人才的一项重要制度。二十多年来，在党中央、国务院的领导下，经过各方共同努力，我国已建立了科学、完备的博士后制度体系，同时，形成了培养和使用相结合，产学研相结合，政府调控和社会参与相结合，服务物质文明与精神文明建设的鲜明特色。通过实施博士后制度，我国培养了一支优秀的高素质哲学社会科学人才队伍。他们在科研机构或高等院校依托自身优势和兴趣，自主从事开拓性、创新性研究工作，从而具有宽广的学术视野、突出的研究能力和强烈的探索精神。其中，一些出站博士后已成为哲学社会科学领域的科研骨干和学术带头人，在"长江学者"、"新世纪百千万人才工程"等国家重大科研人才梯队中占据越来越大的比重。可以说，博士后制度已成为国家培养哲学社会科学拔尖人才的重要途径，而且为哲学社会科学的发展造就了一支新的生力军。

哲学社会科学领域部分博士后的优秀研究成果不仅具有重要的学术价值，而且具有解决当前社会问题的现实意义，但往往因为一些客观因素，这些成果不能尽快问世，不能发挥其应有的现实作用，着实令人痛惜。

可喜的是，今天我们在支持哲学社会科学领域博士后研究成果出版方面迈出了坚实的一步。全国博士后管理委员会与中国社会科学院共同设立了《中国社会科学博士后文库》，每年在全国范围内择优出版哲学社会科学博士后的科研成果，并为其提供出版资助。这一举措不仅在建立以质量为导向的人才培养机制上具有积极的示范作用，而且有益于提升博士后青年科研人才的学术地位，扩大其学术影响力和社会影响力，更有益于人才强国战略的实施。

今天，借《中国社会科学博士后文库》出版之际，我衷心地希望更多的人、更多的部门与机构能够了解和关心哲学社会科学领域博士后及其研究成果，积极支持博士后工作。可以预见，我国的博士后事业也将取得新的更大的发展。让我们携起手来，共同努力，推动实现社会主义现代化事业的可持续发展与中华民族的伟大复兴。

人力资源和社会保障部副部长

全国博士后管理委员会主任

2012 年 9 月

摘　要

　　少数民族犯罪是根据行为人的民族身份对犯罪现象进行的一种类型化分析，本书选择贵州省世居少数民族犯罪作为样本，探讨中国少数民族犯罪的共性特征、发生原因和治理对策。本书分为八个部分：

　　导论部分介绍研究意义、成果设计、研究路径和方法。

　　第一部分从现象学的考察方面探讨中国少数民族犯罪调查。少数民族犯罪具有独特特征，它与汉族犯罪存在诸多不同之处，比如较为常见的犯罪类型集中在侵犯人身权利犯罪、传统侵财型犯罪、受风俗习惯引起的犯罪；在犯罪手段方法上，暴力方法较常使用。通过对贵州省十大世居少数民族犯罪进行实证研究后，结合从全国各地采集的数据和资料，研究认为，中国少数民族犯罪呈现如下特征：犯罪率呈总体上升趋势；文化教育与犯罪相关系数大；犯罪主体中青壮年犯罪主体多、捕前身份系农（牧）民或者无业人员的多、女性犯罪呈现上升趋势；传统的自然犯比重大；新型犯罪不断增加。

　　第二部分研究中国少数民族犯罪的原因结构系统。少数民族犯罪原因是一个包含环境与个体的系统。根据笔者对贵州省十大世居少数民族犯罪的原因分析，结合全国各地收集的数据和材料，本书认为少数民族犯罪具有独特的原因结构系统。环境方面：经济背景、人文社会、成长环境；经济背景方面：贫困、落后的生产生活方式、市场经济的发展；人文社会方面：文化教育落后、固有的不良文化、外来文化的侵蚀、传统习俗；成长环境方面：家庭与学校教育的欠缺、社会控制机制弱化。个体因素可以从生理和心理两个方面来解释：一是生理需求，少数民族供需不平衡导致犯罪，这一分析可以为少数民族犯罪中侵犯财产罪和性犯罪占据一定比例提供解释；二是心理需求，我们可以从性格类型、人生价值扭曲、道德观念陈旧以及法律意识淡薄上分析少数民族犯罪的原因。

第三部分从公共政策高度分析少数民族犯罪及针对该问题的对策，这是在国家民族政策的宏观架构下进行的。本课题详细地考察了加拿大、澳大利亚、新加坡、俄罗斯、南非、美国等国家的民族政策，认为各国民族政策走向的一般规律大致是从野蛮到文明的过程。综观中国历史上各个历史时期的刑法在少数民族地区适用的情况，同样呈现一个逐渐走向平等的过程。以专门针对民族刑事犯罪的"两少一宽"政策为例，如何理解"少捕少杀"和"一般从宽"，这两项要求如何在民族地区适用，既是一个法律问题，又关系到对民族政策的把握。

第四部分论述少数民族犯罪的法律控制。从立法、司法的角度来完善少数民族犯罪的控制，以民族变通或补充立法为基础，探讨少数民族刑事变通或补充立法问题，对民族自治地方的刑事变通或补充立法界定其性质，反思其实践，为今后的刑事变通立法准备经验。民族刑事习惯法是民族习惯法的一个重要内容，不能忽视其在维护少数民族地区治安秩序方面的积极作用，目前最重要的是扬弃性地发挥民族刑事习惯法的功能。

第五部分论述少数民族犯罪司法控制论。司法控制与立法控制同样是少数民族犯罪法律控制中的一个重要组成部分。"严打"在少数民族地区的适用、封建迷信犯罪的处理、非犯罪化与非刑罚化政策的运用以及如何对少数民族罪犯进行矫治，都是重要内容。

第六部分研究少数民族犯罪的社会控制。最好的社会政策是最好的刑事政策，构筑一个社会控制网络远比法律控制困难，但更为有效和全面。我们将历史上存在的犯罪控制分为两种模型：国家本位与社会本位，并认为中国传统的犯罪控制侧重国家本位，但在社会控制上采取综合治理的方针，具有社会本位的因素。在"有限政府"理念的指导下，犯罪控制将更多地依赖社会本位的控制，我国正处于向社会本位的犯罪控制转型过程之中。反思中国少数民族犯罪社会控制的实践，课题组认为：应当注意发挥少数民族传统习俗的积极作用；利用和改造少数民族中原有的某些组织形式；利用民族地区的宗教组织形式；发挥少数民族上层人物的作用；尊重和倾听本民族群众的意见；培养一支少数民族执法队伍。

第七部分是比较性的展望，探讨"少数人权利"及少数民族人权保障。少数民族人权保障是置于少数人及其权利的框架中加以讨论的。根据国际法律文件，参考国内外学术界的已有成果，我们对"少数人"尝试性地再界定，对"少数人权利"加以解读，认为包括平等权利和特殊保护权利两大类。我国民族自治地方的自治权内容广泛，且有从物质到制度的系列保障。自新中国成立以来，少数民族人权已有翻天覆地的改善，但仍然存在若干不足的地方。对于少数民族犯罪中涉及的人权维护，包括少数民族作为受害者和加害者的维护与少数民族人权在刑事程序中的维护。

关键词： 少数民族；贵州省世居；犯罪控制；人权保障

Preface

Ethnic Minority Crime is a kind of stylization analysis according to ethnic identity of invaders and the achievement chooses indigenous minority crime in Guizhou province as sample, probing into the common characteristics of Ethnic Minority Crime in China, its causes and soluble strategies. The achievement is divided into eight parts.

Introduction part introduces research significance, achievement's designing, research path and method.

Part One discusses the investigation of Chinese minorities from the perspective of Phenomenology. Ethnic Minority Crime has unique characteristics and is very different from Han nationality Crime. For example, its types focus on the crime of infringing upon personal rights, traditional crime of infringing property, the crime of offence of custom and habit. In the way of committing a crime, violent methods are frequently used. It is concluded that Ethnic Minority Crime in China has the following features through the substantial research into 10 top indigenous minorities' crimes in Guizhou province and the combination of collected data and material from the whole of nation: crime rate takes on overall increasing trend; cultural education is relevant to crime; youths take up a high proportion of crime subject; most of the criminals are peasants or the unemployed; female criminals take up a high proportion as well as traditional natural crime; new crimes are gradually increasing.

Part Two researches into the structural causes system of Ethnic Minority Crime in China The causes of Ethnic Minority Crime form a system, including surroundings causes and individuals causes. It is concluded that Ethnic Minority Crime has an unique system of causes. Shortly speaking, environmental causes include economic background, human society and growing background. Economic background includes poverty, low productive and living styles and development of marketing economy. Human society includes low literacy and education, presently –existing unhealthy culture, invasion of the outside and traditional customs. Growing background includes educational shortage from family and school and weak mechanism of social control. Individual element can be explained from the two perspectives of physiology and psychology. One is physiological needs and the other is psychological needs, therefore, we could analyze the cause of Ethnic Minority Crime from the perspectives of characteristic types, distorted life value, out–dated moral viewpoints and weak legal awareness.

Part Three analyzes Ethnic Minority Crime and its strategies of problem, which is carried out in macroscopic framework of Chinese national policy. The project inspects national policies in Canada, Australia, Singapore, Russia, South Africa, America and so on, and holds that national policies in respective country develop regularly from barbarous to civilized process. Comprehensively surveying the implementation of criminal laws in minorities regions in every historical times, we find that it takes on a gradually equal process. How to understand "Arrest less and Kill less" and "Generally lenient" and how to use the two orders in minorities regions, taking the example of "Two less and One loose" policy aiming to minorities' crimes, are both legal problems and important elements of mastering national policies.

Part Four refers to legal control of Ethnic Minority Crime. To improve Ethnic Minority Crime based on ethnic flexible or supplementary laws, to discuss criminal supplementary legal problems of Ethnic Minority, to define the property of criminal flexible of supplementary laws in minorities' autonomous regions and to introspect the practices are abundant prepared experience. Ethnic criminal customary law is an important part in Ethnic customary laws and it function in protection of social orders in minorities' regions can not be ignored. At present, the most important is to critically exert Ethnic criminal customary laws.

Part Five refers to judicial control theory of Ethnic Minority Crime. Judicial control and legal control are also important parts in legal control of Ethnic Minority Crime. The use of "Severe Punishment" in minorities' regions, the dealing with feudal superstition crime and the use of the policy about decrimi-nalization and non-penalization are all important contents.

Part Six researches into social control of Ethnic Minority Crime. The best social strategy is the best criminal strategy and it is harder to construct a social control net, yet more efficient and comprehensive than legal control, Crime control was divided into two types in Chinese history, namely, nation-oriented type and society-oriented type. It is thought that Chinese traditional crime control tends to nation-oriented type, but it has element of society-oriented with the using of guidance of comprehensive administration. Under the guidance of "Limited government" theory, Crime control will mostly rely on the control of society oriented and China is in the transformative process of crime control of society-oriented. After the retrospect of the practice of crime social control of Chinese minorities, Research group thinks that attention should be paid to exerting the positive function of minority's traditional customs, using and reforming some of minorities' old organized forms, taking the religious organized forms in minorities regions, exerting the role of minorities' elites, respecting and listening to the opinions of minorities and training a convoy of law enforcement team.

Part Seven is a comparative outlook, refers to minorities' rights and protection of human rights of Ethnic minority. The protection of human rights is discussed in the framework of minorities and their rights. According to international legal documents and referring to present theoretical achievements home and abroad, we try to redefine minority, read Minority Right and think it includes equal rights and special rights. The contents of autonomous rights in minorities' autonomous regions are comprehensive and are guaranteed from substance to system. Since new China founded, there have been tremendous improvements in human rights of Ethnic Minority although there exists numerous deficiencies. The protection of human rights of Ethnic Minority Crime includes Ethnic Minorities' protection as victims and invaders as well as the protection of human rights of Ethnic Minority in criminal procedure.

Key words: Ethnic Minority; Indigenous Minority in Guizhou Province; Crime Control; Human Rights Protection

目　录

Contents

导论 问题的提出：一个犯罪类型学的分析

中国少数民族犯罪是一种新的犯罪类型，它是从犯罪行为人类型出发，根据犯罪行为人的民族身份对犯罪进行的类型化研究。在我国，汉族与少数民族构成统一而团结的中华民族，各民族呈现大杂居、小聚居的居住状态，各民族平等团结、友爱互助。民族区域自治是我国解决民族问题的一项基本政策和基本政治制度，[①] 目的在于促进各民族的共同发展与繁荣。但是，由经济、政治、生态、语言文化、风俗习惯等因素决定，少数民族与汉族存在程度不等的文化差异。基于文化差异的存在，少数民族犯罪存在自身的特质，进而影响到相应的犯罪对策。研究少数民族犯罪问题及其对策，对于少数民族犯罪控制、少数民族地区的稳定和发展，对于促进包括大量少数民族地区的西部欠发达地区的社会稳定、经济发展具有重大意义。

一

审视传统犯罪学，学者们曾对犯罪现象进行过类型化分析。然而，既往的犯罪类型学忽视了对少数民族犯罪的专门研究，基本上没有将其单列为一类独立的犯罪类型。在少数民族犯罪的指称上，理论界存在分歧，远未达成共识。本书的研究将以传统犯罪学的分类为基础，尝试对少数民族犯罪予以界定，并选择贵州省世居少数民族的犯罪为样本，"管窥"中国少数民族犯罪问题及其对策。

---

① 王铁志、沙伯力主编：《国际视野中的民族区域自治》，民族出版社 2002 年版，第 1 页。

（一）传统犯罪学关于犯罪类型的研究及其缺陷

1. 犯罪现象的类型化分析

犯罪现象可以根据刑法规范（侵犯法益）和事实特征进行分类。这是一种对犯罪范畴从刑法学和犯罪学两个不同侧面给出的不同回答。[①]事实特征既包括行为性质、行为表现形式、支配行为的主观心态、行为的组织形式，也包括行为人的年龄、人格表征、职业身份、性别差异、是否有前科记录等。

规范学上对犯罪的分类是按照刑法典因法益侵犯的具体划分。按照刑法规范，犯罪可以划分为国事犯罪与普通犯罪。国事犯罪包括危害国家安全罪、危害国防利益罪、贪污贿赂罪、渎职罪、军人违反职责罪；普通犯罪包括危害公共安全罪、破坏社会主义市场经济秩序罪、侵犯公民人身权利和民主权利罪、侵犯财产罪、妨害社会管理秩序罪。这一分类是基于犯罪侵犯的法益所作的分类，也是刑法典章节划分的根据，并且各类罪下还可作进一步的划分。

事实学上的犯罪分类非常复杂，既有从刑法分类说：主张分为故意犯罪、过失犯罪；也有打击预防犯罪需要说：主张分为反革命犯罪、暴力犯罪、经济犯罪、性犯罪、团伙犯罪、流窜犯罪、重新犯罪等；还有研究需要说：主张分为危害国家安全罪、经济犯罪、性犯罪、暴力犯罪、未成年人犯罪、女性犯罪、团伙犯罪、法人犯罪、计算机犯罪、过失犯罪、重新犯罪等。[②]专题讨论中，这本对 20 世纪犯罪学研究进行回顾的书籍涉及累犯、惯犯、青少年犯罪、军人犯罪、团伙犯罪、女性犯罪、性犯罪、暴力犯罪、经济犯罪、职务犯罪、过失犯罪等。[③]由此可见，我国犯罪学的传统一般是在进行类型划分之后选择典型的犯罪类型专门进行研究。

以行为作为标准，按照犯罪行为的性质，我国有学者将其划分为暴力犯罪、财产犯罪、智能犯罪、风俗犯罪、破坏犯罪五大类型，也有分为危

① 张远煌：《犯罪学原理》（第 2 版），法律出版社 2008 年版，第 27 页。
② 阴家宝主编：《新中国犯罪学研究综述（1949~1995）》，中国民主法制出版社 1997 年版，第 58-59 页。
③ 阴家宝主编：《新中国犯罪学研究综述（1949~1995）》，中国民主法制出版社 1997 年版，第 387-634 页。

害国家安全的犯罪、经济犯罪、性犯罪、暴力犯罪以及其他犯罪等类型。[①]
按照行为表现形式，一般划分为作为犯罪与不作为犯罪。这是以行为侵犯
的刑法规范性质所作的分类，违反禁止规范的为作为犯罪，违反命令规范
的为不作为犯罪。按照行为与规范的相互关系，可以分为自然犯与法定
犯。自然犯是违背人类共有的道德标准、伦理规范的行为，一般限于杀
人、盗窃、抢劫、伤害等传统犯罪；法定犯是违背行政法规的行为，因各
国的立法差异而有不同。[②]按照支配犯罪行为的主观心态，犯罪可划分为
故意犯罪和过失犯罪。在故意犯罪中，可进一步区分为直接故意犯罪与间
接故意犯罪。直接故意犯罪按形态可以分为犯罪既遂、犯罪未遂、犯罪预
备、犯罪中止。按照行为的组织形式，可以划分为单独犯罪和共同犯罪，
共同犯罪可以进一步分为团伙犯罪、集团犯罪，犯罪学更关注的是集团犯
罪的典型形式——有组织犯罪，即其明确特征为三人以上为具体犯罪目的
组织起来共同实施的犯罪。其表现形态不仅包括有一定组织行为的结伙性
犯罪和团伙性犯罪，也包括有一定组织形式的集团性犯罪，还包括有一定
组织机构的黑社会性质的犯罪。[③]有组织犯罪不等同于共同犯罪，但与刑
法意义上的集团犯罪类似。[④]典型的有组织犯罪即黑社会性质犯罪。

　　以行为人作为标准，按照行为人的年龄，一般分为未成年人犯罪、青
少年犯罪和老年犯罪。未成年人犯罪是年龄未满 18 周岁的人实施的犯罪；
青少年犯罪含义略广；老年犯罪一般指年龄在 70 周岁以上的人实施的犯
罪。按照行为人的人格表征，可以分为自然人犯罪、单位犯罪。单位犯罪
是我国刑法明文规定的由企业、事业单位、机关、团体实施的犯罪行为，
犯罪学意义上的单位犯罪应当不局限于刑法规范。[⑤]按照行为人的职业身

① 康树华：《犯罪学——历史·现状·未来》，群众出版社 1998 年版，第 66 页。
② 在刑事法学史上，加罗法洛是最早提出自然犯罪与法定犯罪的区分的学者。他对于自然犯罪
　的分析是界定研究对象，即获得那些所有文明国家都毫不困难地确定为犯罪并用刑法加以镇
　压的行为。参见［意］加罗法洛：《犯罪学》，中国大百科全书出版社 1996 年版，第 20 页。
③ 邓又天、李永升：《试论有组织犯罪的概念及其类型》，《法学研究》1997 年第 6 期。
④ 从英语的语源上考察，共同犯罪为 Joint Crime，而有组织犯罪为 Organized Crime。二者在要
　求参与犯罪实施的行为人数上存在差别。认为有组织犯罪与共同犯罪基本相同的观点值得商
　榷。参见康树华：《犯罪学——历史·现状·未来》，群众出版社 1998 年版，第 66 页。
⑤ 刑法分则条文明文规定的单位犯罪与司法实践中存在的单位实施的犯罪存在应对不能的情
　形，比如：单位实施的盗窃行为、贷款诈骗行为等，在一段时间内引起学界的争议。当然，
　这不仅是犯罪学所定义的犯罪概念外延广于刑法学所定义的犯罪概念外延，而且一定意义上
　是由立法的失误造成的。目前的情况下，是通过司法解释予以弥补。

份，可以分为流动人口犯罪、农民犯罪、在职职工犯罪、失业待业人员犯罪、学生犯罪、农民犯罪、城镇居民犯罪等。这种按照职业身份析出的犯罪类型，并不等于说某种职业身份的人群具有"天生犯罪倾向"，而是在特定时期内特定群体犯罪呈现某些固有的特点，学者的关注与研究仅仅是为决策部门提供意见。按照行为人的性别身份，可以分为男性犯罪与女性犯罪，一般侧重于女性犯罪的研究。之所以单列女性犯罪研究，是因为在1899年龙勃罗梭撰写《女性犯罪人》一书之前，犯罪学的主体均以男性犯罪人为原型，没有关注女性生理特点、精神特质和社会地位同女性犯罪的关系以及对女性犯罪的预防、对女性罪犯的改造。按照犯罪者是否有前科记录，可以分为初次犯罪与再次犯罪，简称"初犯"与"再犯"。按照行为人的社会地位，可以分为白领犯罪和蓝领犯罪。这是由美国社会学家萨瑟兰最先提出的，白领犯罪指社会上具有相当名望或地位的人，在其职务活动过程中牟取不法利益的犯罪行为；蓝领犯罪与白领犯罪相对称，指社会上处于下层地位的、直接从事体力劳动的人实施的犯罪行为等。

以犯罪现象的外在特征为标准，按照犯罪的公开程度，可以发现实际发生的犯罪行为与司法机关掌握的犯罪行为之间存在"黑数"与"未决数"。也就是说存在司法犯罪、公开犯罪和实际犯罪。司法犯罪是由法院已经做出判决的犯罪，公开犯罪是已为警察机关和司法机关了解和掌握的犯罪，实际犯罪是实际发生或客观存在的犯罪。按照犯罪形成的特点，可以分为蓄谋性犯罪、突发性犯罪和连带性犯罪。蓄谋性犯罪是有预谋实施的犯罪；突发性犯罪是因情景突然出现而实施的犯罪；连带性犯罪是为实现既定目的而实施的与目的无关的犯罪。

从既往的研究来看，通常的犯罪划分标准包括：犯罪性质、犯罪经历、年龄、性别、组织形式、地域、地位、心理状态。[①] 我们不难发现，民族身份没有单列为一项标准对犯罪进行划分。少数民族犯罪，按照我们的理解，是以行为人的民族身份作为标准，对犯罪类型加以划分获得的一种新的犯罪类型。既往的犯罪学对少数民族犯罪类型特征、原因及对策研究的忽视为我们在少数民族地区实施犯罪控制造成了一定的障碍，同时也是犯罪类型学体系的一个欠缺。

---

① 阴家宝主编：《新中国犯罪学研究综述（1949~1995）》，中国民主法制出版社1997年版，第59-60页。

2. 少数民族犯罪的界定

少数民族犯罪作为一种新的犯罪类型，应当得到特别的关注和研究。从既存的犯罪学文献中，专门针对少数民族犯罪的研究相对较少，甚至于对何为少数民族犯罪的问题还存在争议。1988 年 3 月，美国一家权威的法学杂志《美国法律杂志》在一篇对亚洲及中国近年来犯罪学及矫正学研究评述的文章中写道："近十年是中国大陆犯罪学和矫正学领域最有生气、最为活跃的十年。""大陆法学界人士开始从社会存在的本身，从经济、文化等各个具体方面去寻找犯罪的根源和矫正犯罪的对策。毫无疑问，这将成为中国犯罪学和矫正学研究最有理性、最富于科学精神的时代。然而，使人感到遗憾的是：所有对犯罪现象、原因及对罪犯矫正的探讨基本上都是以汉民族犯罪现象为标本进行的，对于少数民族犯罪及罪犯矫正却一直没有给予应有的关注。这种对犯罪学及矫正学研究仅仅局限在以一个主要民族为标本，而不包括其他几个少数民族的状况不能不说是中国犯罪学和矫正学发展中的一个严重缺陷……"正如这篇文献所言，发展到今天的我国犯罪学乃至刑事法学，并没有关照到少数民族犯罪问题及其对策，甚至在少数民族犯罪问题指向如何，究竟指向少数民族地区抑或主体，还是指向少数民族整体抑或个体，理论界都存在疑问。

事实上，从 1955 年到 1964 年，在政府的领导和民族事务委员会的组织下，全国各省、市、自治区曾有计划地对我国各少数民族社会历史发展状况进行过中国历史上第一次大规模的调查。此后，类似的调查也时断时续。然而，基于种种原因，这种调查并没有完全彻底地进行。对少数民族犯罪及罪犯改造的研究和探讨尚未引起犯罪学界的重视，研究成果寥寥无几。[①]少数民族犯罪学至今在我国犯罪学学科建设中尚属空白，与犯罪学、民族法学的迅速发展不相适应。[②]每一个民族都有其特定的历史、特定的地理环境以及特定的文化；各少数民族的犯罪现象一方面是社会一般犯罪现象的有机组成部分；另一方面又是带有该民族特殊性的特殊现象。因此，

[①] 专著仅 4 部：中国人民公安大学出版社 1990 年出版的《云南少数民族犯罪研究》、鲁加伦主编的《中国少数民族罪犯改造研究》（司法部部级课题，法律出版社 2001 年版）、郑齐猛著《中国民族刑事政策研究》（民族出版社 2010 年版）和王飞著《民族文化背景下的犯罪与矫正》（中央民族大学出版社 2012 年版）。论文则不到百篇。这些都反映了少数民族犯罪研究的薄弱与不足。

[②] 吴大华主编：《民族法学讲座》，民族出版社 1997 年版，第 368 页。

在深入调查的基础上，把少数民族犯罪与汉族犯罪进行比较研究，使我们能够在准确地把握犯罪民族特性的同时，进而准确地把握少数民族犯罪的一般属性。

在课题组看来，少数民族犯罪是按照行为人的民族身份对犯罪现象进行的一种类型化分析。首先，它是一种以犯罪主体的民族身份作为标准进行的分类，少数民族公民作为犯罪主体在民族地区表现得较为集中和突出。我国《宪法》规定，各少数民族聚居的地方实行区域自治，设立自治机关，行使自治权。因此，少数民族聚居地以少数民族数量为多，犯罪总量中少数民族犯罪自然较多。在民族地区实行民族区域自治的背景下，将少数民族犯罪界定为以犯罪主体身份为标准的划分的犯罪而不是按照地区划分的犯罪（比如"城乡结合部犯罪"）是适宜的，既可以关照少数民族地区的犯罪总量，又可以关照少数民族作为主体实施的犯罪的个量。其次，它应当指向少数民族个体，是少数民族中个体公民对国家刑法规范的蔑视与挑战。马克思认为：犯罪是孤立的个人反对统治关系的斗争。[1] 一切的犯罪都应当是"孤立的个人"的犯罪，"个人"包括自然人与单位。《宪法》规定，我国各民族一律平等。国家保障各少数民族的合法的权利和利益，维护和发展各民族的平等、团结、互助关系。禁止对任何民族的歧视和压迫，禁止破坏民族团结和制造民族分裂的行为。少数民族犯罪仅仅是"孤立的"少数民族个人对"统治秩序"（正常的社会主义市场经济秩序、社会管理秩序等）的侵犯。再次，少数民族犯罪呈现外在特征与形成原因的不同。聚居于民族地区的少数民族在经济、政治、文化等各个领域与汉族存在一定的差别，正是这些差异导致少数民族犯罪与汉族犯罪在外在特征与形成原因上的不同。与汉族犯罪相比较，少数民族犯罪受经济政治发展程度、居住地域、民族风俗习惯、宗教信仰等各方面因素的影响，在多发案件类型，发案时间、地点等犯罪现象诸要素上呈现与其他犯罪相异的特征，在犯罪生成因素上存在客观环境和个体生理心理结构的不同。最后，少数民族犯罪需要采取不同的刑事政策与犯罪控制手段。不同的犯罪原因必然要求不同的刑事政策与犯罪控制手段。如何在民族区域自治的基本政治架构下探求对少数民族犯罪的有效治理，我们以为，我们的党和政府形成的"两少一宽"刑事政策和综合治理的方针是应对少数民族

---

[1]《马克思恩格斯选集》，第3卷，人民出版社1972年版，第397页。

犯罪的有效手段，但需要注意的是，一定要掌握各少数民族犯罪的不同特点以及犯罪形成的不同原因，发展和完善"两少一宽"刑事政策和综合治理的方针。

3. 少数民族犯罪研究的价值

为何研究少数民族犯罪及其对策？我们认为存在三个方面的考量：第一，传统的犯罪类型学长期忽视少数民族犯罪，没有关注到少数民族犯罪的特殊性。这是理论体系的一个欠缺。近年来的犯罪类型学研究中，针对女性犯罪、老年人犯罪、有组织犯罪、青少年犯罪（未成年人犯罪）等的研讨方兴未艾，但是，少数民族犯罪作为一个较为特殊的类型并没有受到应有的重视。少数民族因为民族地区经济、政治、社会环境因素和民族传统文化、风俗习惯的因素与汉族犯罪存在差异，体现为相异的犯罪特征、犯罪规律，相应的对少数民族犯罪的有效控制必须适应犯罪特征、犯罪规律和犯罪生成因素拟定对策。研究少数民族犯罪问题及其对策，是对犯罪学理论的充实与丰满，使犯罪学理论更多地关注按照民族身份分类标准形成的类型。第二，犯罪特征是犯罪发生的规律性，不同的犯罪发生规律缘于不同的犯罪原因，要求采取不同的犯罪对策予以应对。少数民族犯罪呈现与汉族犯罪不同的原因，在犯罪对策上也应有所不同。犯罪原因——犯罪现象——犯罪对策环环相扣，我们研究犯罪原因及其规律性，目的在于寻求有针对性的犯罪对策。犯罪的宏观对策固然重要，但是，具体类型的犯罪的治理、预防必须结合犯罪的基本特征，包括对犯罪发生的地域、犯罪的多发类型、群体的生理心理特征进行研究。少数民族犯罪研究的独特价值在于，中国各少数民族作为一个文化习俗、传统习惯与汉族相异的群体，犯罪特征、发生规律都有不同，犯罪的形成原因也有一定的差异。适应少数民族犯罪的不同特征与规律而制定的各项政策与法律，能更好地治理与预防这类犯罪。在这个方面，少数民族的罪犯改造研究已经存在专门著作进行研讨，[①] 但这仅仅是事后的"流"的治理。从源头上进行预防的专门研究，国内外学术界基本处于空白状态，而这恰恰是笔者努力的方向。少数民族犯罪问题及其对策的研究，能够为少数民族犯罪政策的制定

---

① 这方面已经存在一些经验性的宝贵成果，比如本书编写组：《云南少数民族罪犯研究》，中国人民公安大学出版社 1990 年版；鲁加伦主编：《中国少数民族罪犯改造研究》，法律出版社 2001 年版。

提供依据，为少数民族法制的形成与发展提供参考。这是少数民族犯罪研究的实践考量。第三，研究少数民族犯罪，是适应西部开发政策的一个重要方面。作为一项经济振兴计划，西部开发计划的启动会触动社会的方方面面。触点超越经济的范畴，对开发地区人们的观念、思想、政治、文化、社会生活产生巨大影响。西部欠发达地区中，民族地区分布较广，涉及少数民族人口众多。民族杂居和部分地方少数民族聚居是西部地区显著特点之一。民族关系问题是西部地区最敏感的社会政治问题之一，西部开发必须加强民族法制建设。[①] 少数民族地区的经济发展必须尊重民族习惯、照顾少数民族文化传统，不能以行政命令伤害民族感情，影响社会稳定。区域开发必须因地制宜，尤其是在少数民族地区实施开发计划。伴随东西部发展差距的不断扩大，西部地区群众心理失衡加剧，加之民族风俗民情多样化问题处置不当，旧社会遗留问题的存在和国外敌对势力的煽动，都可能引发新的民族矛盾，带来民族纠纷，产生社会不稳定因素。研究少数民族犯罪问题及其对策，正是因应西部开发政策，"近距离"观测开发进程，对西部开发中可能引发的少数民族犯罪及时做好预测、防范和治理，未雨绸缪，防患于未然。

（二）研究路径：样本、对策与视野

研究路径决定着研究的广度、深度，以及效度，即研究能否创新并具有价值。在一项针对新型犯罪类型的研究中，重要的是选取具有典型性和代表性的样本，定位于一个合理的目标，理论上采取一种开放视野。

中国少数民族犯罪是一个非常广泛的概念，略加诠释："犯罪"是中心词，"少数民族"是犯罪主体，作为定语，"中国"作为地域限制"少数民族犯罪"。如果泛泛加以研究，中国现有 55 个少数民族，每一民族均具有其独特特征，各少数民族犯罪均可单独成篇。如此研究固然全面，但失之宽泛，难以深入。自然科学研究的关键在于实验的设计，而人文社会科学研究的关键在于样本的选取。贵州省是一个多民族地区，拥有丰富而独特的民族资源，是研究民族问题的一个良好样本。因此，我们在本课题中将以贵州省民族地区犯罪为依托、为代表，以贵州省世居少数民族为视

---

① 吴大华等：《西部大开发中的法律制度建设研究》，西南交通大学出版社 2011 年版，第 353 页。

角，透视中国少数民族犯罪的现象、成因与对策，意在"管中窥豹"，虽非"全豹"，但通过沿革、比较和开放的视野由贵州省世居少数民族犯罪观照中国少数民族犯罪以及国际视野中的中国少数民族人权保障。

理论研究包括两个层次：一是基础理论的研究；二是应用科学的研究。基础理论研究重在为学科建设奠基，一般倾向于抽象而宏观，不涉及具体犯罪的规律分析、原因探究和对策分析；应用科学的研究则重在把握具体而微观，必须针对具体犯罪的特征和发生规律，拟定具体的犯罪对策。少数民族犯罪兼有基础理论和应用科学的因素，但更侧重于应用科学。因此，我们的研究主要是梳理理论界已经形成的学说并对中国少数民族犯罪的规律加以归结，分析其原因并探求具体对策，以便为决策部门提供刑事政策与犯罪控制的参考性意见。

如果局限于一国少数民族犯罪问题及其对策，而不对国外同行的研究加以借鉴，则容易陷入"本土困境"，即一味强调国情而忽视国际趋势。国外学术界将少数民族人权放在"少数人权利"的架构中研究，联合国最早提出"少数人"概念的国际人权文书《公民权利和政治权利国际公约》，对"少数人"的表达为"人种的、宗教的或语言的少数人"。但是，其他的国际人权文书中却使用"少数民族"、"种族或人种"等来表达"少数人"。[①]在全球化的时代，强调国情而忽视国际发展潮流势必为国际"拒之门外"。因此，我们必须以开放的思维，在坚持主权至上与人权发展的差异性的前提下，力求国际"少数人权利"发展的讨论，[②]也就是说将我国少数民族人权保障放在国际的视野中进行研究。

---

① 学者认为，这种表达的差异已经在国际人权理论和实践中带来了混乱，一个被人们普遍接受的"少数人"概念尚未形成。刘楠来：《关于国际人权法中的少数人的概念》，载中国社会科学院法学研究所、爱尔兰人权中心编：《少数人权利保护（Protection of Minority Rights）》，中国与欧盟联合国人权两公约学术交流网络第四次研讨会论文集。
② 国内外已经开展"少数人权利"保护的交流。2003 年 11 月 10~11 日，中国社会科学院法学研究所、爱尔兰人权中心在中国与欧盟联合国人权两公约学术交流网络第四次研讨会（中国北京）专门探讨了"少数人权利"的保护，会后将提交的论文编为《少数人权利保护（Protection of Minority Rights）》的集子。承蒙时任法学所所长夏勇研究员、法学所副所长陈泽宪研究员的邀请，笔者有幸与会，提交了《论西部开发与少数民族人权保障——理念、政策与制度》的论文，并就中国少数民族的人权保障发言。这种交流不仅对国内外学术研讨有意义，而且对于增进国外对中国人权状况尤其是少数民族人权状况的了解是非常有意义的。参见吴大华：《知易行难——法治演讲录》，武汉大学出版社 2006年版，第 280 页。

二

如同命题作文一般，题目选好后必须解释一下选择这个题目的缘由和写好命题作文的打算。需要回答两个问题：一是为什么选择贵州省作为样本研究中国少数民族问题及其对策？二是如何设计报告的理论框架？也就是说，起——承——转——合，具体探讨少数民族犯罪的哪些问题以及获得什么样的结论。

（一）为什么选择贵州省世居少数民族为视角

1. 贵州省独特的少数民族资源

贵州省拥有独特的少数民族资源，不仅在总量上占据优势，而且在结构上较为丰富。民族大杂居、小聚居情况在贵州省较为普遍与典型，以贵州省为样本研究贵州省世居少数民族的犯罪问题及其对策可以透视中国少数民族犯罪问题，并基本上获得中国少数民族犯罪惩治与防范的对策性意见。

根据 2010 年第六次全国人口普查数据，贵州全省常住人口有 34746468 人，其中各少数民族人口为 12547983 人，占 36.11%。同 2000 年第五次人口普查的贵州省各少数民族人口总数 1334 万相比，减少 79 万人，比重下降 2.24%。人数减少和比重下降主要是由于外出（贵州）省外人口中少数民族人口数量多、比重较高造成的。据初步汇总，在流出（贵州）省外的 719 万人口中，少数民族有 326 万人，占外出（贵州）省外总人口的 45.34%，比（贵州）省内常住人口中少数民族人口比重高 9.24%。[①]

同 2000 年相比，按数量排，贵州人口在全国 31 个省（市、区）中居第四位，比 2000 年后退了一位；按比重排，贵州省人口居全国第五位，与 2000 年相比位次没有发生变化。普查显示：全国少数民族人口总量为

---

① 参见《贵阳晚报》2011 年 12 月 1 日"贵州少数民族人口发展的新特点"或贵州省人民政府网站 http://www.gzgov.gov.cn/xxgk/tjxx/tjfx/75693.shtml.

11379 万人,贵州省占全国的 11.03%。①同 2000 年相比,占全国少数民族人口的比重下降了 1.05%(分别见表 0-1、表 0-2)。

表 0-1 2010 年贵州省人口及比重情况

贵州省总人口(万人)	贵州省少数民族人口(万人)	比重(%)
3474.6468	1254.7983	36.11

表 0-2 历次人口普查贵州省少数民族人口比重表

少数民族	人口绝对数(人)	占地区总人口比重(%)	占全国少数民族人口比重(%)
第一次	(1953 年)3938879	26.19	10.47
第二次	(1964 年)4011603	23.4	10.05
第三次	(1982 年)7423455	26.00	10.05
第四次	(1990 年)11236546	34.69	11.60
第五次	(2000 年)13339600	37.85	12.08
第六次	(2010 年)12547983	36.11	11.03

贵州省世居民族多,包括汉族、苗族、布依族、侗族、土家族、彝族、仡佬族、水族、回族、白族、瑶族、壮族、畲族、毛南族、满族、蒙古族、仫佬族、羌族 18 个民族,仅次于云南省。考察世居民族,是因为"世居"民族文化传统保持较为完整,风俗习惯等深刻地影响民族的经济文化社会生活,从而也对该民族的犯罪问题产生深远的影响。

贵州省世居少数民族中,苗族主要分布在黔东南苗族侗族自治州、黔南布依族苗族自治州、黔西南布依族苗族自治州和安顺市、贵阳市郊区、毕节市、六盘水市和松桃苗族自治县;布依族主要分布在黔南、黔西南两自治州、安顺市和铜仁市;侗族主要分布在黔东南苗族侗族自治州和铜仁市、黔南布依族苗族自治州;土家族主要分布在铜仁地区和遵义市;彝族主要分布在毕节市和六盘水市;仡佬族主要分布在遵义市、安顺市、铜仁市、六盘水市、毕节市;水族主要分布在三都水族自治县和荔波、都匀、独山、榕江等县;回族主要分布在威宁彝族苗族自治县、兴仁县、平坝县、普安县、六盘水市、贵阳市;白族主要分布在毕节市和六盘水市;瑶族主要分布在荔波、榕江、从江、望谟、丹寨等县;壮族主要分布在从

---

① 参见"贵州'人口普查系列分析报告'出炉",载金黔在线网站 http://gzdsb.gog.com.cn/system/2011/09/17/011200766.shtml.

江、黎平、独山、荔波等县（市）；畲族主要分布在麻江、凯里、都匀、福泉等县（市）；毛南族主要分布在平塘、独山、惠水等县；满族和蒙古族主要分布在毕节市；仫佬族主要分布在麻江、凯里、黄平、福泉、都匀、瓮安等县（市）；羌族主要分布在石阡县、江口县；其他民族人数较少，他们大都是迁居贵州省的干部、职工；待识别的人们共同体人口主要分布在毕节市、黔东南苗族侗族自治州、黔南布依族苗族自治州、安顺市。为贯彻民族区域自治政策，全省少数民族聚居地方建立了 3 个自治州、11 个自治县（其中，1 个自治县在自治州内，其余 10 个自治县分属 3 个市）。实行区域自治的民族有苗族、布依族、侗族、土家族、彝族、仫佬族、水族等 8 个民族。民族自治地方民族组成情况是：3 个自治州都是两个民族联合自治，在 11 个自治县中，松桃、三都、玉屏、沿河 4 个县是单一民族自治；镇宁、关岭、紫云、印江、务川、道真 6 个县是两个民族联合自治；威宁县是 3 个民族联合自治。此外，为了保障散居少数民族的平等权利，还建立了 252 个民族乡。贵州省世居少数民族前 5 位及分布如表 0-3 所示。

表 0-3　贵州省世居少数民族前 5 位及分布[①]

世居少数民族	人口数（万人）	主要分布地域
苗族	397	黔东南、黔南、黔西南 3 个自治州，贵阳市郊区、安顺市、毕节市、六盘水市、松桃自治县。比 2000 年减少 33 万人，占全省少数民族人口的比重为 31.99%，比重比 2000 年下降 0.25%
布依族	251	黔南、黔西南两个自治州，安顺市、六盘水市、贵阳市郊区 比 2000 年减少 29 万人，占全省少数民族人口的比重为 20.24%，比 2000 年下降 0.74%
土家族	144	沿河自治县、印江自治县，德江、思南、镇远、岑巩、遵义、道真等县市。比 2000 年增加 1 万人，占全省少数民族人口的比重为 11.58%，比 2000 年上升 0.85%
侗族	143	黎平、榕江、从江、锦屏、三穗、天柱、剑河，镇远、岑巩、玉屏、江口、铜仁、石阡等县市和万山特区。比 2000 年减少 20 万人，占全省少数民族人口的比重为 11.54%，比 2000 年下降 0.67%
彝族	83	威宁自治县、大方、赫章、黔西、毕节、纳雍、织金、金沙、水城、盘县、六枝等县（市、特区）。比 2000 年减少 1 万人，占全省少数民族人口的比重为 6.73%，比 2000 年上升 0.41%

[①] 参见《贵阳晚报》2011 年 12 月 1 日《贵州少数民族人口发展的新特点》。

省内各地区少数民族人口按总量排序略有变化、按比重排序未发生变化。

按少数民族人口排序，全省 1255 万少数民族在各地区的分布依次为黔东南州、铜仁市、黔南州、毕节市、黔西南州、安顺市、六盘水市、贵阳市和遵义市。与 2000 年相比，只有贵阳市和遵义市的位次发生了互换（贵阳市少数民族人口数由低于遵义变为高于遵义），其余地区位次均未发生变化。其中：少数民族人口最多的黔东南州少数民族人口为 273 万人，比 2000 年减少 38 万人，占全省少数民族人口的 21.77%，比重下降 1.54个百分点；铜仁市少数民族人口为 217 万人，比 2000 年减少 8 万人，占全省少数民族人口的 17.29%，比重上升了 0.42 个百分点；黔南州少数民族人口为 180 万人，比 2000 年减少 22 万人，占全省少数民族人口的 14.33%，比重下降 0.81 个百分点；毕节市少数民族人口为 172 万人，比2000 年减少 6 万人，占全省少数民族人口的 13.68%，比重上升 0.34 个百分点；黔西南州少数民族人口为 111 万人，比 2000 年减少 10 万人，占全省少数民族人口的 8.88%，比重下降 0.2 个百分点；安顺市少数民族人口为 83 万人，比 2000 年减少 6 万人，占全省少数民族人口的 6.61%，比重下降 0.06 个百分点；六盘水市少数民族人口为 74 万人，比 2000 年增加 4万人，占全省少数民族人口的 5.89%，比重上升了 0.64 个百分点；贵阳市少数民族人口为 73 万人，比 2000 年增加 16 万人，占全省少数民族人口的 5.83%，比重上升 1.55 个百分点；遵义市少数民族人口为 72 万人，比2000 年减少 7 万人，占全省少数民族人口的 5.71%，比重下降 0.21 个百分点。

按少数民族人口比重由高到低排序，依次为黔东南州、铜仁市、黔南州、黔西南州、安顺市、毕节市、六盘水市、贵阳市和遵义市。与 2000年相比，各地区少数民族人口比重有所变化，但比重排序的位次未发生变化。其中，黔东南州少数民族人口比重下降 2.28 个百分点，铜仁市上升1.99 个百分点，黔南州下降 0.91 个百分点，黔西南州下降 2.5 个百分点，安顺市下降 2.07 个百分点，毕节市下降 1.85 个百分点，六盘水市上升0.36 个百分点，贵阳市上升 1.58 个百分点，遵义市下降 0.38 个百分点（见图 0-1）。

从图 0-1 显示的情况看，贵州省民族具有代表性，并且根据 2010 年第六次人口普查的数据，100 万人口以上的民族包括蒙古族、藏族、维吾

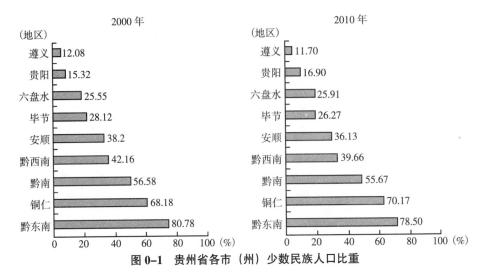

图 0-1 贵州省各市（州）少数民族人口比重

尔族、苗族、彝族、壮族、布依族、朝鲜族、满族、侗族、瑶族、白族、土家族、哈尼族、哈萨克族、傣族、黎族等少数民族，其中有多个以贵州省为主要居住地。这样，便为考察中国范围的少数民族犯罪提供了一个视角，也具有一定的代表性。

在犯罪统计学意义上，研究样本的典型性与代表性决定了研究的广度、深度和效度。不拥有一定数量人口的民族，就不具有一定数量的罪犯。仅仅是散居在某一地区的个别少数民族犯罪，没有典型性与代表性，深入研究欠缺基础也无法推广。贵州省作为一个具有独特民族资源的地区，是研究少数民族犯罪问题及其对策的较好样本。[①]

2. 长期的学术积淀

"舍近求远非所长。" 笔者自 1980 年投身法学以来，一直从事民族法

[①] 以苗族、布依族、侗族等民族为例，贵州省的苗族有黔东南苗族侗族自治州、黔南苗族自治州、黔西南苗族自治州 3 个，自治县有松桃、威宁、镇宁、紫云、关岭、印江、务川、道真等，全国苗族民族乡 229 个，其中贵州占 145 个（注：一个自治县、民族乡可能有一个以上的自治民族，所以按民族分的自治县、自治乡的数不等于按地区分的数）。有黔南、黔西南自治州，自治县有镇宁、关岭、紫云等，全国民族乡有 51 个，贵州有 49 个。侗族有黔东南自治州，自治县有玉屏侗族自治县，全国民族乡有 37 个，贵州有 22 个。土家族有沿河、印江自治县，全国自治乡 42 个，贵州有 41 个。彝族有威宁自治县，全国民族乡 267 个，贵州有 114 个。贵州有全国唯一的水族自治县——三都水族自治县，全国水族民族乡有 18 个，贵州有 16 个。仡佬族有道真、务川自治县，全国仡佬族民族乡有 20 个，全部分布在贵州。贵州有威宁自治县，全国有 132 个民族乡，贵州省占 8 个。全国瑶族民族乡有 111 个，贵州占 7 个。

学、刑法学、犯罪学的研究，并多次亲自主持、参加少数民族若干问题调研，获取第一手资料。立足于民族法学、刑法学和犯罪学的支点，笔者积累了大量的少数民族资料，并经常深入民族地区进行实地考察。1985年承蒙著名刑法学家伍柳村教授推荐，利用到凉山大学（2004年已更名为西昌学院）法律系讲授《民族与法律》之机会，深入凉山彝族地区调研。1986年7月到10月，怀揣东挪西借的600元旅费到新疆、内蒙古、宁夏、甘肃、云南、贵州等民族地区调研，为顺利完成《论我国刑法在少数民族地区的适用》的硕士学位论文奠定了坚实的基础。①

笔者1987年硕士毕业志愿分配到贵州省之后，多年来长期追踪研究贵州省少数民族的经济社会发展、传统习惯、文化习俗，以及少数民族犯罪及其治理与预防对策。在贵州省工作的28年间，88个县（市、区）全跑遍了，足迹留遍了广袤的"六山六水"，②先后完成了"贵州少数民族习惯法的调查研究"、③"中国少数民族法制史·侗族法制史卷"、④"西部大开发的法律保障"、⑤"西部大开发的法律制度建设研究"、⑥"中国少数民族习惯法研究"⑦、"侗族习惯法研究"⑧等国家级、省部级科研课题，出版了

---

① 笔者回想当年一介穷书生，囊中羞涩地奔波于民族地区的调研情景，下列人士不得不提：时任新疆维吾尔自治区检察院研究室主任张伟春、新疆社会科学院法学研究所连振华研究员、宁夏回族自治区人民检察院研究室副主任杨占元、甘肃省嘉峪关市副市长龚雪泉、内蒙古大学潘世宪教授、内蒙古司法厅撒瑞才、云南省人大常委会法制委员会副主任李连枝、四川省高级人民法院副院长夏成福和高级法官刘少华、贵州省法学会副会长兼秘书长肖常纶、贵州省人民检察院研究室主任肖正明、黔东南苗族侗族自治州人民检察院检察长姚本模以及中国政法大学曹子丹教授、吉林大学法学院高格教授等，他们有的为笔者提供食宿车船，有的帮笔者收集案例素材，有的耐心指教，有的切磋研讨。时隔28年，情景历历在目，有几位前辈已仙逝，很多再未谋面，但心中一直充满着对他们的感激之情。
② "六山"是指雷公山、月亮山、乌蒙山、武陵山、大小麻山；"六水"是指贵州省境内的都柳江、清水江、乌江、舞阳河、北盘江、南盘江。"六山六水"是贵州省民族研究工作者对贵州省少数民族居住区域的一个带学术性的地理概念"，"六山六水"区域面积广大，约占全省总面积的80%以上。
③ 该项目系"中华八五社科课题"，主持人为贵州省民族学院法律系邹渊教授，著作已由中央民族大学出版社2014年出版。
④ 该项目系国家社科2002年重点课题，主持人为著名法学家、中国政法大学终身教授张晋藩先生，共10余卷，笔者与石开忠教授、徐晓光教授负责"侗族法制史"。
⑤ 该项目系贵州省省长基金2001年项目，国家民委民族问题研究中心课题，主持人为吴大华，成果由民族出版社2001年出版。
⑥ 该项目系国家社科基金2003年一般项目，主持人为吴大华，已结题，著作已由西南交通大学出版社于2011年2月出版。
⑦该项目系吴大华主持的司法部"2002年法治建设与法学理论研究"课题，已结项。参见吴大华、潘志成、王飞：《中国少数民族习惯法通论》，知识产权出版社2014年版。
⑧ 该项目系吴大华主持的国家社科基金2010年后期资助课题，已结项。参见吴大华等：《侗族习惯法研究》，北京大学出版社2012年版。

《民族与法律》、《民族法学通论》、《民族法学讲座》、《民族法律文化散论》、《中国民族法学研究概览》、《民族法学前沿问题研究》等著作，在民族法学和刑法学领域发表论文 200 余篇。

就学术研究而言，笔者对贵州省世居少数民族的经济与社会发展以及传统的风俗习惯有较为深刻和全面的理解，并且在贵州省少数民族犯罪乃至中国少数民族犯罪方面积累了大量的文献资料，为我们进行从贵州省世居少数民族犯罪特征原因的研究拓展到对中国少数民族犯罪的规律、原因和对策的研究奠定了基础。在完成本书的过程中，对贵州省少数民族犯罪及对策进行了更为广泛而全面的调研。通过查阅少数民族犯罪案例，从政法机关、民族工作部门直接索取数据、文献，同民族学、社会学、法学等领域的研究人员进行多次访谈，获得了大量与少数民族犯罪及其对策相关的第一手资料。

（二）少数民族犯罪问题——待开发的"处女地"

少数民族犯罪问题及其对策是一个新型的课题，一向为传统犯罪学所忽视。经过多年的少数民族犯罪调查统计与分析研究，课题组认为这一群体在犯罪特征、犯罪原因上均有特别之处，因此少数民族犯罪的犯罪对策、法律控制都需专门探讨。这种研究因为国际人权交流的频繁而具有国际性，故在"少数人权利"的框架中探讨少数民族犯罪及其人权问题是有必要的。我们的研究将从七个部分展开：现象论、原因论、政策论、立法控制论、司法控制论、社会控制论和比较与展望性研究。

第一部分从现象学的考察方面探讨中国少数民族犯罪调查。少数民族犯罪具有独特特征，它与汉族犯罪存在诸多不同之处，比如犯罪类型集中在侵犯人身权利犯罪、传统侵财型犯罪、受风俗习惯引起的犯罪较为常见；在犯罪手段方法上，暴力方法较常使用。课题组拟对贵州省内各监狱的罪犯调查、省内各民族地区的跟踪调查和对全国不同民族地区的走访，由此获得了对少数民族犯罪的初步印象。

第二部分研究中国少数民族犯罪的原因结构系统。少数民族犯罪原因是一个包含环境与个体的系统。课题组根据对贵州省十大世居少数民族犯罪的原因考察，结合全国各地收集的数据和材料，由此分析少数民族犯罪所具有的独特原因，其结构系统包括：环境方面：经济背景、人文社会、成长环境。经济背景方面：贫困、落后的生产生活方式、市场经济的发展都是重要因素。人文社会方面：文化教育落后、固有的不良文化、外来文化的侵蚀、传统习俗都是重要表现。成长环境方面：家庭与学校教育的欠缺、社会控制机制弱化是两个重要因素。个体因素可以从生理和心理两个方面来解释：一是生理需求，少数民族供需的不平衡导致犯罪；二是心理需求，我们可以从性格类型、人生价值扭曲、道德观念陈旧以及法律意识淡薄上分析少数民族犯罪的原因。

第三部分从公共政策高度分析少数民族犯罪及其问题的对策，这是在国家民族政策的宏观架构下进行的。本课题一方面拟详细地考察加拿大、澳大利亚、新加坡、俄罗斯、南非、美国等国家的民族政策。另一方面拟综观中国历史上各个历史时期的刑法在少数民族地区适用的情况。以专门针对民族刑事犯罪的"两少一宽"政策为例，如何理解"少捕少杀"和"一般从宽"，这两项要求如何在民族地区适用，既是一个法律问题，又关系到对民族政策的把握。

第四部分论述少数民族犯罪的法律控制。从立法、司法的角度来完善少数民族犯罪的控制，以民族变通或补充立法为基础，探讨少数民族刑事变通或补充立法问题，对民族自治地方的刑事变通或补充立法界定其性质，反思其实践，为今后的刑事变通立法准备经验。

第五部分论述少数民族犯罪司法控制论。司法控制与立法控制同样是少数民族犯罪法律控制中的一个重要组成部分。"严打"在少数民族地区的适用、封建迷信犯罪的处理、非犯罪化与非刑罚化政策的运用以及如何对少数民族罪犯进行矫治，都是重要内容。

第六部分研究少数民族犯罪的社会控制。最好的社会政策是最好的刑事政策，构筑一个社会控制网络远比法律控制困难，但更为有效和全面。本书拟将历史上存在的犯罪控制分为国家本位与社会本位两种模型来进行考察。本书认为中国传统的犯罪控制侧重国家本位，但在社会控制上采取综合治理的方针，具有社会本位的因素。在"有限政府"理念的指导下，犯罪控制将更多地依赖社会本位的控制，我国正处于向社会本位的犯罪控制转型过程之中。本书研究由此立场来反思中国少数民族犯罪社会控制的实践。

第七部分探讨"少数人权利"及少数民族人权保障。少数民族人权保障是置于"少数人"及其权利的框架中加以讨论的。根据国际法律文件，参考国内外学术界的已有成果，我们对"少数人"尝试性地再界定，对"少数人权利"加以解读，自新中国成立以来，少数民族人权已有翻天覆地的改善，但仍然存在若干不足的地方。对于少数民族犯罪中涉及的人权维护，包括少数民族作为受害者和加害者的维护与少数民族人权在刑事程序中的维护等都是本书的研究内容。

三

　　我国台湾学者殷海光曾经说过："运思在求通，求通在解决问题。"既然如此，我们只要想通了就行，管他古、今、中、外、乐观、悲观做什么呢？[1] 诚哉此言！方法的重要性不在于方法本身，而在于它能分析问题、解决问题。单一的人文社会科学方法已经不能应对纷繁复杂的社会生活，唯有采取多学科的综合方法去解剖和分析事物。以笔者之见，必须从民族学、社会学、法学三个角度研究少数民族犯罪问题及其对策，以民族文化变迁为背景，研究社会变迁与犯罪现象、犯罪对策之间的关联。[2]

　　少数民族犯罪，既有事实学的因素，也有规范学的因素。正因为少数民族犯罪是在规范（广义的文化规范）的框架内研究一种具体的犯罪现象，故需要对其进行犯罪学和规范学的双重审视。犯罪学是一门运用哲学、人类学、社会学、犯罪学、刑法学、统计学等各种交叉学科的方法培植起来的综合性刑事法学，而刑事法学更多地是以规范为维度研究犯罪现

---

① 殷海光：《中国文化的展望》，上海三联书店 2003 年版，自序。
② 我国少数民族的社会历史发展跨度大、不平衡。新中国成立前，我国各少数民族基本上处于"前资本主义社会"形态，无论是经济发展还是社会状况都不平衡，新中国成立让他们直接过渡到社会主义社会。少数民族地区经济、文化相对落后，少数民族人民的教育文化素质和文化心理与现代化文明存在历史断层。从"前资本主义"诸社会形态向社会主义形态的更替，可以通过革命的方式实现，在政治制度与经济制度方面没有问题，但民族文化传统、社会心态以及风俗习惯根植于民族的血脉中，往往不能同步转变。因此，民族内部发生的犯罪现象以及要求的相应对策，既具有一般犯罪的共性，又因受民族历史、地理和文化因素的影响呈现某些特殊性。

象。① 当然，方法仅仅是工具，是器用层面上的东西。但是，方法的科学性决定着结论的科学性。致使我国犯罪学研究遭受"流于肤浅的研究"和刑事法学"低水平重复"之讥的主要原因是方法论的幼稚和陈旧。因此，研究少数民族犯罪问题及其对策，必须在方法论上有所创新。

第一，经验研究方法。犯罪学是重实证的，重视经验研究对结论的支撑功能。在我国，社会统计发展滞后，犯罪统计数据或应付阙如，或束之高阁作为机密。这样，一定程度上限制了犯罪问题的事实学的数据测量分析。在少数民族地区，犯罪调查与统计资料基本上处于空白。我们在这里需要强调的是：犯罪调查统计与区位分析方法。犯罪调查统计是运用调查统计学的原理与方法，应用专门技术（比如重点调查、抽样调查、追踪调查），获取一定的一手资料，通过分析资料获得犯罪现象的发生状况和预防规律等。在我国，犯罪的经验数据与刑事司法统计数据均极度缺乏。少数民族犯罪因为没有将少数民族作为一个标准来区分犯罪行为人类型，导致相关数据更是处于空白状态。在我们的研究中，以贵州省世居少数民族为对象，重视犯罪的调查与统计，以数据立论，依案例阐发，考察世居少数民族中民族人口分布、犯罪发生与发展的规律等。区位分析是运用人文区位学和环境地理学的知识，研究犯罪与地理环境、人文环境的相互关系，由此构建犯罪与环境之间的紧密关联。少数民族犯罪问题及其对策考察的是民族地区少数民族犯罪，实际上就是一种区位分析的方法，限于少数民族地区，更进一步说，限定在贵州省民族地区。对象指向少数民族犯罪。

第二，田野调查方法。少数民族犯罪问题及其对策是一个犯罪人类学或者说犯罪文化学的范畴。对少数民族犯罪问题的研究，更多地需要考察民族文化。因为研究的是少数民族犯罪，关注的是少数民族的文化习俗、

① 德国学者耶塞克与魏根特认为：刑事科学致力于研究、规范和描写由犯罪及其防治所决定的整个生活领域。它部分是规范性的科学，部分是经验性科学，处于各学科间的交叉关系中。刑事科学划分为刑法学，包括实体刑法、刑事诉讼法和行刑法以及犯罪学，其研究对象是犯罪的原因、行为人的个性和环境、犯罪被害人、刑事制裁效果等。参见［德］汉斯·海因里希·耶塞克、托马斯·魏根特：《德国刑法教科书》，中国法制出版社 2001 年版，第 52 页。这等于将刑法学、刑事诉讼法学、行刑法学统称为刑事法学，刑事法学与犯罪学并列而构成刑事科学，即德国刑法学界所称的"全体刑法学"，内容包括犯罪学、刑法学、刑事政策学、刑罚学、行刑学。在我国，储槐植先生称之为刑事一体化，即刑法和刑法运行处于内外协调，刑法内部结构合理（横向协调）与刑法运行前后制约（纵向协调）。参见储槐植：《刑事一体化与关系刑法论》，北京大学出版社 1997 年版，第 294 页。这是一种整体刑法学的思路，意在通过学科的重新整合实现对犯罪的有效控制。

宗教习惯等对犯罪的影响，关注少数民族犯罪与汉族犯罪的文化差异。正如法律经济学采取的是经济分析方法，犯罪人类学主要采取的是人类学的方法。少数民族犯罪作为犯罪人类学的研究，需要进行深入的民族研究工作，亟待拓展的是一种田野调查的方法（Field Work）。实际上，在民族研究工作中，田野调查（或称实地调查）是一种基本方法，是获取资料的最基本途径。人类学研究中，田野调查被视为"现代人类学的基石"，①甚至英国学者塞利格曼声称"田野调查工作之于人类学就如殉道者的血之于教堂一样"。②可见，田野调查是民族问题研究的基础和基本方法。但是近年来的人文社会科学研究中，满足于文献的分析，满足于外文资料的引注，学者们习惯于"短、平、快"的快餐性成果。这并不等于说文献研究的方法不重要，但在少数民族犯罪的研究中，更需要民族调查的"田野"资料。作为一个不断变迁的文化现象，昨天存在的可能今天已经消失，今天不存在的明天可能产生。民族文化处于嬗变的过程之中。正如某些学者慨叹：为什么我们的学者不能如外国的人类学、民族学工作者一样风餐露宿参与到少数民族村寨中进行长期的田野调查？一代优良的学风正在失去。③好在贵州省不仅有着丰富而独特的少数民族资源，而且有着田野调查的优良传统和协作共享的互助精神。在我们的研究中，最大限度地利用了我们的工作便利条件，对贵州省少数民族犯罪及其治理与预防的实践进行近距离的观察，并且利用了贵州省民族学研究的诸多同行的资料。田野调查方法是我们在研究中自始至终采取的方法。

第三，系统论的方法。犯罪是一种现象，不管我们是把它看作是社会正常现象还是社会反常现象，④犯罪现象——犯罪原因——犯罪对策是犯

---

① ［美］C. 恩伯、M. 恩伯：《文化的变异——现代文化人类学通论》，辽宁人民出版社 1988 年版，第 98 页。

② ［美］威廉·A. 哈维兰：《当代人类学》，王铭铭译，上海人民出版社 1987 年版，第 21 页。

③ 郝时远主编：《田野调查实录——民族调查回忆》，社会科学文献出版社 1999 年版，第 3–5 页。

④ 迪尔凯姆认为，犯罪是社会的一种规则现象。这种犯罪功能论的观点对传统的犯罪本质与原因的认识提出了挑战。参见［法］埃米尔·迪尔凯姆：《社会学方法的规则》，胡伟译，华夏出版社 1999 年版，第 58 页。我国学者张小虎则认为犯罪作为正常现象与反常现象的争论是在宏观社会结构与社会犯罪现象关系的框架下讨论的，就微观层面而言，所有的犯罪均是不正常的。在张小虎看来，作为社会正常现象的犯罪是当社会处于相对稳定状态下社会机体正常的生理排泄；作为社会反常现象的犯罪是当社会处于急剧的转型时期，如果社会结构出现紊乱而产生的社会机体反常的病理性排泄。参见张小虎：《转型期中国社会犯罪原因探析》，北京师范大学出版社 2002 年版，第 16 页。这种分析是中肯的。

罪学的三个基本要素。系统论作为一种特殊的分析方法，正是基于对犯罪学系统包括现象学、原因学和对策学三个要素的考虑，犯罪现象学、犯罪原因学和犯罪对策学又各自单独成立为一个子系统。系统论要求我们将犯罪现象、犯罪原因和犯罪预防作为既彼此独立又相互联系的整体来加以考察，并将其作为社会、自然、文化与个体诸因素联结而成的有机整体的一部分，根据这种观点来解释犯罪现象及其原因，设定犯罪预防。它是犯罪学研究的基本运思法则。①在少数民族犯罪中，我们的研究主要从贵州省世居少数民族的样本出发，考察贵州省少数民族的犯罪状况与特征，分析形成犯罪的原因，进而透视中国少数民族犯罪问题。基于对少数民族犯罪的特点与原因的分析，从政策学上探讨少数民族犯罪的对策。系统论方法的优点在于可以通过分析少数民族犯罪的原因系统，有针对性地提供政策性的意见，既包括法律控制的方法也包括综合治理的措施，这样形成一个综合的少数民族犯罪控制系统。

　　第四，沿革与比较的方法。我国自古以来是一个统一的多民族国家，历朝历代对民族犯罪、民族问题均有不同的对策，从奴隶社会、封建社会的"化外人"和"以夷制夷"，到新中国成立后奉行的民族平等、团结、共同繁荣政策，最初是一种较为粗暴的干涉少数民族内部事务，后来则是充分尊重少数民族的权利，切实保障少数民族的人权。这种沿革性的研究能为我们更深入地理解中国少数民族犯罪问题的应对之策提供启示。研究少数民族犯罪及其对策，我们不能忽视其国际性。尤其是在我国已经加入"人权两公约"②之后，我国与世界各国之间的人权交流更趋频繁。在一个全球化的时代，必须重视交流、沟通与合作。世界各国在民族问题上各有表现，民族政策上应对之策也颇有不同。国际理论界对少数民族人权日趋重视，一般将其放在"少数人权利"中加以探讨。"取人所长，补己之短"，这是比较方法的宗旨。我国是由汉族和55个少数民族组成的中华民族，"中华法系确实凝结了少数民族的法律智慧"，③党和

---

① 王牧主编：《犯罪学论丛》，第1卷，中国检察出版社2003年版，第469页。

② 1998年10月5日，中国常驻联合国代表秦华孙大使在联合国总部代表中国政府签署了《公民权利和政治权利国际公约》。2001年2月28日全国人民代表大会常务委员会批准加入《经济、社会及文化权利国际公约》。《公民权利和政治权利国际公约》、《经济、社会及文化权利国际公约》与《世界人权宣言》并称国际人权宪章。

③ 张晋藩：《多元一体法文化：中华法系凝结着少数民族的法律智慧》，《民族研究》2011年第5期。

政府在民族矛盾、民族问题乃至民族犯罪的处理上已经获得了宝贵的经验，但仍然存在不尽如人意之处，亟待完善。因此，通过国际视野中的少数人权利保护理论框架来审视我国少数民族人权保障问题将为我们提供一个有益的比较性视角。

第一章　中国少数民族犯罪调查：
现象学的考察

贵州省是一个多民族的省份，世居少数民族包括苗族、布依族、侗族、彝族、水族、回族、仡佬族、壮族、瑶族、满族、白族、蒙古族、羌族和土家族等 17 个。其中，苗族、布依族、侗族、土家族、彝族、仡佬族、水族、回族、白族和瑶族在贵州省世居少数民族中富有特色。贵州省的世居少数民族具有稳定性，文化认同感强，风俗习惯等保存较好，因此，研究选择贵州省的世居少数民族犯罪作为样本，以实现对少数民族犯罪的"近距观测"。本书通过对贵州省十大世居少数民族犯罪的调查和统计，[①]实现对贵州省世居少数民族犯罪状况的初步认识，透视中国少数民族犯罪状况。这一针对犯罪现象规律的研究，旨在为犯罪原因以及对进一步的犯罪对策的探讨奠定基础。

第一节　贵州省世居少数民族犯罪实证研究

贵州省地处云贵高原，属于多山地区，地形地貌千差万别，气候水文呈垂直变化。同时，作为一个边远的山区地带，受地域、文化等各种因素影响，历史上迁入的各民族已经形成较为复杂的民族生态。正如贵州民谣所称："天无三日晴，地无三尺平，人无三分银。"充分反映了贵州省经济发展落后、地理环境复杂和气候环境恶劣的现象。部分少数民族与汉族密

---

① 受监狱中有的少数民族的服刑人员数量较小的影响，本书在监禁矫正部分中所调查的世居少数民族为 8 个。

切联系，生活习惯与风土人情与汉族已经没有大的差异，但不少少数民族仍因为经济、地域等原因，处于社会发展的进程之外。比如黔西北的彝族、苗族聚居区部分地方还存在农奴制的残余，黔南瑶族聚居地区还保留有原始公社所有制的痕迹。这些都是我们研究贵州省少数民族及其犯罪现象不可忽视的社会背景。

一、十大世居少数民族犯罪特征考察

1. 苗族犯罪特征分析

贵州省的苗族主要居住在黔东南苗族侗族自治州、黔南布依族苗族自治州、黔西南布依族苗族自治州和安顺市、贵阳市郊区、毕节市、六盘水市和松桃苗族自治县。黔东南苗族妇女多穿百褶裙，长者可及脚背，也有过膝、过小腿肚者，短者仅一尺许的"超短裙"。百褶裙用绣花、蜡染、色布拼镶做成，还有纯素净的。关岭、贵阳的苗族多穿绣花衣。威宁的苗族则穿染色羊毛披肩。松桃、紫云等地苗族穿长裤，边缘镶有兰干式花边。苗族服饰可分为南北两类，南部妇女穿裙束髻绑腿，上衣宽袖右衽；北部多着短衣长裤。喜酒，通过"游方"、"跳花"等实现自由恋爱。根据调查，我们发现，贵州省苗族犯罪呈现如下特征：

（1）犯罪低龄化趋势明显，青壮年犯罪多。根据笔者对贵州省苗族聚居的黔西南地区和黔东南地区的调查（X 监狱与 K 监狱数据，如图 1-1 和图 1-2 所示），发现苗族罪犯年龄结构偏低，青壮年犯罪占较大比重。

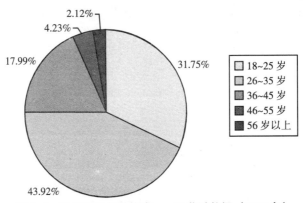

图 1-1　苗族罪犯年龄构成——X 监狱数据（2003 年）

注：比例计算后经四舍五入保留两位小数，下同。

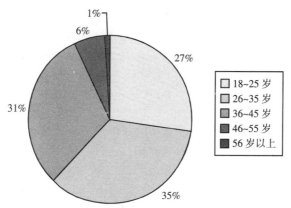

图 1-2　苗族罪犯年龄构成——K 监狱数据（2003 年）

从 K 监狱的数据来看，在押苗族罪犯的年龄结构上，35 岁以下的青壮年罪犯超过 60%，青壮年占在押犯的大多数。这既与苗族犯罪行为人实施的犯罪相关，也与社会经济和文化的发展密切相关。

（2）以盗窃为主的侵犯财产犯罪严重。根据笔者对 K 监狱的调查，苗族因为经济发展程度落后，犯罪更多的是因为生活贫困所导致，以盗窃为主的侵犯财产犯罪占据主要部分。侵犯财产犯罪除盗窃之外，还有诈骗、抢劫、敲诈勒索等各种犯罪行为，成为苗族聚居地的多发犯罪（见图 1-3）。

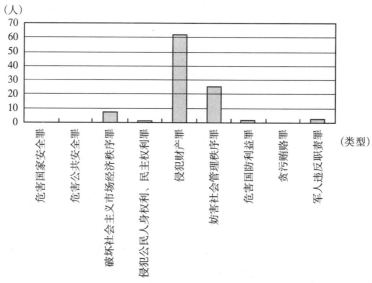

图 1-3　苗族犯罪类型统计——K 监狱数据（2003 年）

图 1-3 中反映，K 地区的苗族犯罪以侵犯财产犯罪为主要类型，在押苗族罪犯计 366 人，占在押犯总数的 16.7%。在少数民族聚居地区，侵犯财产犯罪以盗窃、抢劫、诈骗居多。小额盗窃、普通诈骗等侵犯财产犯罪是主要犯罪形态。

案例 1-1

《法制日报》2014 年 5 月 11 日报道：以则孔，一个位于贵州省毕节市纳雍县南部贫瘠大山腹地的苗族小山村。20 世纪 90 年代因为贫困，村里的壮劳力多被诱上贼船，当起了贩运毒品的"马仔"。数年间，"马仔"们逃遁他乡、锒铛入狱，有的甚至被处以极刑。1999 年，贵州省在 6 月 26 日禁毒宣传日当天枪决了 8 名毒贩，以则孔村人就占 4 名。由此，以则孔村被戴上"贵州贩毒第一村"的耻辱帽。

据统计，1996~2002 年，该村涉毒人员共 42 人，除 1 人未被抓获外，其余人员均被处以不同刑罚和强制戒毒。近年来，该村痛定思痛，探索各种方式以抵制毒品。村里实行禁毒工作包组包户责任制，召开群众大会通过了《村规民约》、《禁毒公约》，乡与村、村与组、组与农户签订了禁毒责任书，村向乡、组向村签订了禁毒承诺书。2013 年，经全省社情民意调查，以则孔村所属的纳雍县人民群众的安全感达 92.36%，社会治安群众综合满意率达 93.97%。群众认为吸毒贩毒现象（严重）的比重由 2010 年的 13.41% 降低为 2013 年的 9.03%。这个数字，比 2013 年贵州省平均数 9.47% 低 0.44%，比毕节市平均数 11.84% 低 2.81%，处全市低位。

（3）以故意杀人、伤害为主的侵犯公民人身权利、民主权利的犯罪严重。侵犯人身权利、民主权利犯罪在贵州省等少数民族地区表现较为突出，除故意伤害之外，杀人、强奸妇女、奸淫幼女、拐卖人口和侮辱人格等犯罪较多。笔者对雷山、台江、三穗、麻江 4 个苗族聚居县 1995~2000 年共 5 年度的数据作过一个统计，5 年度共批捕的人犯 264 人，占批捕各类人犯总数的 22.34%，其中苗族 164 人，占 62.12%。在侵犯人身权利、民主权利的各种犯罪里，最突出的是伤害犯罪。4 个县 5 年度共批捕故意伤害人犯 170 人，其中苗族 109 人，占 64.1%。

根据我们从 X 监狱获取的数据分析：按照 1997 年《刑法》之前的 1979 年《刑法》为标准统计，侵犯公民人身权利、民主权利罪的少数民族在押犯为 98 人，占 59.39%；按照 1997 年《刑法》为标准统计，侵犯公民人身权利、民主权利罪的少数民族在押犯为 109 人，占 64.5%（见图 1-4 和图 1-5）。

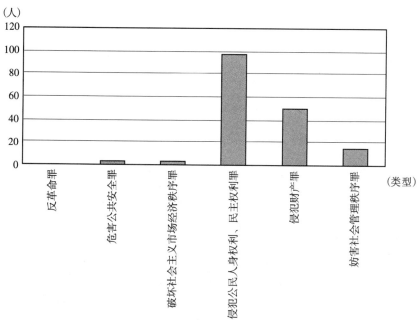

图 1-4　苗族犯罪类型统计表——X 监狱数据（2003 年）——按 1979 年《刑法》统计

在苗族聚居的地区，侵犯人身权利、民主权利的犯罪较为突出，故意伤害罪、故意杀人罪、强奸罪占的比例大。其中，需要特别引起注意的是曾经在某些地区频发的"杀亲"[①]案件尤为突出。以 1985 年至 1994 年黔东南自治州人民检察院受理起诉的 372 起故意杀人案件为例，根据对全州检察机关 1985 年至 1994 年 10 年间受理起诉的"杀亲"案件的不完全统计（个别县数据不全），"杀亲"案犯共 227 名，其中 25 岁以下青少年 76 名（未满 18 岁的 8 名），占总数的 33.5%。他们当中，既有父母杀子女的，

[①] "杀亲"案件，顾名思义，即发生在夫妻之间、直系血亲之间、三代以内旁系血亲之间和近姻亲之间的故意杀人案件。

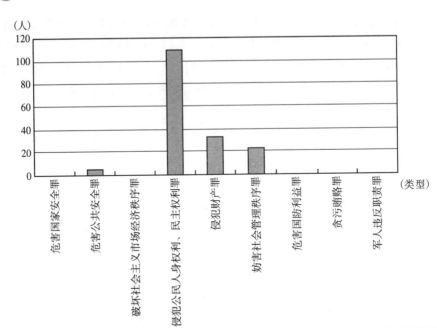

图 1-5　苗族犯罪类型统计表——X 监狱数据（2003 年）——按 1997 年《刑法》统计

也有子女杀父母的；既有丈夫杀妻子的，也有妻子杀丈夫的；既有女婿杀岳父母及妻弟、妹的，也有媳妇杀公婆及夫兄、弟的；还有兄弟之间、叔侄之间、姑嫂之间等的互相残杀。从"杀亲"案犯分布地域看，遍及全州16 县、市。多的天柱 11 人、麻江 9 人；较多的黄平、三穗各 7 人，锦屏6 人；一般的凯里 5 人，台江、从江、雷山各 4 人；较少的剑河、黎平、镇远、岑巩、丹寨各 3 人；最少的榕江、施秉各 2 人。从受案时间上看，1985 年 6 人，1986 年 8 人，1987 年 7 人，1988 年 8 人，1989 年 6 人，1990 年 8 人，1991 年 8 人，1992 年 9 人，1993 年 6 人，1994 年 10 人。从"杀亲"的特点上分析，犯罪主体呈现"四多"，即农民多、文化程度偏低的人多、少数民族者多、女性案犯多；从案发地看，绝大多数是农村；案件发生具有突然性和偶然性；犯罪手段具有残忍性；犯罪后果十分严重；从罪犯与受害者的关系看，子女杀父母、兄弟相杀、夫妻相杀的情况突出；从犯罪目的和动机上看，多为报复型。应当说，黔东南州检察院所作的调研是非常有司法指导意义的，对实践中"杀亲"案件的审判和防范都具有深远的影响。这种"杀亲"案件较为普遍反映了苗族犯罪中侵犯人身犯罪的高发生率。

（4）带有民族特殊性的妨碍婚姻家庭方面的犯罪比较突出。妨碍婚姻家庭方面的犯罪在贵州省等少数民族地区表现较为突出，这类犯罪主要是由民族传统风俗习惯引起，如暴力干涉他人婚姻自由和重婚罪。贵州省雷山、台江、三穗 3 县法院 1995~2000 年来受理暴力干涉他人婚姻自由案件 10 件，涉案 10 人，全系苗族犯罪；受理重婚 44 人，其中苗族 37 人，占了受理重婚总人数的 84.09%。台江、雷山两县发生在苗民之间的 2 件 5 人"抢寡妇"案件和 4 件 5 人"抢亲"案件是多年少有的。比如，麻江县兴隆乡村民田××、纠集家门兄弟 10 人，于 1980 年 2 月 22 日夜间，暴力抢走邻村寡妇周××，周××不从并搏斗两个多小时，田××叫来其弟帮助将周××压倒强行奸污后锁在室内 3 天多，周××假装屈从进而告发。其他因早婚、包办买卖婚姻或近亲结婚引起的刑事案件也时有发生。

案例 1-2

台江县革东乡方家寨村杨××，男，苗族，25 岁，1980 年 10 月 16 日经男女双方父母包办与本族 14 岁的女青年刘××结婚。刘××在杨家住一晚后即回娘家。后杨家于 1981 年 4 月派人去接。刘××不愿来，被告便约本寨 10 名青年去拉，被女方堂兄阻止未遂。1982 年 12 月 13 日刘××以父母包办、未到婚龄为由向法院提出离婚。1983 年 3 月县法院判决解除婚姻关系。被告不服，提出上诉，并在四邻村寨张贴公告。声言"三头六臂迎花送，若干年后再算账"。刘××害怕杨家再去人拉，即在上诉期与另一男青年结婚，其母得知，即去叫回。这时被告人认为刘××另嫁是刘母和法庭支持的。4 月 12 日被告到法庭骂干部，打破桌上玻璃板。4 月 20 日又在村上吹哨唤本寨人去刘家杀猪吃肉，强拉刘××。又去 80 多人把刘家围住，用木棒撬开刘家大门，用绳索将刘母捆绑 1 小时，砸烂刘家堂兄门板一块，将刘××强拉回，同居 6 个晚上。同时被告父亲还带 60 余人逼刘母杀猪。刘母说："猪在圈里，你们去杀。"被告父亲说："猪太小，要杀大猪。"刘母说："大猪已卖给大女婿家去了。"杨××押刘母至其大女婿家，其女婿说："猪卖给我了，为何喊人来杀我的猪。"在说清缘由后，由刘××的大女婿"扯耳砍猪头"。除留下猪头外，他们将 184 斤重的肥猪抬回村吃了。

此案起诉法院后，以非法拘禁、抢劫罪数罪并罚，判处杨××有期徒刑7年。在审查这个案件时，被告辩解："我们地方风俗如此，按古老的做法是对的。按现在的做法是不对的。判我离婚是不到婚龄，我上诉她又结婚，故我不服，即按习俗吹哨叫人去杀猪吃。"当地苗族中也确有此习俗。

显然，案例1-2是因为苗族的传统习俗即对苗族古老做法"吹哨杀猪"的继承而导致，因为与国家的法律有所违反而以犯罪论处。在苗族地区，因为居住地域较为偏僻，外来文化难以达至，因而许多民族传统习俗得以保留，比如"吹哨杀猪"、"抢亲"等，虽然符合传统的民族习俗，但与国家的刑事法律相违背。如何处理，需要对国家的统一法律和民族习俗进行一个综合的考虑。

（5）因愚昧落后缺乏文化科学知识引起的案件多。因为相信有"蛊"、有"酿鬼"、有"龙脉"等邪说，发生的"打砸抢"案件和杀人、伤害案件就属于这一类。如1982年榕江县苗族农民杨××的耕牛病死，其媳妇因怀孕身体不适，说是60多岁的老大娘朱××"放蛊"所致，在被告向××指认下，全村出动"打蛊"，用棍棒将朱××活活打死。这是一起严重的故意杀人案件，但考虑到发案是由于愚昧落后和浓厚的迷信意识引起的，因而只依法追究了主犯向××和三名凶手，并作了从轻处理。

这种情况，在黔东南因"放蛊"、"酿鬼"、"招龙谢土"而导致杀人、伤害、非法拘禁、"打砸抢"、"诽谤"等犯罪时有发生。

案例1-3

被告人姜×刚，32岁，文盲，苗族，黎平县大稼乡邓蒙村农民。同案被告姜×文，32岁，姜×先，26岁，均系苗族。1984年死者姜昌×曾在村里声言，他会放鬼整人。姜×文的父亲病故，姜×刚的儿子病故，姜昌×自称是他放鬼整死的，便引起村民对姜昌×的仇恨。1985年1月姜昌×外流回家，村人得知后，房族商量，姜世×等人把姜昌×从屋里拉出捆绑，尔后房族20多人宰猫1只，用猫血淋身（此地少数民族习俗用猫血淋死者才使死者不返）。后进行斗、打。姜昌×说：

"打痛得很，我自己死"，村民逼他上山，挂上绳，姜昌×自己套入圈内，上吊而死。此案以故意杀人罪起诉至县法院，县法院以该判重刑而退回县检察院，县检察院移送州检察院起诉，州检察院认为不够重刑，但按"一般不退回"的规定，起诉到中院，中级人民法院判处姜×刚有期徒刑5年，另两名被告被判有期徒刑3年，缓刑3年。我们认为对此案的处理是对的。

案例1-4

被告人杨尼×，女，38岁，苗族，剑河县南哨乡章汉村农民。1980年正月十五被告去妹妹杨汉×家吃饭。同桌10余人，被告醉酒后昏倒。昏迷中说："有三个鬼惩我，一个拿盆，一个拿破布；一个是罗×兴，一个是姜×欧，还有一个不认识。是他们'酿鬼'来惩我。"在场人信以为真，并去喊杨昌×拿土枪来打，赶"酿鬼"。杨昌×放了五枪，惊动全寨，围观达50来人，罗×兴、姜×欧是"酿鬼"很快被传开，致罗、姜二户在村里众叛亲离。该村村民祝××等二人到邻村巫库走亲戚将此事传开，在巫库引起很大影响。罗×兴、姜×欧的姑娘嫁巫库，罗家女婿听说姜家有"酿鬼"，要推罗出门，其母则指导儿媳将睡床拆掉，造成媳妇和丈夫与公公同床睡觉的后果。姜家女婿家为"酿鬼"分家，生产队不让他们在一个作业组生产，此案以诽谤罪起诉至县法院，判处杨尼×有期徒刑4年。

（6）因民族地区陈规陋习和封建宗法观念引起的案件多。一些少数民族地方按照宗族或村寨自立严格的"族规"、"款约"，不论发生什么问题，都不找政府和司法机关，而用这些自立的规约解决，由此往往引起"打砸抢"、非法搜家、非法拘禁等严重刑事案件。对这些问题，一般都依法从轻处理。

贵州省凯里市凯棠乡凯哨村杨氏家族订的《村规民约》第一条第二款规定："对子女关系有'牛马'行为，如有违法就可以开除他的家籍，还处罚米、酒、肉各120斤。"1983年9月18日村民杨×奎听说村中有一14岁的女孩杨×江在山上放牛时被强奸（经公安局调查否认），杨×奎即以族长身份主持召集杨氏家族"首领"开会，按族规罚杨×江250元，米、酒、肉各120斤，鸭4只、瓶酒4瓶。杨×江的父亲无从拿出，只得将耕牛卖掉交款，所罚款项家族百余人大吃一顿后，还宣布开除杨×江族籍，致杨×江有家不能归，长期在外流浪。诸如此类的还有从江一些地方把人抓至鼓楼捆绑吊打的。按《刑法》规定，有的确实是构成了非法拘禁罪或敲诈勒索罪，但是真正依法处理后，社会效果却不好。

（7）因历史积怨或维护本民族、本村寨利益引起的犯罪多。因历史的原因，少数民族本民族内或不同民族间往往因利益冲突而发生殴斗行为，比如一些地方因为争山林、争水源、争坟地等，往往引起大规模群众性械斗，造成交通断绝、生产破坏，多人伤亡的严重后果。

案例 1-5

被告人粟×万，男，34岁，苗族，初中文化，农民，时任村治保主任。

被告人粟×灵，男，20岁，苗族，初中文化，农民。

被告人粟×友，男，29岁，苗族，初中文化，农民。

被告人杨×文，男，24岁，水族，初中文化，农民。

上列被告人所在的塘化村塘绒自然寨，为"道龙山"的山权问题与毗邻的南加镇新寨村从旧社会起就多次发生争端。1946年农村"四固定"时将此山划归新寨后，塘绒不服，多次控告。1965年法院出面调解，由于双方签字达成协议："道龙山"归新寨管理，新寨让其中五幅山的老村的树由塘绒寨一次性砍完。调解后，双方执行了协议。1980年农村实行责任制后，塘绒寨又提出不服法院调解，多次找区、县、州、省有关部门要求重新确立山权，但未达目的。1984年8月，担任塘化村治保主任的粟×万为首召集塘绒寨群众会，会上拟定并通过《同意买枪和参战人员名单》。同月23日，被告粟×友又开群众会议，会上议定《与新寨争山打架的决议书》。更为严重的是，同年9月6日，粟×万、粟×友与其他村干部召开全寨会议，杀猪聚餐，动员群众与新寨争山打架，会上提出："哪个不去打架，拉他家猪吃"，"不准哪个不去。"次日，粟×万找来1981

年写的"塘绒四个小队为反击新寨侵略我队山林保卫书"，授意粟×友向群众宣读。粟×友宣读后，粟×万在《保卫书》上补写了"立一等功奖 30 元，二等功奖 20 元，三等功奖 10 元"的条款。当天下午，全寨有 50 多人分三路去围攻新寨正在"道龙山"拉木材的新寨村民吴×俊等 6 人。粟×万、粟×友用竹棒将三人打成重伤；粟×灵用武术棍将一人打死；杨×文用武术棍将一人右腿、右手指打成粉碎性骨折，终身残废。事后，粟×万、粟×友等人多次订立攻守同盟，企图逃避罪责。州中级人民法院判处粟×万、粟×灵无期徒刑，粟×友有期徒刑 12 年，杨×文有期徒刑 7 年，被告人不服上诉，省高级人民法院裁定驳回，维持原判。

这是一起有组织、有预谋的故意伤害案，情节和后果严重，应当严格按照我国法律进行处罚，但司法机关对这起案件的为首的主犯实施刑罚，而且适当从宽。这类少数民族村寨因历史遗留下来的山林纠纷解决不及时、不得力而发展成重大刑事案件的典型案例在贵州省少数民族地区时有发生。少数民族地区由于历史原因不仅文化落后，而且商品经济很不发达，因此，群众中往往为了自身的经济利益，对一山一水、一草一木都互不谦让，如果矛盾纠纷没有解决好、疏导好，便非常容易导致流血事件和集体殴斗。

2. 布依族犯罪特征分析

布依族主要分布在黔南、黔西南两个自治州，以及安顺市和铜仁市；食物以大米为主，喜酒，比如自酿的水花酒，通过"朗梢"、"朗昌"等实现自由恋爱。从我们对在押的部分布依族罪犯进行调查统计的结果来看，20 世纪 90 年代以后，布依族罪犯的押犯数明显增多，犯罪性质多以经济型为主，低龄化趋势日益明显。具体来讲，有以下几个特点：

（1）财产型犯罪多发。

1）从犯罪性质上看，以财产型犯罪增长最快，因贪污、受贿、盗窃、抢劫财产而犯罪的罪犯占布依族罪犯的多数，其中盗窃犯占押犯总数的 19.7%。抢劫犯占押犯总数的 22.4%。

2）从犯罪类型上看，除盗窃、抢劫、贪污、诈骗、走私外，还有贩毒、拐卖人口等，其中布依族的贩毒和拐卖人口犯分别占布依族在押犯总数的 30.8% 和 17.6%。贩毒与拐卖人口犯罪，多出于牟利的目的。根据笔者对镇宁自治县进行的走访发现：苗族犯罪比布依族略少；布依族盗窃和贩毒犯罪较为严重。作为交通枢纽，镇宁自治县是一条上佳的毒品通道，毒品犯罪仅仅次于盗窃犯罪。禁毒工作也是镇宁布依族苗族自治县县委、政府工作的一个重要组成部分。[①]

无论是从犯罪性质上还是从犯罪类型上的分析，都突出了布依族犯罪对经济利益的极端追求。这应当是犯罪经济学的一个分析结论。伴随经济发展与社会变迁，少数民族公民的生活需要不断增长，但相对落后的生产力发展不能满足这些需要，部分少数民族公民便选择了"生财捷径"，铤而走险。

（2）青壮年犯罪多发。从犯罪年龄上看，布依族青壮年犯罪率高，低龄化日趋明显。根据我们在 D 监狱所作的调查，发现：青壮年犯罪占整个犯罪的比例相当高，占近 2/3（见图 1-6）。

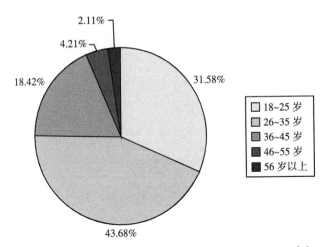

2.11%
4.21%
18.42%
31.58%
43.68%

18~25 岁
26~35 岁
36~45 岁
46~55 岁
56 岁以上

图 1-6　布依族犯罪年龄结构——D 监狱数据（2000~2003 年）

从图 1-6 中可以看出，18~35 岁的在押犯占在押犯总数的 75.26%，36~45 岁的占在押犯总数的 18.42%，46 岁以及以上的占在押犯总数的 6.32%。这种年龄结构与布依族的犯罪类型紧密相关，更多的以暴力型的侵犯人身权利和财产权利的犯罪为主。

---

① 镇宁布依族苗族自治县公安局，镇宁布依族苗族自治县禁毒工作总结，2002，2003。

（3）犯罪主体文化素质低。同样以 D 监狱提供的数据为例，从在押犯捕前文化程度的观察可以分析，少数民族文化程度受少数民族经济发展状况影响，文化程度普遍不高（见图 1-7）。

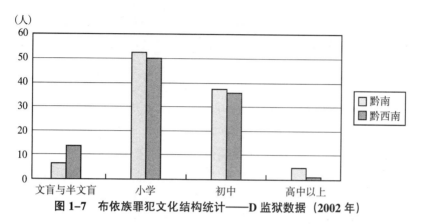

图 1-7　布依族罪犯文化结构统计——D 监狱数据（2002 年）

从图 1-7 中可以看出，文盲、半文盲占押犯总数的 11.04%；小学文化程度占押犯总数的 47.26%；初中文化程度占押犯总数的 32.92%；高中以上文化程度占押犯总数的 8.78%。我们不难发现，尽管贵州省在"两基"工作中取得了一定的进展，但鉴于民族地区底子太薄、欠账太多，工作开展难度大，少数民族文化程度普遍不高，因此，在布依族较为聚集的黔南和黔西南两个自治州，获取的数据表明：在押犯文化程度偏低，多为没有接受九年制义务教育者。从案例 1-6 中我们可以获得一些启示。

案例 1-6

被告人伍×泽，男，48 岁，布依族，文盲，农民。

1986 年 5 月 30 日晚，被告伍×泽放养在村外的一匹马，被途经该地的袁×才（遵义县人，已判刑）盗走。袁×才连夜将马拉到安顺市宋旗镇打子囤寨时，由于行动鬼祟，引起当地群众怀疑，将马匹扣留。失主伍×泽经多方查询，于 6 月 16 日在打子囤寨将马找回。次日，当袁×才再次到打子囤寨要马时，被当地群众抓获。被告伍×泽获悉后，邀本村村民 10 余人，于当晚八点钟左右到打子囤寨将袁×才捆绑在马车上押回本村时，随即将袁×才押到该村的"杀牛洞"（山洞名）内，对袁×才进行吊打、拷问达 6 个多小时，致其右腕关节骨折，并引起肌肉萎缩。

鉴于该案是在办理其他案件时连带出来的，检察院在决定立案侦查的同时，要求县公安局依法先行收审被告伍×泽（注：伍×泽不属收审对象，不应收审）。在执行时，遭到了村民的围攻、质问："伍×泽是失主，为什么要抓他走？"伍×泽的亲属数人又到检察院发难："你们究竟是保护失主的利益，还是保护盗窃犯的利益？！"被告伍×泽在被提审时也公然声称："我只知道抓盗窃犯是合法的，我不知道自己犯了什么罪被抓。"针对这种情况，办案人员结合案例向被告及其亲属宣讲了《宪法》、《刑法》，通过宣传教育，使被告亲属心服口服，并促使被告据实交代，表示认罪服法，希望得到宽大处理。县检察院对该案进行认真分析研究，决定对被告伍×泽不予逮捕，作免诉处理；令其写保证书，通过现身说法，进行法制宣传教育；落实对被告伍×泽的帮教措施。案件处理后，当地少数民族群众普遍反映不错。

（4）犯罪受旧习俗影响较大。旧的习俗在贵州省民族地区根深蒂固，经济、政治、文化等生活领域均受到旧习俗的影响。在贵州省布依族聚居地区，诸多纠纷与矛盾产生于旧的习俗，甚至不少犯罪行为受旧习俗的严重影响。比如民间因为婚姻纠纷引起的对人身自由、人身健康的侵犯，构成非法拘禁、暴力干涉婚姻、重婚罪。又如因为传宗接代的使命而重婚的。这类犯罪在布依族聚居地区发生频率较高。

案例 1-7

被告人岑×亮，男，布依族，26 岁，初中文化，农民。

被告人岑×准，男，布依族，37 岁，文盲，系岑×亮之叔。

被告人岑×杰，男，布依族，20 岁，文盲，系岑×亮之弟。

被告人韦×常，男，布依族，31 岁，文盲，农民。

被害人黄由×，女，布依族，21 岁，文盲，农民。

被害人黄卜×，系黄由×之父。

黄由×九岁时由祖母包办与岑×亮订婚，于 1982 年结婚。婚后两人没有感情，黄由x长期居住在娘家，并流露出希望离婚的想法。1987年1月28日（农历大年三十），岑之母去黄家接黄由x到岑家过年，得知黄由x外出未归。当晚八时许，岑x亮便携带棕绳，与家族成员岑x准、岑x杰等十余人撞入黄家，威逼黄卜x交出其女黄由x，并将黄卜x捆绑倒吊一个多小时，岑x准还叫黄卜x跪下认错，令黄卜x在三天之内交出黄由x，黄卜x被迫答应后，岑一伙人才离开黄家。

次日，岑x亮得知黄由x返家后，便于正月初二，身带尼龙绳与岑x准、岑x杰、韦x常等20余人，再次撞入黄家。黄卜x见势不妙，从后门逃出。岑x亮抓住黄由x，反扭双手，岑x杰、韦x常动手用绳子捆黄。在岑x准的指使下，四人一起动手将黄由x悬空吊挂在房梁上两个多小时。其间，岑x亮用木棒和布鞋殴打黄的脸、嘴、臀、脚等处，并威逼黄承认与他人有关系，黄不承认。岑x亮等在殴打中逼问黄嫁到哪里去了，黄受刑不过，承认嫁到邻近的望谟县才被放下。岑x准对黄大声叫骂："人也不要，钱也不要，一百块钱捆一回，捆合三千块钱……"岑x亮又逼问黄出嫁是谁做的媒人，黄说没有此事，岑等四人又用尼龙绳捆黄的右脚踝关节处，再次将黄悬吊起来达四个多小时，并将黄的上衣卷到颈部，使其上身裸露在外。岑x亮对旁观群众的多次劝阻置之不理，仍持布鞋连续殴打黄的嘴、脸、阴部等，致黄昏迷不醒。直至傍晚七时许，一群众趁岑家人去吃饭之机，将黄救下，由黄家人背黄由x步行三天送到区医院，经医院诊断，黄由x全身多处软组织损伤。

案例1-7是因传统包办婚姻的习俗引起的恶性事件。少数民族地区受外来文化冲击少，文化的现代化进程迟缓，包办婚姻习俗与《婚姻法》等法律相违反，但是对民族公民有较为深远而强烈的影响。这种民族习俗引发的事件多发，且在今后一段时间内仍然会继续存在。

案例1-8

被告人罗x尧，男，28岁，布依族，高中文化，农民。
被告人卢x琼，女，31岁，布依族，初小文化，农民。

被告人罗×尧于 1969 年 12 月（七岁时）由父母包办与本村罗×英按民族风俗"盘酒"结婚（娃娃亲），因当时二人尚年幼，直至 1976 年底罗×英才到罗×尧家"坐家"（正式成婚，系事实婚姻）。在此以前，罗×尧于 1974 年与被告人卢×琼"玩表"认识，彼此相爱，并于 1977 年 8 月生一男孩。同月，经永宁区派出所解决，罗负责卢产后一个月生活费用，并不准二人继续来往。后因被告×尧之妻罗×英生育两胎均是女孩，罗×尧因受封建传宗接代思想影响，取得罗×英同意后，被告二人又于 1981 年再次以"夫妻"关系非法同居，并于 1982 年生一女孩。

案例 1-8 发生在关岭布依族聚居的边远山区，女方婚后未生男孩或无生育能力，不管原妻是否同意，男方讨小老婆都被认为是天经地义的。甚至有的妻子主动介绍，促成纳妾；宗族亲属积极撮合重婚。重婚行为在这里不仅不受谴责，反而得到支持，有的还大办酒席明媒正娶。鉴于此类犯罪行为主观动机上不是喜新厌旧、贪恋钱财等，而是受传宗接代封建思想影响所致，一般都作从轻处理。

（5）暴力型犯罪突出。从犯罪方式上看，暴力型犯罪发案率较高。而且手段残忍，后果严重。布依族聚居地区，少数民族公民法律意识欠缺，一旦认为自我受到"不公正"的对待，习惯于采取私力救济，通过违法甚至犯罪行为主张权利。在布依族聚居地区，采取故意杀人、故意伤害等行为来解决问题的方式较多，从而使暴力型犯罪居高不下。

案例 1-9

被告人岑×洪，男，27 岁，布依族，农民。

1977 年 9 月，被告人岑×洪经父母包办与本乡女青年罗×兰订婚，后女方不同意，但由于双方家长强迫，于 1979 年 9 月 26 日结婚。按照民族习俗，婚后女方可以暂不到男方家生活。被告人岑×洪及其家人曾多次去接罗，罗始终不去（按民族习俗，男方接时应去）。因此，被告人对罗极为不满，并怀疑罗作风不好，遂生恶念。1982 年 6 月 10 日，被告人获悉罗在拉罗寨帮亲戚家栽秧，11 日晨带玻璃瓶到拉

> 罗寨河边等候。八时许，被告见罗一人返家，即尾随罗并对罗进行毒打，用玻璃瓶朝罗头部猛击，将瓶下端打碎后，又用瓶子上端狠戳罗的脸部，又捡石头朝罗头部连击，致罗死亡。作案后，被告人投案自首。

从案例1-9来看，岑某对与其订婚的罗某产生怀疑，进而萌生恨意，但是没有很好地沟通交流，而是采取实施暴力行为的方式对罗某实施人身侵犯。这类犯罪的发生率高，既与边远山区少数民族公民的文化素质、心理素质相关，也与犯罪地理学中的地理环境相关。

3. 侗族犯罪特征分析

侗族主要分布在黔东南苗族侗族自治州和铜仁市的玉屏侗族自治县、万山区、碧江区、江口县。通过"行歌坐月"、"玩山走寨"等实现自由恋爱，确定婚姻关系。根据我们的调研，侗族犯罪的主要特征包括：

（1）传统的侵犯财产犯罪突出。侗族与汉族长期杂居，与周边汉族经济发展、文化发展水平近似。侗族在押犯中，传统侵犯财产犯罪占较大比例。因为经济贫困原因，小至偷猪偷牛，大至抢劫抢夺。一般而言，行为人多家境贫寒，在村寨中生活处于下等水平。行为人在获得实物后不作变卖便直接享用，呈现出直观而现实的占有意识。按照心理学的解释，"饥寒生盗心"是侗族犯罪真实的写照。

从T监狱获取的数据可以看出：侗族聚居地铜仁市侵犯财产犯罪约60人，占近37%，仅次于侵犯人身权利、民主权利犯罪。分析可得，侗族罪犯在犯罪类型上"财产型"犯罪占据较为突出比例，与侗族经济发展和地域环境密切相关（见图1-8）。

（2）因婚姻纠纷引发的打、砸、抢犯罪较多。侗族聚居地区，存在传统的封建习俗，父母包办婚姻，尊崇"父母之命、媒妁之言"。否则，会视为违反当地的传统习俗。从现代婚恋自由的观念出发，婚姻应当是男女双方的事情，不应当受父母或外人的干涉。基于文化的冲突，侗族地区因为婚姻产生纠纷进而引发打、砸、抢的犯罪较多。

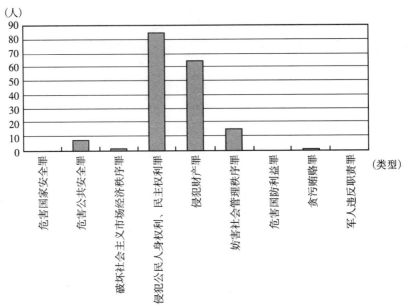

图1-8 侗族犯罪类型统计——T监狱数据（2003年）

案例1-10

被告人吴世×，男，23岁，侗族，初小文化，农民。

1980年2月，被告吴世×（当时16岁）与同村少女王×桂（当时14岁）经双方父母包办按照当地少数民族习俗订婚后，常来常往。1982年王女之父病故，被告吴世×按当地习俗送礼祭奠，并在农忙季节去帮忙干活。1983年10月，被告又按当地民族习俗给王家送彩礼。1984年后，被告吴世×曾多次托人与王家商量结婚，女方均以年幼家贫而不答应。1985年10月初，王×桂与本县茅坪镇青年农民杨××赶集时结识，后建立恋爱关系。尔后，杨××托其庚爹（朋友的父亲，与被告同村）石×荣向王母说明他们之间的关系，如若同意就带王×桂去杨××家看屋（即了解对方的家庭状况和居住地）。10月中旬，石×荣带王×桂到杨××家看屋，以后两家常有往来。同年11月下旬，杨××到王家与其族人商量怎么解决王×桂与吴世×已订婚的问题。在商量过程中，有人提出王女未进吴家门，婚姻未成事实，没有法律保障，如果愿意就先把王×桂接去。1986年1月，王×桂自愿前往杨××家与杨××公开同居。

被告吴世×得知王×桂出走后，先后三次去王家询问王的去向，王母均假称不知。1986年1月19日，被告吴世×等人便将王家黄牛一头、猪两头拉走，打坏板壁一扇、房门一块，还扬言捆吊王母。王母见状害怕，便说去问石×荣。被告等人随王母涌到石家，以石拐卖妇女为由，将石的一头猪杀掉，撬锁入室拿米煮饭和换酒。他们在石家吃喝到深夜，临走时还牵走石家的水牛一头。次日，被告吴世×又邀约十余人到石家挑走稻谷204斤。

案例1-10中，吴世×因他人悔婚而邀约族人去牵牛、杀猪、毁坏他人财物，是基于当地少数民族在婚姻问题上的旧风俗习惯的影响。这类案件在侗族地区经常发生，并容易激化民族内部矛盾，考虑到风俗习惯的影响，处理上一般从宽。

（3）受陈规陋习影响的犯罪时有发生。从江县侗族村寨有一种陋习，家无男孩被视为"没根种"。"没根种"户就无权也没有资格参加各种民族娱乐活动，如"芦笙节"、"踩歌堂"、"起款"、"祭萨"、"夺耶"等。生男孩才视为命好，才可以参加民族节日活动。这种习俗影响到侗族行为人对重婚行为的态度，往往为了在族内能够抬得起头，避免被人歧视，行为人甚至包括其妻子都赞同重婚，周围群众也对此持默许态度。

案例 1-11

被告人石×明，男，41岁，侗族，小学文化，农民。

石×明婚后生有5个女孩，村里因其违反计划生育政策不许他参加本村寨民族节日活动，其爱人也认为命不好。夫妻商量后，将一妇女接来家里，以夫妻关系非法同居，目的是能生个男孩。被人举报起诉至县人民法院后，县法院以石×明犯重婚罪作了有罪判决。

案例1-11中，如果说侗族公民石×明犯罪是出于自身"传宗接代"的想法，更毋庸说是侗族习俗"没根种户"导致的结果。石×明没有儿子，就只能被排斥在侗族社会的民族节日之外。尽管法院作了有罪判决，但如果坚持这种习俗，更多的"没根种户"会选择重婚生一个男孩，从而可以"合理地"融入当地社会。

（4）因山林、田土、坟地争端引发的犯罪较多。在侗族地区，因历史遗留或近些年来实行承包责任制以后出现的"清原耕、续祖业"而发生的山林、田土、宅基地、坟山"阴地"的争端，由此导致故意杀人、故意伤害、聚众"打砸抢"等犯罪。这类犯罪多导致群众性的械斗，造成人身伤害和财产损毁。

案例 1-12

被告人陈×修，男，45岁，高小文化，侗族，农民。

被告人杨×全，男，46岁，高小文化，侗族，农民。

渡马乡龙盘村是一个侗乡大寨，居住有周、陈两姓，150多户人家。早在清代中期，居住在龙盘村对面的杨姓家族，认为龙盘寨风水龙脉好，以阴地（坟场）是杨姓的为由，在村中一场斜坡地相继安葬了杨姓祖先，至今仍保留11座坟墓。从杨姓在此埋坟起，周、陈两姓与杨姓就闹纠纷，发生多次群众性斗殴，官司连年不断。但在旧社会的每次诉讼，都以双方在官府势力的大小而决定胜败，历史积怨日益加深。解放后，每到清明扫墓，又曾多次发生打架、毁房事件。人民政府虽经多次调解，但当场达成协议，过后又被推翻。

1981年清明节前，龙盘村闻悉杨姓要聚集家族扫墓挑起历史事端，周、陈两姓聚众商议对策，被告陈×修参与策划后，自备土枪一支，试枪后待机行凶。4月6日杨姓300多人前来扫墓，被告陈×修持枪潜伏房屋楼上窥视动态。扫墓间，杨姓以陈姓房屋占了坟地为由，将陈×含、周×勋两家房屋板壁砸毁，挑起了众人吵骂斗殴。此时，被告陈×修对准杨姓人群开枪，将杨×依左膝关节处击伤。

由于杨姓砸房引起被告陈×修开枪伤人，激起了事态的进一步恶化。当天晚上，被告人杨×全参加了杨姓家族召开的所谓"四大公、五大房"（系指家族成员）会议，并在会上煽动："他们不讲理，我家有15公斤炸药、明天拿去炸死他们。"策划后，被告杨×全借来土枪、

> 炸药、导火线、雷管等爆炸物品，带领杨姓家族千余人手持土枪、木棒、刀斧、炸药等凶器，分数路围攻龙盘村，占据村子周围五个山头，用火药枪封锁路口，以高音喇叭指挥，先打伤六人，继而将周×泽等17户的房屋、家具全部砸毁，造成经济损失98000多元。

从案例1-12来看，类似为争山林、宅地、坟场发生伤害、杀人的案件在侗族聚居地区非常普遍。根据我们走访调查获悉：天柱县城关镇与高酿乡大段村争山打死一人，剑河县与锦屏县两个毗邻村为争山林，剑河方面把锦屏方面的林场捣毁，损失1万多元，构成毁坏公私财物罪。锦屏方面则用土枪将剑河方面打死一人，构成故意杀人罪。还有因争山林而构成盗砍、滥伐林木罪的，如黎平县尚重区平寨乡塘旧村与高面老村争山林而构成砍伐林木罪的，砍伐林木1600多立方米。榕江县乐里区平羊乡岭培村与保里村、街上村、机井村争山林而砍伐木材1900多立方米的，构成了盗伐林木罪。这类因为积怨而引发的民族内部矛盾与问题，如果严格按照法律处理而不顾及化解旧怨，将带来更多的矛盾和纠纷。

解决这类问题，必须本着从教育多数，提高觉悟，消除积怨，促进少数民族团结的原则出发，依法追究严重刑事犯罪的法律责任，同时对参与者进行教育，破除少数民族公民的迷信观念，增进少数民族公民的法律意识。

（5）受习惯法影响的犯罪突出。侗族地区议订有乡规民约，称"起款"，执约人按民约处罚，致被罚人造成严重后果，按《刑法》规定已构成犯罪，但执约人则认为不是犯罪，群众也抱有同情态度，认为此类行为不应依照法律处理。

案例1-13

天柱县岔处乡清朗村制订的《村规民约》第四条规定："发现有人偷盗，只要罪证确凿，情节轻微者，给予批评教育，罚款处理。情节重者，除收回所盗物资外，全体社员即对偷盗者进行抄家、杀猪。"1984年9月22日，该村青年王兆×等3人（均17岁）到山上偷了杨×荣等3家的土茯苓65斤，价值35元，被失主发现，诉之村长杨×荣，乡规民约组长王×基二人即派村民21人去抓盗茯苓的3个人。抓获后，由杨×荣、王×基两人带领20多人将偷茯苓3户的肥猪拉走5头，总重600余斤，次日又在两人指令下，要3家拿米60斤、酒30斤，把5头猪杀掉，村民群众大吃一顿。后又分别罚小偷王兆×款800元，王家×500元、王×江142元，共1442元，王兆×、王家×没有现金可以支付，把共养的母子水牛2头作抵1050元。

案例1-14

1984年农历十二月十七日，某村青年王×锡上山偷王×益的香菇3斤，被失主发现，随即报告了执约组长王×基和王×锡的父亲。其父得知即带子赔礼道歉，下跪求饶，并当失主面打儿子王×锡两个耳光，并踢一脚，以求失主谅解。回家后又要儿子写检讨通告全村父老，王×锡害怕失面子和倾家荡产，于当天上吊身亡。

《少数民族习惯法》是国家法律在民族地区实施的重要补充，对于少数民族地区秩序的维护起着国家法律所不能起到的作用。从案例1-13、案例1-14来看，在侗族地区，对盗窃行为人抄家、杀猪的行为是侗族习惯法规定的，符合侗族"禁盗"的精神。一定意义上讲，这种乡规民约给民族公民带来更大的耻辱感，从内心深处树立对盗窃行为的排斥，从而对预防和减少侗族地区盗窃犯罪的发生具有较大的控制作用。但是，对盗窃行为人"抄家、杀猪"的行为违反《刑法》第二百六十三条的规定，构成抢劫罪。至于如何处理，必须结合刑事政策与法律（包括民族地区的变通或补充规定）进行。

4.土家族犯罪特征分析

土家族主要分布在铜仁市和遵义市；沿河是贵州省唯一的土家族自治县。土家族妇女穿兰干大袖衣。[①] 食物以大米为主，喜酒，以自酿的水酒为主。根据我们对贵州省土家族聚居的铜仁市、遵义市与沿河自治县的调查，认为土家族犯罪存在如下特征。

---

① 德江县民族志编撰办公室编：《德江县民族志》，贵州民族出版社1991年版，第38页。

（1）传统型侵犯财产犯罪和侵犯人身权利犯罪突出。调查与统计发现，贵州省的土家族犯罪类型主要集中在以盗窃、抢劫、诈骗、破坏电力设备罪等为主的侵财型犯罪和以故意杀人、故意伤害等为主的侵犯人身权利型犯罪方面。以贵州省 T 监狱 2003 年的数据为例（见图 1-9）：

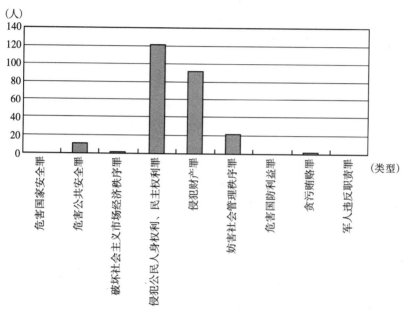

图 1-9　土家族犯罪类型结构——T 监狱数据（2003 年）

从图 1-9 中的数据可见，侵犯人身权利与民主权利的犯罪和侵犯财产罪分别为 121 人和 91 人，分别占在押犯的 49% 和 37%，二者共占在押犯总数的 86%。两类犯罪在土家族犯罪中占据绝对比例。

（2）年龄结构上以中青年犯罪为多。根据我们对 T 监狱获取的数据分析，发现中青年犯罪比例较大。以 T 监狱 2003 年的数据为例（见图 1-10）。

调查统计中，笔者发现：T 监狱共有 245 名土家族在押犯，18~25 岁的为 46 人，占 18.64%；26~35 岁的为 120 人，占 48.98%。处于 18~35 岁的土家族在押犯为 166 人，占土家族在押犯的 2/3 还多。

（3）捕前系农民与无业人员突出。根据我们对 Z 监狱 2003 年在押犯的统计，在监的农民与无业人员占据较大比例，缘于贵州省多为农村地区，且处在向城市化转轨的进程中，国有企业下岗人员和农村向城市转移的人口中犯罪的多，导致农民和无业人员犯罪者多。农民犯罪大多是经济

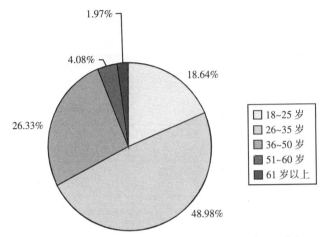

图 1-10　土家族犯罪年龄结构——T 监狱数据（2003 年）

贫困和地理环境所导致，而无业人员犯罪则因"无恒产者无恒心"实施犯罪（见图 1-11）。

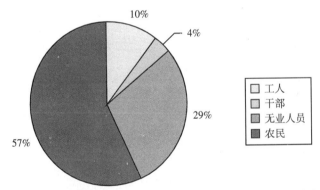

图 1-11　土家族罪犯捕前身份结构——Z 监狱数据（2003 年）

（4）土家族团伙犯罪较为突出。贵州省属于"老少边穷"地区，历史上经济不发达，现实经济欠账太多。遵义市作为贵州省较为富庶的地方，同样存在着经济贫困而外出实施犯罪的现象。本民族地区不能实现迅速致富，且资源有限，集体外出有组织地实施犯罪不失为一条快捷的"致富方式"和"生财之道"。这种"外出打工型"犯罪最初选择的是打工途径，但因为缺乏技术和谋生手段，一般外出后便选择犯罪作为快速致富方式。

打工型犯罪回家声称在外打工，但在外地则以村为单位实施团伙犯罪。这种犯罪因为相邻关系，处于紧密状态，在移民城市或者接纳打工者较多的城市呈现上升趋势。

案例 1-15

2001 年 3 月，辽宁省沈阳市公安局铁西分局先后抓获来自贵州省德江县稳坪镇铁坑村的"德江帮"特大入室盗窃集团成员共 55 人。该盗窃集团头目冯 x 强是铁坑村村委会主任，全村数百名青壮年一起出动，常年流窜在全国各地，以盗窃为手段"发财致富"。

该集团凡到一地作案，先由大小头目购买当地交通地理图，熟悉地形，统一选择作案地点，购置作案手套、微型手电筒和利于攀爬的旅游鞋和专用作案的服装，统一策划，选定作案时间，划分作案地点，一律昼伏夜出。此外，在这一盗窃集团中，还有 6 名年轻女子，他们不是盗贼，而是随队专门为这些盗贼提供性服务的，被称作"德江帮"里的"慰安妇"。

像案例 1-15 中所描述的，这种一村一镇几百人纠集在一起的集团性、地域性、血缘亲情型犯罪虽属罕见，但其发生的迹象和发展的过程却应该引起我们的深思。这种类型的犯罪伴随人口流动的增加在某些地方还会增加，值得引起民族地区和接纳打工者的移民城市注意。

（5）妨害社会管理秩序罪中赌博犯罪突出。根据笔者在沿河土家族自治县的调查，当地司法机关反映赌博犯罪在当地比较普遍。原因在于解放前的赌博习俗流传了下来，往往是"赶场就是赶赌"，少则 10~20 人，多则数百人。这种群众性的聚赌成为一种风气，导致家庭破裂，甚至赌输老婆、房子、子女，但是对此类赌博犯罪很难治理，一是群众参与，政策把握难度大，很难打击；二是收集证据难度大。因此，赌博犯罪是影响沿河县的一个重要治安问题。

5.彝族犯罪的若干特征

我国彝族主要分布在滇、川、黔、贵四省区，贵州彝族主要分布在黔西北的毕节市和六盘水三特区以及贵阳、安顺、遵义、黔南、黔西南等市州的部分县市。[①]彝族男女老幼经常身披羊毛织的披衫"瓦拉"，汉语称"察尔瓦"。彝族男子头缠"英雄结"，身披"察尔瓦"，妇女上着短衣，下穿白褶裙，外披"瓦拉"。喜酒，如水花酒。根据我们针对 B 监狱的调查研究，贵州彝族犯罪特征表现为：

（1）财产型犯罪多。通过对 2000~2003 年的 B 监狱的彝族罪犯调查，2003 年的彝族在押犯犯罪类型结构如图 1-12 所示。

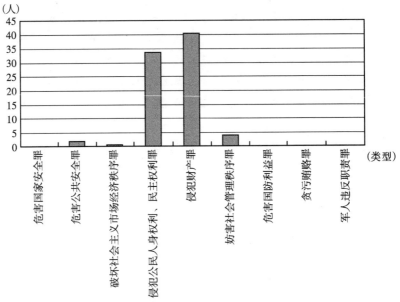

图 1-12　彝族犯罪类型结构——B 监狱数据（2003 年）

在 B 监狱 2003 年的彝族在押犯中，侵犯人身权利、民主权利罪和侵犯财产罪的行为人为 74 人（共 80 名彝族在押犯），占据绝大多数。尤以侵犯财产罪的行为人为主要比例，占据 50%还多。

（2）青壮年犯罪占据高比例。同样我们以 B 监狱的调查统计为样本，考察贵州省彝族犯罪的年龄结构特征（见图 1-13）。

根据笔者对 B 监狱 2003 年在押犯的调查统计发现，80 名在押彝族罪

---

① 宋勤实：《国内外彝学研究综述》，载贵州省彝学研究会编：《贵州彝学》，贵州民族出版社 2002 年版，第 332 页。

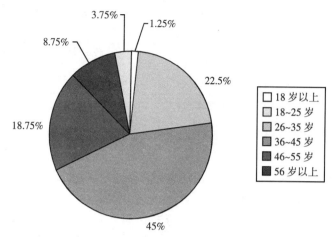

图1-13　彝族犯罪年龄结构——B监狱数据（2003年）

犯中（除去1位未成年人），18~25岁的为18人，占22.5%；26~35岁的为36人，占45%；36~45岁的为15人，占18.75%；46~55岁的为7人，占8.75%，而56岁以上的为3人，仅占3.75%。综合看来，35岁以下的青壮年在押犯为54人，占68%强。可见，贵州省彝族的青壮年犯罪占高比例。

（3）重婚犯罪多。受少数民族传统风俗影响，彝族群众中重婚现象较为严重。根据贵州省某县人民法院1985年上半年对全县彝族重婚情况进行的调查：64件重婚只追究了1件涉及1名被告人的刑事责任，对其余63件作了民事处理。基本情况是：一是因干涉丧偶妇女婚姻自由，强迫丧偶妇女转房重婚的28件，占43.75%，如新民乡新建村马海×于1983年病故，其妻衣×在家族的干涉和压力下，与有妻之夫的哥哥马×福转房重婚；二是因重男轻女、传宗接代而重婚的26件，占40.6%，如曲可地乡呷托村日××和幸福村布约××，均系有妻之夫，因没有儿子传宗，日××娶一个无行为能力的俄五××为小老婆，布约××娶一个年龄悬殊很大的哑巴马海阿××为小老婆；三是因图财或另娶新欢重婚的10件，占15.6%，如申果乡沙苦村吉觉××，其子吉足××于1984年2月病故，遗下妻子麻卡×和3个女儿，因家产牛羊较多，吉觉××为了阻止儿媳另嫁，自己60岁了又逼着34岁的儿媳转重婚（见表1-1）。

表1–1 贵州省某县重婚犯罪调查

单位：件

重婚犯罪	干涉丧偶妇女婚姻自由	重男轻女、传宗接代	图财或另娶新欢
64	28	26	10
100%	43.75%	40.63%	15.62%

注：追究1件案子1名被告人的刑事责任，其余63件作民事处理。

当时所作的调查今天是否还是类似状况，我们对此进行了再访，发现伴随《婚姻法》的普及，该县的重婚现象已经有所减少，但受旧风俗的影响，重婚现象仍时有发生，在司法实践中应当引起注意。

6. 仡佬族犯罪特征分析

贵州省仡佬族的聚居地区主要分布在遵义市、安顺市、铜仁市、六盘水市、毕节市。仡佬族妇女穿筒裙，头盘大发髻，用三条一丈多长的布包头或花帕盖头，男穿无领绣花短衣及大脚裤。

对仡佬族的调查主要是基于务川仡佬族苗族自治县公安局提供的《近五年来犯罪趋势与特点》的调研报告和笔者对务川、道真仡佬族苗族自治县的走访。仡佬族的犯罪特征表现为：

（1）犯罪总量递减，但严重刑事犯罪呈现上升趋势。根据务川县公安局提交的调研报告，以仡佬族为主要自治民族的犯罪总量虽然起伏不定，但总体有递减的趋势。不过，在1999~2003年，杀人、伤害、强奸、放火、爆炸、劫持、抢劫等八类严重刑事犯罪呈现递增趋势。

从图1–14和图1–15两个趋势图可以看出，务川仡佬族苗族自治县的刑事犯罪总量下降，但严重刑事案件呈现上升趋势，刑事犯罪烈度增强，对社

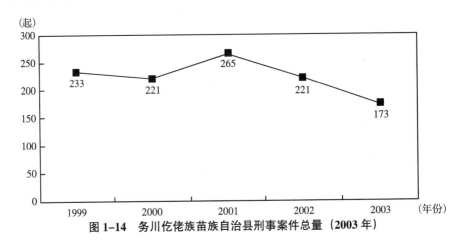

图1–14 务川仡佬族苗族自治县刑事案件总量（2003年）

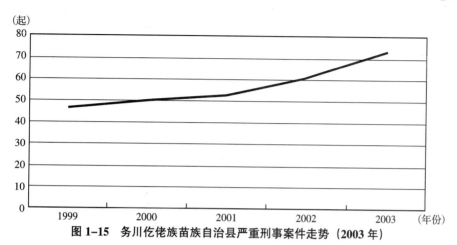

图 1-15 务川仡佬族苗族自治县严重刑事案件走势（2003 年）

会危害程度增大。

（2）农民和无业人员犯罪突出。根据务川仡佬族苗族自治县公安局提交的调研报告，以仡佬族为主要民族的全县犯罪主体以农民为主，今后一段时间内社会变迁的速度会加快，但限于其属于欠发达地区，变迁速度有限。人员流动会加大，但人员身份变化不大，农民和无业人员仍然是犯罪主体。

从图 1-16 中可以反映出，农民与无业人员的增加是一个长期的趋势，这一趋势在短期内不会改变。

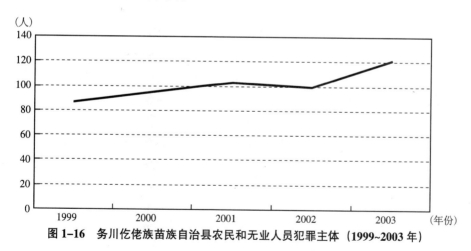

图 1-16 务川仡佬族苗族自治县农民和无业人员犯罪主体（1999~2003 年）

（3）侵犯财产、侵犯人身权利犯罪突出。根据笔者在两个仡佬族苗族自治县的走访，侵犯财产案件占大多数，入室盗窃、流窜作案的多，盗窃案件多发生在县城或人口多且容易流动和销赃的地方。在侵犯人身权利犯罪中，故意伤害的突出，但故意杀人的少。盗窃案件发案呈现高规律性，偷牛偷羊突出，[①]时间上或在学生上学阶段为孩子上学筹措学费，或是过年后农忙前为买化肥、农药、种子。相对而言，道真作为一个处于毒品重灾区包围的腹地，已经实现无种、吸、贩、运，成为名副其实的无毒县（2001年贵州省授予"无毒县"荣誉称号），其原因主要是对毒品犯罪的防控做得好，以致毒品犯罪分子常称"道真无市场"。

（4）犯罪手段简单，女性犯罪少。两个仡佬族自治县刑事犯罪的犯罪手段简单，多为伤害致死或投毒杀人，预谋杀人或图财杀人的少见，在投毒案件中，一般是以老鼠药为主；在发案地区特点上，城镇多于城市，城镇多于农村，室内多于室外；作案形式上，本地人作案和单独作案的占多数。从性别比例上看，女性犯罪少于10%，多为危害公共安全罪和侵犯人身权利罪。

7. 水族犯罪特征分析

贵州省水族主要分布在三都水族自治县和荔波、都匀、独山、榕江等县。水族尊重嫡长子，即使嫡长子虽非年长，亦得尊重。如无嫡长子，则以庶长子为长子。长子长孙均享有长子田等特权。[②]水族的婚姻形态中，还残存有一些古代婚俗的遗迹。比如，抢婚、表亲婚、买卖婚、入赘婚（招养婚）、自由婚等。水族妇女着无领对襟银扣上衣，下装多为百褶裙，扎裹腿，脚穿绣花翘尖鞋，以青色长条巾或花格方巾包头。喜酒，有"男人喝酒，女人酿酒"的习俗，男人以喝酒有酒量而引以为豪，凡有客到，必以酒款待。根据我们对D监狱的调查研究和系列走访，水族犯罪特征具体表现为：

（1）农村偷牛盗马案件突出。水族地区经济尚不发达，值钱的东西多系牲畜，农村盗窃案件多以牛马为主要对象。三都水族自治县地处农村，牛马作为农村的主要生产资料在民族地区价值不菲，所以盗窃案件以牛马为对象并不奇怪。

（2）重婚犯罪比较严重。在部分经济文化落后、传统观念盛行的少数

---

① 2001年4月，整治农村偷牛盗马，共打击28人，涉及2县5镇十多个乡村，破获被盗牛马80余头，挽回经济损失5万余元。参见务川县公安局：《务川仡佬族苗族自治县近五年来犯罪趋势与特点》，2003年版。

② 何积全主编：《水族民俗探幽》，四川民族出版社1992年版，第67页。

民族聚居的农村，重婚纳妾的情况比较严重。根据三都水族自治县一个区的统计，1978~1982 年，重婚案件达 148 起，其中有的是原妻不育，有的是没有男孩，有的是把生活困难或生活能力弱的妇女接到家中同吃同住，有的重婚甚至是由原妻出面给丈夫找小老婆的，也有少数重婚是因为包办婚姻感情不好引起的，还有因封建迷信而重婚的。

案例 1-16

被告人韦×珍，男，46 岁，高小文化，水族，农民。

被告人韦×珍于 1965 年与本乡女青年韦×自愿结婚，婚后感情融洽，生有 4 女 2 男。但被告韦×珍存在浓厚的封建迷信思想，轻信算卦先生"只有另娶小老婆才能保住性命"的蛊惑。于是四方求媒，于 1985 年 5 月公开纳本乡潘×（寡妇）为妾。后在其妻韦×的反对下，潘×外出靠缝衣谋生。1986 年 9 月，被告人韦×珍又将潘×及他们俩所生的小女孩（一周岁）带回家居住。

案例 1-16 中，韦×珍重婚并非"自愿"，而是出于对封建迷信"另娶小老婆才能保住性命"的盲从。水族聚居地区更多的重婚案件是因为传宗接代的考虑。

（3）封建迷信犯罪比较突出。水族生活在比较偏远的山区，文化水平不高。封建迷信在不少水族百姓的思想中占据重要位置，因封建迷信犯罪发生频率较高。前述因迷信而重婚即显著一例。还有因封建迷信导致对外来文化的恐惧进而对外来人员的围攻、殴打进而构成犯罪的。

案例 1-17

被告人韦×德，男，30 岁，初小文化，水族，农民。

被告人姚×显，男，26 岁，苗族，文盲。

被告人姚×保，男，30 岁，苗族，文盲。

被告人所在的三都水族自治县上江乡，在历史上屡遭旱灾，居住在这里的水、苗族群众历来以该地区某一大山为"龙脉"祭祀，以求

风调雨顺。1981 年 8 月 20 日，被告人姚×德等 12 人外出返家，行至白泥坡脚河边时，碰到野外工作归来的贵州省 109 地质队职工郭×全、黄×阳二人，被告人姚×卡听郭说话是外地口音，就乱喊："闯坏人了，大家来啊！"被告人姚×德、姚×显、韦×德随即对郭进行围攻，并要证明。当郭、黄二人说明身份、队部住址后，被告人姚×卡由于封建迷信思想严重，平时就无端怀疑地质人员是挖"龙脉"的，遂起殴打之意，便狂喊："地质队是挖我们'龙脉'的，是坏人，大家都来打啊！"边喊边动手揪住郭的头发往河边拉，并说要用水浸死、割头、挖眼睛、抠耳朵等，对郭进行威胁和侮辱。被告人姚×德、姚×显、韦×德等人也对郭、黄二人拳脚相加，石砸棒打，把郭、黄二人的地质装备包（内有矿样、军用地图、野外工作记录等）甩进河中，抢走地质锤两把。被告人韦×德还抢走黄的手表一只和放大镜一副。上列被告的行为，不仅使郭、黄二人身体多处受伤并住院治疗，同时造成该地质队工作人员思想恐惧，停止工作 13 天，使该队不能按期完成地矿探测任务。

案例 1-17 中，被告因封建迷信误会地质队伤害"龙脉"进而围攻地质队员，构成犯罪，但是考虑到封建迷信在水族地区的根深蒂固，不能强行排除这种因素的影响，故对系列被告人从轻处理。这类案件在少数民族地区非常普遍。

（4）婚姻习俗引起的犯罪突出。水族习俗中，婚姻形态中包含有各种残留的习俗：抢婚，又叫掠夺婚，是古代民族部落时期用战争手段俘获妇女的一种野蛮强制的婚姻形式。由原来的真抢变为模拟性、象征性的婚姻习俗。随着时代的进步，这种抢婚的现象已经绝迹。表亲婚，表亲婚又叫姑舅表亲婚，是古老的血缘婚、亚血缘婚的遗风构成的古代婚姻形式之一。外嫁的姑娘生的女儿必须要嫁给舅家的儿子，谓之"回配"、"填桩"。如果姑母家有女不嫁内侄，就会被视为"败伦"。舅家有权向姑母家索取罚金，水族叫"洗脸"。舅家如果没有儿子可娶，那么外甥女出嫁前后要交"外甥钱"。"外甥钱"是由女婿给的，多少视女婿的经济状况和各方面的感情而定。买卖婚、入赘婚（招养婚）、自由婚等婚姻习俗尽管随着《婚姻法》的普及有所改变，但在部分地区仍保留着痕迹，故由婚姻习俗引起的犯罪也较为突出。

8. 回族犯罪特征分析

回族主要分布在威宁彝族苗族自治县、兴仁县、平坝县、普安县、六盘水市、贵阳市。根据我们对 G 监狱罪犯的调查（G 监狱在押犯 2604 人，罪犯 40 人），其在押犯群体特征为：

（1）年龄以青壮年为主体。从 G 监狱在押犯来看，中壮年犯罪占高比例（见图 1-17）。

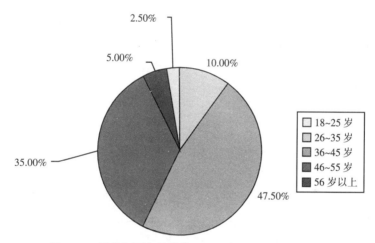

图 1-17　回族犯罪年龄结构——G 监狱数据（2003 年）

从图 1-17 中可以看出，G 监狱在押犯 18~25 岁的为 4 人，占 10%；26~35 岁的为 19 人，占 47.5%；36~45 岁的为 14 人，占 35%。观测 26~45 岁阶段，在押犯占超过 80%，可见，此阶段罪犯比例之高。

（2）人身、财产犯罪占高比例。同样以 G 监狱在押犯为样本，可以观测在押犯的犯罪类型结构（见图 1-18）。

从图 1-18 中可以观测，G 监狱在押犯 40 人中，侵犯公民人身权利、民主权利罪的为 17 人，侵犯财产罪的为 14 人，二者占总人数的 75% 还多。

（3）捕前身份多系农民与无业者。分析 G 监狱在押的 40 名罪犯，发现捕前身份集中在农民和无业人员上（见表 1-2）。

从这 40 名在押犯捕前身份的调查来看，农民为 16 人，无业人员为 18 人，共 34 人，占总人数的 80% 还多。

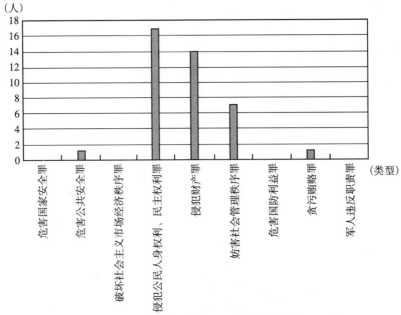

图 1-18　回族犯罪类型结构——G 监狱数据（2003 年）

表 1-2　回族在押犯捕前身份结构——G 监狱数据（2003 年）

单位：人

合计	农民	工人	干部	无业人员
40	16	5	1	18

9. 白族犯罪特征分析

白族主要分布在毕节市和六盘水市。根据我们对安顺 J 监狱 2002 年 24 名白族在押犯的调查和统计，发现存在如下特征：

（1）年龄结构特征。安顺 J 监狱 2002 年白族在押犯共 24 名，在年龄结构上中青年犯罪占绝大部分比例，如图 1-19 所示。

从图 1-19 中可以分析，除临时关押的 1 名未成人（犯）外，安顺 J 监狱白族 18~25 岁在押犯为 6 名，占成年犯 26.09%；26~35 岁在押犯为 11 名，占 47.83%，36~45 岁在押犯为 5 名，占 21.74%。可见，白族罪犯年龄同样存在青壮年犯罪多的现象。

（2）捕前身份结构。从安顺 J 监狱 2002 年的数据可以分析得出，农民与无业人员犯罪突出（见表 1-3）。

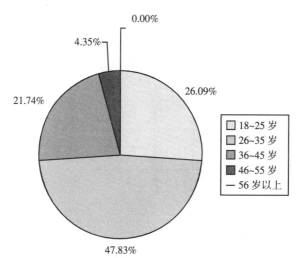

图 1-19　白族在押犯年龄结构——安顺 J 监狱数据（2002 年）

表 1-3　白族在押犯捕前身份结构——安顺 J 监狱（2002 年）

单位：人

合计	农民	工人	干部	无业人员
24	8	4	1	11

从表 1-3 中我们可以分析得出，白族罪犯捕前身份为农民与无业人员的占高比例，原因有二：一是贵州省多为农村地区，白族群众多居住在农村；二是无业人员的高比例则说明社会的急剧变迁导致白族犯罪者的增加。

（3）犯罪类型特征。再以安顺 J 监狱 2002 年的 24 名白族在押犯为样本，我们发现白族罪犯的犯罪类型集中在人身权利犯罪和财产犯罪上。

以图 1-20 为例分析，可以看出，侵犯公民人身权利、民主权利罪为 11 人，侵犯财产罪为 7 人，共 18 人，占总人数的比例为 75%。

10. 瑶族犯罪特征分析

贵州省瑶族的人口虽然不多，但散布面很广，散处在四个地、州的 13 个县，主要分布在荔波、榕江、从江、望谟、丹寨等县。[1] 瑶族服饰可以划分为三类：①"白裤瑶"：男子穿及膝白色短裤，黑色对襟衣，妇女着黑色百褶裙。②"青裤瑶"：男女穿及膝黑色短裤，再以脚布罩住小腿，

---

[1] 柏果成、史继忠、石海波：《贵州瑶族》，贵州民族出版社 1990 年版，第 5 页。

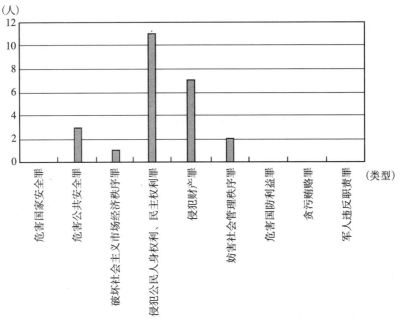

图 1-20 白族在押犯犯罪类型结构——安顺 J 监狱数据（2002 年）

下端悬挂两颗彩色绣球。妇女穿裙或长裤。③"长衫瑶"：男子穿长及脚背黑长衫，妇女穿裙，裙分里外五层并放长，臀部以棉布铺垫使其宽厚，充分显示女性特征。根据我们的调研，瑶族犯罪特征表现为：

（1）财产型犯罪突出。根据笔者对贵州各地的走访，在收集的瑶族罪犯样本中，财产犯罪占 65%，其中，盗窃、抢劫、抢夺等财产犯罪占整个财产犯罪的 70%（见表 1-4）。

表 1-4 瑶族犯罪类型结构——贵州省 60 名瑶族罪犯样本数据（1999~2003 年）

犯罪总数	财产犯罪	盗窃、抢劫、抢夺犯罪占整个财产犯罪的比例
100%	65%	70%

这种财产犯罪突出的现象主要是由瑶族身处山区、经济贫困、物质资源贫乏而导致。

（2）农村犯罪比例高。60 名瑶族罪犯的统计样本中，捕前身份系山寨农村籍的居多（见表 1-5）。

表 1-5　瑶族罪犯捕前身份结构——贵州省 60 名瑶族罪犯样本数据（1999~2003 年）

瑶族	山寨农村籍	城乡结合籍	城市籍
人数	38	18	4

从收集的样本数据来看，捕前身份系山寨农村籍的瑶族罪犯占据多数，为 38 名，占总数的 63.3%，而捕前来自城镇的为 4 名，占总数的6.6%。这说明，贵州省瑶族居住在偏远山寨的多，瑶族山寨是瑶族犯罪控制的重点。

（3）未成年人犯罪少。根据贵州省少管所 2003 年的调查数据，各民族少年犯分布结构如图 1-21 所示。

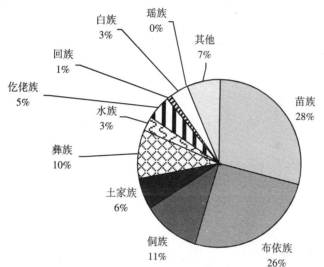

图 1-21　贵州省少管所在押犯民族成分构成——2003 年调查数据

剔除汉族少年犯 1602 人不列入比较，苗族为 125 人，占 28%；布依族为 112 人，占 26%；侗族为 48 人，占 11%；土家族为 26 人，占 6%；彝族为 42 人，占 10%；水族为 11 人，占 3%；仡佬族为 20 人，占 5%；回族为 5 人，占 1%；白族为 15 人，占 3%；其他少数民族为 29 人，占7%。我们可以发现，瑶族少年犯总数为 0。仅仅从统计数字分析，瑶族的未成年人犯罪不多。

（4）团伙犯罪多。瑶族地处深山，生产力落后的现状导致他们相互依赖性较强，形成较为紧密的群体组织。这种群体组织的内部联系一定程度上为团伙犯罪的形成提供了便利。在笔者的走访过程中，接触的瑶族罪犯多为群体性地聚集，比如盗窃、抢劫，都形成并不紧密的团伙以方便实施犯罪。在60个样本数据中，共同犯罪占43个，单独犯罪为17个（见图1-22）。

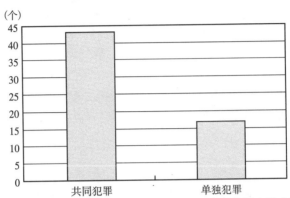

图 1-22　瑶族犯罪群体性分析——贵州省 60 名瑶族罪犯样本数据

这一比例说明，瑶族犯罪的生成与自身的内部组织紧密相关，需要指出的是，瑶族团伙犯罪的犯罪主体并没有形成有组织的犯罪集团。

二、贵州省世居少数民族犯罪的样本意义

选择苗族、布依族、侗族、土家族、彝族、仡佬族、水族、回族、白族、瑶族共十大贵州省世居少数民族作为对象研究其公民的犯罪问题，主要基于两个原因：

一是贵州省民族多，民族大杂居、小聚居的情况在贵州省非常典型。贵州省是我国民族成分最多、最复杂的省份之一，长期以来的历史发展形成了复杂的民族关系。从目前来看，贵州省下辖3个自治州、11个自治县和749个乡级行政区划单位。在贵州省现有少数民族中，苗族、布依族、侗族、土家族、彝族、仡佬族、水族、回族、白族、瑶族占据贵州省少数民族的前十位，其中，全国的苗族、布依族、侗族、仡佬族、水族主要聚居在贵州省，苗族人口占全国苗族总人口的49.8%，布依族人口占全国布依族总人口的97.3%，侗族人口占全国侗族总人口的55.7%，仡佬族人口占全国仡佬族总人口的98.2%，水族人口占全国水族总人口的93.2%。因此，贵州省的少数民族极具代表性与典型性。通过对多民族的贵州省少数

民族犯罪的研究，可以对中国少数民族犯罪提供一个视角。在贵州省少数民族犯罪特征分析的基础上结合中国少数民族犯罪的总体特点，可以发现少数民族犯罪的规律性，作为对具体类型犯罪规律进行研究的一个初步尝试。

二是世居少数民族具有稳定性。研究少数民族犯罪，并不等于对贵州省内所有民族无一例外地进行采样和分析，对于人数极少的民族，采样分析没有必要，获得的规律也不具有普遍意义。世居少数民族长期居住在一定的地域（一定的时空范围），历史、地理、文化等因素对少数民族产生了深远的影响，形成了各民族稳定而固有的文化。我们研究少数民族犯罪问题主要是考虑少数民族的经济、地理、文化等因素是如何影响该类犯罪的，由于相关因素的影响，世居民族公民的犯罪规律如何、影响世居民族犯罪的原因是什么，以及如何依据犯罪发生的规律和原因拟定犯罪对策。处于长期迁徙中的少数民族可能因为迁徙不断适应新的经济、政治、地理、人文等环境，从而导致文化的突然断裂与剧变。贵州省地处中国西南的云贵高原，历史上为"驿道所经"之地，也是古代西南氐羌族系、百濮族系、百越族系和苗瑶族系四大族系分布的连接点。氐羌族系主要分布在甘、青川、滇一带，在贵州省中西部也有部分分布，它是今天彝族、白族等民族的先民；百濮族系自殷周时分布在"江汉之南"，在贵州省中、北部也有分布；百越族系主要分布在长江中下游以南广大地区，自秦汉以来发展为壮侗语族各民族，分布在贵州省的东南部、南部和西南部；苗瑶族系主要分布在贵州省中部和东部地区。之后，不少少数民族因为战乱或其他因素而较早地迁入贵州省。[①] 目前，贵州省的世居民族多达 17个，包括苗族、布依族、侗族、土家族、彝族、仡佬族、畲族、水族、回族、白族、瑶族、壮族、毛南族、蒙古族、仫佬族、羌族、满族等。正因为少数民族世居某地，民族传统、风俗习惯保存较为完整，可以更为准确地考察民族因素对犯罪规律的影响。

因此，在本书看来，通过对贵州省少数民族犯罪现象的观察可以在一定程度上反映中国少数民族犯罪的规律，对贵州省少数民族犯罪生成因素的分析可以为中国少数民族犯罪的原因总结奠定基础，从而进一步形成控制中国少数民族犯罪，维护民族地区稳定和促进民族经济、社会发展的策略、措施。

---

① 贵州省民族工作事务委员会编：《今日贵州民族》1997 年版，第 13 页。

第二节　中国少数民族犯罪的共性规律

贵州省世居少数民族犯罪的实证是为了获取对全国范围内的少数民族犯罪的一个样本，从这一样本出发进一步获取中国少数民族犯罪的共性。这种对犯罪现象共性的研究是我们总结犯罪规律、发现犯罪原因、拟定犯罪对策的基础。

一、犯罪类型特征是总结犯罪规律的基础

为何要专门研究少数民族犯罪？笔者认为，是因为少数民族犯罪作为从行为人出发按照民族身份进行划分的一种犯罪类型在犯罪学研究方面一向被忽视。这种忽视导致我国少数民族犯罪理论的匮乏，对于少数民族犯罪的特征、原因、对策套用汉族犯罪的规律，从而在理论上缺乏独创性，在实践中缺少针对性。

在犯罪学研究中，类型化方法是一种基本的方法。对犯罪从不同角度加以划分，然后对具有独特特征的犯罪进行专门研究，剖析犯罪现象、分析犯罪原因、拟定犯罪对策。所谓"横看成岭侧成峰，远近高低各不同"。正如我国学者在专章研究犯罪类型时指出：犯罪的类型研究具有理论、实践和犯罪预防三方面的意义，是犯罪学研究的必要步骤。不同犯罪类型具有本身固有的特点，既需要探讨多种不同类型的犯罪的共同点，更要揭示个别类型犯罪的特殊性。[①] 通过犯罪分类，可以把握犯罪的共性与个性、探寻犯罪规律。在犯罪学研究中，通过对具体犯罪类型特征的分析，可以探求该类犯罪的规律。比如，犯罪学中结合女性的生理特征、心理特征专门研究女性犯罪，专门结合公司中企业管理人员的职业特征研究白领犯罪（法人犯罪）。[②] 少数民族犯罪是按照犯罪行为人的民族身份进行的分类，

---

① 康树华主编：《犯罪学》（第 2 版），北京大学出版社 1996 年版，第 191–200 页。

② 这种等同未必准确，但从犯罪学意义上讲，法人犯罪始于萨瑟兰对白领犯罪的研究。历史上，白领犯罪与法人犯罪经常在同一意义上使用，实践中对白领犯罪与法人犯罪的区分也颇为困难。

这似乎是一个犯罪人类学的标准，但实际上，鉴于我国采取的民族区域自治基本政治制度，研究少数民族犯罪又是在区域自治的框架中进行，因此，它又具有犯罪地理学的因素。

少数民族犯罪对应的是汉族犯罪。少数民族犯罪与汉族犯罪在犯罪的诸多方面存在共性，并不存在质的不同。但是，在犯罪类型、犯罪趋势等静态和动态的犯罪现象上，二者呈现一定的差异。比如，有学者考察某省的少数民族罪犯矫正，认为少数民族犯罪存在如下特征：犯罪率呈大幅度上升的状况；带政治目的性的犯罪减少，刑事犯罪增多；出现贩毒等新型犯罪；大案要案发案率高；暴力型犯罪较普遍；青少年犯罪增多。[1]也有学者从全国少数民族罪犯矫正的角度出发认为，少数民族罪犯的构成是"两多两少"，即初犯、偶犯多，刑期短的多；流窜犯罪少、共同犯罪少。少数民族犯罪中，激情性犯罪、传统侵财型犯罪多，与民俗、传统观念、封建迷信相关的犯罪、危害国家安全犯罪占一定的比例。少数民族在押罪犯呈现上升势头。在犯罪动机上，少数民族罪犯贪财性动机、性动机、嫉妒性动机和报复性动机居主导地位。[2]少数民族犯罪具有的独特特征是由犯罪地域、民族文化因素形成的。少数民族居住的地理环境、风俗习惯等都深刻地影响着少数民族的犯罪类型、犯罪特征与犯罪规律。[3]本书的研究将紧紧地抓住民族地域和文化因素的环节，结合我国民族地区经济与社会的发展，探讨少数民族犯罪的特征和规律。

二、中国少数民族犯罪特征识别

根据我们对贵州省世居少数民族犯罪样本的调查和研究，结合贵州省以外的省、自治区和直辖市的少数民族犯罪情况，笔者认为，中国少数民族犯罪特征呈现如下共性：

1. 犯罪率呈上升趋势

贵州省少数民族犯罪发展态势如何？从笔者走访和调查统计的数据来看，呈现一个稳中有升的趋势，相对而言，贵州省的汉族犯罪比例略有下

---

① 本书编写组：《云南少数民族罪犯研究》，中国人民公安大学出版社 1990 年版，第 12–13 页。
② 鲁加伦主编：《中国少数民族罪犯改造研究》，法律出版社 2001 年版，第 4–8 页。
③ 吴大华：《民族法律文化散论》，民族出版社 2004 年版，第 461–466 页。

降。根据有关部门统计，1987~1997年少数民族罪犯在全国在押犯中的比例为：1987年占7.14%，1989年占7.4%，1991年占8.41%，1993年占8.54%，1995年占8.81%，1997年占9.18%，从1987年到1997年的10年间，少数民族罪犯增加的幅度为70.98%。①分析这种少数民族犯罪上升的原因，笔者认为可以从两个方面加以解释：一是社会变迁的因素。中国的社会变迁与犯罪问题的关系表现为，在严景耀先生的观察中已经获得深刻的阐释与洞见。②社会变迁导致人民生产与生活发生巨变，各类犯罪滋生，犯罪总量相对于社会稳定态下呈现上升态势；少数民族犯罪身处中国市场经济转轨的背景下，概莫能外。二是少数民族长期生活在偏远地区，经济贫困，地域偏僻，文化落后，受到"山外"的刺激后，某些不安于现状的少数民族公民走出大山沟，实现了勤劳合法致富。相对于汉族公民而言，少数民族公民与外界接触少，承受各方面压力的生理与心理素质尚不完全具备，在面对巨大的利益诱惑或者面临各种压力时，会铤而走险实施犯罪。伴随社会开放程度的增加和民族地区经济、社会的发展，可以预计，未来在一定年度内少数民族犯罪还会呈现总量上升的趋势。

2. 文化教育与犯罪相关系数大

判断少数民族犯罪的相关因素和相关性，关系到少数民族犯罪的控制问题。根据笔者对贵州省乃至全国的少数民族犯罪的观察，认为文化程度与少数民族犯罪相关系数大。一般而言，罪犯整体的文化水平要低于全国公民的平均水平。司法部课题组曾经对少数民族罪犯文化水平做过一个全国性的调查，发现少数民族罪犯的文化水平比全国在押犯平均的文化水平还要低若干个百分点。贵州省布依族罪犯初中以下文化程度的占92.7%，其中文盲、半文盲占43.5%；宁夏回族自治区罪犯初中以下文化程度占押犯总数的94.2%，其中文盲、半文盲占40.4%；四川省彝族罪犯中初中以下文化程度占98.01%。③作为一个重要的犯罪群分析指标，罪犯文化结构是判断犯罪原因的一个重要指标。笔者在分析从贵州省各监狱获得的少数民族犯罪数据时发现，文化程度偏低是贵州省各少数民族犯罪的重要原因。其中，这既与犯罪主体居住地域的经济发展水平和文化发展程度相

---

① 鲁加伦主编：《中国少数民族罪犯改造研究》，法律出版社2001年版，第3–53页。
② 严景耀：《中国的犯罪问题与社会变迁的关系》，北京大学出版社1986年版。
③ 鲁加伦主编：《中国少数民族罪犯改造研究》，法律出版社2001年版，第27页。

关，又与犯罪主体所属的群体相关。比较而言，文化程度不高影响到少数民族地区的犯罪发生与治理。

3. 犯罪主体呈现"三多"特点

罪犯年龄结构、罪犯性别结构、罪犯捕前身份结构是犯罪主体的三项重要指标，分别以年龄、性别和捕前身份为标准对罪犯加以区分。根据笔者对贵州省乃至全国的少数民族罪犯的观察，认为少数民族犯罪三项指标表现为：

一是青壮年犯罪主体多。在笔者对贵州省主要监狱的调查和对贵州省少数民族地区的走访中，发现青壮年占据贵州省少数民族犯罪主体的高比例。一般而言，18~25 岁的青少年约为 20%~30%，26~35 岁的中青年占40%左右，而且部分少数民族地区犯罪呈现低龄化趋势。司法部课题组的一项全国统计显示，罪犯年龄在 35 岁以下的占押犯总数的 77.8%，对少数民族罪犯的调查中，不少民族 35 岁以下年龄段的罪犯数高于全国平均值，如哈萨克族罪犯为 77.94%，壮族占 81.11%，哈尼族占 81.9%，土家族占 85.6%，蒙古族占 88.5%，海南省 40 岁以下黎族罪犯占 93.8%，维吾尔族罪犯中青壮年占 91.5%，瑶族占 93.54%，罪犯在年龄上仍呈低龄化趋势。[1]一方面，中青年作为社会活动的主要参与者，构成犯罪主体的主要组成部分，调研数据符合常识；另一方面，少数民族地区犯罪中青年占更高比值说明这些地区青少年的社会、家庭和学校教育的监督、控制能力相对薄弱。但是，需要注意的是，某些少数民族因为群体内部的社会化力量相对强大，青少年犯罪较少。比如，根据笔者对贵州省少管所的调查，发现瑶族青少年犯罪人数为零。

二是女性犯罪呈现上升趋势。据对贵州省 Y 女子监狱（2000~2003年）的追踪调查与统计，发现女性犯罪自 2000 年来呈现上升趋势（见图1-23）。

贵州省十大世居少数民族（苗族、布依族、侗族、土家族、彝族、水族、仡佬族、回族、白族、瑶族）中，除瑶族趋势不明显、部分少数民族2003 年女性犯罪有所回落外，其余呈现一个总体性的上升趋势。这一趋势与发展中国家女性整体犯罪的发展趋势是相一致的。[2]根据司法部课题

---

① 鲁加伦主编：《中国少数民族罪犯改造研究》，法律出版社 2001 年版，第 94 页。
② 康树华主编：《犯罪学通论》（第 2 版），北京大学出版社 1996 年版，第 273–276 页。

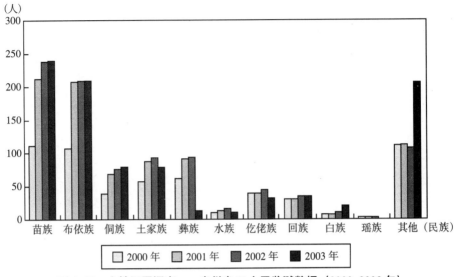

图 1-23　女性犯罪调查——贵州省 Y 女子监狱数据（2000~2003 年）

组的统计，截至 1997 年，全国关押女性罪犯占押犯总数的 2.78%，比
1993 年和 1995 年的调查分别上升了 48.4% 和 26.62%，而少数民族女性罪犯
上升的幅度更高；截止到 1997 年，少数民族女犯占全国女性罪犯的 14.08%，
这个数字远远超出少数民族罪犯占全国押犯 9.18% 的比例，高出 4.9 个百分
点。研究者认为少数民族女性犯罪上升是因为许多少数民族聚居区毗邻国
境，为毒品犯罪的通道，而女性从事毒品犯罪更具隐蔽性和欺骗性的缘
故，这种现象在西南、西北地区较为普遍。[①] 笔者以为，贵州省处于"三
不沿"地区（不沿江、不沿边、不沿海），尽管也是毒品犯罪的重要通道，
但不能单单以毒品犯罪来解释。实践中，包括少数民族女性在内的犯罪类
型涉及杀人、重婚、拐卖人口、性犯罪等多种犯罪。女性犯罪的上升与犯
罪总量的上升相关，也与女性社会地位的提高相关——在男尊女卑的封建
社会，女性更多地是以受害者的身份出现的，而今天的女性社会地位已经
与男性实现基本平等，因此女性犯罪的比例有所提高，呈现上升趋势。

　　三是捕前身份系农（牧）民或者无业的占多数。根据笔者对贵州省内
监狱的调查和统计，捕前从事职业多为农业或者无业人员（见图 1-24）。

---

① 鲁加伦主编：《中国少数民族罪犯改造研究》，法律出版社 2001 年版，第 99 页。

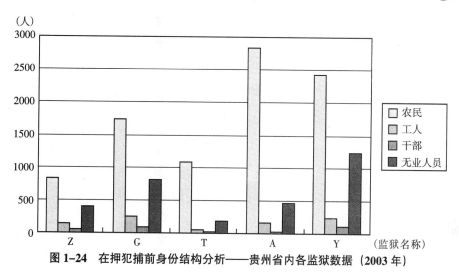

图1-24 在押犯捕前身份结构分析——贵州省内各监狱数据（2003年）

在笔者调研获得的数据中，Z、G、T和A是男监，Y是女监。从图1-24中可以看出，5所监狱中罪犯捕前系农民身份都占绝对高比例。其次为无业人员，占在押犯的较大比例。可以做一个粗略的统计，农民与无业人员占在押犯的90%以上。根据学者的研究，在全国押犯中押前系农（牧）民的占押犯总数的63.25%，但少数民族罪犯中捕前系农（牧）民的普遍高于全国押犯同比的平均值，白族占85.5%，彝族占91%，傣族占92.96%，瑶族占95%，哈尼族占95.94%。[①]全国在押犯中，农（牧）民比例高是因为我国目前尚是一个农业国家，处于工业化进程之中，农民占绝大比例，一国国民职业结构直接影响到罪犯捕前身份结构。为何少数民族犯罪中罪犯捕前身份结构是农民与无业人员占大比重，笔者认为，首先是罪犯总体的捕前身份结构影响到少数民族罪犯的捕前身份结构，而且，民族自治地方经济发展相对滞后，工业化进程尚处于起步阶段，农民与无业人员相对汉族地区而言更为普遍。在西部地区，中国五大牧区都是少数民族地区，中国以往和现存的游牧民族都是少数民族，少数民族地区多为以单一的农牧业为主体、自然经济为主导的经济结构。因此，解释农业与无业人员占据少数民族的捕前身份结构的绝大部分比例正是如此。

---

① 鲁加伦主编：《中国少数民族罪犯改造研究》，法律出版社2001年版，第124页。

4. 传统的自然犯比重大

犯罪学理论上，加罗法洛曾经将犯罪区分为自然犯和法定犯。[①]自然犯是包括杀人、强奸、放火等侵犯人类普遍的道德情感的犯罪，而法定犯则是基于对违反现代社会秩序的按照法律规定禁止的一种犯罪。一般而言，社会文明的进化程度与是否规定法定犯和法定犯规定的多少成正比。当然，加罗法洛的分类仅仅是提供了方法论上的进路，绝对意义的自然犯与法定犯的分类并不存在。[②]农耕社会中，传统犯罪（如盗窃、抢劫、强奸、伤害、杀人等）发生较多；现代工业社会中，新型的法定犯罪（比如计算机犯罪、经济犯罪）发生更多。少数民族地区经济发展相对滞后，传统文化保存相对完好，与汉族地区相比较而言，新型的生产技术、主流的生活方式、消费观念没有普及。因此，少数民族地区的犯罪更多地针对传统对象，采取传统的方式。在类型上，少数民族犯罪更多地集中在侵犯人身权利罪和侵犯财产罪等传统犯罪上。我国少数民族地区尚处于工业化起步阶段，传统犯罪比例相对要高。这一点从笔者前面所援引的从各个监狱收集的各民族犯罪类型结构上可以分析得出。根据笔者在贵州省民族地区的走访，少数民族侵犯人身权利罪多集中在故意杀人、故意伤害、强奸等犯罪上，犯罪方法简单甚至原始，没有技术含量；奸淫幼女案件较为突出。侵犯财产罪的具体形式上，贪污、诈骗、敲诈勒索、挪用公款等形式较少，多采取偷鸡摸狗的盗窃和明火执仗的抢劫等较为原始的犯罪形式和手段。

5. 法定犯不断增加

文明的发展必然伴随的是自然犯的减少和法定犯的增加。随着经济发展和社会变迁，少数民族地区与外界联系逐渐增多，少数民族公民走出聚居区，甚至迈出国门。受不良文化因素的影响，各种新型犯罪类型开始出现，且呈上升的趋势。目前，毒品犯罪、拐卖人口犯罪、流窜犯罪、破坏通信线路犯罪、带有黑社会性质的团伙犯罪、危害国家安全的犯罪渐渐有所滋长，犯罪控制应当予以高度关注。

（1）毒品犯罪。毒品犯罪始于我国对外开放之际，由毒犯借道过境贩毒逐渐发展到现在的走私、贩运双向化；贩毒出现集团化、网络化；毒品

---

① ［意］加罗法洛：《犯罪学》，中国大百科全书出版社 1996 年版，第 2-10 页。
② 储槐植等：《犯罪学》，法律出版社 1997 年版，第 93 页。

品种日趋多样化，包括传统的海洛因、鸦片、吗啡、杜冷丁和新型毒品摇头丸、冰毒等。贵州省处于毒品贩运的要道上，是毒品犯罪的"重灾区"。比如，地处贵黄、水黄高等级公路起始点的镇宁自治县，每年都要专门对禁毒工作展开部署和全面防治。在云南省傣族聚居的西双版纳、耿马、瑞丽、潞西一带的民族地区，因为紧邻越南、缅甸，尤其瑞丽紧邻国际毒源区"金三角"，因此，傣族罪犯中涉毒犯罪占 41.54%（尤其傣族女性罪犯中犯毒品罪的占 92.7%），而盗窃罪却只占 23.53%，低于一般比例。

（2）拐卖人口犯罪突出。拐卖人口犯罪严重影响社会安定，并进而造成更多的社会问题。少数民族地区的拐卖人口犯罪曾经绝迹，但是近年来有所增加。分析拐卖人口案件，伴随社会变迁和人口流动的增加，民族地区地处偏远，群众认识能力不高，容易受骗，导致拐卖人口犯罪会有所增加。

（3）流窜犯罪增多。在传统的农耕社会，少数民族地区地处偏远，交通不便，群众相互间交往少，少数民族地区与外界似乎是"两个世界"。工业化为少数民族地区与外界的交流与沟通提供了契机，更多的外来者涌入少数民族地区寻找商机，同时，更多的少数民族公民到外地打工。人口的大迁徙带来的是社会治安管理的难度系数加大。部分少数民族公民因为谋生手段缺乏，在流落外地寻找工作遇到困难后，会成为犯罪团伙拉拢和利用的对象。这种伴随打工潮流形成的流窜犯罪需要在社会治安管理中严加注意。

（4）交通沿线破坏通信线路犯罪突出。少数民族地区经济贫困，生产和生活方式相对落后，谋生手段有限。少数民族公民每天创造的财富有限，对财富的渴望却与日俱增。在长期的与自然做斗争的过程中，少数民族公民形成"靠山吃山、靠水吃水"的观念，因此在交通线路旁，便可能形成"靠路吃路"现象。交通沿线破坏通信线路犯罪突出，这一现象伴随西部开发的进程还会有所增加。在走访过程中，笔者获悉：1991 年 8 月至 2002 年，都匀市马鞍山、小围寨尧林、马尾坡等地以及川弓、大河等区段的邮电、铁路通信线路被罪犯盗割 19 次，直接损失达 14 万元。在西部开发的过程中，更多的基础设施建设需要进行，更多的通信线路需要架设，可以预见，破坏通信线路犯罪在今后一段时间内还可能增加。

（5）在边境地区，危害国家安全犯罪突出。我国少数民族聚居的地区多为边境地区，比如广西靠近东南亚各国，新疆、西藏与中亚和西亚各国接壤，内蒙古自治区与俄罗斯和中北亚的各国接壤。边境地区一般涉及国家主权和领土完整的犯罪较多。根据笔者的走访，在边疆各少数民族聚居地区，破坏民族团结、分裂祖国统一、危害国家安全的犯罪占一定的比例。在西藏自治区，部分分裂分子鼓吹"西藏独立"、打出"雪山狮子旗"，公开提出成立"大西藏国"，成立"东土耳其斯坦共和国"。这种分裂祖国的行为一般都与国外敌对势力相勾结，披着宗教的外衣，煽动民族主义情绪，破坏民族团结。应当说，边境地区危害国家安全的犯罪数量不多，但是危害极为严重，不仅影响到所在地的国家统一和民族团结，更进一步地影响到祖国内地的民族情绪和民族团结局面。

案例 1-18

2010 年 4 月以来，艾克拉木·吾斯曼、吾拉音·艾力、阿不都拉·斯热甫力先后与艾力·艾合买提尼亚孜等人在新疆维吾尔自治区鄯善县鲁克沁镇多次聚集，从事非法宗教活动，宣扬宗教极端思想。组织收听观看境外恐怖组织煽动实施暴力恐怖活动的音视频，传看宣扬宗教极端思想的书籍，接受宗教极端思想并就进行暴力恐怖活动达成共谋，进行暴恐体能训练，恐怖组织逐渐形成，严重危害国家安全。

案发前，艾力·艾合买提尼亚孜召集艾克拉木·吾斯曼等 5 人在艾因丁·吾买尔家聚会，策划对鲁克沁镇派出所、当地政府、特警中队、主麻市场等处实施恐怖袭击；安排艾克拉木·吾斯曼筹集、掌管经费，与其他恐怖分子购买作案刀具。其间，艾克拉木·吾斯曼提议制作燃烧瓶放火。艾克拉木·吾斯曼与其他恐怖分子筹集资金 10800 元，购买长砍刀 26 把、短刀 21 把；其他人购买了汽油、软管等犯罪工具。艾克拉木·吾斯曼在为作案刀具开刃时，因涉嫌犯罪被拘留。艾合买提尼亚孜·斯迪克等人恐事情败露，决定提前实施恐怖袭击。

2013 年 6 月 26 日早晨，艾合买提尼亚孜·斯迪克等 13 人在鲁克沁镇主麻市场东侧的木材场聚集，先后袭击鲁克沁镇派出所、鄯善县公安局特警大队山南中队、鲁克沁镇政府、"富民安居"工程工地等地，疯狂砍杀民警、干部、群众，焚烧办公楼、车辆，致 24 人死亡，23 人受伤，造成公私财产直接损失 213.6 万元。除艾合买提尼亚孜·

斯迪克、吾拉音·艾力、阿不都拉·斯热甫力外，参与当天暴力袭击的恐怖分子被当场击毙或被击伤后抢救无效身亡。

2013年9月，新疆吐鲁番地区中级人民法院对鄯善县"6·26"暴力恐怖案件中艾合买提尼亚孜·斯迪克等4名被告人一审公开开庭审理并当庭宣判，3名被告人被依法判处死刑，1名被告人被判处有期徒刑25年。具体判决如表1-6所示。

表1-6　"6·26"暴力恐怖案一审判决结果

被告人	罪　名	一审判决
艾合买提尼亚孜·斯迪克	组织领导恐怖组织罪、故意杀人罪、放火罪	死刑，剥夺政治权利终身
吾拉音·艾力	参加恐怖组织罪、故意杀人罪、放火罪	死刑，剥夺政治权利终身
阿不都拉·斯热甫力	参加恐怖组织罪、故意杀人罪	死刑，剥夺政治权利终身
艾克拉木·吾斯曼	参加恐怖组织罪、故意杀人罪、放火罪	数罪并罚判处有期徒刑25年，剥夺政治权利5年

（6）激情性犯罪比例高。按照犯罪动机的分类，犯罪可以划分为激情性犯罪和预谋性犯罪。激情性犯罪一般由外界刺激引起，行为者在情绪控制能力上存在问题。少数民族一般都有饮酒的爱好，并且更容易情绪化，酒后实施激情性犯罪的居多数。在激情性犯罪中，需要注意较为经常地发生在民族地区的群体性事件，群体性事件的发生通常会造成严重的人身伤亡后果。一般多由争坟山、争地头而产生纠纷，在宗族势力的影响下，发生集体性械斗。根据笔者在玉屏侗族自治县的走访，发现自2003年6月到2004年2月，便发生3起群体性事件。这种或发生在个人之间或发生在宗族、家庭之间的事件，如果得不到合适的渠道加以宣泄或解决，便可能导致聚众械斗而构成杀人和重伤害等犯罪。

第二章 中国少数民族犯罪的原因结构系统

罪因理论的基本价值体现在犯罪原因与犯罪对策的关系上。犯罪原因产生于社会深层关系和社会基本矛盾，社会关系与矛盾处于不断变迁的过程之中，寻找犯罪原因必须适应社会发展与社会变化。犯罪对策与罪因变化永远处于一种动态的发展进程，表现在犯罪对策的深度和广度不及犯罪原因的深度和广度，犯罪对策的变化速度跟不上犯罪原因的变化速度。犯罪原因与犯罪对策存在时空差距，寻找犯罪原因的努力即是在缩小二者的差距，差距越小则控制犯罪的功效越大。正如我国有学者指出：犯罪原因理论对控制犯罪起基础性作用，没有科学的罪因理论则不可能控制犯罪。换言之，犯罪原因研究的深度与广度决定着犯罪对策的有效程度。少数民族犯罪在犯罪主体、犯罪手段、犯罪类型和犯罪处理等方面有显著的特点，少数民族犯罪极其容易演变成群体行为甚至是跨地区、跨民族的共同行为，我们在处理这类犯罪时除了遵照中央政策的指引以外，还要积极做到"具体问题具体分析"，针对少数民族犯罪的特点进行控制。因此，我们在本章拟进行的工作是对贵州省十大世居少数民族犯罪的罪因进行剖析，进而获得中国少数民族犯罪的生成因素，寻求少数民族犯罪地域与文化因素，以及社会发展与文化冲突对少数民族犯罪的影响力，发现少数民族犯罪的独特原因结构系统。

第一节 贵州省世居少数民族犯罪生成因素研究

贵州省地处中国西南地区的云贵高原，不沿江、不沿海、不沿边，历史上属于蛮荒之地，古称"夜郎故地"。贵州省地理状况独特，是没有平原支撑的山区，山多田少，中华人民共和国成立前耕地面积仅占土地面积的8.8%。耕地中，水田占38%，旱地占60%，宜垦荒地面积为耕地面积的1.5倍以上，一般是半农业半畜牧业，生产方式原始、落后，一些少数民族地区还保留赶山吃饭、刀耕火种的生产习惯，个别地区还保留着农奴制。贵州省世居少数民族多，多为南方少数民族先民发展而成，同时也有不少少数民族为逃难到贵州省而定居下来。因此，地域偏僻、经济落后、民族复杂等构成贵州省少数民族犯罪生成因素的地理、经济和人类因素。笔者的研究同样是选取贵州省具有代表性的十大世居少数民族犯罪，对其生成因素具体而个别地加以分析。

一、苗族犯罪生成因素

我们对松桃苗族自治县的285起刑事案件进行调研，发现少数民族占254人，占总人数的58%，犯罪类型集中在故意杀人罪，故意伤害罪，非法制造枪支、持有枪支罪，盗窃罪，抢劫罪，强奸罪等犯罪上。松桃苗族土家族自治县中，少数民族占42%，而苗族占36%。根据松桃县司法机关的介绍，松桃少数民族犯罪主要原因为：①知识文化落后，法制观念淡薄，仅凭一时感情冲动或讲哥们义气；②生活环境条件差，经济落后，受利益驱动想缓解家庭困难；③游手好闲，贪图享受；④分不清是非，互相影响，看到他人通过非法方法获取利益，自己跟着走上犯罪道路；⑤身受电视、电影、录像及网络的影响而模仿从事。基于这一基本数据，根据笔者对贵州省苗族罪犯的走访，归结苗族犯罪原因为：

1. 经济发展相对滞后

贵州省的苗族居住地域多位于分散偏远、闭塞的山区，主要是以家族为主体的分散村寨。因历史上统治者采取"分而治之"的策略和地理环境条件的限制，苗族地区经济发展水平相当落后，有的地方处于刀耕火种的原始状态。人均年收入相对于贵州省的汉族地区存在一定的差距，个别地方尚没有解决温饱问题。尽管党和政府非常关心苗族地区的经济建设，帮助苗族群众发展经济，从各方面给予苗族群众优惠条件，但苗族地区经济赶上贵州省的汉族地区还需要一段时间。经济的贫困会影响到苗族群众生产生活方式，影响到苗族群众对犯罪的态度。比如，部分地区的烧荒种地便常常导致放火罪、失火罪的发生。

案例 2-1

20 世纪 90 年代，以则孔是典型的"五无"村：村里不通公路，群众到山外只能徒步翻山越岭；不通水，取水得到山脚下去背，滚坡摔死摔伤人的事时有发生；不通电，人们还用油灯或蜡烛照明，粮食得用劳力一点点地碾磨；没有学校，离村子最近的木城小学也有 10 余里路程；土地贫瘠，缺乏科技，一年种得半年粮，家家户户没有不靠借粮度日的。因为不甘心过穷日子，从 1996 年开始，以则孔村的男青年们揣着梦想出去打工，但都只能从事脏活累活，收入低下。看到一些涉毒者日进斗金，他们动心了，当起了替他人运输毒品的"马仔"，由此滑向贩毒深渊。①

2. 民族风俗习惯的影响

每一个民族都有一部历史，其中蕴含的重要要素就是风俗习惯。贵州苗族在长期生活中，已形成本民族的生活习惯并世代相传。比如，苗族聚居地区的好斗、酗酒、早婚等，这些风俗习惯是产生犯罪的重要诱因。

以饮酒这一传统消费习惯而言，按照苗族的习惯叫作"无酒不成席、无酒不成歌"。村寨逢年过节或喜庆吉日、婚丧嫁娶或迎亲送友都要摆上酒席，邀请亲朋好友痛饮一番。有的地方把饮酒豪爽作为衡量朋友是否义气的一个标准。在有些边远山区的苗寨，男人除了打鱼、养鸟、喝酒三件事外，整天无所事事。有的在"赶场"天，无钱就用粮食换酒，三人一伙或五人一群，猜拳喝酒，有人喝得烂醉如泥，有人喝得酒气熏天，到处惹是生非，甚至酒后失控，因一两句口角就拔刀相向。而且这"场"天天有，今天赶这镇，明天赶那乡。这种酗酒的恶习严重影响到苗族人民的行为方式，对苗族聚居地区的治安环境构成隐患。饮酒习俗是苗族男性公民的风俗，在苗族女性消费习惯中，喜戴银饰以装扮自己。苗族女性喜好银饰是一种时尚。在银饰分类中，专有"苗银"一说。笔者在走访中，深入黔东南地区，也常常发现黔东南苗族妇女头戴银花、耳戴银环、项戴银圈，以多为富。一家的财富几乎集于女儿或媳妇一身。银饰的精巧与多少

既显示了苗族的聪明智慧，也显示了拥有者的财富。然而，从犯罪被害人学意义上讲，银饰作为价值不菲之物也常常成为不法分子的侵害对象。

在苗族地区，传统婚恋习俗对犯罪也产生着重大影响。苗族地处偏僻，经济不发达，落后的封建习俗往往残留下来，影响到苗族社会的婚恋观念与行为。比如某些苗族聚居地区存在的"姑舅开亲"习惯，这一习惯即姑家之女必须嫁给舅家之子，否则，必须给舅家一定的财礼才能他嫁。"姑舅开亲"习惯最初的由来是家境贫困无法娶亲，嫁出去的姑娘必须将自己的女儿负有义务地嫁回娘家，既是报恩的一种方式，也是密切家庭团结的一种方式。"姑舅开亲"对"姑"是一种义务，作为一种强制性婚姻，它常常导致婚姻纠纷的发生，引发刑事犯罪。苗族婚姻的另一种习俗是早婚，苗族男女一般在16、17岁就结婚，甚至有的地区12、13岁就由父母包办结婚。早婚的结果是苗族青少年男女以幼稚的心灵承受过重的家庭负担，为谋求生计可能采用犯罪手段来维持生活，也可能为逃避包办婚姻甚至采用极端手段走上犯罪道路，还可能在婚后因为感情不和而出现重婚等现象。

3. 苗族公民个性心理倾向

苗族公民长期居住在偏僻的地域内，接触对象非常有限，判断标准感性特征明显。通过对苗族聚居地区的走访，笔者发现苗族公民普遍对直接、外在、具有明显感官刺激的对象有明显的兴趣。苗族公民判断标准的感性化倾向明显，因为文化结构偏低，纯粹的本能活动占主导地位。这一点在苗族罪犯上表现非常明显，大多数苗族罪犯对现象总体、长远的判断能力弱，行为易冲动、粗鲁，理性判断能力差。苗族聚居地区文化发展相对落后，苗族公民认识对象受限，更多地接受苗族习惯与惯例的约束，生物情感更为明显，社会情感相对薄弱。体现在行为上，他们的情绪反应较为激烈。

根据笔者对贵州省D监狱的189位苗族在押犯的观察，发现苗族公民个性心理特征对形成犯罪产生重要影响：①苗族罪犯的文化水平较低以及交友不良状况使其认识、分析、判断能力受到影响，形成一些偏激、片面的看法，分析问题易于被表面现象所迷惑；②由于居住环境受限，苗族公民更多地接受当地习惯与惯例的约束，生物情感更为明显，社会情感相对薄弱。

4. 文化水平偏低，法制观念淡薄

贵州省的苗族多聚居在农村，限于经济发展、地理环境和认识水平，一旦实施犯罪，手段简单而原始。就苗族犯罪的性质来看，一般刑事犯罪较多，大多集中在抢劫、盗窃、强奸、杀人、伤害、拐卖妇女儿童等几种犯罪。换言之，多集中在传统的自然犯罪。造成这种现象的原因主要是文化水平低下、法制观念淡薄。

贵州省是西部一个欠发达、欠开发省份，民族多，经济、社会与文化发展均相对滞后。在苗族聚居区，义务制教育尽管一直在实施，但苗族公民的文化教育程度偏低确是事实。根据笔者对苗族聚居区的走访，发现识别能力、观察能力低下，混淆对与错、好与坏的是非标准是导致苗族犯罪的重要原因。农村是法制教育的薄弱环节，边远山区的苗族村寨更为突出，加上农村苗族原有的传统习惯远远不能适应社会的发展，往往造成习惯与法律相悖，甚至有的犯了罪还不知道自己的行为是危害社会的行为。从以下两个案例例证文化水平和法制教育对苗族犯罪的影响：

案例 2-2

被告人龙×清，男，28 岁，苗族，初小文化，农民。

被告人龙×成，男，28 岁，苗族，初小文化，农民。

1981 年 10 月 19 日晚，被告人龙×清与本寨的石×恩去小龙塘寨张家吃"还愿酒"，给主人帮忙的龙×树抱柴添火，不慎剐伤石×恩的脚，二人发生争吵，并抓扭起来。龙×清等即返家将此事告诉党支部副书记唐×成，唐听后极为生气地说："自古以来，哪有小寨欺大寨的道理！"在谈话中，有的群众提出要去还击，唐当场表示同意，并召集全村干部开会，决定天亮之前鸣锣集众。锣声响后，70 余人手持木棒、钢钎等凶器，把小龙塘寨包围起来，小龙塘由于寨小人少作了回避。被告人龙×清首当其冲冲进寨子，没有找到所谓凶手后，就用柴刀背将无辜妇女吴×英脸部打伤，致吴的容貌毁坏。被告人龙×成打坏张家三抽桌和门板。返回途中碰到刚从云南前线退伍回小龙塘寨的唐×海，被告龙×成用钢钎将唐打成重伤。同去的石×云、龙×长等人对张家住房、家具进行损坏，并杀死张家两头猪，抬回村共食，给张家造成经济损失 200 余元。

案例 2-3

被告人李×全，男，28岁，文盲，苗族，农民。

被告人王×秋，男，25岁，文盲，苗族，农民。

被告人周×荣，男，40岁，文盲，苗族，农民。

被告人杨×荣，男，31岁，文盲，苗族，农民。

毕节县水箐乡是一个苗族、汉族杂居地。1983年6月，该乡汉族社员胡×禹因拒绝做节育手术，长期躲避在苗族社员家中，并曾将导火线、雷管绑在身上，要与计划生育工作人员以死相拼。其父胡×文积极支持儿子的行为，在得知计划生育小分队将于9月6日来动员其子做手术的消息后，于9月5日窜到把总寨、蔡家湾等苗族聚居地，请在苗族社员中有号召力的"寨首"、"头人"喝酒，席间极力煽动他们采取行动抗拒计划生育工作。策划后，这伙人又分头串联了数百名苗族群众准备行动。9月6日清晨，这些苗族群众手持镰刀、棍棒等凶器，埋伏在计划生育小分队必经的路旁。上午8时许，乡武装部长何×贤受乡党委指派，带领计划生育小分队一行8人，到胡×禹所在的生产队做胡的工作。何怕胡行凶，携带冲锋枪1支，子弹3发防身。当小分队与伏击的苗族群众相遇时，苗族群众杨×清、王×和等人持械拦住谩骂，李×全、杨×奎、杨×祥等人趁机持械乱打。小分队鲁某被打伤后逃跑，何×贤背部被砍伤，为免遭继续被打，何边逃跑边鸣枪警告。此时，苗族群众王×龙手持木棒从前面拦何，在前阻后追的情况下，何将王×龙击毙。后何将后面追击的王×发、李×全击中倒地，李×光、王×秋等人赶到，用木棒等凶器将何打死，其余6名小分队员被周×权、周×荣等人率领的苗族群众围攻打伤，其中重伤2人。此后，上百名苗族群众持械冲进办公室，割断电话线，打坏门窗，殴打在该乡帮助工作的1名区长。

上述两起典型案例中都是因为苗族公民文化水平偏低、认识能力不够、法制观念缺乏导致。笔者在对D监狱189名苗族在押犯的统计中，发现因为文化水平低下、法制观念淡薄而犯罪的占据绝大多数（149名）。生活贫困与个人攫取钱财占据一定比例，分别为24名和16名（见图2-1）。

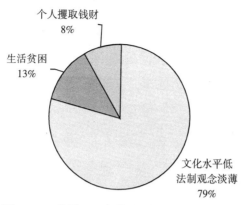

图 2-1　D 监狱 189 名苗族在押犯文化结构统计

　　根据笔者的走访和调查，发现苗族罪犯因文化水平低导致法制观念淡薄，甚至与社会法制规范相悖，对罪错和习惯法与法律的认识不清，经常发生"以暴制暴"，比如族长带领群众打死、打伤小偷的事件。文化水平与法制观念的普及是正相关的，苗族犯罪分子中文盲多、低文化者多，在苗族聚居区，很多群众只知道乡规民约和习惯法，而不知国家统一的法律，对法律采取一种不接受的态度。文盲与法盲构成苗族犯罪的重要原因。

二、布依族犯罪生成因素

1. 生活贫困是客观因素

　　贵州省的布依族世居"深山穷谷之间，悬崖绝壁之地"，可谓"站在两个山头能聊天，见面还需走半天"。生产与生活方式多为粗放型的农业经济模式，工具原始而简单，缺乏精细的农业生产技术。笔者所走访的黔西南、毕节的个别地方，生存条件很艰难，一碗泥巴一碗饭，石头缝里找口粮，甚至温饱问题还没有得到解决。贵州省的布依族聚居地区，一定比例的犯罪者是因为生活无着而走上犯罪道路，这是对生活在环境恶劣的农村的布依族犯罪客观原因的概括。生活在城镇的布依族公民，一方面因为缺乏谋生技能无法找到工作，无法在市场竞争中处于优势地位；另一方面受社会贫富分化的刺激而价值失衡，为获得物质财富不惜铤而走险，实施犯罪。从笔者所走访的黔西南、黔南自治州的布依族犯罪来看，呈现如下几个特点：①城镇犯罪率比农村犯罪率高；②犯罪类型以侵犯财产型犯罪为主；③犯罪地点以管理混乱的公共场所为多；④犯罪者年龄以青壮年居多。地处偏远的布依族，由于经济生活的贫困，犯罪类型、犯罪动机上均不同程度地受到影响。以下两个案例就是明证：

案例 2-4

被告人陆×益，女，39 岁，布依族，文盲，农民。

1983 年农历正月，被告人陆×益到拉里沟（地名）割草开荒。同年 3 月 23 日上午，陆又到拉里沟开荒，将原割的杂草拢在土中烧灰积肥。由于当天气温高风力大，加上被告人在放火烧草之前没有采取防火措施，一阵旋风将火苗刮起，引起山林火灾，有 99 个山坡过火，受灾面积为 4030 余亩，其中有林面积 1340 余亩，内有飞播马尾松幼林 800 余亩，人造杉木林 5 亩，杂木林 500 亩，竹林 30 亩，造成经济损失达 77660 余元。案件发生后，罗甸县公安机关组织力量进行侦破，以被告人陆×益构成失火罪提请县检察院批准逮捕。经罗甸县人民检察院检察委员会讨论认为，被告人陆×益因是过失犯罪且认罪态度较好。另外家中又有四个小孩无人照管，不予逮捕为妥，但鉴于被告人的行为造成了危害公共安全的严重后果，已构成失火罪，可以直接向县人民法院起诉，并建议酌情从轻判处。1983 年 9 月 37 日，县人民法院以失火罪从宽判处被告人陆×益有期徒刑 2 年，缓刑 2 年。

案例 2-5

被告人杨×海，男，17 岁，布依族，初小文化，农民。

1983 年 10 月 24 日，被告杨×海上山割草时，见 13 头牛在其家地里吃苞谷和小豆，气愤之下，用柴刀连续砍伤 3 头水牛，其中 1 头致残，造成直接经济损失达 2100 元。案发后，县公安局派员到现场及发案地调查，以被告人杨×海犯有破坏集体生产罪，呈报检察机关批捕。县检察院审查认为，被告杨×海的行为触犯了我国《刑法》第一百二十五条之规定，构成破坏集体生产罪，于 1983 年 10 月 31 日批准逮捕。在审查起诉阶段，县检察院在深入发案地群众调查的基础上，积极向被告人杨×海宣传法律知识，使其认识到自己犯罪行为的严重危害性，并在当地区公所的协助下，责令杨×海赔偿了损失。根据被告杨×海的犯罪事实及其危害后果，县检察院决定对杨×海作免予起诉处理。

　　案例2-4中，不应忽视的是贵州省布依族中残留的原始生产方式——刀耕火种。罗甸是贵州省边远贫困县之一，民间农谚传"火不烧山，地不肥"、"赶山吃饭"。布依族的传统生产方式是：每年种植季节，农民都要割草垦荒，烧灰积肥，放火烧山。陆×益失火案便是落后生产方式导致的恶果，是经济生活贫困的后果。如果忽视贵州省布依族犯罪的这种影响因素，将导致司法人员舍本逐末地适用《刑法》，做出量刑畸重的判决。案例2-5中，"牛吃庄稼"引发的刑事案件是经济贫困地区发生的典型案件。这起案件同样发生在贵州省罗甸县，耕牛是罗甸县布依族农民的主要生产工具。但是不应忽视的是，长期以来罗甸县的布依族、苗族形成的"敞猪敞牛敞马"的陋习，即将猪、牛、马放牧在山上，无人看守，晚上也不赶回家。有的猪早晨放出栏，每天晚上还会自行回家；牛和马一般在秋收结束后放出栏，到次年春耕季节才去找回来。"敞养"导致的直接后果是饲养的动物践踏庄稼，进而引发受害者对动物的伤害。考虑到少数民族的传统习俗和伤害动物事件的动因，一般对此类事件作宽大处理。

　　2. 传统的嗜酒习俗影响犯罪

　　贵州省的布依族长期居住山区，寒冷、潮湿，加之文化娱乐缺乏，饮酒成为民族文化的一个重要组成部分。每逢庆典活动，祭奠祖先、崇拜神灵、婚丧嫁娶、欢庆丰收、欢度春节、喜事临门、共同抵御外侵等活动都要大喝。嗜酒成癖的不良习俗，是导致布依族罪犯犯罪的重要原因。因为饮酒而使人暂时性地丧失辨认能力与控制能力，对自己的行为缺乏控制，进而实施犯罪。在布依族犯罪的调查中，许多犯罪的发生都与饮酒相关，或者因为饮酒过程中一言不合拔刀相向，或者因为意图犯罪饮酒壮胆进而实施犯罪。在对关岭布依族苗族自治县的调查中，普遍反映布依族犯罪嫌疑人在实施犯罪前饮酒的占大多数。

　　3. 文化水平低，法制观念淡薄

　　贵州省布依族居住地域偏僻，"普九"达标程度不高，文化教育相对落后。一般而言，文盲即法盲，文化水平不高决定着行为人对法律的接受与否与接受程度。文化观念与法制观念影响到布依族的是非判断和美丑善恶的评判。一方面文化与法制落后；另一方面封建迷信观念盛行，影响到贵州省布依族的行为方式。

案例 2-6

2002年2月26日，紫云布依族苗族自治县四大寨乡冗厂村大寨组的村民韦×碧上祖坟返回途中，与本组村民韦×妹相遇，打完招呼后韦×碧在路旁一水井里喝了几口水便回了家。回到家不久，韦×碧突然腹痛、腹泻，她怀疑是韦×妹放"飞药"所致，就将此事告诉了丈夫王××等家人。次日，韦的丈夫等家人将韦×妹叫到寨子中的一棵核桃树下，用绳子将韦×妹吊在树上拷打8小时之久。因为经受不住折磨，韦×妹只好说：只要放了她，韦×碧的病3天后就会好。听她这么一说，王家人更认定她是"药婆"，他们认为，只要把"药婆"烧死，韦×碧的病就会好。随后，王××、韦××、杨××等4人在附近抱来柴草，在韦×妹的脚下点燃。韦×妹直呼救命，但这伙人却无动于衷。直到韦×妹被烤得昏死过去，他们认为"药婆"已死，才各自离开。见这伙人走远，韦×妹的丈夫偷偷将吊在树上的韦解救下来。迫于愚昧的淫威，其夫将她藏到附近的一个山洞里。目前，韦×妹正在家中治疗。

资料来源：《贵州都市报》，2002年5月25日。

这起因为愚昧而泯灭人性的"火烧活人"案件明显反映了文化素质落后对布依族犯罪的影响。在布依族聚居地区，源于文化水平有限、法制观念的不普及，封建迷信影响犯罪类型和数量。驻留在山区原驻地的布依族农民观念与现代社会文化观念脱节，按照传统的观念行事便可能触犯现代社会规范；从山区迈入城镇的人无法寻找到合适的工作，便可能成为无业者生活无着，进而实施各类犯罪。

4. 残存的封建意识影响犯罪

封建社会男尊女卑是一种传统，这种观念深入到中华传统文化中而根深蒂固。观念的深化程度与社会距离封建社会的远近相关，少数民族社区新中国成立前还属于封建社会，有的甚至处于原始社会末期。刚刚脱胎于封建社会，难免会保留一些封建社会的观念痕迹。贵州省布依族聚居地区的继承观念和实践中，儿子才有财产继承权，女儿无权继承财产；婚姻观念与实践中流行"男嫌女，一张纸；女嫌男，等到死"的说法。男方提出离婚会得到社会舆论的支持，如女方提出，一般不为社会舆论所支持。夫死再嫁时，女方不能带走夫妇共同取得的任何财物。这些观念与实践会影响到布依族的行为方式，某些反应过激者便可能因此实施犯罪行为。比如布依族女性为谋夺财产而杀害兄弟，为摆脱不幸婚姻而实施杀人等犯罪。

三、侗族犯罪生成因素

1. 文化教育事业落后

侗族世居贵州、湖南、广西等地，经济发展滞后，文化教育与科技事业欠发达。历史上，统治者采取愚民政策统治侗族聚居地区，党和政府在新中国成立后扶持侗族地区的经济、社会和文化各项事业的发展。但历史上欠账太多，不可能一蹴而就。相对而言，侗族地区的文化教育程度要落后于汉族地区，它也是导致少数侗民犯罪的重要因素。

2. 狭隘民族主义膨胀

民族主义是各个主权国家一直关心的议题，尤其在边境地区，民族主义的极端化容易导致边境冲突和战争。但我们并不能在强调边境民族主义的同时忘记内地各民族可能存在的狭隘民族主义。在侗族聚居地区，一些极端分子往往把侗乡的窘境消极地、彻底地归咎于外界，认为别人欠自己的太多。他们没有面对困难、战胜困难的决心，将自身贫穷落后的现实归咎于其他民族。这种民族仇恨的心理往往导致侗族公民个体将仇视的眼光投向社会、投向政府和邻近的其他民族，异乡作案、破坏性极强的电力及通信设施盗窃案等犯罪的发生便是这种狭隘民族主义的表现。

3. 封建腐朽思想与外来不良文化

根据笔者在侗乡的调查，侗族暴力型犯罪发案比例高，多呈现"霸蛮"型。这种犯罪实施者多为边远山乡的村寨恶霸，他们往往自恃兄弟多或身体强悍，为害乡里，称王称霸。主要的思想根源是"弱肉强食"，这些村寨恶霸往往以多为胜，以力为胜，自以为"胜者为王"，在这些封建腐朽思想下实施各种犯罪行为。现代化的过程中，各种思潮侵袭，泥沙俱下。侗乡的青年面对外来文化的冲击（比如凶杀暴力、色情淫秽等），经受不住诱惑而陷入犯罪的也大有人在。

4. 陈规陋习的延续

侗族作为一个古老的民族，其风俗习惯保存得较为完好。走进侗乡，可以发现绝大多数的风俗习惯是积极向上的，但不良风俗习惯亦有之。比如侗族有"提早成亲"的习俗，男女 17、18 岁大多私下里成亲，尤其是女青年，过此年龄未定婆家，皆视为"老（恼）火"；又如侗族男女结婚时兴办彩礼，过去数担米谷，几段布匹，现在已是"几大件"全要齐，否则婚姻不吉，亲属尽皆丢脸面等。这种强定终身和超越现实追逐"吉祥"的"传统"，与现代社会文明的各种规范不合，但是，陈规陋习的影响力是强大的。出于对陈规陋习的维护和叛逆，便可能导致犯罪的产生。比如，因为婚姻彩礼不够而实施盗窃，以博取脸面，最终导致的是"未入洞房，先进班房"。

四、土家族犯罪生成因素

1. 文化与法制观念淡薄

根据笔者对土家族聚居地区的调查，土家族公民受居住环境、经济条件、文化背景等影响，文化水平较低，对事物持有的是一种朴素的感性的判断标准，这直接影响到土家族公民法制观念的形成。在对土家族罪犯的调查中，发现他们文化层次普遍偏低，绝大多数人从不过问政治和国家大事，对社会缺乏责任感。在所调查和走访的土家族罪犯中，既是法盲又是文盲的占据很大比例。正是基于文化水平低下和法制观念的缺乏，土家族不少公民走上犯罪道路，甚至在犯罪后还认为"抢劫是有本事"，"杀人是解决问题的根本方法"，"被抓住说明运气背"，对犯罪不以为耻，反以为荣。

2. 贪婪欲望的膨胀

贵州省的土家族聚居在交通不便、信息闭塞、经济不发达、文化教育落后的贫困山区，迫切希望改变生活面貌。但是，原住地的资源有限，工作机会不多，加之自身适应社会的能力缺乏，一些土家族公民不能达成自身的期盼。但部分土家族公民在金钱物欲的刺激和诱惑下，贪婪欲望不断增强，进而产生强烈的占有欲。这种强烈的占有欲支配着他们实施抢劫、盗窃等犯罪。这也是土家族犯罪类型结构中侵犯财产犯罪居高不下的重要原因。

3. 社会变迁引发心理畸变

我国的改革开放和社会主义市场经济体制的建立是一项前所未有的事业。人们的思想意识、价值观念均随着社会变迁发生了显著的变化。市场经济是具有负效应的，享乐主义、拜金主义、极端个人主义等腐朽消极思想可能产生于市场经济中。土家族的传统文化生活与现代物质文化生活需求之间差异悬殊，在调整过程中土家族公民可能人生观、价值观发生扭曲，"致富"心切但又"致富"不能，于是铤而走险走上犯罪道路。

4. 地理环境的影响

土家族聚居区集中在湖南、湖北、贵州等地，贵州的土家族多聚居在与湖南、湖北的交界地带。这些地域偏僻而贫困，土家族人勤劳而果敢，与自然界既和谐又斗争，从原始的刀耕火种到使用畜力和半机械化耕作，使片片荒山变为梯田。但是，从犯罪地理学的观念出发，土家族人由于居住地域的偏僻，长期以来受封建家族观念的影响和山区的封闭，性格趋于保守，情绪容易激动。因此，在犯罪类型上，土家族公民往往为山林纠纷、家族不和等实施暴力犯罪，也易受他人蒙蔽或挑唆，产生激情犯罪。

五、彝族犯罪生成因素

1. 旧的习惯规则的影响

彝族在长期的发展过程中形成了自己较为成熟的法典，这些成文、不成文的"习惯法"历经数千年的不断丰富、完善与实践，渐渐形成系统。这些法律既对重大的、有关全局性的事情作了规定，也对基于社会各成员之间的人身权利、财产权利引起的各类社会关系作了系统的具体规定；不仅内容翔实，而且法律技术也较为发达。[①] 已故著名法学家杨怀英教授在考察后认为："我们可以毫不夸张地说，彝族习惯法的许多方面不亚于世界某些同一类型社会的古代许多奴隶制国家的成文法和习惯法，其系统性和完整性是毫不逊色的。"[②] 著名民族学教授刘尧汉介绍说："在解放迄今的 40 多年，在凉山地区县、乡两级司法负责人都是彝族，但彝族群众中

[①] 周星先生对海乃拉莫说："我认为彝族法律是一部完整合理的法典，根据其结构严明情况看可以与世界上最早的法典——公元前 18 世纪巴比伦的《汉谟拉比法典》、雅典国家形成时期的《德拉古法典》相媲美。"参见海乃拉莫：《彝族习惯法初探，贵州彝学》，民族出版社 2000 年版，第 176 页。

[②] 杨怀英主编：《凉山彝族法律制度研究》，法律出版社 1996 年版，第 53 页。

发生各种纠纷案件时，双方都不去找他们，仍去求"德古"们调解心理才平衡。① 可见，彝族习惯法对彝族群众影响力之大。但是，不能忽视彝族习惯法中残存的封建意识形态。诸如：凡事找"家支"解决，而"家支"的致命弱点又是排外性，"家支"内亲亲相护；认为械斗中的勇敢者是"英雄"，以盗窃仇人和其他民族的财物为荣；敬畏杀人放火、贩卖人口、大肆盗窃的犯罪分子等。这些旧的消极习惯势力都是滋生犯罪的温床。这可以说是彝族犯罪的一个重要影响因素。

案例 2-7

2003 年，赫章警方捣毁一个带有武装性质的非法枪支组，抓获非法持枪犯罪嫌疑人 6 名。这一组织的头目之一竟是赫章县双坪乡拱桥村原村支书朱×明。警方查明，以朱×明为首的 6 名犯罪嫌疑人，以守家护林为借口，近年来非法购买枪支，形成了带武装性质的非法枪支组织。2003 年 5 月 20 日，拱桥村与相邻的瓦店村因山林发生纠纷，朱×明、王×银等人带领自己枪支组织的其他附和者，与瓦店村的数十人发生械斗，幸亏双坪乡派出所民警及乡政府干部及时出面制止，才没有酿成大祸。②

---

2. 文化层次低，法制观念淡薄

根据笔者对贵州省彝族罪犯的文化结构分析，未能完成初中学业（普及九年制义务教育未达标）的占 65%。正是因为文化程度普遍低，认识能力、是非辨别能力受到限制，部分彝族公民没有形成正确的人生观、道德价值观，"利己思想"、"个人主义"、物欲、私欲严重膨胀。加之语言交流的障碍（不通晓汉语），彝族地区的文化教育事业和普法宣传遇到的困难都较多。"文盲加法盲"的现象在贵州省的彝族地区较为普遍，这是导致彝族公民实施犯罪的另一个重要原因。

---

① 刘尧汉：《彝族习惯法判例研究》，云南人民出版社 1997 年版，第 97 页。
② 蔡林伦、刘鑫：《村里有支"火枪队"——赫章警方打掉一非法组织》，《贵州都市报》2003 年 7 月 25 日，第 8 页。

3. 贪图享受，好逸恶劳

据统计，80%的彝族罪犯来自生活异常贫困的国定、省定贫困县。随着改革开放和市场经济浪潮的冲击，这些地区与外界交流增多，加上部分彝族人鄙视经商的影响，对外部世界尤其是经济发达地区极其羡慕和向往，急欲摆脱贫困又苦于致富无门，想致富又好逸恶劳。加之部分彝族山区忽视精神文明建设，"享乐主义"、"拜金思想"等腐朽的意识形态已将以往古朴、优良的民俗传统侵蚀、瓦解。在强烈的物欲驱使下，部分彝族罪犯便铤而走险，以非法手段去获取物质利益。

4. 社会治安管理的疏漏

随着改革开放的深入，居住在彝族山寨的村民，部分盲目流向昆明、下关、成都等大中城市，由于其行为缺乏必要的社会控制和约束，加之文化和劳动技能的差异，他们在城市无就业技能，生活无着落，加上有些人私欲膨胀，于是纠集成队，拉帮结伙，大肆进行贩毒、抢劫、盗窃、扒窃等犯罪活动。

5. 新旧生产、生活方式转变

彝族社会从1956年民主改革后，原有的社会秩序彻底被废除，在适应新的生产、生活方式和产生新观念的过程中，呈现出了许多新的问题。特别是进入新千年后，中国社会愈加开发，经济活动更加频繁，外出打工谋生成了绝大多数彝族青年的首选。置身于眼花缭乱的都市，回望日渐贫穷的故土，面对被边缘化的弱势地位，他们感受到了诸多的失落和伤感。对于没有特殊技能，甚至还有语言障碍的他们，面对外面世界的诱惑，宁愿出卖体力，甚至铤而走险，宁愿合伙偷盗、贩卖毒品，也不愿意回到家，过"向牛要粮吃，向羊要衣穿"的传统彝人农牧兼营的生活。[①]

6. 毒品的渗透

2002年1月，当中央民族大学教师侯远高返回故乡四川省凉山彝族自治州做调研时，这位从美姑县阿牛家支走出来的彝族知识分子被自己看到的一切所震惊：在调查中，他发现毒品和艾滋病给彝族乡村造成了巨大的危害。[②]20世纪90年代初，在社会转型过程中，凉山外流人员不断增多。

---

① 陈国光：《让彝族传统道德文化进课堂》，《中国民族》2009年第4期。

② 侯远高：《川滇大小凉山彝族地区社会文化变迁中的民族关系》，http://bbs.guoxue.com/archiver/?tid-417047.html，2006-06-20。

由于文化障碍和歧视，进入城市谋生的少数彝族人开始参与贩毒、吸毒。又因为共用针具静脉注射海洛因，艾滋病逐渐蔓延开来。① 贵州省紧靠云南省，与世界毒品主要生产地"金三角"相邻，是境外毒品经云南省运往内地和沿海地区的黄金通道。仅 2007 年贵州省黔西南州、毕节地区就破获运输毒品案件 201 起，抓获运毒犯罪嫌疑人 265 人，其中有 116 人为外省籍人员。贵州省的贩毒群体多以农村人口为主，尤其是边远山区的农民，他们有的涉足省内经济较发达的中心城市；有的前往中东部地区的经济强省（市）；还有的远涉重洋，在贩毒的路上"前仆后继"。从小宗毒品做起，从资本原始积累阶段出发，一步步发展为以域、宗族、家族血缘为纽带的贩毒团伙。从早期小宗毒品做起，逐步积累，进而到多人集资从事大宗毒品犯罪活动，使村人口外流贩毒情况日趋严重。如贵州省纳雍县外流贩毒人员的 90% 是农民。② 例如纳雍县水东乡以则孔村，原有近 200 户农户，600 余人口。10 多年来，因为全村有 36 人贩毒、5 人吸毒，40 人被法律制裁，其中多人被判处死刑。人们称之为贩毒导致的"寡妇村"。③

六、仡佬族犯罪生成因素

2004 年 1 月，笔者与王芳恒博士到仡佬族聚居地务川县及道真县调查和走访，务川县公安局向我们提供了《务川自治县近五年来犯罪趋势与特点》等材料，笔者以为：影响仡佬族犯罪的主要因素包括：

1. 案件起因复杂多样

从仡佬族犯罪的起因来看，有民事纠纷没有及时处理而转化为刑事案件的，多为林立的矛盾、婚恋、山林、损坏农作物、经济债务等。这些民事纠纷的酿积，没有疏导，最终导致刑事案件的发生。

2. 经济相对落后

仡佬族聚居的地区，同样在经济上要落后于汉族地区。仡佬族经济生活上的贫困是他们实施财产犯罪的重要原因，也可以解释为何仡佬族犯罪

① 梁艳菊：《凉山：一个本土化的 NGO——记侯远高和凉山彝族妇女儿童发展中心》，《中国民族》2009 年第 1 期。

② "西南地区禁毒问题研究"课题组：《当前贵州省禁毒新形势及对策思考》，《贵州警官职业学院学报》2010 年第 1 期。

③ 周春荣、刘昌举：《"寡妇村"的今与昔》，《法制生活报》2007 年 6 月 25 日，第 9 页。

类型统计中财产犯罪占据绝大多数。

3. 文化素质低，法制意识薄弱

仡佬族犯罪多发生在边远山区，在仡佬族聚居区，文化水平偏低，法制意识淡薄。这些既决定了仡佬族犯罪的手段简单、单一，也决定了仡佬族犯罪类型集中在侵犯人身权利和侵犯财产犯罪上，基本上没有新型犯罪。

七、水族犯罪生成因素

笔者曾三次去过三都水族自治县和邻近的荔波等水族聚居区，认为水族犯罪的主要原因为：一是从犯罪地理学的意义上讲，水族居住在偏远山区，经济不发达，在水族聚居区，牛马是贵重的生产资料。偷牛盗马案件的突出正是对水族经济发展相对滞后的一个直接反映。二是水族聚居地区的习俗对犯罪影响作用颇大，比如"回配"和抢婚的婚姻习俗，以"回配"为例，如果姑母家有女不嫁内侄，就会被视为"败伦"。"败伦者"如果不交罚金，便可能产生纠纷。对于男方，如果无力给付"外甥钱"的，都容易引起犯罪。三是封建迷信和宗族势力引起犯罪。水族聚居区的残留封建迷信思想较为严重，封建迷信在不少水族百姓的思想中占据重要位置，封建迷信犯罪发生频率较高。宗族势力往往是引发集体性械斗等群体事件的重要因素。因为各种纠纷产生后，群众可能诉诸宗族而非法院，宗族势力的介入只会使事态进一步恶化，最终酿成恶性的集体械斗等刑事犯罪。

八、回族犯罪生成因素

1. 文化教育程度

据对 G 监狱的 40 名在押犯的统计，初中水平以下的居多，说明回族犯罪者文化结构水平偏低，与犯罪者接受文化教育程度相关，这也直接影响犯罪行为的类型。

在 G 监狱 40 名在押犯中，小学文化的为 14 人，初中文化的为 20 人，处于初中文化以下的为 36 人（包括初中肄业与初中毕业），占总人数的 90%。可以观测，在押犯的总体文化程度偏低。这种偏低的文化结构对犯罪是一种不可忽视的影响因素（见图 2-2）。

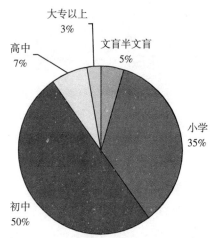

图 2-2　G 监狱 40 名在押犯文化结构统计

2. 宗教信仰影响犯罪

回族整个民族笃信伊斯兰教，在伊斯兰教饮食上有清真的禁忌。伊斯兰教和清真饮食习惯是他们较少实施犯罪的原因。但在实施犯罪类型上，则可能因为对宗教信仰的不尊重而发生激情性的侵犯人身权利犯罪。

九、白族犯罪生成因素

贵州省的白族主要集中在安顺市和六盘水市，约有 18.73 万人，占全省少数民族总人口的 1.4%。根据笔者对安顺 J 监狱 24 名白族罪犯的调查和统计，白族犯罪原因结构如表 2-1 所示：

表 2-1　白族犯罪原因结构——安顺 J 监狱数据（2003 年）

单位：人

合计	生活贫困	个人攫取钱财	固有不良文化	法律意识淡薄
24	3	8	2	9

注：另有 2 人不属于表中四种原因之列。

从表 2-1 中可以看出，白族犯罪原因中法律意识淡薄占据首位，这与白族的文化水平不高相关，这一点我们可以通过对 24 名白族罪犯的文化结构进行分析。

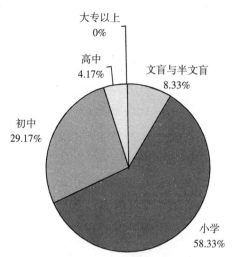

图 2-3　白族罪犯文化结构——安顺 J 监狱数据（2003 年）

通过图 2-3 可以看出，安顺 J 监狱 2003 年白族在押犯中，文盲与半文盲为 2 名，占 8.33%；小学文化的为 14 名，占 58.33%，初中文化的为 7 名，占 29.16%。总体看来，未达到高中文化的白族罪犯达总数的 95%。可以说明，白族文化水平偏低是影响白族犯罪的重要因素。

至于如何解释个人摄取钱财占据 24 名在押犯的第二位，笔者认为，可以有两个方面的理由：其一，经济生活贫困是白族罪犯铤而走险妄图通过迅速致富的途径改变现状的客观原因；其二，白族生活地域与汉族生活地域较为接近，社会变迁能直接反映到社会生活中，白族群众受外界刺激而产生更多的个人攫取钱财的欲望。这也足以解释为何白族犯罪以侵犯财产罪和侵犯人身权利罪为主要类型。

十、瑶族犯罪生成因素

1. 历史和地理决定的经济贫困

历史上，瑶族受历代统治者的剥削和压迫，经济与社会发展相对滞后，今天的瑶族人"依山险居"，经年累月额负、背驮、肩挑，赤足行走于崇山峻岭之间，交通不便，信息闭塞，自然环境恶劣，导致瑶族经济贫困。新中国成立后，党和政府为瑶族提供了大量的帮助，极大地提高了瑶族人民的生产与生活水平。但是，生活贫穷仍然是部分瑶族人民的头等大事，温饱问题成为生活在大山里的瑶族人民的一件大事。为改变落后和贫穷的状况，绝大多数的瑶族群众选择在国家法律和政策允许的范围内合法勤劳致富，也有少数瑶族群众不甘于清贫，受"致富"动机的驱使，或在本乡本土实施犯罪（此类情形略少，因瑶族的社区组织较强，道德凝聚感明显，排斥本地本乡实施犯罪），或群体到外地谋生，一旦谋生出现问题便易发生群体性的犯罪。

2. 文化教育落后，文化水平不高

贵州省的瑶族群众居住在大瑶山区，生活的地理环境恶劣，交通和经济欠发达，缺少资金和师资人才，办学条件不好，文化教育普及相对滞后，辍学率较高，相当部分瑶族青少年处于文盲半文盲状态，"两基"（基本扫除青壮年文盲、基本实现九年制义务教育）达标工作还有待加强。根据我们对 60 名瑶族罪犯的调查，发现这一群体文化结构偏低（见图 2-4）：

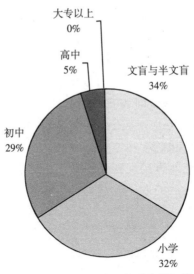

图 2-4　瑶族罪犯文化结构——贵州省 60 名瑶族罪犯样本数据（1999~2003 年）

从瑶族的 60 个样本数据来看，文盲与半文盲占 34%，即占总人数超过 1/3。瑶族群众因为没有文化或者文化太低，鉴别能力差，文盲必然导致法盲，因此许多瑶族群众是懵懵懂懂地滑入犯罪深渊。另外，由于文化的缺失，青少年的家庭教育存在问题。家庭作为青少年的第一课堂，对青少年树立正确的世界观、人生观、价值观具有重要意义。在瑶族聚居的瑶山，一般家境贫寒，瑶族青少年家庭教育内容与方法失当，容易接受社会不良影响，结果走上犯罪道路。

3. 家法族规重于国家法律的观念

家法族规是在特定的自然环境、社会历史条件和生产条件下逐步形成的。瑶族内部社区组织较为严密，比如"油锅组织"。每一个"油锅"都有首领，都有一定的规章制度。这种家法族规在瑶族群众中通行，甚至在他们心中的神圣地位要高于法律。家法族规中的部分内容是少数民族优良传统的继承，含有积极的因素，但是，不应该忽视家法族规中的封建糟粕，比如浓重的宗族兄弟义气等，对同宗族的成员有着盲目的护短行为，把他们所犯的错误视为"家丑"，给予尽量的遮掩庇护，宁愿内部"私了"，也不愿让其外扬。将家法族规置于国家法律之上或者只知有家法族规而不知有国家法律是瑶族犯罪的一个重要原因。许多瑶族罪犯深以为，国家统一的法律不如族（村）规民约，在山寨深沟作了案只要跑到别的山寨中藏匿起来，躲开风头浪口，避过公安缉捕期就没事了，但是结果并不如他们期待的那么美好。

第二节　中国少数民族犯罪的原因系统

中国少数民族犯罪与汉族犯罪相比较，犯罪类型、犯罪特征、犯罪规律都存在若干不同特征，这源于居住地区和传统文化的差异。[1]在一定意义上而言，贵州省的少数民族分布是中国少数民族分布的一个缩影，其经济状况、社会发展、文化特征、个体素质均可以对中国少数民族犯罪起到一个"映射"的作用。对贵州省世居少数民族犯罪生成因素的分析为中国少数民族犯罪提供了素材，犯罪原因是相互交织进而导致复杂的犯罪现象的，犯罪原因是一个成系统的结构，少数民族犯罪原因是一个独立的复杂系统。

---

① 吴大华：《民族法律文化散论》，民族出版社 2004 年版，第 460-466 页。

一、犯罪原因—— 一个复杂系统

1. 犯罪原因是一个系统

系统是一个相对独立的单元。关于系统，普通系统论的创立者、美籍奥地利理论生物学家贝塔朗菲认为：“系统的定义可以确定为处于一定的相互联系中并与环境发生关系的各组成部分（要素）的总体（集）。”[①]日本日比野省三教授则认为：“系统是指联合体，它具有复数的要素，各要素之间是相互关联的，并有预定的目的或机能。”[②]系统论则是将世间万物视为各个相对独立的单元又与外部世界保持紧密联系的整体的运思法则。作为一种思维法则，系统论在当代科学体系中占据重要地位，不仅在自然科学中而且在社会科学中都广泛地得到运用。

在传统犯罪原因研究中，人们通常对犯罪的某个原因予以特别关注，在这种原因与犯罪现象之间建立固定的孤立的联系，然后研究该因素对犯罪现象、犯罪规律的影响。这种简单的孤立的方法在中西方古代均存在过。比如，有学者从外界寻找致罪因素：中国古代思想家管仲提出：“仓廪实则知礼节，衣食足则知荣辱……野芜旷则民乃菅。”[③]古希腊哲学家柏拉图认为金钱导致犯罪，亚里士多德则认为贫困是引起造反和犯罪的重要原因。也有学者从人性角度探寻犯罪的潜在因素：在中国古代，孟轲倡导人性善论，认为后天不良的社会环境影响是犯罪的最主要原因；[④]荀况主张性恶论，认为人性恶是犯罪的基本内动力。[⑤]在西方，霍布斯认为，人与人之间的关系就是狼与狼之间的关系。[⑥]这种状态被西方政治哲学家称为“霍布斯状态”。这些针对犯罪原因的论述，基本上是建立在生活直观的基础上，仅仅是对犯罪生成的单因素的孤立描述，还谈不上对犯罪原因的真正探索。

真正的犯罪原因理论起源于近代西方，是伴随19世纪化学、医学、生物学和心理学等学科的发展而展开的。最早出现的是单因素论：无论是

---

① 《普通系统论的历史和现状》，载《科学学译文集》，科学出版社1930年版，第35页。

② ［日］日比野省三：《信息学常识》，邵占波译，书目文献出版社1987年版，第54页。

③ 《管子·牧民篇》。

④ 《孟子·告子上》。

⑤ 《荀子·性恶》。

⑥ Thomas Hobbes, Leviathan, F. M Dent & sons Ltd. 1979, p.65.

犯罪人类学派、犯罪心理学派还是犯罪社会学派，研究者们总是以某一种因素，或者某一种因素占主导地位来说明犯罪的产生。继单因素论之后而起的是多因素论，犯罪多因素理论认为，犯罪行为由"因素群"引起，不能简单地归结为一种因素引发犯罪。菲利可以说是从多因素角度去研究犯罪原因的开创者，他所开创的罪因理论之框架——社会、自然与人类学至今尚为犯罪学理论引用。菲利认为："无论哪种犯罪，从最轻微的到最残忍的，都不外乎是犯罪者的生理状态，是其所处的自然条件和其出生、生活或工作与其中的社会环境三种因素相互作用的结果。"[①]不同的学者可以基于不同的学科背景对犯罪原因作出不同的解释，而且不能忽视在犯罪原因之内存在内在的联系，共同作用导致犯罪现象。因此，必须在关系中认识犯罪，犯罪应当是多因多果，原因之间相互影响，形成不同外在特征。犯罪原因并不是静态的简单组合，而是一个动态的有机的系统。罪因理论发展到今天，已经形成众多纷繁复杂的理论体系，不同理论对犯罪原因均具有一定的解释力，但我们必须综合地从各种因素入手来分析犯罪形成的原因。在笔者看来，犯罪原因是一个包括环境与个人（处于互动过程中）的系统。之所以是一个系统，是因为：首先，犯罪原因并不是某一孤立的因素的产物，而是社会中诸多矛盾因素以一定方式构成的。其次，构成犯罪的诸因素相互联系、相互作用，比如社会原因、个人原因相互联系并相互影响，有自己的独特运行机制和作用过程。最后，犯罪原因结构系统独立于犯罪特征系统与犯罪对策系统，具有自己的独特结构，受社会经济发展、运行、文化演变等的影响。

2. 犯罪生成因素是环境与个体的切分

正如中国政法大学著名犯罪学家王牧先生指出：犯罪原因论在犯罪学理论体系中占有核心的地位，是整个犯罪学理论体系的出发点和基础。[②]北京大学著名刑法学家储槐植先生对犯罪原因形容为：犯罪原因好比一座结构复杂的大厦，可从不同角度对大厦摄影，这些影像互不相同，但都是这座大厦；同理，可以从不同视角、用不同方法来研究犯罪原因，这些理论互不相同，但不能说其中任何一种不是犯罪原因理论。[③]罪因理论相互

---

① ［意］恩里科·菲利：《实证派犯罪学》，郭建安译，中国公安大学出版社 2004 年版，第 159 页。
② 王牧主编：《犯罪学论丛》第 1 卷，中国检察出版社 2003 年版，第 36 页。
③ 储槐植等：《犯罪学》，法律出版社 1997 年版，第 150–151 页。

联系，层次不同：抽象程度高、涵盖一切时空条件的罪因理论，面广但不具体，认识功能强而可操作性差，比如对犯罪根源的探讨；抽象程度低、只适合于一定时空条件的罪因理论，面窄但具体，认识功能弱而可操作性强，比如对青少年犯罪原因的研究。笔者的结论是：各种罪因理论都有其价值，但罪因理论必须具有针对性。在研究少数民族犯罪的原因时，笔者便一直在思考这个问题，作为一种按照民族身份分析分出来的犯罪类型，以前一直被人所忽视。现在提出来研究该犯罪原因时主要应当关注什么，应当忽略哪些影响因子小的变量。在分析贵州省少数民族犯罪的原因时，笔者选择了 10 个贵州省世居少数民族逐一进行分析和比较，是奠定在实证性的民族犯罪调查的基础上进行的。通过立足于贵州省少数民族犯罪的原因分析，透视中国少数民族犯罪的原因，并做出系统性的描摹，旨在探求具体类型犯罪之后的独特原因，以寻求具有针对性的犯罪控制之策。

作为解释犯罪产生缘由的理论体系，犯罪原因论是一个复杂的系统结构。它是研究各种主、客观消极影响与犯罪行为之间的因果和其他关系等的理论，包括犯罪行为产生的决定因素，犯罪形成和出现的主、客观因素，犯罪人的个性及其与社会环境的关系等按照系统结构犯罪原因论的一般构成情况，即层次结构，可以依次划分为：犯罪根源（即所谓的犯罪总根源）、犯罪基本原因、犯罪直接原因和条件、犯罪诱因和引起犯罪的其他因素以及犯罪人的犯罪个性等。[1]犯罪根源是指犯罪的最深层的终极原因，即生产力和生产关系（生产方式）矛盾运动的结果；犯罪基本原因一般是指与一个社会的生产关系和上层建筑方面有直接联系的产生犯罪的原因。在我国犯罪原因研究的初期，曾经就犯罪根源与基本原因的探讨引出了"私有制是犯罪根源"的论断，这一论断被社会主义社会同样存在犯罪的现实击碎，关于根源与基本原因的研究逐渐转移到对具体原因、条件和犯罪行为人的研究上来。

在笔者看来，从具体犯罪出发研究犯罪的原因，应当分为个人与环境两个因素。西方犯罪学中单单从个人方面来寻求犯罪原因或从环境方面来作理解均得出了深刻的结论，比如犯罪人类学派、犯罪社会学派和犯罪心理学派。[2]日本刑事法学者大谷实提出：犯罪，说到底是以素质和环境为

① 王牧主编：《犯罪学论丛》第 1 卷，中国检察出版社 2003 年版，第 45 页。
② 关于西方犯罪学流派及其主要观点，请参阅吴宗宪：《西方犯罪学》，法律出版社 1997 年版，第 18-35 页。

条件而实施的。所谓素质，是由遗传所决定的发展能力及发展的可能性，它是人格形成及发展的基础；所谓环境，广泛而言，是指对个人直接或间接产生影响的所有外界事物，可以分为先天性环境和后天性环境，也可以分为人格环境和行为环境，还可以分为一般环境和个人环境。①这一论述是颇为精当的，犯罪原因结构应当由环境因素与个人因素构成。环境因素包括经济、文化、地理等，个人因素则包括生理、心理等人格问题。笔者关于少数民族犯罪原因的分析将基于此展开。

二、中国少数民族犯罪的独特原因系统

每一个文化都有只属于她自己的特殊问题。②每一个少数民族都有自己的独特特征，决定着各自在犯罪现象的表现和形成的原因上不同。专门选择具体类型的犯罪，研究其原因对我们分析对策、拟定控制方案更具有针对性。我国犯罪学者认为，不同种类的犯罪深层因素不一，研究具体种类犯罪的因素应当作为犯罪原因论的重点研究方向。③笔者对中国少数民族犯罪原因的分析分为环境和个体两方面。环境为少数民族公民实施犯罪给定了前提性的预设；个体是具体少数民族公民是否实施犯罪、实施何种犯罪的决定性因素。④

1. 环境方面的因素

关于中国少数民族犯罪环境方面的因素，可以简化为：经济背景、人文社会、成长环境。

（1）经济背景因素。中国是一个处于工业化进程中的国家，现代化是

---

① 先天性环境是指系统内环境，即从受精到出生为止的外部要因。该环境中的病理性因素有胚胎毁损、胎儿毁损等；后天性环境有自然环境（季节、天气等）和社会环境（家庭、经济条件等）。人格环境是指对有利于犯罪人格的形成持续地起作用的环境，也称为犯因性人格环境，如教育、职业、地域社会便属于此；行为环境是指在犯罪时，成为诱发犯行的要因的环境，又被称为犯罪性行为环境，如同犯罪动机相连的被害人的态度、他人的诱惑等外界事物便属于此。一般环境是指对一般人共同的外部事情，如地理条件、经济条件、文化条件等；个人环境是指个人所固有的外部事情，如家庭遭到破坏、失业等便属于此。参见［日］大谷实：《刑事政策学》，黎宏译，法律出版社 2001 年版，第 51–52 页。
② 梁治平：《法律的文化解释》，生活读书新知三联书店 1998 年第 2 版，第 59 页。
③ 王牧主编：《犯罪学论丛》第 1 卷，中国检察出版社 2003 年版，第 48 页。
④ 吴大华：《中国少数民族犯罪的原因结构系统》，《民族法学评论》（第 4 卷），华夏文化艺术出版社 2006 年版，第 37–38 页。

我国当下的语境。9亿多农民生活在农村，从事农业或相关行业，其他产业的发展水平与发达国家相比也存在差距。少数民族大多聚居在农村、山区，从事农业、畜牧业等。经济生活对少数民族犯罪产生重大影响，不仅是犯罪类型，而且包括犯罪动机等微观方面。给定的少数民族背景是生活贫困基础上的市场经济发展。处于变迁中的社会为少数民族带来发展机遇，但不少少数民族公民却因为不能适应变迁采取极端反应走上犯罪道路。

1）生活贫困。因为历史上的统治者对少数民族采取愚民政策，对少数民族经济发展不管不问，导致少数民族地区长期处于整个社会经济发展进程之外。新中国成立前，在某些地区，甚至还有少数民族处于原始社会末期。① 少数民族的贫困生活使得他们盼富恐贫，对物质利益格外珍惜，致富心切，但因为各种条件的限制并不能迅速致富，一少部分少数民族公民便选择铤而走险的方式，实施侵犯财产型犯罪，以迅速摆脱贫穷。这在犯罪分类上被称为"解脱型"犯罪。这种犯罪原因上的经济背景调查与分析可以解释为何少数民族地区侵犯财产罪犯罪率高。我们在对贵州省世居少数民族犯罪的调查和走访中，可以明确地发现，侵犯财产犯罪一直占据整个犯罪的高比例。

2）落后的生产、生活方式。毋庸讳言，少数民族的生产、生活方式与主流社会存在较大的差距。在某些地区，处于农耕社会的初期，盛行刀耕火种。以贵州省某县为例，宜林宜草面积为240万亩，占总面积的53.3%，具有发展林牧业的优势，国家投入大量资金植树造林，仅三次飞机播种就花费了120万元，播种了26万亩。但是，年年播，年年烧，传统而落后的生产、生活方式导致森林难以形成。生活方式上，某些少数民族群众好酒，容易因为酗酒引发激情型犯罪；② 某些少数民族地区崇尚带刀，在情

---

① 根据学者的考证，20世纪50年代以前，中国少数民族分别处于不同的社会历史发展阶段：独龙族、怒族、傈僳族、德昂族、阿昌族、佤族、景颇族、拉祜族、纳西族、基诺族、黎族、布朗族、鄂伦春族、赫哲族等民族或这些民族的部分地区，原始社会色彩颇为浓厚。大小凉山的彝族处于奴隶社会，西藏的藏族、云南西双版纳的傣族处于农奴社会，壮族、布依族、侗族、苗族、瑶族、土家族、畲族、白族、回族、维吾尔族、蒙古族、满族等30多个民族处在封建社会中后期。参见杨一凡、田涛主编：《中国珍稀法律典籍续编》第九册，《少数民族法典法规与习惯法》（上），张冠梓点校，黑龙江人民出版社2002年版，第9页。

② 根据调查，藏族杀人犯、伤害犯中98%都喜欢酒，酒后导致犯罪的占70%；在内蒙古调查，酒后犯罪中90%以上为暴力犯罪；抽查侗族33名伤害罪罪犯发现，21名与酒相关。参见鲁加伦主编：《中国少数民族罪犯改造研究》，法律出版社2001年版，第12页。

绪激动时便会拔刀相向。

3）市场经济的发展。我国目前正在进行的社会主义经济建设是一种以社会主义市场经济模式为目的的改革。社会主义市场经济要求在国家宏观调控下以市场作为资源配置的决定性手段，能够为生产力的巨大发展提供动力。但是，市场经济的发展带来社会全方位的巨大变迁：首先是消费欲望的膨胀，改革开放使一部分人先富起来，后富的群体如何看待先富的群体，在消费欲望被刺激起来以后，如果同时刺激起来一种仇富的心理，便可能产生刑事犯罪；其次，市场经济要求形成一种开放社会的状态，社会开放是社会文明进步的标志，社会开放程度如果较大，难免泥沙俱下，而同时相应的立法和政策滞后，疏于防治和引导，有关部门管理不力，控制机能弱化，便容易引发犯罪的条件和诱因，比如外出经商、做工的人常常携带大量现金旅行和出入公共场所，成为潜在的被害人；最后，改革开放过程中一部分人失去工作，生活无着，下岗失业人员中部分人无疑会铤而走险，而同时农村剩余劳动力大量涌入城镇，使城市治安面临前所未有的压力。少数民族地区是中国欠发达地区的一个缩影，中国的各方面的态样在少数民族地区都有表现而且更严重。从民族地区来看，少数民族地处内陆，经济基础薄弱，文化教育落后，社会生产力水平低下，但幅员辽阔，自然资源丰富，发展前景广阔。① 少数民族地区同样面临市场经济改革，致使这里的市场经济的负效应被放大，少数民族民间纠纷因为市场经济的竞争性而夸大：一方面要求千千万万个不同类型的独立个体进入民族地区市场，参与市场经济的运行；另一方面使民族地区的地域间、行业间、民族间的界限完全打破和彻底放开，联系空间增大。市场经济的竞争性使得民族地区的各个家庭、各个市场主体均处于全方位的竞争状态之中，不少少数民族公民的心理严重失衡，出现强烈的社会对抗行为。正是因为市场经济对少数民族地区的影响导致民族地区社会变迁的加剧，部分少数民族公民因无法适应才走上犯罪道路。

（2）人文社会因素。

1）固有的文化习俗。不少少数民族地区历史遗留有文化习俗，比如过度宣扬"酒文化"，就成了嗜酒成癖、酗酒成灾。因为酗酒而丧失辨认

---

① 吴大华：《少数民族地区市场经济体制与法制建设同步协调的思考》，《光辉的历程辉煌的成就》，贵州民族出版社1996年版，第87页。

能力与控制能力进而实施犯罪的情形非常普遍。酗酒已经成为部分少数民族公民的生活方式，这种不良文化是导致少数民族犯罪的一个重要因素，也是少数民族犯罪中激情性犯罪占据一定比例的原因。

2）文化教育落后。历代反动统治阶级对少数民族地区的文化教育事业不予重视，加之各少数民族自身凝聚力强，自我认同民族文化，没有重视文化教育。新中国成立后在党和政府的重视与关怀下，少数民族文化教育事业有了突飞猛进的发展。但是长期的文化落后状态，使大量群众得不到良好的文化科学教育和精神素养，认识水平、思想水平和家庭社会道德观念、法制观念等相对薄弱，形成一种比较容易产生违法犯罪的文化环境。

3）外来文化的侵蚀。传统的少数民族聚居区是朴素原始的，也是保守落后的。经济与社会的发展在给山村带来文明和进步的同时，也同时产生丑恶现象。根据海南省的调查，在被调查的黎族罪犯中约有90%的罪犯入监前看过不健康的色情影片，约有70%的罪犯入监前参与过不同形式的赌博。由于文化水平低，是非判断力差，少数民族在接触外来文化时一股脑儿地接受，盲目崇拜和模仿，甚至对犯罪行为也是照抄照搬。

4）"以血还血"、"以牙还牙"的纠纷解决方式。在如今的很多少数民族地方还存在"以血还血"、"以牙还牙"的纠纷解决方式。这种方式在刑法学中属于纠纷解决的初级形态。以彝族为例，凡事找"家支"，"家支"内亲亲相护，对外排他；错误认为械斗"打冤家"中的"勇敢"者是"英雄"；以盗窃"仇人"和其他民族的财物为荣；宗族之间产生矛盾后往往是寻仇，最后导致集体械斗。又如，某些少数民族遗留的"抢亲"、"爬墙墙"和"抄家杀猪"陋习，常常会引起矛盾纠纷，甚至产生刑事犯罪。在不少少数民族内部，家法族规大于国法。受封建宗族观念的影响，少数民族在同一宗族聚居的地方，有自己的自然领袖，起着协调民间关系、主持本宗族事务的作用，一般按照传统的族规家法处置。遵循"宁可骨折，不可皮破"、"家丑不得外扬"的族规，自行调和，私下了结。对强奸案出面调和，"挂红"、认错赔罪了结。对非法侵入他人住宅、包庇窝藏罪犯、非法搜查、非法拘禁等行为认为是合理合法的，"一物不见赖千家"天经地义。笔者在对玉屏侗族自治县某寨进行的走访过程中便了解到，当地民风彪悍，或练太极拳或练少林拳，暴力犯罪突出而智力犯罪少，这与当地的尚武风气不无关系。

（3）成长环境因素。

1）家庭与学校教育的欠缺。家庭是孩子的第一课堂。少数民族父母如果是文盲、半文盲，或者文化程度不高，对子女的教育内容和方式就可想而知了。而且，家长的自身素质通过一言一行对子女进行言传身教，就会使子女蒙受重大影响。此外，目前父母双方或一方外出到城市打工，留在农村生活的留守儿童很多。他们一般与自己的父亲或母亲中的一人，或者与上辈亲人，甚至父母亲的其他亲戚、朋友一起生活。留守儿童问题是近年来一个突出的社会问题。据 2014 年中国青少年研究中心"全国农村留守儿童状况调查"显示：51.7% 的留守儿童父母都外出务工，40.2% 的父亲外出，8.1% 的母亲外出。近半数父（49.6%）母（42.2%）在孩子 6 岁之前就离家外出务工，46.5% 的留守儿童的留守时长超过 2 年，32% 超过 5 年。"我国 6000 多万留守儿童差不多占了整个农村儿童的 37.7%。"朱永新引用 2014 年中国青少年研究中心的调查数据说，"其中近一半在半年到一年内没有见到自己的父母。也就是说，每年大约有 3000 万左右的孩子是见不到自己的父母亲的"。留守儿童父母外出务工时间长，回家和孩子联系的频率低是导致留守儿童亲子团聚难的一个主要原因。①在少数民族地区同样如此。随着中国社会经济的快速发展，越来越多民族地区的青壮年农民走入城市，在广大农村也随之产生了一个特殊的未成年人群体——农村留守儿童。笔者到民族地区调研时，看见寨子里玩耍的孩子都是由老人照看，而青壮年很少。留守的少年儿童正处于成长发育的关键时期，他们无法享受到父母在思想认识及价值观念上的引导和帮助，成长中缺少了父母情感上的关注和呵护，极易产生认识、价值上的偏离和个性、心理发展的异常，一些人甚至会因此而走上犯罪道路。

另外，学校教育的欠缺也是少数民族犯罪的一个不可忽视的因素，前述已经提到，少数民族文化程度偏低，义务制教育完成情况欠佳，这等于是学校教育的欠缺，而即使在少数民族地区获得完整的九年制义务教育或者更高的教育程度，因民族地区的师资和硬件设施的影响，教育水平受到严重的限制。可以说，教育因素是少数民族犯罪的一个重要因素。

2）社会控制机制弱化。伴随国家控制机制和外来文化影响的深入，民族村寨的传统控制机制在逐步弱化。这种控制机制弱化的直接后果就是

---

① 中国网，http://news.china.com.cn/2015lianghui/2015-03/12/content_35036525.htm.

对犯罪防范的疏漏。以民族地区发生的非法猎杀和倒卖珍贵稀有动物的犯罪案件为例，大部分是少数民族公民利用其狩猎的习俗和得天独厚的地理环境进行的，在传统社会中会依靠各种习俗处理，但在充满巨大利益诱惑的今天，传统的社会控制显然不敷所用。①少数民族地区依靠既有的社会控制机制能够实现有效的监控，但是社会变迁使各种利益主体重新组合，社会控制力量重新分配，民族地区的社会控制机制本就脆弱，导致少数民族犯罪在某些时间段和某些特定地域的集中性爆发。

2. 个体方面的因素

关于少数民族犯罪的个体因素，可以从生理需求和心理需求两个方面来解释：

（1）生理需求。生理需求包括物质需求、精神需求和其他生理需求。根据马斯洛的需求理论，物质需求是出于最低位阶的需求。从经济分析的角度来看，供需关系应当实现均衡，如果物质欲望无限膨胀，超过自己的收入水平和能力（供给），就无法用合法的方式去满足，就会产生犯罪。少数民族公民的需求如果过于旺盛，其满足需求的供给能力不足，便只有通过其他非法途径实现"供需平衡"。这种达到均衡点的行为既可能是违法行为，也可能是严重的犯罪行为。供需平衡的分析，可以为少数民族犯罪中侵犯财产罪和性犯罪占据一定比例提供解释。

（2）心理需求。

1）性格类型。从犯罪心理学派的观点出发，行为人的性格会影响到最终是否实施犯罪以及实施何种犯罪。尽管这一论断可能有些片面，但不能否认性格影响犯罪的科学性。从少数民族罪犯犯罪的各种表现看，不良性格是少数民族犯罪的重要原因。分析少数民族罪犯的情感、性格和意志等特征，可以对这些不良性格进行大致的概括：其一，激情型，一旦受到刺激，立即爆发，自控能力差，易于冲动，缺乏理智；其二，贪欲型，表现为偏执而大胆，认定目标后不计后果地去做，在侵犯财产犯罪中行为人多为获取不法财产不计后果地采用各种手段；其三，淫欲型，表现为生理需求旺盛，追求低级庸俗，对异性充满欲望，是强奸罪和猥亵罪犯的典型性格。

2）人生价值扭曲。根据笔者对全国各地少数民族罪犯的调研，发现

---

① 储槐植、邓天杰、吴大华主编：《犯罪控制论》，贵州人民出版社1993年版，第138页。

绝大多数罪犯人生价值存在扭曲或偏差：或对金钱充满向往，或对女色充满欲望，或对肆意凌虐他人充满快感，这些是长期以来放松人生观、价值观修养的结果，日常生活中放荡不羁、不受任何约束，养成极端个人主义、享乐主义、腐朽的性观念、拜金主义和绝对的物欲理念。

　　3）多元法律文化的差异引起的文化冲突。我国是统一的多民族国家，少数民族群众生活在本民族长期发展过程中形成的特定社会秩序中，形成了中华法系丰富多彩的法律文化。这些风俗习惯、宗教信仰直接约束、影响着民族成员的思维方式及行为模式，其沿袭习俗文化的有些行为与现行刑法不一致。例如非法狩猎罪，西部省份几乎各少数民族都有狩猎习俗，有的民族甚至以家中拥有的兽类颅骨的多少作为判断某人是否勇武、富有的标志；还有滥伐林木罪，一些居住在深山老林的少数民族，由于生产方式落后、生活水平低，至今仍沿袭"刀耕火种、毁林开荒"的原始耕作方式，他们的生产活动常对国家的森林资源造成破坏。①另外，至今还有些民族保留着传统的杀人复仇观，即子为父报仇；"男嫌女，一张纸，女嫌男，等到死"；妇女生育双胞胎、六指婴儿和五官有残疾的婴儿被视为魔鬼缠身，将产妇驱赶出村寨，杀死婴儿；等等。对于婚姻的形式要件非常重视，是否有"三媒六证"，是否履行传统的"吃开口饭"、"要红鸡蛋"、"搜香"、"要八字"等。这些观念虽然符合少数民族的习俗，但与国家统一的法律制度要求不一致。在许多民族地区，道德观念陈旧是部分少数民族产生犯罪的原因。

　　4）法律意识淡薄，文盲必为法盲。在偏远的民族地区法律意识淡薄非常突出：其一，文盲、半文盲多，文化水平低决定着法律学习能力不强；其二，语言、文字阻碍法律的学习；其三，民族传承下来的宗族家法思想从观念上阻碍对法律的学习。民族民间法在犯罪者心中往往占据更高的位置，② 这也是犯罪者寻找的"合法性解释"。在几次全国性普法活动中，少数民族地区一直是一个重点。但目前的调研发现少数民族地区普法存在"三三"的特点：认识因素有"三论"，即无用论、无趣论、无关论；客观因素有"三难"，即居住分散，学法难集中；承包责任制后，普法难

---

① 余俊：《西部开发中环境犯罪的法文化诠释》，《中南民族大学学报》（人文社会科学版）2008 年第 6 期。

② 关于民族民间法的存在、依据、表现形式和价值意义，请参见吴大华、朱灿平：《刍议民族民间法》，《云南大学学报法学版》2001 年第 2 期。

落实；人口流动量大，重点对象学法难组织；施教因素有"三缺"：缺法律宣传员、缺普法资金、缺普法阵地。法律意识淡薄是少数民族地区的一个普遍现象，需要在普法活动时尤加注意。[①]

[①] 吴大华：《中国少数民族犯罪问题及对策研究论纲》，《贵州民族学院学报》（哲学社会科学版）2004年第2期，人大复印资料《刑事法学》2004年第9期转载。

第三章　公共政策：少数民族犯罪的治理实践

公共政策（Public Policy），是政府针对社会公共事务形成的政治策略。犯罪控制的公共政策是作为决策者的政府选择如何应对犯罪现象所制定的。在社会整体政策的背景下，如何预测犯罪趋势和控制犯罪总量才能有效控制犯罪，是每一个政权都必须面对的问题。历史上，犯罪学理论界提出过各种富有创见的思想：初期的犯罪社会学派基于对犯罪原因认识的深化和对刑罚功能局限的认识而提出刑罚并非犯罪问题的唯一应对措施。①李斯特扩展了刑事政策的概念，提出"最好的社会政策就是最好的刑事政策"的著名论断，将刑事政策定义为"国家与社会据以组织反犯罪斗争的原则的总和"。②社会防卫学派的马克·安赛尔继承了这种广义的刑事政策理念，现代的刑事政策学者更倾向于采取这种广义的刑事政策概念。③我国关于犯罪控制的公共政策并没有得到重视：公共政策与犯罪对策之间缺乏应有的协调配套，仍旧是"两张皮"，犯罪对策仍然被视为与公共政策不相搭界的一套独立的措施体系；对付犯罪仍然被视为仅仅是警察和司法

---

① 例如，菲利明确提出，刑罚不是治疗犯罪的"万应灵药"，它对犯罪的遏制作用是有限的，应当到刑罚之外寻找其他社会防卫手段，应当寻找"刑罚的替代措施"并使之成为主要的社会防卫手段，这些刑罚替代措施，可以是经济方面的、政治方面的、科技方面的、立法和行政方面的以及教育方面的。参见［意］恩里科·菲利：《犯罪社会学》，郭建安译，中国人民公安大学出版社1990年版，第2章第2节。

② 一般认为，"刑事政策"一词是德国刑法学家费尔巴哈（Paul Joann Anselm Feuerbach，1775~1833）于1803年首先提出的。费尔巴哈认为刑事政策概念具有通过公共政策（或社会政策）预防犯罪的意蕴。李斯特修正了刑事政策定义，对之作了广义的理解。

③ 马克·安赛尔把刑事政策定义为"集体对犯罪的、越轨的或反社会活动的有组织的果敢的反应"，具有"观察的科学"和"反犯罪斗争的方法战略或艺术"的双重属性。参见［法］米海依尔·戴尔玛斯·马蒂：《刑事政策的主要体系》，卢建平译，法律出版社2000年版，导论。

机关的事情，刑罚仍然被当作控制犯罪首选的和主要的手段。[①] 在少数民族犯罪控制上，犯罪控制的公共政策更显重要，因为民族工作是一项政策性非常强的工作，一旦把握不好，便容易伤害民族感情，影响民族团结和稳定。因此，笔者在研究少数民族犯罪现象和原因的基础上专门从民族政策的宏观角度来探讨我国少数民族犯罪治理的实践问题，同时参考和比较了国外的民族工作与民族政策，从中获取借鉴，尝试从民族政策的层面为我国少数民族犯罪的治理提供一个知识背景。

第一节　国外少数民族犯罪问题及民族问题的政策法律借鉴

现代世界各国都为多民族国家，一般性地存在民族问题。在处理少数民族犯罪及问题上，各国因应自己的历史背景和文化传统，结合自身的民族情况，形成了各具特色的政策。这些政策利弊互现，如何从中获取有效的政策性启示是研究的宗旨。

一、各国少数民族犯罪及民族问题的政策法律考察

1. 加拿大：从"盎格鲁化"到多元文化政策

加拿大地广人稀。移民是加拿大人口增长的主要原因，但移民因素使加拿大国内的民族成分复杂化。1985 年移居加拿大人数共有 8.5397 万人，其中来自亚洲各国为 3.8549 万人，占移民总人数的 45.1%；来自欧洲各国为 1.8875 万人，占移民总人数的 22.1%；来自北美和中美洲各国有 1.1678 万人，占移民总人数的 13.6%；来自南美洲各国为 4350 人，占移民总人数的 5.0%；来自澳大利亚及其附近岛屿的有 507 人，占移民总人数的 0.5%；来自其他国家为 625 人，占移民总人数的 0.7%。仅仅就移民的来源来看，这是一个典型的"民族马赛克"之国。在数量和规模上，加拿大以白人为

---

① 赵宝成：《犯罪问题是一个公共政策问题——关于犯罪及其控制的政治经济学思考》，载《中国刑事杂志》2001 年第 8 期。

主体，白人占据政府的各个统治阶层。加拿大政府曾长期推行"盎格鲁化"政策，但这种民族同化政策常常引起少数民族的反抗和抗争，民族矛盾激化。例如，在对待魁北克省法裔居民方面，加拿大及其前宗主国英国曾力图通过 1763 年《皇室公告》、1774 年《魁北克法案》、1791 年《宪法法案》和 1840 年《联合法》等法律，施行"同化"、"安抚"、"分治"或"合并"政策来统治这块土地，但都未能从根本上消除英裔、法裔之间的民族矛盾。①

为了维护国家的统一、促进民族间的和谐，加拿大联邦政府于 1971 年宣布推行多元文化主义政策。内容包括：承认其他民族文化的存在；承认其他民族的贡献；反对种族歧视、民族歧视；民族平等。加拿大联邦政府制定了《加拿大人权法》、《权利和自由宪章》等，并在联邦政府和各省、市建立了"多元文化委员会"和"人权委员会"，以维护各民族的权利。

在理念上，加拿大联邦政府强调国家主义——提倡"做一个加拿大人"。各民族平等，各民族都是加拿大人，享有平等权利，履行平等义务。在 1987 年由联邦政府起草的《多元文化主义八项原则、立法和具体政策的方案》中，提到三项原则：一是多元文化主义是加拿大公民权的主要特征；二是每个加拿大人都有自由选择、享受、提高和分享本民族的传统；三是联邦政府有责任通过各部、各机构促进多元文化主义。这种多元文化主义是在对民族同化政策反思之后形成的，尊重一国之内存在的多种不同文化，强调相互尊重、平等对待。②可以说，加拿大的民族多元文化主义政策符合历史潮流，但是"尽管在法律上反对种族歧视、种族偏见，但在

---

① "魁北克问题"是加拿大民族关系处理中的一个突出的焦点。集中居住在魁北克省的法裔与英裔加拿大人之间常常发生冲突，魁北克的民族主义表现较为突出，甚至向联邦政府公然提出独立。20 世纪 60 年代后，随着魁省"平静革命"的发生，法裔民族主义空前高涨，主张魁省独立的组织和政党纷纷建立。在省一级内，这些党以魁北克解放阵线（1963）和魁北克人党（1968）为代表，在联邦层面以魁北克党团（1991）为代表。其中，魁北克人党于 1976 年成为执政党，在此后到 1994 年三次省选中两次胜选。魁北克党团于 1993 年联邦选举中夺得 54 个议席。在魁独势力支持下，1971 年，魁省参加了只有主权国家才能参加的法语国家组织。1974 年和 1977 年，法语先后成为魁省优先的官方语言和唯一官方语言。1980 年和 1995 年，魁北克人党领导了两次就是否独立举行的省内全民公决，独立支持率分别达到了 40.4%和 49.4%，严重威胁了加拿大的稳定和统一。参见贺建涛：《加拿大如何应对分离主义》，《学习时报》2013 年 11 月 4 日。
② 正如我国著名民族学家阮西湖先生概括多元主义文化政策的两重含义：一方面承认各种文化及其对国家发展做出的贡献；另一方面强调各种不同文化的人都是国家的一员，都应为自己是国家的一员而自豪。参见《学术动态》，第 17 期，2004 年 7 月 5 日，第 13 页。

一部分人的心理上还没有消除，而新一代通过多元文化教育，也许心理上的种族偏见会有所减轻，即使在一个时期里还不能完全消除"。①因此，这一政策还有待于进一步实现和完善。②

2. 澳大利亚：由歧视、同化迈向多元文化主义

澳大利亚土著居民有 16.3 万人，占全国总人口的 1%，是一个人口较多的少数民族集团。距今 4 万年前，澳大利亚的土著居民便生活在这片广袤的土地上。近代殖民主义者采取民族歧视政策，土著居民没有政治权利，甚至连公民权也没有。1948 年，联邦政府给所有澳大利亚人，包括全体土著居民以澳大利亚公民权；1967 年，澳大利亚举行公民投票，授权联邦政府为澳大利亚土著人制定特殊法律。这标志着澳大利亚民族政策的一个重大转型。在经历同化阶段（1945~1964 年）——一体化阶段（1965~1972 年）——多元化阶段（1973~）之后，澳大利亚的民族政策已经逐渐趋于成熟和稳定。③1973 年，澳大利亚推行多元文化主义政策，1985 年提出人权和机会平等提案，1986 年建立人权与机会平等委员会，由此切实推行多元文化主义。④

澳大利亚的民族政策不仅是政府的积极行为，更表现为土著人的积极抗争。在著名的 1993 年国际土著年，经过土著人的长期斗争，澳大利亚联邦最高法院判决了关于昆士兰州一个叫马宝的土著人土地纠纷案件，结

---

① 郝时远、阮西湖主编：《当代世界民族问题与民族政策》，四川民族出版社 1994 年版，第 146 页。

② 近来，加拿大印第安人发动的"不再坐视"运动愈演愈烈。2013 年 1 月 5 日，大批印第安人在加美多处边境口岸举行抗议，并封锁了几处出境桥梁，导致交通堵塞。来自安大略省北部的印第安酋长福克斯认为，激起印第安人抗议的主要原因是联邦政府正在审议的《C—45 提案》。这一提案要对数十年前的《印第安法案》作出修改，赋予生活在保留地的印第安居民买卖土地与房屋的权利。审议中的另一提案是对《航运保护法案》进行修改，主要是大量削减联邦政府监管保护的河湖，只保留较大的 62 条河流和 97 个湖泊。印第安人认为，印第安保留地的众多河湖将被排除在保护范围之外，从而将面临开发带来的破坏与污染的风险，这将损害他们传统的渔猎生活所仰赖的自然环境。许多印第安酋长认为，政府在提出这两个修正案前没有按法律要求同印第安人进行充分磋商，损害了印第安人的条约权利。参见李学江：《加拿大印第安人抗议政府修法》，《人民日报》2013 年 1 月 8 日，第 21 页。

③ 郝时远、阮西湖主编：《当代世界民族问题与民族政策》，四川民族出版社 1994 年版，第 150 页。

④ 近年来，每当新国会开始的时候，都要向土著人和他们的祖先表示敬意。2010 年，陆克文政府还代表国家向土著人表示道歉。在很多庄严的场合，甚至像样一点的宾馆，都高悬两面旗帜：一面是澳大利亚国旗，一面是澳洲土著人旗帜。参见李永君：《澳大利亚也有"流动人口"》，《法制日报》2012 年 2 月 14 日，第 10 页。

果土著人胜诉。[①]1993 年通过《土著人称谓法案》，第一次明确了土著人的名称，并在法律上承认他们拥有对所失去土地的所有权，决定对其所失去土地给予赔偿。1994 年，联邦最高法院成立原始土地权特别法庭，专门受理土著居民提出的原始土地所有权赔偿之诉。在自治问题上，现在由土著人任土著人和托雷斯岛委员会主席，由土著人任部长管理自己的事务还是第一次。委员会下属 30 余个地方委员会，大陆和托雷斯岛的土著人都实行自治，后者的自治程度更高一些。[②]这些都表明澳大利亚对土著人的政策伴随人权斗争的实践和国内的民族关系的发展在不断成熟。

除土著人外，澳大利亚的少数人群体还包括许多新移民，比如中国人、东南亚人等亚洲人。1966 年，澳大利亚通过修改"白种澳大利亚政策"，允许有色人种移民定居澳大利亚。根据学者的统计，因为澳大利亚的地理环境和投资环境等各种因素，少数民族新移民呈增长趋势，英国出生的人已由 1964 年的 48.5% 降至 1993 年的 12.8%，澳大利亚现有 175 种交际语言，200 多种亚文化。[③]这些文化的错综复杂为犯罪的产生提供了深厚的背景。

澳大利亚少数族裔犯罪与国家民族政策的变迁密切相关。以 1965 年为例，土著居民在西澳大利亚洲的人口比例不到 3%，但犯罪率占该洲总犯罪率的 11%，入狱率占 24%，1971 年入狱率达到 32%。在 1971 年的全澳大利亚，每 1 万人有 7 人入狱，但在土著居民中，每 1 万人中有 100 人

[①] 诉讼中，联邦最高法院由梅森、布莱能、迪恩、道森、托依、高德朗和麦克胡果 7 名大法官组成合议庭，最终形成 6 对 1 的多数判决，确认了土著居民的"原始土地权"，认定这种原始所有权不会因时间而消灭。布莱能法官在判词中写道："1837 年，一个关于澳洲土著人的临时委员会向英国下议院报告，澳洲土著人是'野蛮'、'赤贫'和'粗鲁无礼'的，完全不用理会他们对主权抑或土地所有权的要求。然而，这完全是对土著居民及其社会组织与习惯的歧视性的贬低，是虚假而不能接受的。"迪恩法官也写道："本案是一个独特的和非常不寻常的案件。我们是时候来面对那些剥夺土著居民土地的法律传统和现实中发生的掠夺行为了。这是这个国家历史上最黑暗的一页。然而，只有正视过去的非正义行为，改正过去的非正义行为，才能保障这个国家的根基。因此，本院清楚自己负有义务，来对过往黑暗的一页进行反思。"最高法院给出的结论是："在 1788 年，澳洲土地不是无主土地，也不是'实际上无人居住的土地'，土著居民部落和群体对传统特定区域享有原始的土地权益。"参见海风：《澳大利亚对殖民史的勇敢反思——回望马宝诉昆士兰案》，《法治周末》2011 年 11 月 24 日，第 19 页。
[②] 王铁志、吴金光：《关于澳大利亚多元文化政策的考察报告》，《民族政策与民族理论研究》1992 年第 34 期。
[③] 王铁志：《澳大利亚的民族社区和社区服务》，《世界民族》1996 年第 1 期。

入狱。根据 1976~1981 年的统计，土著居民入狱率超过全国 12 倍。① 根据阮西湖教授的分析，造成土著犯罪率高的原因之一是饮酒过量，但这不是主要原因，主要原因是解决土著人民的自决权问题。② 尽管在 20 世纪三四十年代土著权利有了很大改进，但并没有完全解决。因为从对土著的高压统治到承认平等只是在 20 世纪 60 年代才出现。而且这种承认平等并没有最终实现，特别是在昆士兰还没有实现完全平等，土著居民的心理创伤难以弥补，生活前途受到压抑，寻求反社会的措施以解决问题。多元主义文化的民族政策正在实践之中，真正的民族平等的实现和传统的种族歧视现象的消除还有待时日。如当忽视之时，2003 年发生的一幕便极可能再次重现：

2003 年 2 月 15~16 日，悉尼街头雷德芬街区发生了当地土著居民与防暴警察的混战。混战起源于土著少年托马斯·希基之死，警察解释希基是在警察追捕抢劫嫌疑犯时突然加速撞上护栏而死。其后，土著人向雷德芬街区集中并与防暴警察发生冲突，导致 40 多名警察被打成重伤。土著人的骚乱导致火车站关闭、商店停业，社会秩序混乱。澳大利亚的种族冲突源于英国人对澳大利亚的殖民统治，殖民者进入土著人的领地后滥杀无辜、强占土地，土著人被迫躲进丛林和沙漠，直到 20 世纪初才能重回城市边缘。③

由此可见，澳大利亚在民族平等和消除种族歧视的道路上还有很长的路要走，多元主义民族政策的实践并非一帆风顺。

3. 新加坡：多元文化兼严明法治

新加坡是移民国家，其国民由四种人组成：华人 200 多万，占 77.7%；马来人 40 多万，占 14.1%；印度人占 7.1%；其他人占 1.1%。华人是主要族裔。新加坡政府声明它是代表全体新加坡人的政府，实行多元文化的民族政策，要求：不给予任何民族以特殊的地位和权利；不搞权力和地域分配；实行尊重各民族及其文化的多元文化的民族平等政策。新加坡从

---

① 阮西湖：《人类学研究探索》，民族出版社 2002 年版，第 92 页。
② "自决"作为一个国际人权法的概念，已经渐渐为自治替代。在国际法中，自治意味着国家通过立法赋予其部分领土范围内的人民在某些事务方面管理自己，但并不组成他们自己的国家。自治模式较自决模式的优势在于避免动荡与分裂的危险，维护国家主权的统一并保持各民族文化的多样性。参见［德］汉斯—乔基姆·海因茨：《国际法上的自治》，载王铁志、沙伯力主编：《国际视野中的民族区域自治》，民族出版社 2002 年版，第 210 页。
③ 李景卫：《悉尼土著人大战警察》，《环球时报》2004 年 2 月 18 日。

1965 年独立起，为培养国民的新加坡意识，提出"一个国家、一个民族、多元文化"的口号。一个国家即新加坡；一个民族即由华人、马来人、印度人以及其他欧亚人组成的一个"复合民族"；多元文化即：为了防止移民返回原祖国，新加坡不但重视国民的物质需要，而且重视其精神道德需要，引进儒家文化和其他宗教价值观念；不因种族、宗教、语言和文化差异而歧视任何人；不以文化素质较高的民族去同化文化素质较低的民族。同时，强调保持和发扬各民族的传统文化，但要服从于新加坡统一发展的需要，以创造更加丰富多彩的新加坡文化体系。

新加坡曾经作为一个殖民地，政府建立之初的任务是摒弃殖民地文化，实行多元主义文化政策。在新加坡政府对原住民马来人的态度上，充分体现了新加坡对少数族裔权利的尊重。《宪法》第八十九条明确规定：马来人是新加坡的土著民，政府将行使其职能，承认马来人的特殊地位。政府将负责保护、捍卫、支持和促进发展他们在政治、经济、社会和文化上的特性以及他们使用的马来语。在充分尊重马来人的民族独特性的同时，吸收马来人的代表进入执政党——人民行动党，通过他们动员马来社会为全国性的目标而努力奋斗。根据新加坡学者的研究，认为新加坡政府将同化、支配和通融三种政策较好地结合起来运用，处理民族问题的非意识形态化的实用主义的"意识形态"方式是成功的。①

从新加坡多元文化的民族政策中，我们获得的启示是：强调国家主义和一个主权国家的认同；同时尊重各民族的文化差异，这一政策符合客观规律和社会发展需要，对新加坡各民族的和睦相处和经济振兴起到了重要的推动作用。

4. 南非：未曾消亡的种族隔离制的"幽灵"

南非共和国位于非洲大陆最南端，面积 122 万余平方公里，人口达 3380 万（联合国人口基金会 1990 年统计）。南非的原住民为科伊桑人和班图尼各罗人，近代殖民者在 17 世纪中叶进入南非进行殖民统治。1652

---

① 该学者列举如下新加坡政府采取的重要措施：以多民族主义和贤能治国论作为国家建设的基石；建设多民族一体化的住宅区；实行"双语制"；以"国民教育"的形式设置公共课；通过文体活动将不同民族背景的学生联系在一起。又如：建立"义务国民服务"制度，培养对国家的忠诚和爱国主义；引入"整体防卫"理念，包括社会心理防卫、军事防卫和经济防卫。参见［新加坡］侯赛因·穆塔利布：《自治民族在现代多民族国家中的影响》，载王铁志、沙伯力主编：《国际视野中的民族区域自治》，民族出版社 2002 年版，第 392–394 页。

年，荷兰东印度公司在南非建立第一个根据地；1795 年英国夺取好望角殖民地，在南非实行了长达 300 年的殖民统治。

殖民主义统治期间，采取民族歧视政策，实行种族隔离制度。殖民当局颁行大量的种族主义法律，包括《种族居住法》、《人口登记法》、《农村有色人土地法》、《有色人保留地法》、《禁止种族混婚法》、《保留地隔离法》、《工业调解法》等。通过立法，白人统治者剥夺黑人一切政治权利，以肤色定工资，实行"班图斯坦"计划，建立 10 个"班图斯坦"（"黑人家园"），由此引发尖锐的种族冲突。从殖民统治者占据南非实行种族隔离制度到以曼德拉为首的"非国大"与德克勒克达成和解、废除种族隔离制度，导因于种族歧视和种族矛盾的政治性暴力冲突连续不断地发生。[1]在南非新政权建立以后，政治性暴力冲突暂时得到遏制，但民族之间的历史积怨并没有因为政治上的和解而得以彻底的消除。这既牵涉到遗留问题的处理，也涉及现实犯罪问题的处理。

关于种族隔离时期遗留的"政治犯罪"的处理，民族团结政府于 1994 年 6 月 7 日宣布，为了寻求种族和解，决定对在种族隔离时期的"政治犯罪"实行大赦，犯罪的截止日期是 1993 年 12 月 6 日。在此日期前的"政治犯罪"者可向"事实真相与和解委员会"提出请求，由该委员会处理。但是，这一决定涉及许多敏感和复杂的情况。从时间上说，1993 年 4 月杀害南非共产党总书记哈尼的罪犯可以被纳入大赦的范畴；1994 年 4 月大选前夕制造爆炸死 2 名工人，伤 100 多人的白人右翼分子则被排除在大赦之外。此外，"政治犯罪"的含义也需要确定。德克勒克执政时期，曾于 1990 年和 1992 年先后颁布两项大赦法律。第一项法律将"政治犯罪者"限制在"政治犯"的范围，滥杀无辜者不在其中。它的主要受益者是"非国大"和"泛非大"的成员。第二项法律则以有无"政治动机"为唯一标准，将范围扩大，对白人和黑人极端分子都适用。一般认为，民族团结政府将采取狭义的"政治犯罪"概念。这样，杀害哈尼的白人罪犯和 1993 年 8 月在开普敦郊区一个白人教堂开枪杀害 11 人的黑人罪犯都不在

---

① 典型者如：1991 年 8 月南非非洲人国民大会（简称"非国大"）的拥护者与祖鲁人领袖布特莱齐领导的"祖鲁民族文化解放运动"的拥护者在约翰内斯堡附近的黑人居住区发生黑人内部成员残杀，死者过千人；1991 年 9 月，南非当局军警以制止暴力事件为名滥杀无辜。根据不完全统计，自 1984 年起，黑人内部政治暴力已使 11748 人丧生，1991 年就死亡 2510 人。

赦免之列。因此，在如何处理种族隔离时期的"政治犯罪"问题上，争议是难以避免的。①这些争议的处理会引起一些新的矛盾和纠纷，处理是否得当直接影响到当代南非社会的稳定和发展。正如阮西湖教授指出，奠定在错误的"种族理论"上的种族隔离制已经崩溃，②但是，南非能否顺利或者尽快地消灭种族隔离制的"幽灵"则是另外一个问题。

政治犯罪的处理是一个旧问题，威胁政权与社会稳定的现实问题是不断增加的普通刑事犯罪。在经历长期的种族隔离之后，抢劫、扒窃、行凶、强奸、劫车、破门盗窃、虐待、拐骗儿童、毒品走私等犯罪均大幅上升，南非的约翰内斯堡甚至被称为世界"谋杀之都"。南非为何面临如此严峻的犯罪形势，有学者分析其原因为：一是种族隔离制度带来的恶果。种族隔离和种族歧视，造成了黑人和白人贫富悬殊。广大黑人的贫困和生活无着落的状况，在新政权建立后不可能很快得到改善。加上"非国大"在白人统治时期领导群众采取各种反抗形式，特别是20世纪80年代中期的暴力反抗其政权形式，在当时虽然发挥了有力的打击作用，客观上却助长了许多黑人青年的无政府思想和纪律松弛现象，这也不可能迅速消除。就拿杀害警察来说，也是在一定程度上受到对待种族隔离时期警察态度的影响。这些都应该说是犯罪的经济、社会根源和思想根源。二是南非实行从种族主义国家到民主国家的转变，许多旧的法律、规定被废除了，新的一套还没有来得及建立，使一些人产生了可以不受约束地享受"自由"的错觉，犯罪分子也纷纷趁机活动。例如，取消了过去严格的边界和护照控制，外来犯罪活动，特别是毒品走私随之大量增加。三是对犯罪活动的打击不够有力。法庭对犯罪活动过于宽大，往往采取取保释放的方式，有的杀人犯交付几百兰特的保释金就可逍遥法外。四是地方和基层政权不够完善，没有充分发挥作用。五是民间藏有大量枪支。越来越多的人拥有枪支，白人和黑人都是如此。枪支走私和地下交易频繁，人们很容易获得AK—47等杀伤力很大的武器。③显然，历史上的种族歧视和种族不平等是南非目前严峻犯罪形势的重要原因。

针对犯罪对政权和社会公共安全的现实威胁，南非政府一再严厉禁止

① 夏吉生主编：《南非种族关系探析》，华东师范大学出版社1996年版，第285–288页。
② 《学术动态》，学术版，第17期，2004年7月5日。
③ 夏吉生主编：《南非种族关系探析》，华东师范大学出版社1996年版，第285–288页。

与打击。曼德拉一再发布对无政府主义行为、破坏行为和恐怖行为的严重警告和强烈谴责，政府相关部门也展开了相应的犯罪打击行动，但这些行动并没有得到预期的效果。从南非现在针对少数民族犯罪及问题的对策来看，主要是在清除历史欠账，肃清种族歧视主义对南非造成的严重影响，对威胁国家政权和社会公共安全的犯罪进行严厉打击，同时强调种族平等，反对种族歧视，但鉴于种族主义政策的根深蒂固，南非民族政策的真正落实尚待观察。

5. 俄罗斯联邦：民族问题的困扰及相应对策

俄联邦面积为 1700 万平方公里，人口为 1.482 亿。俄罗斯是多民族国家，由一百多个民族组成。俄罗斯族是该国的主体民族，约占全国人口总数的 82%，少数民族只占 18%。俄联邦现有 21 个共和国、6 个边疆区、1 个自治州、2 个联邦直辖市和 10 个民族专区。俄罗斯联邦《宪法》第五条第四款规定："俄罗斯联邦的所有民族主体，在同联邦国家权力机关的相互关系方面彼此平等。"同时规定，联邦主体的地位可以"经联邦及其主体的赞同加以改变"，但不能"自由地"退出联邦。

俄罗斯的民族政策大体上概括为：各民族公民一律平等；促进族际和谐；维护国家的统一和领土完整；人权、公民权高于民族权；联邦中央和联邦主体之间合理分权；在保持统一的经济和信息空间的前提下，保持和发展民族的特殊性。其中，促进族际和谐和维护国家的统一与前苏联的民族政策一致。[①]但是，民族平等的政策在实践中的成功推行困难重重，面临复杂的多民族局面，无论是普京的前几任还是普京都深感棘手。当代俄联邦的民族问题与民族矛盾集中表现为：一是北高加索地区的民族纷争问题。北高加索地区是俄联邦民族问题最复杂的地区，该地区民族多、共和国多，又是伊斯兰教影响较大的地区，民族关系十分复杂。二是鞑靼和车臣问题。鞑靼共和国面积为 6.8 万平方公里，人口为 370 万。1992 年 3 月 31 日，鞑靼通过全民公决，宣告共和国为独立主权国家。目前，鞑靼共和国与俄联邦的关系具有"邦联"的性质。[②]车臣共和国面积 1.5 万平方公里，人口 120 万，以杜达耶夫为代表的一部分车臣人要求车臣独立并采取

---

① 常庆：《当前俄罗斯联邦的民族问题》，《世界民族》1996 年第 1 期。

② 这种方式被俄联邦政府承认为一条成功的经验，相关部门称俄处理鞑靼问题的手段为"鞑靼模式"。

了实际行动，联邦政府于 1994 年派兵征讨，由此引发全世界关注的车臣战争。三是俄罗斯人问题。俄罗斯族是俄联邦的主体民族，主体民族目前深怀"委屈感"，存在一种"仇外心理"，抱怨充当"奶牛"而导致生活水平下降，对少数民族裔犯罪极为反感。这种情绪直接影响到俄罗斯人与少数民族的关系。俄联邦的民族政策，为何没有成功推行，在笔者看来，是因为前苏联解体的分离形态带来的后遗症——民族国家的重新统合与分离心态的重新整合。

俄罗斯的民族问题并不会因为车臣问题的解决和鞑靼模式的提出而消解，也不会因为北高加索和俄罗斯民族的重新认识而消解。这种情形会伴随经济状况的下降而恶化。俄罗斯的改革将不断地将一部分人抛向生活的边缘，这也是改革难以避免的现象，是改革需要付出的代价。但是，在改革代价背后，民族主义、种族主义和极端主义正在传染，其对象也正是这批改革中的被牺牲者。在贫富差距不断拉大的同时，极端组织、种族主义都有所抬头。根据俄罗斯内务部统计，俄青年极端组织人数在 1 万人左右。2002 年 6 月 27 日，俄罗斯国家杜马三度通过了《反极端主义法》。普京总统要求，在半年内将莫斯科地区的极端主义分子全部肃清，并由俄政府拨出 15 亿美元专款。[1]这些现象都充分反映：俄联邦的民族问题还很严重，甚至存在激化的趋向。针对俄罗斯的民族犯罪，俄罗斯联邦刑法除专条规定"煽动民族、种族和宗教仇恨罪"外，还在总则中明确规定出于民族、种族、宗教信仰的仇恨或抵触，为报复他人的合法行为及其为了掩盖其他罪行或为其他犯罪制造条件而犯罪的，是"加重处罚情节"。[2]由此可见，俄联邦非常重视出于民族或种族动机的犯罪。但是，从整体的多民族政治与社会形态来看，民族平等是一条漫长的道路。

6. 美国：从驱逐、隔离、歧视到多元文化

美国是一个移民国家，也是典型的"民族马赛克"之国。来自于不同民族的移民因为现实经济利益和成长文化环境的影响，不断地争夺生存和发展的空间，在各个层面产生冲突和斗争。自殖民者踏上美国土地建立殖

① 杨政：《俄罗斯极端主义猖獗》，《光明日报》2002 年 8 月 2 日，第 1 页。

② 根据我国学者的研究，这里的加重处罚相当于我国《刑法》中的从重处罚。参见赵薇：《俄罗斯联邦刑法》，法律出版社 2003 年版，第 258、第 291 页。但与我国不同的是，俄联邦《刑法》是作为法定从重情节予以规定的。

民政权后，美国的民族政策持续地经历了驱逐—隔离—歧视—多元文化的历史。

正如美国著名宪法学者在一本小册子中提到的：在美国，社会态度及法律态度因地因时而异，过去数百年美国人对不同种族的人类采取的道德和法律态度有了重大改进。[1]通过回溯美国的历史，尤其是印第安人和黑人的遭遇史可证。印第安人是美洲的原住民，美国对待印第安人的政策经历了一个复杂的历史过程：驱逐和隔离政策——强制同化政策——复原印第安人社会政策——允许印第安人自治和实行多元文化政策。美国独立前后，白人殖民者强占印第安人土地，驱逐和屠杀曾经友善对待他们的原住民。白人殖民者对印第安人采取隔离或保留地的政策，限制人权，阻止印第安人进入主流社会，即使在独立宣言中也未给予印第安人以公民权。经过漫长的种族歧视和压迫，目前印第安人人口只占全国总人口的 0.77%；印第安人所占的土地仅占全国土地总面积的 2.4%。在强制同化时代，白人统治者试图采取宗教等手段同化印第安人，改变印第安人的生活方式，消灭印第安人的民族认同，但这种政策遭到印第安人的坚决抵抗。在复原印第安人社会的时代，美国于 1934 年颁布《印第安人重建组织法案》，承认印第安人的土地领有权，让印第安人自己管理自己的事务，并规定不再分配归部落使用的土地。之后，在印第安人的不懈努力和斗争下，1968年"美国印第安人运动"组织在明尼苏达州成立了，其宗旨是"要求印第安人自治，归还他们被剥夺的土地，复兴印第安人的传统文化以及经济独立"。黑人进入北美是奴隶贸易的结果，从 1619 年定居于美国到美国南北战争取得胜利，黑人从奴隶实现到自由人的转换。1865 年，林肯总统颁布《解放黑人奴隶宣言》，使 400 万黑人奴隶重获自由。紧接着，国会通过三项宪法修正案，目的在于在充满种族主义情绪的南方美国文化中，确保已获自由的黑人们真正地享有自由。1865 年，"第十三修正案"废除了奴隶制；1868 年，"第十四修正案"旨在防止南方各州通过有种族歧视倾向的法案；1870 年，"第十五修正案"投票否决了种族歧视。这些修正案为系列民权法案的补充和完善，包括反对雇主歧视黑人的法案（1866），反对在交通、住宿方面歧视黑人的法案（1875）等。但是，各州的立法仍处于渐进过程中，有的甚至出现了民族平等的"反动"，明确规定黑人与

---

① ［美］哈罗德·伯曼：《美国法律讲话》，陈若桓译，生活读书新知三联书店 1988 年版，第 80 页。

白人禁止通婚等，真正地在州法的层面上排除民族歧视是 20 世纪上半叶的事情。

美国的多元文化政策是在反思两种民族政策的背景下产生的：一是完全同化政策，意味着其他民族文化的消失，仅允许"盎格鲁民族文化"存在。它必然遭到其他民族的殊死反对，从而注定"盎格鲁化"的必然失败。二是美国"熔锅化"的民族政策。美国黑人的民权运动、黑人民族意识的觉醒及寻根热潮导致"熔锅政策"的破灭。①美国浸礼会黑人牧师金于 1963 年领导的一次大规模的民权运动，要求全体公民在法律面前一律平等，促使美国国会于 1964 年通过《民权法》，明确规定禁止在州际贸易的公共设施场所有任何种族歧视行为。民权运动的胜利掀起了前所未有的寻根浪潮，也导致美国多元文化主义政策的真正出台。

然而，现实的情况并不如同法典的规定。深入到美国社会的深层，深入到人权实践中，隐性种族歧视广泛地存在于美国社会中，白人的种族优越性仍根深蒂固，种族歧视的偏见深刻地影响着美国社会。正如当代美国最著名的黑人社会学家、哈佛大学教授威廉·威尔逊（William J. Wilson）所指出的那样：由于大城市中黑人区的高失业率，由于缺乏黑人中产阶级奋发向上的榜样，由于政府的福利救济政策未能帮助受救济者学习新的工作技能和开拓新的工作机会，城市中失业的下层黑人大多在街上闲逛，使街头暴力、抢劫盗窃、贩毒吸毒等犯罪行为和非婚生育、单亲家庭常年依赖救济等社会问题触目惊心，形成了"穷人的孩子永远都是穷人"的恶性循环。总的来说，美国黑人在美国仍然处于"二等公民"的地位。据统计，黑人工人的失业率是白人失业率的 2 倍以上，在最贫困的美国公民之中，黑人所占比率居高不下，虽然黑人只占美国人口总数的 12%，但美国各州的监狱中约有 47% 的在押犯是黑人，这是警察和司法制度歧视黑人的结果。②因此，考察美国的少数族裔犯罪不能不从美国的民族政策和少数族裔人权状况入手，不能仅仅凭借数据和所谓的事实。

---

① 正如阮西湖教授概括美国民族同化政策"美国新人种"的理想的破灭："美国是上帝的坩埚，大的熔炉，上帝正在铸造美国……真正的美利坚人还没有到来，他还在坩埚中……"这一理想已经破灭。参见《学术动态》第 17 期，2004 年 7 月 5 日。
② 《种族歧视的背后》，参考消息 2002 年 6 月 5 日，第 12 页。

二、一个比较性的结论——统一主权下的多元文化

各国民族政策走向的一般规律是从野蛮到文明的过程。[①] 最初从统治民族的民族自我中心主义出发，经历对非统治民族的歧视、同化，走向一体化或多元化或介于二者之间，最后再走向民族消亡。从世界各国目前针对少数民族犯罪及问题的政策来看，都强调国家主权范围内的民族政策，强调民族平等与文化多元，强调民族政策的实践。

国家主权是探讨民族问题的前提。主权国家绝不能因为少数民族强调文化特殊性而有所改变。民族主义最初的发展是伴随民族国家而出现的。世界现代历史是一部以民族及国家为依托的各种政治力量之间争斗的历史，种族、文化、宗教被结合进各种民族主义意识形态和民族国家建构的现代化运动中。从世界体系的建构而言，民族主义的历史贡献已经完成。[②] 现代语境中的民族，无论是在美国、俄联邦还是加拿大，统一的多民族国家中必须强调国家作为中心词的存在。民族自治是在一国主权范围内的自主管理事务的一种最优选择。它符合和平与发展的时代主题，能够有效解决民族冲突和社会稳定的问题。[③] 国民属性与国民文化是统合民族属性和民族文化的标准，允许存在一定的差异。例如在澳大利亚，对于每一个澳大利亚人来说，既有其民族属性，也有其国民属性。这种双重称谓要求公民首先体认到自己的澳大利亚国民属性，其次才是民族属性。这种国民属性高于民族属性、国民文化高于民族文化的事实，对减少民族隔阂、加速民族消亡是有促进作用的，尽管我们距离完全消除民族障碍和民族消亡之日还很远，但民族之间隔阂的消除和越来越多文化共识的形成是一个重要的前提。

民族平等与文化多元是在对民族歧视和民族压迫的前提下反思采取的政策。从最初的民族政策来看，各国都是从以本国主体民族或统治民族为

[①] 有学者将之概括为多民族国家内族际关系的"三级文明发展规律"，即在一个存在统治民族和被统治民族的多民族国家里，其族际关系的一般发展规律莫不是一个从统治民族或主体民族对非统治民族或非主体民族的压迫歧视、强制同化的野蛮状态走向各民族文化共存的初级文明状态，再走向国民属性高于民族属性、国民文化高于民族文化的中级文明状态，进而走向人类属性高于国民属性、人类文化高于国民文化的高级文明状态。参见曹兴：《从美、加、澳民族政策走向看多民族国家内族际关系的三级文明发展规律》，世界民族 1996 年第 1 期。

[②] 徐迅：《民族主义》，中国社会科学出版社 2005 年版，第 100~101 页。

[③] 王铁志、沙伯力主编：《国际视野中的民族区域自治》，民族出版社 2002 年版，第 23~24 页。

中心开始颁布民族政策的，这也符合"多数人"原则，但是在意识到"少数人"的存在及其文化的不可压制性并且面临"少数人"的反抗之后，主体民族或者说统治民族选择了合作博弈的方式，采取尊重他民族文化发展的态度，从而促进族际关系的和谐发展和主权国家内的经济与社会进步。

民族平等作为一种文化程度，更多地体现为一种实践，而不是文件和"纸上"的东西。严格来讲，当今世界上还没有任何一个国家完全进入到各民族平等的文明状态，发达国家提倡各民族平等，但并没有真正实现各民族平等。真正的民族平等必须同时满足三个条件：一是科技和经济条件。科技发达、经济发达和物质丰富是实现民族平等的物质条件。二是政治和法律条件。即在国家政策和法律条文及其实际运用中体现民族平等。民族平等只有在得到国家政策和法律的保护时才有可能真正实现。三是社会心理条件。即在人们的社会生活中消除民族隔阂的心理障碍。在笔者看来，只有经济发展到一定程度，文化发展到一定阶段才能达到真正的平等。这种高级文明状态说来容易，但实践起来，却是一个宏大而遥远的目标，需要数代人的躬身践行。

民族政策是在实践过程中形成的，没有从一开始就完全成熟的民族政策。以美国的民族政策为例，从最初的驱逐到隔离再到文化多元，既基于少数民族的不断抗争，也基于主体民族认识的深化；在南非，从最初的种族隔离到现在的种族平等，尽管前路漫漫，但是趋向是进步的。其路径与美国的民族政策的发展也相异，实践的结果也大相径庭。因此，民族政策因国情、历史条件、民族状况的不同而应有所不同。在民族主义曾经轰轰烈烈，至今仍方兴未艾的今天，如何解决民族主义面临的难题？即按自己的意愿行使民族自决权，但自决权的行使并不一定能保护其他少数族裔。因此，民族主义的政治实践有暴力和动乱的危险。[①] 当今世界，区域自治是一种行之有效的民族政策。这一点在 2002 年召开的国家民族区域自治研讨会上已经达成共识：民族区域自治是保障少数民族权利，预防和缓解民族冲突的一种重要机制；民族区域自治没有固定的模式；但最终的目标是国家的统一、民族的团结和社会的发展进步。[②] 选择统一主权下实施民族区域自治，尊重民族多元文化是世界历史潮流。

---

① 徐迅：《民族主义》，中国社会科学出版社 2005 年版，第 122–126 页。
② 王铁志、沙伯力主编：《国际视野中的民族区域自治》，民族出版社 2002 年版，第 23–25 页。

第二节　中国少数民族犯罪、民族问题及其对策的历史考察

中华民族起源于本土。中华民族的祖先早在数千年前就劳动、生息、繁衍在长江流域与黄河流域。中华民族的形成和发展经历了一个长达数千年的历史过程，我们可以根据地方史志考察各民族的经济生产、生活文化、风俗习惯、语言文字等情况。史料记载，居住在黄河中游平原上的汉族祖先称为"华夏"族，汉代开始称为汉族。汉族成为中华民族的主体，是数千年历史发展自然形成的，这也是"中华民族多元一体格局"[①]的基石。所谓的"北狄"、"南蛮"、"东夷"、"西戎"等，是对当时少数民族的泛称。[②]统一的多民族国家是我们研究民族问题、探讨民族政策的历史背景。中国历代统治者为了维护和巩固统治地位均形成相应的民族政策和法律，涉及如何惩治少数民族犯罪以及如何调整民族关系。根据我国学者的考证，少数民族法制源远流长，历史上的少数民族法制内容丰富，具有各民族法律的多样性和不同历史时期的阶段性，这些法制带有不同的民主、地方特色，反映出各民族在不同的社会发展阶段的经济形态、政治组织、管理手段、文化习俗等。[③]笔者的研究将以新中国的成立作为标志进行分段性研究。

一、新中国成立前少数民族犯罪及政策法律调整

近代中国各少数民族的社会发展是很不平衡的，甚至在同一民族内部的不同地区之间社会发展程度也是不一样的。大体情况是，同汉族杂居或者同汉族聚居地区相联结、相交错的民族地区，由于采用汉族先进的生产

---

① 《关于中华民族多元一体格局》，参见费孝通主编：《中华民族多元一体格局》（修订本），中央民族大学出版社 1999 年版，第 3 页。
② 李资源：《中国共产党民族工作史》，广西人民出版社 2000 年版，第 2 页。
③ 杨一凡、田涛主编：《中国珍稀法律典籍续编》第九册，《少数民族法典法规与习惯》（上），张冠梓点校，黑龙江人民出版社 2002 年版，点校说明，第 7 页。

技术和生产工具，在经济发展上与汉族的水平基本相同。远离汉族的少数民族，或一个民族中居住离汉族较远的部分，社会发展则比较落后。新中国成立前夕，中国各少数民族的基本状况大体是：大约有 3000 万人口的地区处在封建制度，其中有些民族的发展有了一定程度的资本主义因素。这类地区包括回族、满族、壮族、蒙古族等 30 多个民族；在大部分藏族地区及部分傣族、维吾尔族、哈尼族等民族地区当时大约有 400 万人，存在着封建农奴制；居住在四川和云南大小凉山地区的部分彝族当时大约有 100 万人，保存着奴隶制度；居住在云南边疆山区的独龙族、怒族、傈僳族、基诺族、布朗族、景颇族、佤族、拉祜族等民族，内蒙古及黑龙江的鄂温克族、鄂伦春族，还有海南岛的部分黎族，台湾地区的部分高山族，当时有 60 多万人，还不同程度地保存着原始公社制残余。[①] 由此可见，当时的各少数民族生产发展水平不高，且发展极不平衡。

由于各少数民族地区的社会制度不同，新中国成立前法制的情况也相当复杂。除原始社会制度下的习惯性以外，其他剥削阶级的类型的法制均为不同统治阶级的统治工具，推行民族压迫的政策，推行民族歧视，制造民族矛盾，挑起民族仇恨，强制同化，残暴镇压，毫无民族平等、民族团结可言。广大民族群处于反动统治阶级的剥削和压迫之下，受旧法制的桎梏，过着非人的生活。

1. 保留原始公社制残余的少数民族的犯罪及法律调整

新中国成立前夕，处于原始社会末期的各少数民族主要有以下两种类型：第一种类型是父系家族公社和农村公社形式。这种类型的民族阶级分化不甚明显，仍然按照反映民族全体成员意志的原始习惯来调整内部的各种关系，例如鄂伦春族，在解放初期仍然过着民族社会生活，民族会议是商定大事的最高机构。鄂伦春族和景颇族的社会中视偷盗为最可耻的行为，房间及仓库从不上锁也不丢东西，保留着原始社会的良好习俗。独龙族和怒族还用刻木、结绳记事的方法解决纠纷。当原告讲赢一理时在中线的右边刻一"0"符号，被告以"0"的多少判定是非和决定处罚。这种古老而又原始的诉讼方法，表明阶级分化不十分明显的民族还保留着阶级社会的特征，他们在大多数情况下是用习惯来调整一切关系的。第二种类型是合亩制组织和家长奴役制。黎族的合亩组织是父系家族公社在解体过程

---

① 杨侯第主编：《中国少数民族人权述要》，北京大学出版社 1997 年版，第 1 页。

中出现的一种特有形式。家长奴役制是原始社会向阶级社会过渡的最后一种形式。这种类型的民族阶级分化比较明显，"习惯法"已经染上了阶级色彩。例如佤族对长期还不起债的人，债主不仅可以抄收或掠夺债务人的子女为奴，而且还可以斥夺债务人的近亲子女为奴。对于犯有盗窃本民族内部财产的人，轻者由家族中成员进行教育，重者经同姓人会议或头人主持会议处死。然而，对于抢劫和盗窃外界财物者则不认为是犯罪行为，反而认为是"英雄"。

在景颇族、傈僳族中，凡盗窃、强奸等都认为是一种很不吉利的事情，由被告人出钱、出酒、出肉请全寨的人吃一顿。这种做法叫"洗寨子"，用以惩罚被告人和讨吉利，其结果往往被告人一无所有，无法继续维持生活，进而再次实施犯罪行为。可见，第二种类型的民族习俗已经逐渐演变成法律，并且具有阶级社会初期野蛮、落后和剥夺的性质。

2. 处于奴隶社会阶段的少数民族的犯罪及政策法律调整

新中国成立前夕，在中国四川、云南交界处的大小凉山地区约有100多万人口的彝族中，还保存着比较完整的奴隶制。彝族奴隶主和奴隶以及其他劳动者之间的阶级关系，是通过森严、复杂的等级关系表现出来的。整个社会成员按照生产资料占有状况和在生产中的地位以及血缘关系严格划分为三个基本阶级：一是"诺伙"；二是"曲诺"；三是"阿加"和"甲西"。少数地区在"诺伙"之上还有一个名为"兹莫"的土司等级。"诺伙"是奴隶主阶级，其余是被统治阶级。这里的等级之间存在着内容复杂而程度不同的人身占有，这就是法，压迫者等级土司、黑彝对被压迫者等级"曲诺"、"阿加"、"甲西"强加的剥削不是建立在土地的基础上，而是建立在对他们的人身隶属的关系上；压迫者等级是把被压迫等级当作有机的生产资料看待的。在被压迫等级中的最低等级"甲西"可以被其上的各等级完全占有。接近最低等的"阿加"等级，在隶属关系上基本上和最低层相同。

尽管有权少数部分也算作人身占有者，更上一层则是介于顶端与底层之间的是"曲诺"等级，他们出身受到较轻微的人身约束，其中部分为人身占有者，更多的是贫困的劳动人民。对于土地占有情况，大体上也和人身占有情况相对应，即对土地的主权受着等级地位的制约。

为镇压奴隶的反抗和维护奴隶主的地位，在凉山虽然还没有统一的地方性政权组织，但也有与经济发展相适应的政治经济，除了一定意义上具有政权性质的家支制度外，还有不成文的"习惯法"及各种暴力手段。后来国民党政府虽然在这里选择了"诺伙"，委任以区长、商队长、保安大队长等职务，但是《六法全书》在这里是不起作用的，真正起作用的还是习惯法。彝语称"习惯法"为"第勿也"，即"规矩"、"制度"的意思。

"诺伙家支"内部没有常设的统治机构，也没有专职的管理人员，但是每个家支都有头人。头人分为两种：一种是彝语称为"德古"，意为"善于辞令的尊者"，他们是"诺伙家支"的代表人物，是奴隶主阶级专政的组织和执行者；另一种头人在彝语中称作"苏易"，意为"为大家办事的尊者"，是一般头人，威望逊色于"德古"。头人按照习惯行使职权，他们唯一遵循的是因袭彝区大体一致的、以维护奴隶制度为主要内容的不成文的习惯法，通常有调解、神明裁判和家支会议裁判三种方式。这种习惯法的内容简单、笼统，奴隶主可以随意加以解释。

奴隶主阶级依靠家支制度这个阶级专政的工具和束缚被统治阶级的绳索——"习惯法"，经常采用惨无人道的暴力进行血腥的统治。对奴隶常用的刑罚有：锁铁链、戴镣铐、穿木靴、钉门板、烫脚心、抽脚筋、毒打、灌尿、剪肉、剜眼、断肢、抽肠、分尸、活埋、沉水、枪杀等。如美姑县布兹别拖乡轩布兹觉家的一副 1936 年打造的铁链，熔了九口各重 25 斤的铁锅，打成铁链净重 125 斤。链子打好后，首先就锁了打造铁链的"阿加"，用来试刑，以后这副铁链锁死过六个"甲西"。"甲西"和牲畜一样，是主人可以随意处置的财产，可以任意驱使、凌辱、打骂、买卖甚至虐杀和当作送鬼的祭品。为了增加奴隶，奴隶主往往强制"甲西"婚配，为其生育"奴产子"。凉山解放时期被解救的奴隶，不少人因备受严重摧残，有的遍体鳞伤，有的四肢发育不全，有的成了白痴。据民主改革时调查，仅马坪一个乡的 223 名奴隶中，因奴隶主的残害成为瞎子、跛子、精神失常等十之有九，可见统治者的野蛮和残暴。

3. 处于农奴制社会阶段的少数民族的犯罪及政策法律调整

农奴制是以农奴主的土地所有制和农奴对农奴主的人身依附关系为基础的一种封建剥削制度。新中国成立前夕，存在着封建农奴制度的民族主要有藏族、傣族、哈尼族等，人口 400 多万。处于封建农奴制度下少数民族地区实行以维护农奴主、封建领主在经济、政治的特权为主要任务的法律。这是在军队、法庭、监狱等统治机器保护下实行赤裸裸的封建特权法。

这种特权法是维护森严的等级制度的工具，其中最有代表性的是藏族地区实行的人身依附式的"朗生制度"。《西藏法典》第七条按照血缘贵贱，职位高低，经营事业的大小把西藏人分为上、中、下三等，每等又分为上、中、下三级。上层喇嘛、活佛、贵族、高级官吏等都属于上等上级至中等中级；农民、奴隶、屠夫、清道者、收尸者以及其他手工业工匠居于中等下级至下等下级。这里所谓的三等九级，实际上只有两种社会地位不同的人，即农奴主阶级和农奴阶级。农奴主阶级（包括农奴主代理人）只占西藏总人口的5％，他们是剥削阶级。占西藏总人口90％以上的农奴是被剥削阶级，完全没有土地所有权，没有任何政治权利，世世代代遭受地主和"乌拉差役"的重重盘剥。农奴阶级又分为"差巴"、"堆穷"两个阶层。另外，农奴主还蓄有一种奴隶，叫"朗生"。"朗生"占西藏总人口的5％，这是奴隶制的残余。

在傣族地区，也有"召片领"（宣慰族）、"召勐"、"大勐"、"小勐"、"傣勐"、"滚很召"之分。其中，"傣勐"、"滚很召"为农奴阶级，大、小农奴主，"宣慰族"，"召勐"等则是统治集团，并且以法律的形式固定了他们所享有的一切特权。这些特权阶级，可以随意运用习惯法毫无顾忌地镇压农奴的反抗。

这一类地区的"习惯法"认为农奴是犯罪的主体，公开表明它的不平等性质。统治阶级在经济地位、政治地位极不平等的人中间制定了"赎罪"、"偿命价"等条款，上等人价格极高，下等人价格极低。有钱的农奴主可以随意打死农奴而不受制裁。在惩罚方面更为残酷，在一般的刑罚之外，还有"下地牢"、"剜眼睛"、"割舌头"、"断手"、"断足"、"剥条"等。在办理诉讼的过程中，采用"起誓"、"捞油锅"等神明裁判的落后方法辨别真伪和是非曲直。

4. 处于封建地主社会阶段的少数民族的犯罪及政策法律调整

中国封建社会是一段漫长的历史，共经历了3000多年。中国古代自秦统一后，历经西汉和东汉的统一，三国两晋南北朝的分裂，隋唐的再统一，五代十国宋辽夏金的再分裂，及至元、明、清大统一的发展。各个王朝的统治者也都根据各自历史背景的不同，制定了各具时代特色的民族政策，封建法制也日益完备。封建社会阶级的多个历史时期的刑法都有关于少数民族地区的规定。《云梦秦简》法律部分中，有关专门处理少数民族关系的法律，称为"属邦律"。除一条明确标明为"属邦律"外，还有三条关于少数民族的律文，见于《法律答问》中。①其中，有两条在某种程度上反映了秦朝刑法对少数民族犯罪的态度：

真臣邦君公有罪，致耐罪以上，令赎。可（何）谓真？臣邦父母产子及产他邦而是谓真。可（何）谓夏子？臣邦父、秦母谓也。

可（何）谓赎鬼薪鋈足：可（何）谓赎罪：臣邦真戎君长，爵当上造以上，有罪当赎者，其为群盗，令赎鬼薪鋈足，其有府（腐）赎罪。其他罪比群盗者亦如此。（《法律答问》）

这两条的规定主要是指出少数民族中的人物在《秦律》中是享有特权的，他们犯了罪，可以用钱赎买。即或是犯了"群盗"这样的罪，只要"赎鬼薪鋈足"就行了。这种刑罚虽然严厉，但却比"斩左趾，又黥为城旦"轻多了，而且规定可以用钱赎买。

对少数民族的上层人物如此，对广大的被统治者却大不相同了。如律文中规定"臣邦人，不安其主长而欲去夏者，勿许。"②即少数民族中的被统治者，由于对其统治者不满，想要离开，是被明令禁止的。由此可见，秦王朝对于少数民族中的统治阶级的利益是竭力维护的，律文的目的是在保证少数民族中的上层人物对被统治者的绝对权威。

到了封建社会后期，处于封建社会的少数民族人口占绝大多数。在这些地区，地主和农民是两个主要阶级，地主、头人、宗教上层和官僚豪绅占有大量的土地、牲畜，对农民进行残酷的剥削。许多地区少数民族的农民，不但受本民族地主的剥削，也受汉族和其他民族地主的剥削，常常是生命无保障、生活无着落。对地主、族长、土官、当权僧侣都不同程度地有着人身依附关系。封建皇帝、王公贵族对他们更是视若草芥，任意处罚、杀害，许多民族政策和制度是典型的民族压迫、民族歧视的表现，如元代的统治者把全国人分为四等：第一等是蒙古人，第二等是色目人，第三等是汉人，第四等是南人，并采取各种措施来固定这些民族的等级。因此从古代封建王朝的民族政策、民族法律中，是看不到少数民族人权保障的。

5. 中华民国时期少数民族的犯罪及政策法律调整

中华民国处于中国社会的转型期。在从旧民主主义革命发展为新民主

---

① 栗劲：《秦律通论》，山东人民出版社1985年版，第396页。
② 徐晓光：《中国少数民族法制史》，贵州民族出版社2002年版，第32-34页。

主义革命的历史过程中，掌握政权的北洋军阀政府和国民党政府，以及革命的中国共产党都制定了自己解决中国民族问题的纲领和政策。

其中，关于民族问题最有价值的政治主张和实践当是以孙中山为代表的资产阶级民主革命派的主张和实践。孙中山主持的临时政府颁布了《中华民国临时约法》和一系列法令，第一次在资产阶级民主的意义上为少数民族的平等权利保障进行了立法。但从1927年开始，中华民国进入了蒋介石的独裁统治时期。国民党政权一方面宣布国内各民族一律平等，"各民族共同参政建国"；另一方面又不愿承认大多数少数民族的存在。蒋介石在其《中国之命运》的小册子里制造了"同族同源论"，认为中国只有宗族，而没有民族。1946年，召开"伪国大"时把其称为"内地生活习惯特殊之国民"。没有民族，只有宗族，民族平等从何谈起？国民党在法律上承诺保障少数民族的各项民主权利，可实际上推行的是白色恐怖政策。[1]以《六法全书》和强化其反动统治的"特别法"、"保安处分"以及民族"同化规则"等，对少数民族人民群众实行残暴的法西斯统治，除公开的警察、司法机关外，还建立了许多特务组织，各民族群众稍有冒犯，就有受到秘密的、非法的逮捕、暗杀的可能性。对少数民族的反抗，国民党政权实行了残酷的镇压政策。当时的毛泽东曾揭露国民党"1943年对伊克昭盟蒙古人民的屠杀事件，1944年直到现在对于新疆少数民族的武力镇压事件，以及近几年对于甘肃回民的屠杀事件就是明证"。[2]蒋介石的大汉族主义思想相当严重，周恩来曾指出："蒋介石的民族观，是彻头彻尾的大汉族主义。在名义上，他简直将蒙古族、回族、藏族、苗族等称为边民，而不承认其为民族。在行动上，也实行民族的歧视和压迫。"[3]抗日战争时期，国民政府退入大西南，云南、贵州、广西、四川的少数民族处于国民党直接统治下，国民党曾以改良风俗为幌子，对少数民族大肆实行强制同化。如国民党在贵州的统治者派出军队和警察，拦截路口，强迫苗族人民着汉装，甚至剪破衣裙，在彝族、藏族等民族地区，强迫少数民族推行汉化姓名等。

国民党反动政府为了达到"以夷治夷"的目的，还通过土司、族长、

---

① 杨侯第：《中国少数民族人权述要》，北京大学出版社1997年版，第20-21页。
②《毛泽东选集》合订本，人民出版社1968年版，第985页。
③《周恩来选集》上卷，人民出版社1981年版，第147页。

寨老、保长等运用当地习惯来统治人民。"习惯法"的形式很多，有维吾尔族地区的宗教法（《古兰经》）和宗教法典，壮族地区沿用的"喊村"和"石碑乡约"，侗族的"石碑款约"，苗族的"石碑族规"、"埋岩会议"，瑶族的"石碑约法"，仫佬族的"石碑词款"、"禁约"、"议款"等形式。各族的"土司"、"族长"、"寨老"、"头人"、"款首"、"理老"、"保长"都是具有生杀予夺之权的执法者。"习惯法"由这些人掌握，比官府的统治更为直接，更为残酷，被压迫的少数民族群众喊出了"石碑大过天"的沉痛呼吁。因为这些人办案、执法的惯用方式是神明裁判、刑讯逼供。对触犯习惯法的人，轻者罚以"请酒"、"挂红放炮"、"挟礼"、"赎金"、"草逐"、"洗寨子"等，重者处以"鞭打"、"割背肉"、"装猪笼"、"笼沉塘"、"活埋"等十分残酷的刑罚。

由此可见，处于封建社会阶段的这类少数民族地区的人民群众，受着双重法律的统治：一方面是国民党的地方政权和保护机构，另一方面是土官、头人；一方面是以《六法全书》为代表的国民党政府的反动法律，另一方面是当地的"习惯法"。

此外，在信仰宗教的地区，国民党为巩固自己的政权普遍地扶持宗教势力，竭力保护宗教上层的特权。信仰喇嘛教的地区，宗教上层和封建主享有同样的特权。在信仰伊斯兰教的地区，实行"政教合一"的统治形式。伊斯兰教的刑法保留着"赎罪"、"偿命价"、"割手"、"乱石砸死"、"鞭刑"、"同态复仇"、"抓油锅"、"抬寡妇"、"偿小米"等极不平等和落后残忍的刑罚。

二、新中国成立后少数民族犯罪及政策法律调整

中国共产党自 1921 年成立以来，一直关注着中国的民族问题。中国共产党运用马克思主义民族理论，并结合当时中国革命的实际，明确提出了坚决保护少数民族平等权利，力图探索出一条适合中国国情的解决中国民族问题的道路。在不同时期建立的根据地中，中国共产党把它的民族政策主张付诸实践，并以法律形式加以固定。

1949 年 10 月 1 日，中华人民共和国成立。新中国的成立，标志着中国彻底摆脱了半殖民地的地位，中华民族获得了完全的独立，也标志着国民党政权在大陆统治的结束，国民党政权对少数民族的封建压迫和欺骗、

官僚资本对少数民族的盘剥也同时结束了。党和国家制定了以民族平等和团结为总政策的一系列民族政策。1949年9月，中国人民政治协商会议通过了其临时宪法作用的《中华人民政治协商会议共同纲领》，《共同纲领》明确规定：中华人民共和国境内各民族均有平等的权利和义务，禁止民族间的歧视、压迫和分裂各民族团结的行为。1954年，第一届全国人民代表大会通过了新中国第一部《宪法》，《宪法》重申了民主平等原则。在《宪法》确立的民主平等原则的指导下，中央人民政府及其有关部门在其工作中都采取了保护少数民族平等权利的具体办法，制定了相应的规定。如，1953年2月中央人民政府委员会颁布的《中华人民共和国全国人民代表大会及地方各级人民代表大会选举法》即列出了专章对少数民族的选举权和被选举权给予保障。根据这个选举法少数民族地区选出了第一届全国人民代表大会少数民族代表178人，占代表总数的14.52%，这一比例是当时少数民族总人口占全国总人口6%比例的2倍还多。1952年2月，政务院专门发布了《关于保证一切散居的少数民族成分享有民族平等权利的决定》，规定：一切散居的少数民族成分的人民，均与当地汉族人民同样享有思想、言论、出版、集会、结社、通讯、人身、居住、宗教信仰、游行示威的自由权，任何人不得加以干涉。该决定还规定散居的少数民族有加入当地各种人民团体及参加各种职业的权利等。在民族自治地方，1952年颁布的《中华人民共和国民族区域自治实施纲要》规定，各民族自治区自治机关须保障自治区内的一切人民，不论民族成分如何，均享有中国人民政治协商会议共同纲领规定的思想、言论、出版、集会、结社、通讯、人身、居住、迁徙、宗教信仰、游行示威的自由权，并依法有选举权和被选举权；还有一系列法律和法规。对一些与少数民族关系比较密切的权利作出了专门规定。

新中国成立以后，各少数民族地区同样发生了翻天覆地的变化，而且超越一个以至几个历史阶段进入社会主义。这种历史性的巨大变化，也反映在法律制度方面。在新中国成立以来的50余年，各少数民族地区从落后、野蛮、反动的旧体制进入到科学的、文明的社会主义法制，由法制的不一致达到了全国统一。这不单纯是废除旧法、制定和施行新法的立法和司法工作，而是经过了相当激烈的斗争，既考虑到少数民族内部剥削制度非改不可，又考虑到民族团结的原则，采取了"慎重稳进"的方针；[1]同时，又鉴于当地的旧法制是在长期的历史过程中形成的，具有相对稳定的民族传统性和习惯性，不可能用简单的办法加以废除。因而保留了旧的法律制度，以待条件成熟时进行改革，也可以说是一种"过渡时期"。在这个时期内，充分照顾少数民族的风俗习惯、宗教信仰调解方式，而较少采用法律手段。在必须采取法律手段时，征得该民族上层人士和广大群众的同意，以利于民族团结，防止发生隔阂和纠纷，对于少数民族地区的法制变革，是作为整个民主改革的一部分并随着各少数民族地区民主改革的进程而次第进行的。

在民主改革中，根据少数民族地区具体情况采取了不同的改革，对处于封建社会阶段的少数民族地区采取了和汉族地区相同的面对面斗争，取消了地主阶级的一切特权，废除了一切旧的法律制度。在农奴制和奴隶制地区采取了"赎买"与"和平协商"的方式。但是，在这两类地区中的一些地方，在帝国主义和国内反革命势力的策动下，少数上层分子先后发动了反革命武装叛乱，迫使党和政府不得不决定先平息叛乱，然后再进行民主改革。[2]变革旧的政治制度和法律制度，废除封建特权和宗教特权，从而为建立全国的社会主义法制创造了条件。在上层分子发动的武装叛乱中最早的是宁夏的西吉、海源、固原地区于 1950 年 5 月和 1952 年 4 月 2 日发生的反革命叛乱，1955 年 12 月底凉山彝族地区以阿侯家为首的奴隶主在昭觉、普雄等地发动的叛乱，接着在康定藏族地区反对改革的上层发动的武装叛乱，最晚的也是规模最大的是西藏上层反动集团于 1959 年 3 月发动的武装叛乱。随着军事平叛的胜利，彻底废除了落后野蛮的法律制度，广大农奴、奴隶从地牢、枷锁中和皮鞭下解放出来，破天荒地第一次获得了人身自由和民主权利。西藏叛乱刚刚结束，最高人民检察院西藏分院和最高人民法院西藏分院就共同着手对西藏农奴主反动司法机关进行了接收工作，根据镇压与宽大相结合的原则对旧有的司法人员视其轻重做了适当的处理。接着，又举办了以郎子辖、雪列空为主的西藏农奴主残害人民群众的"刑具展览会"，启发广大农奴的政治觉悟。在青海省各藏族自治州，经当地人民代表决议也废除了世袭的土司、土官、头人封建部落制

---

① 张有隽、徐杰舜主编：《中国民族政策通论》，广西教育出版社 1992 年版，第 217 页。
② 李资源：《中国共产党民族工作史》，广西人民出版社 2000 年版，第 268 页。

度，废除了寺院、土司、土官头人私设法庭、监狱，及其镇压、迫害人民群众的一切司法特权，翻了身的劳动人民掌握了司法大权。在没有发生叛乱的牧业地区（蒙古族、藏族的一部分和哈萨克族、柯尔克族、塔吉克族、裕固族、鄂温克等族）采取了不分、不斗、不划阶级、牧工、牧主两科，扶助贫苦牧民发展生产的政策，逐步地废除牧主的封建剥削和各种特权。在还保留原始公社制残余的少数民族地区，则采取大力扶持生产，帮助少数民族解决生活中的困难，团结、改造民族上层的政策，有步骤地过渡到社会主义。

总之，在民主改革和社会主义改造基本完成以后，少数民族地区和全国一样进入了社会主义的法制时代。社会主义刑法是反映和调整社会主义的社会关系，确立和维护社会主义秩序的法，是反映社会主义国家的基本法律之一。1979 年《刑法》是新中国成立以来第一部刑法典，在此之前，我国刑事立法以单行条例形式出现，或者散见于其他法律、法令中。这种情况是由我国的历史条件和斗争需要决定的，是符合我国法制发展规律的。新中国成立以来的实践证明，我国《刑法》是我国各民族人民实行工人阶级领导的、工农联盟为基础的人民民主专政和社会主义革命、社会主义建设的具体经验总结，是从我国的实际情况出发制定的。它的产生和发展反映了我国革命的特点，它作为上层建筑的一部分，不仅是我国经济基础的反映，而且为经济基础服务。现在社会主义的经济基础已在我国占统治地位，这就决定了我国《刑法》是社会主义性质的《刑法》。

1997 年《刑法》第六条规定："凡在中华人民共和国领域内犯罪的，除法律有特别规定的以外，都适用本法。"这标志着我国是一个主权独立、领土完整的、统一法制的社会主义国家。这也说明《刑法》是适用各个少数民族地区的。少数民族地区的国家机关（包括在人民民主专政国家起着特殊作用的政法机关），以及少数民族公民，都必须恪守《刑法》的规定，严格依法办事。但是，由于各少数民族在政治、经济、文化和风俗习惯等方面的发展不平衡，在贯彻执行《刑法》的过程中必然存在一些特殊的问题，因此，我国《刑法》第九十条规定："民族自治地方不能全部适用本法规定的，可以由自治区或者省的人民代表大会根据当地民族的政治、经济、文化的特点和本法规定的基本原则，制定变通或者补充的规定，报请全国人民代表大会常务委员会批准施行。"这条规定也就是《刑法》第三条第一款中所说的"特别规定"中的三种情况之一。

综观历史上各个时期的《刑法》在少数民族地区适用的情况，我们可以看到，我国奴隶制、农奴制和封建社会制度下的《刑法》推行专制主义、封建主义的民族压迫政策等，实行民族歧视，制造民族矛盾，挑拨民族仇恨，实行强制同化，残暴镇压，毫无民族平等、民族团结可言。社会主义《刑法》是以工人阶级为领导的各族劳动人民的意志的体现，反对民族压迫、民族歧视和民族分裂，充分保护少数民族的合法权益。两相对比，不能不说是一个历史性的巨大进步。这也是我们对刑法在少数民族地区适用的历史的反思之后所必然得出的结论。

第三节 "两少一宽"——少数民族犯罪的专项刑事政策分析

新中国成立后，党和国家把马克思主义民族理论的基本原理同中国各民族的实际相结合，制定了正确的民族政策，实现了各民族一律平等，建立了团结、互助、和睦的新型民族关系，在民族工作上取得了巨大的成就。但是，由于"左"的思潮的干扰，也有过失误，犯过错误。"十年动乱"期间，党的民族政策被破坏殆尽，民族关系相当紧张。党的十一届三中全会以后，民族工作中的各种错误逐渐得到纠正。民族区域自治已经成为我国解决国内民族问题的基本政策和基本政治制度。①在民族区域自治制度的框架下，民族区域自治政策代替了"以夷治夷"、"分而治之"的反动政策；民族团结和民族平等代替了民族压迫和民族歧视；社会主义法律代替了封建主和奴隶主的陈规旧例；科学的、民主的诉讼制度代替了封建迷信的"神明裁判"。②针对少数民族犯罪，我国政府从维护法制的统一和兼顾民族及民族地区的特点这一原则出发，我党又进一步提出了对少数民族犯罪分子要少捕、少杀，在处理上一般要从宽的政策，简称为"两少一宽"刑事政策。

---

① 王铁志、沙伯力主编：《国际视野中的民族区域自治》，民族出版社 2002 年版，第 3 页。
② 吴大华：《中国的民族问题与区域自治制度》，提交"纪念民族区域自治法实施二十周年"研讨会（北京·2004·国家民委民族问题研究中心主办）论文。

一、"两少一宽"刑事政策的提出

对少数民族犯罪实行特殊法律政策，这是党的民族政策的体现。早在新中国成立初期，我国就有对少数民族公民的某种犯罪从宽处理政策的规定。1952 年，国家海关总署《关于查禁走私几项具体政策》就规定对于少数民族成员走私违法犯罪的，"尚应结合少数民族政策从宽处理之"。又如1956 年 3 月，《中共中央十人小组关于反革命分子和其他坏分子解释及处理的政策界限的暂行规定》也明确规定："对于少数民族内部有历史罪恶，没有现行活动的历史反革命分子，一律既往不咎。"①再如 1958 年 6 月，国务院《关于处理走私案件十项原则》规定，涉及少数民族成员走私违法犯罪的，"情节重大的，应该同样按照上述有关原则严肃处理，但是处罚尺度应该比对汉族为宽。对于未改革地区少数民族走私的处理，可以再稍宽一些。对少数民族上层人物的走私，应该联系民族事务部门处理"。在 20世纪 50 年代和 60 年代的刑事立法工作，贯彻了坚持全国刑事法制统一与兼顾少数民族特点的原则精神。例如，1957 年 6 月 28 日《刑法草案（第22 稿）》第九十一条和 1963 年 10 月 9 日《刑法草案（第 33 稿）》第八十七条，都作了这样的规定：民族自治地方可以根据其实际情况，依法制定对刑法的变通或者补充规定。②

不可否认的是，在相当一段时期内，"左"的思想占上风，党和国家的民族政策被歪曲和破坏。有的地方过分强调反对地方民族主义，伴之而来的是盛行"一刀切"、一般化、照抄照搬，不考虑少数民族的实际和特点。有的地方存在严重扩大化的错误，甚至把思想认识的错误当作敌我矛盾来处理。因此，对少数民族犯罪分子从宽处理的政策精神，在一个时期中没有很好地得以贯彻。

1983 年底到 1984 年初，正值"严打"第一战役第一仗结束，部署开展第二仗，中央领导同志强调，对第一仗中的经验要很好地总结，工作中有些缺点是难免的，但是对个别地方质量差的，今后要注意克服。第二仗

---

① 转引自《当代中国》丛书编辑部：《当代中国的检察制度》，中国社会科学出版社 1988 年版，第332 页。
② 马克昌：《中国刑事政策学》，武汉大学出版社 1992 年版，第 40–41 页。

要搞细，抓的对象要搞准，质量要提高，重申贯彻严厉打击刑事犯罪要遵守法律，注意政策，加强综合治理。并提出打击刑事犯罪要稳、准、狠，当前主要特别强调准，要防止扩大化的问题。[①]基于这样的指导思想，根据在政法工作中要考虑民族特点的基本要求，更明确、具体地指出对少数民族犯罪分子的政策方针是十分必要的。1984 年 3 月中共中央批转《中央政法委员会关于巩固发展严厉打击刑事犯罪活动第一战役的成果和准备第二战役的一些设想》（中发〔1984〕5 号），明确提出："对于少数民族、民主党派、宗教界中的犯罪分子，要坚持少捕少杀。"

曾任最高人民法院院长的肖扬同志在其主编的《中国刑事政策和策略问题》一书中认为这些政策的提法，是对政法工作中历来强调对少数民族犯罪分子采取从宽处理的原则的系统概括，也是根据"严打"斗争进一步深入开展的形势需要，以及应当严格依法办事，注意政策的要求提出来的。[②]学术界[③]和司法实务界[④]一般将前述分散在新中国成立以来一系列政策性文件或法律中的政策概括为对少数民族犯罪采取"少捕少杀"、"一般从宽"政策，或直接概括为"两少一宽"、"两少从宽"的刑事政策。

这一政策提出以后，在民族地区的政法工作中得到了贯彻。"严打"斗争的战役行动结束以来，少数民族地方的政法机关继续贯彻"两少从宽"的政策，并在实践中进一步提高认识，结合各个地区、各个民族的不同实际情况，创造总结出了执行"两少从宽"政策的一系列具体原则、标准和办法。[⑤]提出对少数民族中的犯罪分子实行"两少一宽"的刑事政策，并不是"空穴来风"、"头脑发热"，而是对新中国成立以来从宽处理少数民族公民犯罪的刑事立法和司法实践的科学总结。它体现了实事求是、区别对待和民族区域自治的原则和精神，有利于争取社会各界的广泛支持，进一

---

① 彭真：《论新中国的政法工作》，中央文献出版社 1992 年版，第 384–351 页。

② 肖扬主编：《中国刑事政策和策略问题》，法律出版社 1996 年版，第 262 页。

③ 马克昌：《中国刑事政策学》，武汉大学出版社 1992 年版，第 40–41 页。

④ 曾任最高人民检察院副检察长、顾问、咨询委员会主任的李士英同志在其主编的《当代中国的检察制度》一书（该书列入由邓力群、马洪、武衡等主编的《当代中国》丛书中）认为当地检察、司法机关根据中国共产党和人民政府对少数民族中的犯罪案件一贯采取"少捕少杀"、"一般从宽"的政策精神，在实践中加以灵活地变通执行，并认为在少数民族地区执行"少捕少杀"、"一般从宽"的政策正是因地制宜贯彻了法律面前人人平等的原则。引自《当代中国》丛书编辑部：《当代中国的检察制度》，中国社会科学出版社 1988 年版，第 329–334 页。

⑤ 肖扬：《中国刑事政策和策略问题》，法律出版社 1996 年版，第 262–263 页。

步分化瓦解、孤立、打击各类严重刑事犯罪分子，巩固和发展各民族间的平等、团结、互助的新型关系，维护民族地区的安定团结，有利于巩固人民民主专政。

为具体执行"两少一宽"的刑事政策，各地司法机关经过调查研究，总结经验，就各地如何执行这一刑事政策制定了相应的成文规定。例如，中共内蒙古自治区党委政法委于 1984 年 8 月 2 日批转了内蒙古自治区人民检察院《关于对少数民族中的犯罪分子如何执行从宽政策意见》，规定慎重处理对少数民族中代表人物及主体民族以外的其他人数更少的民族中的犯罪分子采取逮捕等强制措施等问题。又如，中共云南省德宏州委于 1984 年 8 月 31 日印发了《德宏州严厉打击刑事犯罪活动有关政策法律问题的执行意见》，对少数民族犯罪的有关政策界限作了规定，对于边远山区群众中的轻微违法犯罪分子，规定了从宽处理的政策。宁夏自治区党委为贯彻"两少一宽"的政策，专门制定了六条具体措施。1987 年 9 月 5 日，最高人民法院、最高人民检察院发布了《关于办理盗伐、滥伐林木案件应用法律的几个问题的解释》（法研发〔1987〕23 号），明确提出："对边远地区、少数民族聚居地区毁林开荒的问题，按有关省、自治区根据当地实际情况所作的规定处理。"

二、"两少一宽"政策的基本内容

对少数民族公民犯罪的"两少一宽"政策，对于刑法在少数民族地区的正确适用，准确打击各种犯罪，促进民族团结，维护当地的社会秩序，保护各族人民的权利和利益，保障少数民族地区社会主义建设事业的顺利进行，起到了积极的作用。但是，由于刑法学界和司法实务工作者对"两少一宽"政策有着不同的理解，众说纷纭，在贯彻执行中也存在着一些问题，甚至出现误解和偏差。因此，正确阐明这一政策的含义，则是我国刑事政策学上的一个重要课题。

1. 对"少捕少杀"的理解

关于"少捕少杀"的具体含义，学术界主要存在三种观点，各持一端，相持不下：

第一种观点认为，"少捕少杀"与毛泽东同志一贯主张的"三少"方针中的"少捕少杀"不是一个含义。毛泽东同志历来主张的"三少"是对我们整个国家刑事政策而言的。这里讲的"两少一宽"是指少数民族地区少数民族犯罪分子相对于汉族犯罪分子而言的，也就是说在坚持"三少"的前提下，在一般情况下，对少数民族地区少数民族中的犯罪分子比较汉族犯罪分子还要少捕一些、少杀一些，能不捕的坚决不捕，对那些一般情况下罪该捕判的，考虑到少数民族的特点和风俗习惯，也尽可能不捕不判；可不杀的坚决不杀。对那些在汉族犯罪分子中非判处死刑不可的，在少数民族地区的少数民族犯罪分子中也不一定非判处死刑不可。①

　　第二种观点认为，对少数民族犯罪分子的"少捕少杀"政策，同我党一贯坚持就一般意义上而言的"少捕少杀"的刑事政策，在一般原则上是一致的，同样强调的是不要多捕多杀，主张可杀可不杀的不杀，可捕可不捕的不捕，杀人和捕人都要少，死刑只适用于罪大恶极者。但是，少数民族的"少捕少杀"政策还有特殊的意义，就是根据少数民族的特点，相对于在类似情况下对汉族犯罪分子的捕、杀的"少捕少杀"，在标准和范围上直接同对汉族犯罪分子的处理相比较。根据"少捕少杀"政策的一般意义和特殊意义，在少数民族地区执行"少捕少杀"政策，既要以全国法律为标准，贯彻全国统一适用的"少捕少杀"政策，也要从民族特殊性出发，贯彻适用于少数民族犯罪分子的"少捕少杀"政策。这里主要讨论的是后者。所谓对少数民族犯罪分子的"少捕"，其字面意思虽然是要少采用逮捕这种强制手段，但实际上它的真实完整含义却是在定罪上的从宽，即从照顾民族特点出发，根据案件的具体情况，能不定罪的就不定罪，掌握的标准要比对汉族犯罪分子的要宽。所谓"少杀"，即可杀可不杀的不杀，虽然按犯罪的严重程度，依照法律或者按照在汉族地区的通常的做法应该判处死刑，但是考虑到少数民族的特殊实际情况，可以不判处死刑，或者只判处死缓。②

　　第三种观点主张"坚持'少捕少杀'是贯彻'两少一宽'政策的重点"，认为"少捕少杀"是指对少数民族中的犯罪分子，要控制适用有期徒刑和死刑立即执行，不是说不适用有期徒刑、无期徒刑、死缓和死刑立即执行。理由是：首先，"少捕"是对轻罪从宽处理的重点。所谓"少捕"，从刑事诉讼法的角度上来看，是指对少数民族罪犯，应少采用"逮

---

① 彭真：《论新中国的政法工作》，中央文献出版社 1992 年版，第 348—351 页。
② 肖扬主编：《中国刑事政策和策略问题》，法律出版社 1996 年版，第 263 页。

捕"这种强制措施。根据《刑事诉讼法》（1979 年）第四十条的规定，逮捕人犯必须具备三个条件：①主要犯罪事实已经查清；②可能判处徒刑以上刑罚；③采用取保候审、监视居住等方法，尚不足以防止发生社会危险性，而有逮捕必要的。对少数民族中的犯罪分子，在逮捕的三条标准的掌握上要严格和慎重，不要轻易捕人。鉴于"可能判处徒刑以上刑罚"是对人犯适用"逮捕"的条件之一，所以，从刑事实体法的角度来看，所谓"少捕"，是指少数民族犯罪分子所犯之罪，如果法定刑包括有期徒刑、拘役、管制或者单处附加刑，根据具体案情，当处于可适用有期徒刑也可适用拘役、管制或者单处附加刑的临界点时，坚持不适用有期徒刑。由于法定刑规定有拘役、管制或单处附加刑的犯罪，属于我国刑法中的轻罪，因此，"少捕"是指轻罪而言，重罪不发生"少捕"的问题。其次，"少杀"是对重罪从宽处理的重点。在重罪中，只有对国家和人民利益危害特别严重的犯罪，法定最高刑才规定死刑，同时规定可以适用无期徒刑。我国刑法对死刑的适用有严格的限制条件，即使是应当判处死刑的犯罪分子，如果不是必须立即执行的，应当适用"死缓"制度。对于少数民族中的犯罪分子，坚持"少杀"，是指其所犯罪行极其严重，法定最高刑为死刑时，适用死刑在掌握上要严格和慎重；如果罪大恶极应当判处死刑而可以不必立即执行的，坚决适用"死缓"；如果一案中有数人应当判处死刑的，坚决控制判处死刑的数字，减少判处死刑的人数。由此可见，"少捕少杀"政策，是纯粹的量刑从宽政策，不是定罪从宽的政策。[①]

笔者曾经在湘潭的死刑研讨会上提出，"两少一宽"中的"少捕少杀"，是指对少数民族犯罪分子相较汉族犯罪分子而言更为慎重地逮捕、判处死刑。[②]就"两少一宽"的提出背景来看，"少捕少杀"的参照标准是汉族犯罪分子实施的类似罪行，包括"少捕"和"少杀"两个部分。"少捕"是从定罪和司法程序意义上讲的，要求不要妄动刑事司法程序，能够不定罪的可以不予定罪；"少杀"则是从量刑意义上讲的，要求在与汉族犯罪分子的同等罪行上，少数民族犯罪应当严格控制死刑的适用。这一政策应当结合我国传统的"慎刑"思想与我党和政府一贯坚持的"少捕少

---

① 马克昌主编：《中国刑事政策学》，武汉大学出版社 1992 年版，第 427 页。
② 吴大华：《中国"两少一宽"刑事政策与刑法对少数民族的特殊保护》，载陈泽宪主编：《死刑——中外关注的焦点》，中国人民公安大学出版社 2005 年版，第 164–171 页。

杀"的政策加以理解，[①] 只不过相对于少数民族犯罪分子在"捕"与"杀"的适用上更为严格。

2. 对"一般要从宽"的理解

对少数民族犯罪分子"在处理上一般要从宽"，也是要根据少数民族的特殊性，掌握与处理汉族犯罪分子类似状况较宽的处理标准。

（1）关于"处理从宽"的理论争议。"处理从宽"如何理解，范围有多广泛？犯罪学和刑法学理论界存在广泛的争议，表现为如下五种观点：

第一种观点认为仅指量刑从宽，而不是指定性、定罪上的从宽。理由是：从广义上讲，"处理从宽"的意思也包含了上述"少捕少杀"的内容；从狭义上讲，所谓"处理从宽"，则是指除判处死刑以外的其他量刑上的从宽，在内容上是与"少捕少杀"并列的。根据少数民族人员犯罪案件的实际情况，认为必须依法处理的，也要比照对汉族犯罪分子的类似情况，从轻量刑。[②]

第二种观点认为包括定罪从宽和量刑从宽。进一步言之，一方面，是指"通常从宽"，即对少数民族中的犯罪分子，如果没有需要从严处理的特别情况，在处理上通常都应从宽。不可将"一般从宽"做相反的理解，使之变成"特别从宽"。另一方面，不是一律从宽，如果少数民族中的犯罪分子罪行特别严重，情节特别恶劣，依法应当从严处理的，不能因为其是少数民族公民，就可以不从严处理。"一般从宽"不是不讲原则的从宽和宽大无边。[③]

第三种观点主张"处理从宽"的范围较广，包括刑事诉讼程序上从宽、定罪上从宽、量刑上从宽和刑罚执行上从宽。在诉讼程序上，能不采取强制措施的，坚决不采取强制措施；可以免予起诉的，坚持免予起诉。在定罪问题上，凡是可定罪可不定罪的，坚持不定罪，或者适当提高定罪标准，从严掌握成立犯罪的起点。在量刑上，凡是可以免予刑事处分的，坚持不判处刑罚；凡是可以减轻处罚的，坚持在法定最低刑以下处罚；凡是可以判处轻刑种或短刑期的，坚持不适用重刑种或长刑期。在刑罚执行上，凡是可以缓刑的，坚持适用缓刑，不予羁押执行；已经判处主刑的，

① 肖扬主编：《中国刑事政策和策略问题》，法律出版社 1996 年版，第 223-242 页。
② 肖扬主编：《中国刑事政策和策略问题》，法律出版社 1996 年版，第 264 页。
③ 马克昌：《中国刑事政策学》，武汉大学出版社 1992 年版，第 428 页。

经过法定执行期间适当放宽减刑和假释的条件。①

第四种观点认为，"处理从宽"包括刑事司法上的从宽和刑事立法上的从宽。在司法上从宽的面较广，只要在法律、政策允许的范围内一般该从宽都要从宽。在刑事立法上的从宽，从某种意义上说，是刑事司法上从宽经验的科学总结。②

第五种观点认为，从宽是一种倾向上的考虑，而不宜作为一种严格的法律规定。对于"在特殊情况下，少数民族地区的少数民族犯罪分子的犯罪行为社会危害性特别大的也不一定都从宽处理；相反，有些犯罪在某种特定情况下还应该从严"。理由是对刑法中变通适用的理解，既包括从宽、从轻方面的变通，也包括个别情况从严从重的变通。这不仅在理论上站得住脚，在实践中也是行得通的。例如盗窃同样数额的财产，在经济发达地区也许连立案都不够，但在某些贫困的少数民族地区，则可能使被害人倾家荡产，家破人亡。对这些犯罪难道比汉族经济发达地区不应该从重判处吗？如果同样看待，甚至比汉族地区汉族犯罪分子还从轻判处，老百姓不答应，党和政府也不会答应。③

在笔者看来，对少数民族公民从宽的刑事责任原则不能单一地理解为量刑上的从宽。它既包括量刑上的从宽，也包括定罪上的从宽。所谓定罪上的从宽，就是根据少数民族的特点及其行为的性质和危害程度，把少数民族公民实施的刑法中的某些犯罪行为不以犯罪论处，或者对少数民族公民提高刑法中某些犯罪的定罪标准。1979 年《刑法》第八十条（1997 年《刑法》第九十条）中的"变通"规定之含义，就可以包括定罪在内，"两少从宽"政策中的"从宽处理"也未排斥定罪上的从宽处理，其"少捕"则主要就是指的定罪从宽。所谓量刑上的从宽，是指对少数民族公民已被确认为犯罪的行为，考虑到其犯罪起因和风俗习惯等特点，在处刑上轻于汉族中罪行类似的犯罪分子。近年来司法实践中适用对少数民族的特殊刑事责任原则时，一般都包括了定罪和量刑两个方面的从宽，有关的实践材料和理论材料也证明了这一点。如果把这一原则局限于量刑从宽而否

① 马克昌：《中国刑事政策学》，武汉大学出版社 1992 年版，第 428 页。
② 韩美秀：《民族自治地方刑法变通或我国立法探究》，载赵秉志主编：《新千年刑法热点问题研究与适用》，中国检察出版社 2001 年版，第 181 页。
③ 韦轩元：《少数民族地区地方刑事立法问题》，载马克昌、丁慕英主编：《刑法的修改与完善》，人民法院出版社 1995 年版，第 170–171 页。

定定罪也可以从宽，则在涉及定罪的一些情况下就会不合理地限制这一原则的适用，也有悖于司法实践中行之有效的经验。

（2）关于"一般从宽"的实践运作。从争议涉及的论点来看，从宽范围和尺度均有不同。比如，对少数民族犯罪分析，相对于汉族犯罪分子来说，不论犯什么罪，也不论在什么情况下都一律从宽；还是要求从少数民族地区的实际情况出发，对照《刑法》规定，考虑到社会危害性大小，一般该从宽的都要从宽，而不是一律从宽。在从宽的尺度上，是否定罪、量刑、行刑各个阶段都需要照顾少数民族的身份，给予从宽考虑，还是仅仅考虑量刑或定罪量刑两个环节？

如何正确适用对少数民族公民犯罪从宽定罪量刑的特殊刑事责任原则？笔者认为，从危害行为的起因上概括地把握该行为与其民族特点有无直接联系。对于那些与民族特点并无联系的危害行为，尤其是少数民族公民一般也都认为是犯罪的危害行为，就没有必要也不应当考虑适用对少数民族公民从宽的刑事责任原则，而应当依法惩处；对其中危害特别严重、少数民族公民也认为应予严惩的，还应当依法严厉制裁，直至判处死刑。对于那些与民族特点直接关联的危害行为，例如，对于由于当地少数民族的落后风俗习惯而导致的危害行为；由于少数民族中因科学文化知识贫乏相信迷信邪说而导致的危害行为；由于少数民族中遗留下来的山林、田地、水源争端而发生的危害行为；与少数民族的宗教信仰相关联的危害行为，以及与少数民族落后的生产方式和特有的生活方式相关联的危害行为，都应当考虑适用特殊的刑事责任原则，从宽定罪和量刑。这是犯罪类型的限定问题。

少数民族地区的司法实践中，"一般从宽"的运作表现为：一是相对从宽，不是绝对从宽，即与最相似的汉族中的犯罪分子比较而言的从宽，不是在任何情况下都比汉族的从宽；二是依法从宽，不是宽大无边。即在坚持罪刑相适应的前提下，在法定的立案、批捕、起诉等基本标准条件范围内，在法定的量刑幅度内的从宽；三是一般从宽，不是一律从宽。在一般情况下，要把少数民族作为从宽处理的条件之一。一方面要对少数民族中的绝大多数各种刑事犯罪分子相对从宽处理。另一方面，要对其中少数居心险恶、手段残忍、罪恶严重、态度顽劣的人，依法从严惩处；对于罪大恶极非杀不可的，也要判处死刑。

3. 对"两少一宽"刑事政策适用范围的理解

关于"两少一宽"政策在什么地区对哪些少数民族犯罪人适用的问题，我国刑法学界争议较多，主要有五种观点：

第一种观点是"双重限制说"。这种观点把"两少一宽"政策作为对少数民族公民适用的特殊刑事责任原则的重要内容，认为对此原则的适用，应从两个方面加以限制。一方面，应从地区上加以限制："对少数民族公民从宽的特殊刑事责任原则，其适用对象原则上应当只限于少数民族聚居地区，即民族自治地方的少数民族公民，而不是已长期生活在汉族地区和汉族人民中间的少数民族公民。"另一方面，还应从人员情况上加以限制；"对少数民族地区的少数民族公民，也不宜一概都适用并且都同样适用特殊的刑事责任原则，而是要有所区别。对那些受到相当程度教育，具有刑事法律知识的少数民族出身的国家工作人员、教师和大专学生等，就不应适用，至少也应该严格限制适用特殊的刑事责任原则；对那些文化程度很低、法律知识非常匮乏的少数民族公民，则应加强适用特殊的刑事责任原则。"

第二种观点是"一个对象说"。这种观点认为"两少一宽"政策的适用对象必须是实际居住在少数民族聚居地区（民族自治地方）的少数民族公民，而不是长期生活在汉族地区或汉族公民中间的少数民族公民。[①]理由是：目前只有实行民族自治的少数民族公民才在政治、经济、文化、法制教育等方面不同程度地落后于汉族公民；才保留了一些不同于汉族的宗教信仰，风俗习惯，生产、生活方式；才会出现不能全部适用《刑法》规定的特殊情况；才有对之有《刑法》适用上体现特殊性的必要。对于长期生活于汉族地区的少数民族公民，由于其所处的社会生活条件、文明进步程度基本已同汉族无多大差别，因此，对其犯罪时适用特殊的刑事责任原则的社会历史条件已不复存在。

第三种观点是"一个对象限制说"。这种观点认为只适用于那些经济、文化都较落后的少数民族自治地方的少数民族，他们的理由是，像广西的壮族是少数民族中人口最多的一个民族，壮族在经济、文化和社会生活各个方面都已经同广西的汉族同化，没有多大的区别，不需要适用"两少一

[①] 余成刚：《对少数民族犯罪分子刑法适用的特殊认识》，载赵秉志主编：《新千年刑法热点问题研究与适用》，中国方正出版社 2003 年版，第 203 页。

宽"的政策。

第四种观点是"两个对象说"。这种观点认为"两少一宽"政策虽然主要适用于少数民族聚居地区，但并不排除对杂居、散居的少数民族公民犯罪的适用。理由是：①1984年中共中央"5号文件"明确指示："对于少数民族中的犯罪分子要坚持'少杀少捕'"这一政策未作地域、城乡的限制，也未作文化程度和职业身份的限制。在贯彻执行上提出种种限制的观点，是缺乏根据的。②党和国家民族政策适用对象，历来包括杂居、散居的少数民族，"两少一宽"的刑事政策也不例外。1979年10月12日中共中央、国务院批转了国家民委《关于做好杂居、散居少数民族工作的报告》，1987年4月17日中共中央、国务院批转了《关于民族工作几个重要问题的报告》，都指出："杂居、散居地区的少数民族工作，是党的民族工作的重要组成部分，一定要认真做好。"根据上述两个中央文件的精神，"两少一宽"的刑事政策，不应排除对杂居、散居的少数民族公民犯罪的适用。①还有学者补充认为，少数民族公民不论是否在民族自治地方特定区域内，其思想意识、生活习俗、民族文化仍保留着少数民族的传统，并不因长期生活在汉族地区或流窜到汉族地区就被截然割断。"两少一宽"政策规定的精神不排除生活在民族自治地方以外的少数民族公民，如同长期生活在民族自治地方的汉族公民不能适用"两少一宽"刑事政策一样。该项政策的适用空间范围有其特定对象，主要是实际居住在民族自治地方的少数民族公民中的犯罪行为人。对居住在汉族地区或流窜到汉族地区的少数民族公民中的犯罪行为人，也可以比照"两少一宽"刑事政策依法适当从宽。②

第五种观点是"折中说"。这种观点认为"两少一宽"政策的适用以民族自治地方为主，其他地方省民族特殊问题也可适用，对散居少数民族是否适用要具体分析。主要观点是：一是从一个民族的整体状况上考虑。有的少数民族经过长期的历史发展，已经很少保留本民族过去独有的风俗习惯，整个生活同汉族交融在一起；还有的少数民族在政治、经济、文化水平等各方面已经摆脱落后的状态，民族的整体素质有较大提高。对于这

① 马克昌：《中国刑事政策学》，武汉大学出版社1992年版，第58页。
② 夏黎阳：《论少数民族公民刑事犯罪案件中刑法及"两少一宽"政策的适用》，载赵秉志主编：《新千年刑法热点问题研究与适用》，中国检察出版社2000年版，第213-214页。

些民族，一般来说已经不存在需要在法律上特殊对待的需要，完全有必要执行全国统一的法律。二是从理想与现实考虑。执行"两少、从宽"政策的地方，大多限于少数民族聚居区，特别是民族自治地方，变通执行法律是自治权的一个组成部分，有更多的条件执行这一政策。除民族自治地方外，其他地方也有一些少数民族聚居区，民族特殊问题仍然不少，也可执行这一政策。对于散居少数民族，是否执行"两少、从宽"政策，应该做具体分析。有的城市和乡村，有些少数民族仍然相对集中居住，仍然保留着其独有的风俗习惯，所以在执行政策中应给予恰当的考虑。三是"以人为本，因人制宜"。在有必要执行"两少、从宽"政策的民族内部，也要做一些具体的划分，有所差别。比如党员、干部同一般群众相比，对党员、干部要较多强调依法办事，有的不能实行"两少、从宽"；中心城市的居民和农牧区、边远山区相比，在中心城市依法办事的要求要严格一些。

三、"宽严相济"刑事政策背景下对"两少一宽"刑事政策的反思和展望

1. "两少一宽"政策的合理性

"两少一宽"刑事政策出台施用了三十年左右，但各地对这个政策的认识不一，对这个政策的原则、要求、标准尚不熟悉，三十年来刑法变通或补充立法尚为空白。笔者认为，关键是对"两少一宽"刑事政策的法律意义和实际意义认识不足。如前所述，"两少一宽"政策的提出，是有充分的理论根据、法律和实际意义的。我国是一个人口众多，幅员辽阔、统一的多民族的社会主义国家，任何工作都必须考虑地区特点和民族特点，并根据不同的特点加以对待，政法工作当然也不例外。

毛泽东同志曾经指出："马克思主义叫我们看问题不要从抽象的定义出发，而要从客观存在的事实出发，从分析这些事实中找出方针、政策、办法来。"[①]新中国成立以来，我国各少数民族在政治、经济、文化等方面都有重大的发展和变化。但是，由于历史原因，直至现在，无论在经济上

---

① 毛泽东：在延安文艺座谈会上的讲话（1942年5月），《毛泽东选集》第3卷，人民出版社1991年版，第853页。

还是在教育、文化上，同汉族群众相比较，少数民族都仍然存在着较大的差距。这种事实上的差异状态，反映在犯罪产生的条件方面，则是抑制、预测犯罪的"社会化"因素较少、较弱，而诱发、刺激犯罪产生的消极因素较多、较强。即使是改革开放之初，少数民族仍多聚居在边远的山区、牧区，一般生产比较落后，生活条件艰苦，文化水平很低，法制宣传和科学教育较差，人们的认识水平、思想觉悟和道德观念以及与此相关的自控能力等同一般汉族群众相比也相对薄弱，而封建迷信思想、消极宗教意识和不良风俗习惯等又严重存在，形成一种较易产生违法犯罪行为的客观环境。例如，在一些少数民族中，反映群婚制残余的落后婚姻形态的原始方式往往导致发生流氓、强奸、重婚犯罪，成为打架斗殴、大规模械斗，发生伤害、凶杀的"导火索"。随着这类案件的发生，而又在民族头人、寨老或宗教人士的主持下，用土规族（教）法、封建私刑给予惩处，以违法犯罪的手段去"反对"违法犯罪，继而又出现非法拘禁、非法侵入他人住宅、刑讯逼供、妨害公务、伤害、凶杀案件发生。在这种特殊条件下出现的少数民族中的犯罪分子，与不具备少数民族生活条件、风俗习惯、心理素质等特殊情况的汉族中的犯罪分子相比较，其主观恶性和社会危害性一般相对比较小，因而其罪责就相对较轻，当然就要给予适当从宽的处理。

笔者认为，从这些客观事实出发，在处理少数民族中的犯罪分子时考虑这些特殊性，正是党的实事求是的思想路线的体现，与我国刑法总则有关条款中规定的犯罪的主观、客观要件和分则有关条款中规定定罪量刑要注意情节、后果是一致的，如果不加区别地讲"平等"，实际上是不平等的表现。对"两少一宽"刑事政策应当站在党和国家民族政策的高度，从维护国家统一，有利于民族团结原则精神上去理解，既要坚持全国法制统一，又要兼顾少数民族的特点，防止"左"、"右"两种错误倾向的发生。

在刑法理论上，把对少数民族公民适用从宽特殊刑事责任的做法，认为属政策性量刑情节，"党和国家的刑事政策对量刑情节也有大量的规定，如对少数民族公民犯罪处罚时一般从宽的政策，由于尚未上升为法律，还不能说它是法定量刑情节，应称之为政策性量刑情节。这类量刑情节是我国量刑情节体系中不容忽视的重要组成部分。建议党和国家对一些临时性、区域性的量刑情节，通过刑事政策的形式加以规定"。①适用从宽特殊刑事责任，是党和国家出于民族政策的考虑，刑法学者把它升华为量刑情节，找到了它在刑法理论上的合理位置。从宽刑事责任原则无疑会成为制定民族自治地方特别刑法的重要指导原则之一，因为犯罪行为的社会危害性随时间、地点、条件变化而变化。"社会危害性是一个历史的范畴。在时间、地点、条件发生变化之后，原来有社会危害性的行为可能变成没有社会危害性，原来没有社会危害性的行为可能变成有社会危害性"。②对于图财杀人、奸情杀人、抢劫杀人、盗窃、诈骗、投敌叛变、聚众劫狱、放火、爆炸、投毒等危害行为，一般说来并不因行为人具有少数民族公民身份而适用从宽的刑事责任原则。

而且，我们所探讨的对少数民族公民适用从宽的刑事责任，要求依法相对地从宽而不是脱离法律绝对地无限制地从宽。换言之，对少数民族公民的危害行为需要适用从宽的刑事责任原则时，应当遵循罪刑法定、罪刑相适应、主客观相统一等基本刑事责任原则，以有关具体罪的规定为基本依据，在法律、政策范围内，在定罪或量刑上较汉族公民实施类似的危害行为从宽掌握，而不能离开法律的规定，背离《刑法》基本原则，不顾犯罪构成对定罪的要求，无原则、无限制地从宽。例如，不能把故意杀人罪认定为过失杀人罪或故意伤害罪来从宽处罚，不允许违背从轻、减轻、免除刑罚的有关原则规定来随意地从宽处罚。

少数民族公民犯罪的刑事责任从宽，无论是从立法、政策、刑法理论还是从司法实践等多个方面均有根据。刑法理论认为，行为的社会危害性及其程度，是我国《刑法》认定犯罪和适用刑罚的基本依据。社会危害是主客观的统一，是客观危害和主观罪过有机结合、综合作用的结果。社会危害的评价因时间和地点而存在差异，在少数民族公民犯罪中，相当比例的犯罪与类似的汉族公民犯罪所受的社会评价存在差异。如果受民族传统和风俗习惯等影响，行为人或者缺乏具体犯罪所要求的主观要件，不具备危害社会的主观心理态度；或者虽具备主观要件但罪过不大；客观上，行为有无危害性及其大小，少数民族地区的认识也可能与汉族地区有差异。比如，有些被刑法规定为犯罪甚至应当严厉处罚的严重犯罪行为，如某些

---

① 马克昌：《刑罚通论》，武汉大学出版社 1999 年版，第 333 页。
② 高铭暄：《中国刑法学》，中国人民大学出版社 1989 年版，第 68—69 页。

强奸、奸淫幼女、流氓、重婚、非法制造买卖枪支、抢婚行为等，在某些地区的少数民族群众（甚至包括"被害人"及其家属）看来，或是为其风俗习惯所允许的而认为无危害性，不构成犯罪；或是认为社会危害性较轻而不应重罚，就应当对行为的罪与非罪以及罪行的危害程度产生影响，并进而影响对少数民族公民某些行为在定罪或处罚上从宽。根据某些学者的分析，无论是从主客观相统一的理论还是刑罚效益理论抑或刑罚目的理论来看，少数民族犯罪都应当采取从宽处理的刑事责任原则。从主客观统一原则而言，我国《刑法》坚决摒弃"主观归罪"及"客观归罪"，少数民族地区受民族习惯、伦理道德、宗教信仰等影响，某些犯罪符合民族传统文化，可以考虑减轻或免除处罚，或者规定不以犯罪论处；相反我国《刑法》不认为是犯罪的部分行为，在少数民族的风俗习惯或者"习惯法"、伦理道德、宗教信仰里却是"恶性"很大的行为，一旦实施，就会在少数民族中引起骚乱、恐慌、群愤，严重危害少数民族地区的社会秩序，故应通过民族刑事立法予以犯罪化。例如故意毁坏宗教器物或者设施（经济价值不大，但宗教意义却大的）以及其他少数民族视为神圣的东西等行为。从刑法预防犯罪的目的而言，少数民族地区的犯罪预防，必须结合少数民族政治、经济、文化等方面的特点，采取相应的特殊措施与对策。如果行为人在实施之前、实施过程中以及实施之后，对犯罪行为认为正当合理，单纯靠刑罚的矫正无法收到预防的效果，反而可能引起少数民族的普遍反感。从刑罚效益理论而言，如何保证以最小的投入获取最大的产出同样是少数民族地区刑法适用的前提。少数民族对不平等地适用刑罚、滥用刑罚特别是滥用重刑之痛苦感受颇深，新中国的刑罚应当讲求在获得少数民族理解的情形下适用，因此，适用民族特点适当从宽便成为当然之策。①这种分析是中肯的，也为我们理解为何刑法理论中必须采取适当从宽提供了视角。

　　这种社会危害的不同评价，必然要求民族政策对个别性的关注。唯物主义采取一般性与特殊性的辩证法，要求从具体情况出发，实事求是地解决问题。少数民族地区政治、经济、文化的发展与汉族地区有一定差距，部分地区还保存有自己传统的宗教信仰和风俗习惯，如何照顾少数民族特殊性，保证其文化的延续和经济社会的全面发展，是我国民族工作和民族

<hr />

① 石水平：《少数民族地区地方刑事立法问题》，载马克昌、丁慕英主编：《刑法的修改与完善》，人民法院出版社 1995 年版，第 179–180 页。

政策的出发点。针对少数民族犯罪确立的从宽的特殊刑事责任原则，便充分体现了少数民族特点对行为人刑事责任的影响，它也正是在刑事法制方面对我国民族政策的贯彻与体现。

正是基于对犯罪行为的社会危害评价的差异，少数民族地区的犯罪对策和法律实施应当与汉族地区体现差异。《宪法》第一百一十六条规定：民族自治地方的人民代表大会有权依照当地民族的政治、经济和文化的特点，制定自治条例和单行条例。《刑法》第九十条也明确规定：民族自治地方可以制定对《刑法》的变通或补充规定的内容。少数民族地区的司法实践中，运用特殊刑事责任原则从宽定罪量刑，对增强少数民族公民的法制观念，维护少数民族地区的治安秩序和民族团结稳定起到了重要作用。同样，某些地方的民族法制工作中没有顾及少数民族地区的特殊性，在对少数民族公民适用刑法上完全搞"一刀切"，受到了少数民族的抵制，不仅"使惩罚毫无效果，因为它消灭了作为法的结果的惩罚"[1]，而且无法收到预定的预防和控制犯罪的效果，甚至导致少数民族地区治安秩序的破坏。

因此，少数民族犯罪从宽的刑事责任原则，应当合理地框定范围，既包括定罪从宽、量刑从宽，也包括行刑从宽。我们必须合理地限制从宽刑事责任原则适用对象的范围和适用行为的范围以及该原则受《刑法》有关规定的制约。这不仅是正确适用从宽刑事责任原则本身的需要，也是维护民族地区社会稳定和推进民族地区经济社会发展的需要。

2."两少一宽"刑事政策的局限性

笔者认为，"两少一宽"的刑事政策，是我党民族政策的体现，在维护法律统一的同时也兼顾了少数民族和民族地区的特点，确有其历史合理性，且在保护各民族的合法权益方面发挥了积极的作用。但在同时，我们也必须看到"两少一宽"的刑事政策提出已有三十年，其不可避免地暴露出一定的局限性。特别是近年来，社会各界对"两少一宽"的消极方面屡有批评或微词，理论界也出现了一些要废除"两少一宽"的声音，对"两少一宽"刑事政策的局限性应当有认真的反思和理性的评价。

首先，"两少一宽"的提出有其特殊的历史背景。1983年的"严打"对于维护社会稳定、转变社会风气有着积极的意义，但在同时，一些地方的"严打"也出现了扩大化的倾向。为了防止"严打"扩大化，正确贯彻

---

①《马克思恩格斯全集》第1卷，人民出版社1995年版，第139-140页。

党的民族政策，中共中央在中发〔1984〕5 号文件中明确提出对少数民族中的犯罪分子"要坚持少捕少杀"。且当时我国刚刚经历了十年"文化大革命"，法制还很不健全，在很大程度上需要依靠刑事政策来办案。就形式而言，"两少一宽"刑事政策并不属于刑事法律的内容，所以有学者认为："如果说在改革开放初期法律不完善的背景下，依据党的政策办案尚可理解的话，那么在我国《刑法》已经明确规定了罪刑法定原则的形势下，如果继续依据'两少一宽'的政策处理少数民族成员犯罪问题，显然有违法治的基本精神，与依法治国、建设社会主义法治国家的治国方略和目标相悖，有损法律的公平正义价值。"①也有学者提出，"两少一宽"刑事政策的实施会使不同的人在法律面前处于不平等的地位，实行该政策会使《刑法》的实施违背罪刑法定的基本要求，因此应废除该政策。②

其次，"两少一宽"的刑事政策内容过于抽象，以至于理论界和实务界对适用对象、适用罪名等相关问题一直没有形成统一的认识，司法机关在具体对待少数民族犯罪时，大多凭各自的理解和把握，这就使得该刑事政策的适用产生了较大的差异，无形中对该政策价值目标实现和运用效果造成了极大的影响。部分司法机关在办理少数民族成员犯罪案件时，顾虑重重，误认为凡是少数民族犯罪，一律要从宽处理，无限制地扩大了"两少一宽"的适用范围。例如有些省市的公安司法机关在办理新疆籍人员的各种违法犯罪案件时，经常以"民族问题是敏感问题、影响民族关系"为由，片面强调"两少一宽"政策，应该立案的不立案，应该逮捕的不逮捕，应该起诉的不起诉，重罪轻判、轻罪不判、微罪不管，这在一定程度上导致了司法机关对少数民族的违法犯罪活动打击不力，犯罪分子逍遥法外，因而违法犯罪活动频发并十分猖獗等情况的出现。③

再次，"两少一宽"的刑事政策出台时，我国各民族之间的交往和交流较少，发生在不同民族成员之间的刑事犯罪还较少，"两少一宽"的刑事政策主要针对的也只是少数民族内部成员之间的犯罪问题。时至今日，

---

① 雷振扬：《关于"两少一宽"民族刑事政策的三点思考》，《西南民族大学学报》（哲学社会科学版）2011 年第 11 期。

② 康耀坤：《论"两少一宽"刑事政策在我国民族自治地方的适用》，《昆明理工大学报》（社会科学版）2007 年第 8 期。

③ 艾尔肯·沙木沙克：《论新时期我国少数民族刑事政策之贯彻与完善》，《中南民族大学学报》（人文社会科学版）2012 年第 5 期。

随着市场经济的发展，各民族成员之间的交往日益频繁，发生在不同民族成员之间的纠纷和刑事案件也日益增多。如果对此类犯罪也一律适用"两少一宽"的刑事政策，则不仅可能无法增进民族团结，还可能会影响汉族群众对少数民族的认知，损害了少数民族的形象，不利于民族团结和构建和谐的民族关系。[①]

最后，"两少一宽"刑事政策的提出也与改革开放初期我国少数民族和民族地区在整体上的特殊性有关。最高人民法院前院长肖扬同志提出这种特殊性表现在三个方面：一是在政治和法律制度方面，党和国家对少数民族地区的改革采取了慎重稳进的方针，少数民族传统的法律制度仍有较深厚的社会基础和群众基础；二是在经济、文化和教育事业方面的落后状况很难在短时期内得以根本改变；三是少数民族大多具有各自鲜明特点的风俗习惯和宗教信仰，有的与法制原则相悖，不能用强制方法加以改变。[②]改革开放三十多年以来，我国少数民族社会发生了翻天覆地的变化，少数民族地区的经济、社会、文化和教育事业取得了长足发展，有学者就认为很多少数民族地区已经和汉族地区相差不大，不再具有这种特殊性，不应再继续实施"两少一宽"的刑事政策。笔者以为，尽管少数民族地区经济社会的发展较为迅速，但与东部沿海地区相比，差距不仅没有缩小，反而有所扩大，少数民族地区经济欠发达、教育水平相对较低是不可回避的事实。不过在同时，我们也需充分注意到随着少数民族地区经济、社会发展程度的提升，少数民族群体生产生活方式和风俗习惯的改变，少数民族成员受教育水平和法律意识的提高，因此也不宜再对少数民族成员的所有犯罪都适用"从宽"原则，一些与少数民族特点、习俗或文化、信仰无关的犯罪，不应全部一律从宽。

3."两少一宽"刑事政策的展望

在新的历史条件下，党中央根据构建社会主义和谐社会的客观需要和同犯罪作斗争的实际状况出发，提出了宽严相济的基本刑事政策。鉴于"两少一宽"刑事政策既具有相当的历史合理性和一定的现实必要性，又在长期以来存在一些缺陷和当前面临的一些困境，我们应当对其保持一种

① 雷振扬：《关于"两少一宽"民族刑事政策的三点思考》，《西南民族大学学报》（哲学社会科学版）2011 年第 11 期。
② 肖扬主编：《中国刑事政策和策略问题》，法律出版社 1996 年版，第 258-259 页。

符合唯物主义的扬弃立场，使其合理之处在宽严相济的基本刑事政策下继续发挥作用。

（1）以"宽严相济"刑事政策为基石，丰富少数民族刑事政策的内涵。虽然新中国成立以后尤其是改革开放以来少数民族地区有了巨大的进步，政治、经济和文化事业全面发展，但是在我国民族地区，其整体的特殊性依然存在，一体推行统一法制的条件尚不具备。如果我们脱离民族地区和各少数民族的发展实际，强行为之，不仅力有不逮，而且必将破坏国家与民族的关系、民族与民族之间的关系，造成民族地区基层治理的失序，增加民族地区社会的矛盾与冲突。[1]"两少一宽"刑事政策在一定程度上能体现出"宽严相济"的一些基本精神。刑事政策有着多元的价值取向，应当根据时代的发展要求，因人、因地、因时地进行积极的变化，进行宏观或微观的有效调节。在当前的新形势下，经过一定调整的"两少一宽"刑事政策理当成为"宽严相济"政策下的具体刑事政策，从而不断丰富少数民族刑事政策的内涵，更加全面地体现"宽严相济"的政策精神对少数民族犯罪的适用。比如，与少数民族的风俗习惯、宗教信仰、生产生活方式等密切相关的犯罪行为，就应当作为"当宽"的因素着重予以考虑。当然，也要看到，随着社会的进步，"两少一宽"政策也会逐步缩小适用范围，融入"宽严相济"的基本刑事政策之中。

（2）积极引导，逐步向统一执法过渡。"两少一宽"是根据少数民族的特点而采取的特殊政策。从长远看，促进在少数民族地区统一执行法律是要争取达到的目标。我们既要承认少数民族在文明程度上的差别，采取有区别的政策；也要在具体工作中采取积极引导的办法，以逐步向统一执法过渡。[2]在司法实践中，应当根据具体情况采取"两少一宽"刑事政策，同时要向犯罪分子以及其他少数民族群众进行法制宣传：犯罪行为具有社会危害性，应当受到刑罚处罚。通过法制宣传，积极引导少数民族群众提高文化教育水平，增强法治理念。伴随经济的发展和社会的进步，少数民族地区会逐步在物质文明、精神文明、政治文明、社会文明、生态文明五个方面取得较大进展，"两少一宽"刑事政策会因势调整，最终实现统一

---

[1] 雷振扬：《关于"两少一宽"民族刑事政策的三点思考》，《西南民族大学学报》（人文社会科学版）2011年第11期。
[2] 肖扬主编：《中国刑事及政策和策略问题》，法律出版社1996年版，第269–270页。

适用法律的目标。

（3）将多年的刑事司法经验及"两少一宽"刑事政策纳入变通立法。刑事立法是刑事司法经验的总结。将多年的刑事司法经验及"两少一宽"刑事政策纳入变通立法，是我们的一贯经验。[①]少数民族犯罪在产生原因、生成机理上与汉族犯罪存在差异，如何照顾这些差异，妥当地处理少数民族犯罪，民族自治地方的司法机关积累了较为丰富的知识。这种"地方性知识"为我们在政策与法律之间选择提供了实证的支持，为我们今后的政策制定和立法修订奠定了基础。比如，贵州省的司法机关在处理少数民族犯罪案件中切实贯彻各民族平等的原则、尊重各少数民族风俗习惯及宗教信仰等，这些都是基层司法人员智慧的结晶。但是，这种经验的不成文性和不系统性是经验不能推广的根本原因，我们必须通过变通或补充《刑法》立法，总结和吸收在民族地区行之有效的宝贵经验即对"两少一宽"刑事政策适度法律化，也就是说，"两少一宽"政策的规范化与制度化是一个必然的趋势。因此，民族自治地方的立法机关应当及时将刑事司法经验及"两少一宽"刑事政策上升为法律，为少数民族地区适用刑法提供指导。[②]

① 梁华仁、石玉春：《论刑法在少数民族地区的变通》，载赵秉志主编：《新千年刑法热点问题研究与适用》，中国检察出版社 2001 年版，第 160–161 页。
② 吴大华：《中国少数民族犯罪的刑事政策考量》，载谢望原主编：《中国刑事政策报告》，中国方正出版社 2009 年版，第 324 页。

第四章 中国少数民族
犯罪立法控制论

如何有效地实现对少数民族犯罪的立法控制？少数民族刑法文化与主体民族（汉族）刑法文化存在不同的特征，民族自治地方的变通与补充立法是对少数民族犯罪的独特规律与原因的照应。少数民族地处偏远落后之域，刑法文化中受传统习惯、风俗影响深远，"民族习惯法"作为国家刑事立法的重要补充，应当予以特别讨论。本章专门探讨的是如何完善民族自治地方的变通立法，如何传承与创新"民族习惯法"，从而从立法上宏观地实现对少数民族犯罪的控制。①

第一节 民族自治地方刑事变通立法问题研究

民族地方变通立法是民族自治地方立法体系中不可缺少的组成部分，也是民族法体系不可缺少的组成部分。民族自治地方的刑法变通规定同样

---

① 在《论少数民族犯罪的立法控制》一文中，笔者认为刑事变通立法和"民族刑事习惯法"是从立法角度实现对少数民族犯罪有效控制的两个途径，探讨了民族变通立法的性质、效力级别、归属、形式及体系地位等，反思了民族变通刑事立法，提出了诸多建议。本研究对"民族习惯法"的由来、形式，"民族刑事习惯法"的犯罪规定、刑罚规定进行了初步探讨，并提出"民族刑事习惯法"传承与创新的若干原则。参见吴大华：《论少数民族犯罪的立法控制》，《云南大学学报法学版》，2005 年第 18 卷。通过立法，实现通过法律规范保护少数民族的合法权利，帮助他们融入主体社会，是解决民族矛盾与创造和谐社会的前提。我国《宪法》和其他法律法规通过专门条款规定禁止民族歧视，保护少数民族的语言、宗教和文化特性，向少数民族提供更多的机会。这些规范在保障我国少数民族的各项权利方面起到了重要作用。但是，由于我国民族法制建设还不够完善，少数民族法律工作人员数量不足，法律的执行遇到了一些困难。参见古丽阿扎提—吐尔逊：《我国少数民族权利法律保护探析》，《民族研究》2011 年第 5 期。

是整个刑事立法体系的特别规定，不可或缺。其意义在于：依据《宪法》、《民族区域自治法》和《刑法》的规定，适应民族地区特色作出规定。本部分拟探讨变通立法的基本概念体系，并由此专门研究民族地方的刑事变通立法问题。

一、民族自治地方变通立法引论

1. 变通立法的概念

变通立法指民族自治地方人大及其常委会依据某个法律授权条款以及该法的基本原则，结合当地民族政治、经济和文化的特点，对该法进行某些变更，以便使该法在民族自治地方更好地得到施行的规定的总和。民族自治地方的法律变通与民族区域自治密切相关，要解决法律变通权的性质，就应正确理解自治地方的自治权。

我国《宪法》第四条明确规定："各少数民族聚居的地方实行区域自治，设立自治机关，行使自治权。"民族自治地方的自治权，依照宪法、民族区域自治法和其他法律规定的权限，根据本地方的实际情况，贯彻执行国家的法律、政策，自主管理本地方各民族内部事务和地方性事务的民主权利。这种权利包含两个方面：一是每个少数民族都有宪法赋予的在自己聚居区实行自治的平等权利。二是每个民族自治地方都享有宪法和法律明确规定的自治权，包括法律实施自治权、语言文字自治权、人事管理自治权、经营管理自治权、财政管理自治权、文化教育管理自治权以及依法组织地方公安部队的自治权等。其中法律实施自治权，集中反映在国家法律在该地区实施实行变通的权利。法律变通权实际上是自治权的一个组成部分，来源于自治权，行使法律变通权，就是行使自治权的表现，因此，从性质上看，法律变通权属于自治权，自治权的性质决定了法律变通权的性质。

2. 变通立法的结构

根据《宪法》和《民族区域自治法》的规定，民族自治地方的法律变通，从结构上看由两部分组成：一是立法变通；二是法律实施的变通。[①]

（1）立法变通。即民族自治地方的人民代表大会及其常务委员会，根

---

① 张晓辉主编：《中国法律在少数民族地区的实施》，云南大学出版社 1994 年版，第 69 页。

据本民族的实际情况，对国家的基本法律和其他法律法规，在立法上作出变通规定。

立法变通权由民族自治地方的人民代表大会行使。民族自治地方的人大是行使立法变通权的权力机构，根据《民族区域自治法》第二条规定，民族自治地方区域划分为自治区、自治州和自治县三级。三级自治地方的立法机关都可根据实际需要和可能，对全国法律在立法上进行变通，并且享有平等的权利，不因民族区域大小、民族多少的不同，而在法律变通上有区别。

根据现有法律规定和立法实践，民族自治地方立法机关行使立法变通权的范围大致有三个层次。

第一，国家基本法律的变通立法。根据《宪法》和《民族区域自治法》的规定，民族自治地方的自治机关，根据本地方民族的特点和实际需要，对国家基本法律或其他法律作出的变通规定。其中主要表现为对《刑法》、《刑事诉讼法》、《民法》、《民事诉讼法》、《婚姻法》等基本法律的变通立法。上述我国基本法律中都有专条规定民族自治地方可以根据本民族实际情况制定变通规定。

第二，国家一般法规的变通。根据全国人大常委会和国务院及各部委制定的条例、章程、规定等法规，民族自治地方可以制定实施细则或补充规定。《宁夏回族自治区关于制定地方性法规程序的规定》第四条第一款规定："为了保证宪法、法律、政策、法令……的贯彻实施，按照本自治区实际情况，在政治、经济、民族、教育、科技、文化、卫生等工作方面制定的条例、决定、规定、细则、办法等。"自治区制定的条例、细则、办法等包括对国家行政法规的变通。

第三，对地方性法规的变通。民族自治地方对所属省、自治区权力机关及行政机关制定的地方性法规可以制定变通的实施办法、细则等，如《四川省土地管理实施办法》第十二条规定："建设用地正式划拨后六个月未破土动工的，视作荒芜土地，凡造成荒芜土地的单位和个人应当缴纳土地荒芜费。"位于四川省西部的甘孜藏族自治州，根据当地地处高寒区域，冰冻时间长，多数地区冬春季节不能施工作业的实际情况，在该州通过的《实施〈四川省土地管理实施办法〉的变通规定》第四条规定："建设用地正式划拨后，不渠、色达……县境内一年未破土动工的，道孚、炉霍……新龙县境内十个月未破土动工的，泸定、康定……巴塘县境内八个月未破土动工的，视作荒芜土地，收缴荒芜费。"这一规定将划拨土地动工时间作了相应变通。

上述可见，民族自治地方立法变通的范围是广泛的，对于国家基本法律、法规、条例等有权根据本地实际情况实行立法变通。

（2）法律实施的变通。即全国法律在民族自治地方具体贯彻执行中，执行机关可根据当地民族实际情况作出适当的变通处理。

立法变通不可能包容民族的一切特殊情况，只能就本民族较突出的特点在立法上明确规定，调整范围有限，且立法具有较强稳定性，不能适应本民族出现的新情况和新问题并及时作出反应，因此，立法变通不能完全解决法律和民族特点的冲突。相对来说，法律实施中的变通能弥补立法上的不足。在法律实施中，对本民族的具体情况作出及时反应，将立法未规定的，或规定不充分的，实行变通处理，从而更好地解决法律冲突问题，保证我国法律在民族自治地方的正确实施。

法律实施变通的操作者是执法人员。变通的对象又是具体、可变的，故与立法变通相比，具有较大的灵活性和随意性，变通运用好坏往往取决于执法者的法律、政策水平和了解民族特性的程度，所以，变通的范围是有一定限制的。原则上，宪法性文件和基本法律涉及基本制度、原则的部分，是不能变通的。除此之外，一切具有普遍约束力的规范性文件都属变通之列，具体包括以下三个层次：

第一，基本法律的变通执行。司法机关或行政执法机关在执行《刑法》、《刑事诉讼法》、《婚姻法》、《民法》、《民事诉讼法》等基本法律中，对除涉及基本制度、原则之外的内容，依法可变通适用。对基本法律的变通适用，是法律实施变通的主要方面。我国民族自治地方绝大多数执法机关在执行上述基本法律中，或多或少地采取了变通做法。

第二，国家一般法规的变通执行。全国人大常委会和国务院及各部委制定的条例、章程、规定办法等法规，民族自治地方的工商、文教、税务、海关、审计等行政执法部门，在执行中可变通适用。

第三，地方性法规的变通执行。民族自治地方的行政执法机关，对所属省、自治区权力机关及行政机关制订的地方性法规可以在执行中变通适用。这是我国民族区域自治法确立的重要原则，也是促进民族自治地方经济、文化建设事业发展的重要措施。地方性法规在执行中的变通适用，具有更大的灵活性，在执行中为了既不违背宪法、法律的基本原则，又适合本地方的实际情况，应充分以党和国家有关民族地方经济、文化的方针、政策为依据，保证执行机关执法的正确性和有效性。

　　立法变通和法律实施变通是法律变通不可分割的两个方面。法律变通权的行使不可强调一面而忽视另一面。两者相互结合，互为补充，共同促进法律在民族自治地方的正确实施。但两者由于性质和作用不同，又有主次之分。立法变通是实施变通的基础和前提，也是民族事务法制化的体现，具有重要地位；实施变通或是代替立法变通，或是立法变通在实施中的补充和发展，变通范围是有限的和次要的，虽然在立法变通不完善的情况下，实施变通具有重要作用，但从法制完善的长远利益来看，应坚持立法变通的方向，能够立法的要尽量立法，而不可依赖于实施中的变通，甚至用后者取代前者。

二、民族自治地方变通立法基本理论

　　1. 民族自治地方变通立法的依据

　　民族自治地方制定变通规定既有宪法依据，也有其他法律依据，还必须具备客观的现实的依据。

　　（1）宪法依据。《宪法》第一百一十五条规定："自治区、自治州、自治县的自治机关行使宪法第三章第五节规定的地方国家机关的职权，同时依照民族区域自治法和其他法律、政策。"这一规定表明：民族自治地方自治机关作为一级地方国家机关，享有一般地方国家机关的职权，它作为民族自治地方、自治机关享有法律赋予的自治权；自治权在很大程度上表现为根据本地方的实际情况贯彻执行国家的法律，政策；根据本地方实际情况贯彻执行国家的法律、政策，这包含两个意思：符合本地方实际情况的法律、政策坚决贯彻执行，不符合本地方实际情况的法律、政策，须做某些变更，然后贯彻执行。《宪法》的这一规定，是民族自治地方制定自治条例和单行条例的总的原则依据，也是民族自治地方制定变通或补充规定的总的原则依据。

　　（2）其他法律依据。《刑法》、《婚姻法》、《民法通则》等 8 个法律授权民族自治地方人大及其常委会制定变通规定。例如《婚姻法》第三十六条规定："民族自治地方人民代表大会和它的常务委员会可以依据本法的原则，结合当地民族婚姻家庭的具体情况，须报请省、自治区人民代表大会常务委员会批准。自治区制定的规定，须报全国人民代表大会常务委员会备案。"这条规定确定了变通机关和变通原则：①制定变通规定的地方国家机关是：民族自治地方人大及其常委会；②制定变通规定具体的做法是：依据授权法的基本原则，结合当地民族的实际情况；③制定变通规定的范围是：授权法的某些条款和某些内容；④制定变通规定的目的是：使授权法在民族自治地方得到通行。可以说，这条规定是民族自治地方制定变通规定的直接法律依据。

（3）客观的现实的依据。"当地民族政治、经济和文化的特点"，是民族自治地方自治条例和单行条例制定的客观依据，也是民族自治地方变通规定制定的客观依据。毛泽东在《关于中华人民共和国宪法草案》一文中指出："少数民族问题，它有共同性，也有特殊性。共同的就适用共同的条文，特殊的就适用特殊的条文。少数民族在政治、经济和文化上都有自己的特点。"①少数民族问题的共同性是一种客观实际情况，是保证宪法、法律、行政法规在民族自治地方内遵守和执行，保障社会主义法制统一的客观基础。少数民族问题的特殊性也是一种客观实际情况，它是民族自治地方制定自治地方变通规定的客观依据。

2. 民族自治地方变通立法的原则

依照《宪法》、《民族区域自治法》规定开展民族变通立法和变通实施工作，是民族自治地方的一项重要的职权。在加快改革开放的新形势下，发展商品经济，加速发展民族自治地方的经济、文化，必将产生许多新的民族问题和民族矛盾。不进行变通立法，不变通地执行法律，新的民族问题和矛盾就没有处理的法律依据，党的民族区域自治制度就不可能贯彻落实，自治权就没有保障。在开展自治地方变通立法和变通执行法律的具体工作中，除了坚持党的领导，坚定不移地贯彻执行党的基本路线，坚持积极、慎重的方针外，还应该坚持以下原则：

（1）维护宪法、法律的原则。其一，以宪法、法律为依据，维护国家法制的统一。社会主义法律体系是一个整体，自治法律是它的有机组成部分，维护法制的统一是我国《宪法》的一项重要原则，在地方民族立法实践中必须严格遵守。宪法是国家的根本大法，是制定各种法律的依据，变通规定不能同国家宪法、法律相抵触，在有自治条例的地方，变通规定不

---

① 《毛泽东选集》第5卷，人民出版社1977年版，第128页。

能同自治条例相矛盾，以保证地方民族立法的一致性。其二，贯彻民族平等的原则，促进各民族共同进步。由于我国幅员辽阔，加上历史的原因，我国各民族的发展是不平衡的，汉族与少数民族之间，实行自治的民族之间，自治的主体民族与各散居的少数民族之间，形成了密切而又复杂的关系。能否正确处理好这些关系，直接影响到各民族之间的平等、互助关系及影响全省、全国的安定团结。因此在民族立法中，应当始终坚持《宪法》提倡的"各民族一律平等"的原则，正确处理好民族关系，既考虑到自治的民族又照顾到汉族和其他散居的少数民族的利益，使变通规定成为促进民族团结和社会稳定的有力保障。

民族关系的基本状况归根结底取决于各民族之间的经济关系。随着改革开放步伐的进一步加快，以经济建设为中心的社会主义现代化建设向更深、更广的方向发展，少数民族地区与先进地区经济上的差距日益增大，经济利益的矛盾日益突出，这种趋势如果任其发展，既不利于地方和全国经济持续、稳定、协调地发展，也会影响民族关系，甚至成为新的民族矛盾根源。因此，一方面要大力发展民族经济，这既是一个紧迫的经济问题，又是一个严肃的政治问题。发达地区的民族给予落后地区的民族在经济、文化上的真诚帮助，不断提高他们的经济文化水平，才能实现民族间事实上的平等，实现共同进步。另一方面，要通过立法调整这种民族间的关系和矛盾，即在不违背国家统一的基本原则下，要注重维护民族自治地方的自治权，在开发资源、进行建设时，要照顾民族自治地方的利益，要作出有利于当地经济建设、有利于保护生态环境和生活环境的安排，充分照顾当地少数民族的生产和生活。

（2）从实际出发，增强变通法规的可操作性。民族区域自治法从内容来说，是对民族自治地方民族关系的法律调整。随着社会主义民主与法制建设的完善，民族自治地方的自治意识不断增强，依法管理自治地方各项事业的要求越来越迫切，需要解决的实际问题很多。但是如果不分轻重缓急，"胡子眉毛一把抓"，就达不到应有的效果。因此，应深入学习和理解自治法，充分掌握法律给予的自主权，同时从实际出发，抓住自治地方的主要矛盾，先解决民族自治地方重大而迫切需要解决的问题，增强变通法规的可操作性，使民族自治地方的少数民族得到法律带来的实惠，通过立法调整民族自治地方的各种关系，推动民族自治地方社会进步。民族自治机关在制定变通、补充规定时，在不违背国家法制统一的基本原则下，要注重维护民族自治地方和少数民族的经济利益，增强法规的可操作性。

第一，注重地方特点。变通规定和补充规定的立法依据是"依照当地民族的政治、经济和文化的特点"，区情、州情、县情是地方立法工作的客观依据，只有符合当地实际，有地方特点，法规才有可行性，才能在社会实践中发挥积极作用。我国的少数民族地区各种资源丰富：在约占全国总面积64%的民族自治地方，牧区、半牧区约占全国牧区、半牧区草原面积的94%，森林面积约占全国森林面积的41.6%，水力资源蕴藏量占全国的52.5%，此外还有丰富的矿产资源，因此发展潜力很大。在立法和变通执行法律的过程中，应当注意从本地的资源实际出发，把《民族区域自治法》中有关加速发展民族自治地方经济的条文具体化，将开发地方资源，促进经济、文化和社会进步方面的成功经验以及进一步发展的方针、措施等用法规的形式加以固定。例如在林区，自治地方就可制定变通执行《森林法》的办法，在该办法中明确写上林业发展的方针以及林业管理的措施等，使之方便操作而有效。

第二，注重民族特点。自治法赋予民族自治地方诸多自主管理本民族、本地区各项事务的自治权，在制定变通规定时，要把这些自治权具体化、条文化。如果不善于变通，巧妙而充分地运用自治权而把变通规定或补充办法制定成国家法律和法规的"实施细则"和"实施条例"的翻版，那么就会失去变通法规应有的价值和效果。这就要求深入地了解和把握民族的特点，懂得现实中本民族存在并亟须解决的问题以及应采取的法律措施，并充分行使自主权，才能制定出有民族特点的变通法规。

第三，抓关键问题。要使宪法、法律在民族地区得以切实有效的实施，必须培养、造就一支德才兼备，密切联系群众的少数民族干部队伍，这同时是最终解决民族问题、保障国家长治久安的关键。民族干部由于掌握语言，熟悉情况，了解风俗习惯，因此容易疏通感情，无论是在民族事业的发展中，还是在全国和地方的现代化建设中，特别是在稳定民族地区，稳定大局方面，少数民族干部的特殊作用是其他人所无法替代的，但是在民族干部队伍建设上，还存在一些需要解决的问题，应该通过立法规定，采取特殊有效的措施，培养少数民族干部，提高他们的整体素质，及时选拔、任用，选配到各级领导机关工作，对符合条件的提拔到相应的领导岗位上，为民族自治法规的实施打好组织基础。

3. 变通立法与民族立法、执行变通的关联

变通规定与自治条例和单行条例，同是民族自治地方自治法律体系的重要组成部分。但是变通规定与自治条例和单行条例有共同性，也有特殊性。

变通规定与自治条例和单行条例的相同之处主要有以下几点：

第一，制定机关有相同的方面。民族自治地方人大既有权制定变通规定，也有权制定自治条例和单行条例。制定变通规定与制定自治条例和单行条例，是民族自治地方自治机关重要的自治权。

第二，制定的宪法依据相同。《宪法》规定的"根据本地方实际情况贯彻执行国家法律、政策"是制定变通规定和自治条例、单行条例的共同法律依据。对于变通规定和自治条例、单行条例来说，《宪法》的这一规定是它们立法的"总则"。

第三，制定的客观依据相同。"当地民族的政治、经济和文化的特点"，是制定变通规定和自治条例、单行条例的共同客观基础。脱离当地民族的政治、经济和文化的特点，它们就成了"无源之水，无本之木"。

第四，制定法律的目的相同。虽然变通规定和自治条例、单行条例作了一些与国家和地方的法律、法规不同的规定，但是同宪法和法律的基本原则相比都是枝节性问题，而且这样做的根本目的，还是为了保证宪法、法律、行政法规、地方性法规在民族自治地方的奠定和执行，维护社会主义法制的统一。

由此可见，变通规定与自治条例和单行条例有不少相同之处，因此不能将二者截然分开。

变通规定与自治条例和单行条例的不同之处主要有以下几点：

第一，制定机关不完全相同。制定变通规定的机关比较广泛，除民族自治地方人大能够制定之外，民族自治地方人大常委会也能制定。制定自治条例和单行条例的权限只限于民族自治地方人大，民族自治地方人大常委会则无权制定。

第二，制定的法律依据不完全相同。制定变通规定除宪法的总的原则依据外，还须根据某个法律授权条款。制定自治条例和单行条例，只须根据宪法的总的原则依据，不需要其他法律授权。

第三，制定的具体目的不同。制定变通规定的具体目的是为了保证某个法律在民族自治地方的遵守和执行，所以变通是有针对性的。制定自治

条例和单行条例的目的，是为了依法组织自治机关和使自治机关依法运行，以解决民族自治地方政治、经济、文化发展中需要解决的问题，所以对于某个法律可以根据需要加以变通，但并没有针对性。

第四，制定的权属存在差异。制定变通规定和制定自治条例、单行条例同是民族自治地方的自治权，在这一点上二者是相同的，并没有什么区别。但是，对于民族自治地方来说，制定自治条例和单行条例，特别是制定自治条例既是权利也是义务；因此应当制定，而且必须制定，以便使民族自治地方自治机关依法组织和依法运行。如果不制定，就是失职。制定变通规定却不同，民族自治地方制定变通规定是它享有的权利，但不是应尽的义务。它可以制定，也可以不制定，不存在失职问题。

三、少数民族刑事变通立法问题

1997年《刑法》第九十条规定，民族自治地方不能全部适用刑法典的，可以由自治区或者省的国家权力机关根据当地民族的政治、经济、文化特点和刑法典规定的基本原则制定变通或者补充规定。民族自治地方的刑法变通立法权肇源于此，但是如何界定其法律性质、法律部门归属、法律地位以及学理性质，民族自治地方的刑事变通立法实践如何，以及如何完善，理论界和实践界都在探讨和摸索中，尚待进一步的研究。

1. 关于民族自治地方刑法变通、补充规定的法律性质

关于民族自治地方刑法变通、补充规定的法律性质，我国刑法学界有学者认为它兼具委托立法与授权立法的性质。就授权立法而言，民族刑事法规的立法权虽然主要源于《宪法》和《民族区域自治法》的有关民族区域自治制度的规定，但也有源于全国人大常委会的一面。因为民族刑事法规是刑法典的变通或者补充，而根据《宪法》，只有全国人大常委会才有在全国人民代表大会闭会期间对全国人民代表大会制定的法律进行部分补充和修改的权力。就委托立法而言，这种性质更为明显：①在立法的必要性上，民族刑事法规的制定是全国人大常委会在大量调查研究的基础上决定或者批准的；②立法主体是在全国人大常委会组织或批准下成立的；③民族刑事法规获得通过后，并未立即生效，而必须报全国人大常委会批准后

才能生效。在这一点上它与一般的地方性法规是不同的。①但也有学者认为，《立法法》的颁布直接否定了上述两种观点：首先，《立法法》没有规定委托立法这种立法方式，因此，委托立法的说法就缺乏存在的理由。其次，《立法法》虽然规定了授权立法这种立法方式，但其第九条、第六十五条明确规定，享有授权立法的主体只能是国务院和经济特区所在地省、市的人大及其常委会，并且其第十条指明有关犯罪和刑罚的规定不在授权事项之列。这样，授权立法这种说法也就没有了法律依据。根据《立法法》第六十六条第二款的规定："自治条例和单行条例可以依照当地民族的特点，对法律和行政法规的规定作出变通规定。"由此，民族自治地方的人民代表大会有一定的刑事立法权，这个立法权的性质具有中央和民族自治地方在刑事立法上适当分权的性质。②这两种争议的分歧代表着目前对民族自治地方刑事变通规定的定位的观点。

争议的分歧集中在是授权立法、委托立法还是立法的分权。笔者认为，需要重点探讨两个刑法条文的体系地位和具体含义：

《刑法》第九十条。《刑法》第九十条是民族自治地方变通立法的授权条款，那么它与《刑法》第四条的罪刑平等（法律面前人人平等）二者的关系应如何理解？笔者认为，《刑法》第九十条并非一个例外条款，同样应当受《刑法》第四条规定"罪刑平等"基本原则约束。从具体内容的规定上看，《刑法》第九十条是为了落实《宪法》、《民族区域自治法》规定的民族自治地方的自治权而作出的规定；从实际操作上看，要求在民族区域自治的范围内，同样遵守刑法规定的基本原则。我们不能否定《刑法》第九十条作为特别条款的意义，但应当透过表象观察到在汉族与少数民族适用《刑法》的"不平等"形式下的"平等"实质，在经济状况、生产力发展水平、文化发展状况等存在极大差距的情况下，强行要求法制采取"一刀切"的完美理想化是不应当存在的，犹如对于广东、浙江等沿海地区与青海、甘肃西部等欠发达地区要求盗窃罪的起刑点完全同一。

《立法法》第六十六条第二款。《立法法》第六十六条第二款规定自治

---

① 石水平：《少数民族地区地方刑事立法问题》，载马克昌、丁慕英主编：《刑法的修改与完善》，人民法院出版社 1995 年版，第 187 页。

② 宣炳昭、江献军：《民族自治地方的刑法变通规定初探》，载赵秉志主编：《新千年刑法热点问题研究与适用》，中国方正出版社 2000 年版，第 165 页。

条例与单行条例对法律和行政法规作出变通规定，但并未规定可作补充规定，这与《刑法》第九十条允许民族自治地方对《刑法》作出变通规定是否矛盾？《立法法》是新法，颁行于 2000 年，而《刑法》是旧法，颁行于 1997 年。对于同位法，二者发生冲突时，宜适用"后法优于前法"的原则，而且《立法法》对任何性质和形式的立法均具有制约作用。因此，对于今后的刑事变通规定只宜采取变通规定。在法律形式上，《立法法》规定的民族自治地方规范性法律文件形式只有自治条例和单行条例，故只能采取自治条例或单行条例对法律和行政法规的规定作出变通规定，而不能作出补充规定。

由此看来，民族自治地方的变通（"补充"不再采用）规定是一种中央与地方的立法分权方式。在今后的民族自治地方需要变通刑事立法规定时，当由民族自治地方通过自治条例或单行条例予以变通，只有报经全国人大常委会才能生效，而且，全国人大常委会可以予以撤销。

2. 关于民族自治地方刑法变通立法的效力级别

法律的效力级别决定着法律的位阶，适用法律的具体选择。民族自治地方刑法变通立法的效力级别，是一个法律在整个体系中的地位问题。从立法的权属角度和适用的范围来看，是属于全国性法规还是属于地方性法规的问题。

关于民族自治地方刑法变通立法的效力级别，存在两种针锋相对的观点：[①]有的学者认为，民族自治地方刑法变通立法由自治区或省的人民代表大会制定，属于地方性法规，其适用效力不及全国刑法，但它规定的是犯罪与刑罚问题，而且必须报请全国人民代表大会常务委员会批准后才能生效，因而又有别于一般的地方法规，是一种特殊的地方法规。但也有学者提出异议，认为不能单纯从立法主体判断法律的效力级别。民族自治地方刑法变通之立法机关是在全国人大常委会的组织或者批准下，由各级民族自治地方以及其他行政区域的人民代表大会派出或者选出本民族人民代表组成的专门立法机构。它以地方各级国家权力机关为基础，但又超越省（自治区）的一般性质，一定意义上是全国人大常委会的一个特殊立法机构。

---

① 宣炳昭、江献军：《民族自治地方的刑法变通规定初探》，载赵秉志主编：《新千年刑法热点问题研究与适用》，中国方正出版社 2000 年版，第 165 页。

在笔者看来，判断一部法律的级别不能单纯从法律的制定机关来判断，而要根据法律制定的程序和适用的范围来判断法律的位阶。民族自治地方刑法变通立法旨在适应少数民族地区的特点，对部分与少数民族的民族特点、风俗习惯紧密联系起来的犯罪与刑罚进行变通性立法。我国民族已经形成"大杂居、小聚居"的特点，存在 5 个自治区和数十个自治州，民族自治地方变通立法的问题不是一地一隅的个别问题，而是在统一的中国范围内需要由中央集中解决的普遍性问题。在制定程序上，要求民族自治地方的刑法变通立法报到全国人大常委会备案，说明这种严格的制定程序绝非自治地方的地方性法规。但是，它具有特殊性，是适用于民族自治地方的全国性的单行刑事法规。

3. 民族自治地方刑法变通立法的部门法归属与形式

民族自治地方刑法变通立法在部门法归属上隶属于刑法范畴，它是在《宪法》、《民族区域自治法》和《刑法》的指导下制定的。对此，《民族区域自治法》第五条、《刑法》第九十条均有明确的要求。作为变通立法，它被赋予如下特征：①受罪刑法定、罪刑平等、罪刑均衡等刑法基本原则和刑法基本制度的支配，不是自成体系而是采取单行条例的方式；②结合少数民族政治、经济、文化等方面的特点变通性地规定犯罪、刑罚与刑事责任的问题；③以《民族区域自治法》第五条和《刑法》第九十条为根据，作为民族区域自治制度的产物和刑法典的派生物，既是民族区域自治法律体系的重要组成部分，又是刑法规范体系不可分割的组成部分。

民族自治地方刑法变通立法如何变通？理论上存在争论，即究竟以族籍为单位（一个少数民族制定一部本民族统一的刑事法规）还是以地域为单位（一个自治区或行政区域制定一部多民族合一的刑事法规）。[①] 前者主张原则上以族籍为单位，一个少数民族制定一部变通规定。理由是：民族自治地方刑法变通规定是针对少数民族的特殊性，而不是基于少数民族居住地的特点而制定的缘故。同时，也是由于少数民族人口大杂居、小聚居的特点所决定的。后者的主张是以地域为单位，可以避免"一刀切"的现象，部分少数民族与汉族没有大的差别，刑事变通立法没有必要，而且是否制定变通立法，是民族自身的意愿问题，不能强行地由全国人大或中央政府来决定。

---

① 梁华仁、石玉春：《论刑法在少数民族地区的变通》，载赵秉志主编：《新千年刑法热点问题研究与适用》，中国方正出版社 2000 年版，第 483 页。

笔者认为，原则上应当以行政区域为依据，参考各个民族的具体情况制定变通立法。作为一个统一的多民族国家，我国共有55个少数民族，各民族经济、政治、社会发展情况不一。部分少数民族与汉族长期居住，社会发展程度上与汉族已经没有大的差异，对于这些相对发达的民族地区单独制定刑事变通立法，不仅没有必要，还会造成在一个主权国家内的法制不统一。各少数民族在聚居地区是否需要制定本民族的刑事法规，如何根据自己的民族特点和风俗习惯制定变通立法，都应当由本民族人民自己决定。因此，根据《宪法》、《民族区域自治法》和《刑法》的规定，应当由各民族自治地方制定刑事变通立法，而不是各民族按照民族的分类制定变通立法。

4. 关于刑法变通立法的体系地位

如何界定刑法变通立法的性质，理论界有委托刑法、授权刑法、补充刑法、变通刑法、自治刑法、民族刑法、区域刑法、特别刑法等多种提法。在笔者看来，有两个理论问题值得特别注意：其一，民族自治地方刑法变通立法是民族自治地方自治权的体现，与"一国两制"下高度自治的香港、澳门特别行政区刑法如何区别？其二，《刑法》第六条规定："凡在中华人民共和国领域内犯罪的，除法律有特别规定的外，都适用本法。"民族自治地方刑法的变通立法是否属于本条所说的"特别规定"？一般认为，民族自治地方刑事变通立法适用于民族自治地方，与享有高度自治权的香港、澳门特别行政区刑法不同。香港、澳门特别行政区刑法与内地刑法相对而言，属于"一国两制"政治架构下的法域形态，在法系传统、法律制度、适用背景、适用程序上都存在差异。民族自治地方的刑事变通立法是统一主权国家之内的《刑法》的重要组成部分，应将二者进行严格区分。至于民族自治地方的变通立法是否属于"法律有特别规定"之列仍存在争议，某些学者认为"本法有特别规定"的情形包括：①享有外交特权和豁免权的外国人在我国领域内犯罪的；②我国民族自治地方不能适用本法的变通规定中的规定的犯罪；③在香港、澳门特别行政区犯罪的。①笔者以为，严格地按照解释学的传统，"本法"是广义刑法，包括刑法典、单行刑法、附属刑法等刑事特别法。民族自治地方刑事变通立法属于我国的广义刑法范畴，不能认为民族自治地方变通立法是法律的除外情况。正如某些学者指出的：只有享有外交特权和豁免权的外国人在我国领域内犯

---

① 高西江主编：《中华人民共和国刑法的修订与适用》，中国方正出版社1997年版，第57页。

罪的和行为人在香港、澳门特别行政区犯罪的不适用我国《刑法》为真正属于属地管辖原则的例外，民族自治地方的变通规定和新法优于旧法只是适用刑法典的例外。①从民族地方刑事变通立法的法源上来看，《刑法》第九十条要求"变通、补充规定"要根据《刑法》的基本原则，可见，民族自治地方刑事变通立法的适用需要根据《刑法》总则关于犯罪、刑事责任和刑罚的一般规定，而非例外情况。因此，笔者认为，民族地方刑事变通立法应当理解为一类特别刑法，相对于刑法典而言，它是对地（民族自治地方）和对人（具有少数民族身份的人）的《刑法》。②它是由民族自治地方的自治区或省的人民代表大会依法制定的，作为刑法典的变通，仅仅适用于民族自治地方的自治民族居民。

四、民族自治地方刑法变通立法的实践

1. 令人遗憾的空白

令人遗憾的是：在浩繁的民族立法中，刑事变通立法的相关文献少之又少，几近于无。从目前笔者所搜集到的立法文献和资料来看，也没有自治区或者自治州专门对刑法进行过变通规定，仅有的文献也是处于尝试之中。

2. 勇敢的尝试

在长达十余年的民族调查工作中，笔者一直关注着民事变通立法的尝试。某些民族自治区、自治州在执行法律的过程中根据执法的具体状况，根据各民族的特点获得了宝贵的经验，进行了深入细致的调查研究，为变通立法提供了客观的根据和具体意见。1985~1988 年某些民族地区开始制定或准备制定关于实施刑法的变通规定或补充办法，有的已经拿出初稿或草案。如《云南省德宏傣族景颇族自治州自治条例》，又如四川省凉山彝族自治州、甘孜藏族自治州、阿坝彝族自治州于 1985 年形成关于实施刑法的变通规定（草案），并由四川省人民检察院、四川省高级人民法院提请四川省人大常委会初步审议，但由于种种原因而未能通过。1987 年新疆已形成草案稿。又如，云南省人大常委会鉴于云南的烟毒犯罪十分突出，

---

① 张明楷：《刑法学》（上），法律出版社 1997 年版，第 60-62 页。
② 普通刑法和特别刑法的分类是刑法学界的共识。特别刑法包括对地的特别刑法、对时的特别刑法、对人的特别刑法和对事件（行为）的特别刑法。

为加强全省的"三禁"工作，做到有法可依，即根据中共中央、国务院关于禁绝鸦片烟毒问题的紧急通知颁发的（1982）"34 号文件"中烟毒蔓延地区，可以依法颁布地方性禁毒法令、法规"的指示，起草了《云南省边境地区民族自治地方严禁鸦片毒品条例》。还有，贵州省人民检察院也曾经草拟《贵州省民族自治地方执行〈刑法〉的变通规定》并几易其稿，但是最后因种种原因"胎死腹中"。

从贵州省、云南省有关部门起草的刑法变通立法的讨论稿来看，有以下特点和内容：

（1）制定依据。

根据中华人民共和国《刑法》第八十条的规定，结合贵州省苗族、布依族、侗族、水族、仡佬族等民族地区的政治、经济、文化的特点和司法实践，特制定本规定。

[关于在我省少数民族地区变通执行《刑法》有关规定的初步设想（草稿）]

第一条 为禁绝鸦片毒品，保护公民身体健康，维护社会秩序，保障社会主义现代化建设的顺利进行，根据《中华人民共和国宪法》、《中华人民共和国刑法》和第五届全国人民代表大会常务委员会第二十二次会议通过的《关于严惩严重破坏经济的罪犯的决定》，结合我省边境地区民族自治地方的实际情况，特制定本条例。

[云南省边境地区民族自治地方严禁鸦片毒品条例（第六稿）]

（2）因少数民族公民传统而致犯罪的变通处罚。

第一条 少数民族公民，犯下列罪行需要追究刑事责任的，作如下变通处罚。

1）非法制造、买卖、运输枪支、弹药罪。以营利为目的，非法制造、买卖、运输枪支弹药进行犯罪活动的，依照《刑法》第一百一十二条和全国人大常委会《关于严惩严重危害社会治安的犯罪分子的决定》第一条第四项追究刑事责任。[①]

少数民族地区的工匠，按照少数民族地区的传统习惯，对专门用于打猎除兽或作装饰品而制造自用土枪；或少数民族公民将自己的土枪随身携带、出卖，可不以犯罪论处。

---

① 1979 年《刑法》第一百一十二条已改为 1997 年《刑法》第一百二十五条非法制造、买卖枪支弹药罪，《关于严惩严重危害社会治安的犯罪分子的决定》已经废止。——笔者注。

2）投机倒把罪。以牟利为目的，违反金银管理规定，同走私分子、投机倒把分子勾结，倒买倒卖金银，情节严重的，依照《刑法》第一百一十七条的规定追究刑事责任，但自己以作装饰品为目的，一次或多次买卖金银的，不以犯罪论处。①

　　〔关于在我省少数民族地区变通执行《刑法》有关规定的初步设想（草稿），贵州省人民检察院研究室 1986 年起草〕

　　（3）对本民族公民之间的犯罪的变通处罚。

3）故意伤害罪。故意伤害本民族公民身体，系一般伤害或者重伤尚未造成严重后果的，确认构成犯罪，可以按照《刑法》第三十二条处理或者按照《中华人民共和国治安管理处罚条例》处罚；致人重伤，造成终身残废，致人死亡的，依照《刑法》第一百三十四条的规定追究刑事责任。②

　　故意伤害其他民族公民身体，构成犯罪的，依法追究刑事责任。

4）过失伤害本民族公民致人重伤的，可以不追究刑事责任，按照《刑法》第三十二条处理，过失伤害致人死亡的，依照《刑法》第一百三十五条规定处罚。③

　　过失伤害其他民族公民构成犯罪的，依法追究刑事责任。

5）过失杀人罪。过失杀害本民族公民，情节特别恶劣的，依照《刑法》第一百三十三条追究刑事责任；尚未达到情节特别恶劣的，按照《刑法》第三十二条处理。④

　　过失伤害其他民族公民构成犯罪的，依法追究刑事责任。

6）强奸罪（包括两人以上犯强奸罪而共同轮奸的）。强奸本民族妇女，已构成强奸罪基本特征的，依照《刑法》第一百三十九条的规定追究刑事责任。

　　强奸其他民族妇女的，依法追究刑事责任。

　　少数民族公民与本民族已满十二岁不满十四岁的少女恋爱而发生性行为或父母包办结婚的，不以奸淫幼女罪论处。⑤

① 1997年《刑法》取消了投机倒把罪，第二百二十五条规定了非法经营罪，对以盈利为目的，贩卖金银数量较大，严重扰乱金银市场秩序的，可以作为犯罪处理。——笔者注。
② 1997年《刑法》第二百三十二条规定了故意杀人罪。——笔者注。
③ 1997年《刑法》第二百三十五条规定了过失伤害罪。——笔者注。
④ 1997年《刑法》第二百三十三条规定的过失杀人罪。——笔者注。
⑤ 1997年《刑法》第二百三十六条规定的强奸罪。——笔者注。

非恋爱、非婚姻关系奸淫本民族不满十四岁幼女的，依法追究刑事责任。

[关于在我省少数民族地区变通执行《刑法》有关规定的初步设想（草稿），贵州省人民检察院研究室1986年起草]

（4）对有民族区域性特点的犯罪的变通处罚。

7）在少数民族地区因边界、山林、耕地、草场、坟山、宅基地等纠纷引起群众性械斗，致人伤残死亡的案件。械斗期间，在非械斗场上，故意伤害他人致人伤残、死亡、故意杀人。非法拘禁致人死亡等情节特别严重的策划者和直接责任人，依法追究刑事责任。械斗场上，相互致人死亡的策划者和直接责任人，可以按照《刑法》第三十二条处理，械斗双方广大群众要求按照《刑法》处罚的，也可依法追究刑事责任。①

[关于在我省少数民族地区变通执行《刑法》有关规定的初步设想（草稿），贵州省人民检察院研究室1986年起草]

第二条　制造、贩卖、运输鸦片、海洛因、吗啡或其他毒品的，依照《中华人民共和国刑法》第一百七十一条和《关于严惩严重破坏经济的罪犯的决定》的有关规定处罚。②

有下列情形之一的，以贩毒罪共同犯罪论处：

（一）明知他人贩卖、运输毒品而为其存放、带路的；

（二）介绍他人买卖或运输毒品的；

（三）明知是毒品而为他人运输或提供运输工具的。

第三条　犯贩毒罪。有下列情形之一的，从重处罚：

（一）武装运输的；

（二）出入国境的；

（三）国家工作人员利用职务之便的；

（四）冒充国家工作人员的；

（五）直接从事交通运输的人员利用工作便利的；

（六）开设鸦片烟馆的。

第四条　隐匿或销毁毒品，意图使贩毒罪犯不受刑事处罚的，依照

---

① 1997年《刑法》第三十七条规定：对于犯罪情节轻微不需要判处刑罚的，可以免予刑事处罚，但是可以根据案件的不同情况，予以训诫或者责令具结悔过、赔礼道歉、赔偿损失，或者由主管部门予以行政处罚或者行政处分。此条为1979年《刑法》第三十二条修改而来。——笔者注。
② 1997年《刑法》第三百四十七条规定了走私、贩卖、运输、制造毒品罪，系自1979年《刑法》第一百七十一条修改而来。——笔者注。

《刑法》第一百六十二条第二款的规定处罚。

　　国家工作人员利用职务，犯前款罪的，依照《刑法》第一百八十八条的规定处罚。①

　　[云南省边境地区民族自治地方严禁鸦片毒品条例（第六稿)]

　　(5) 对某些有民族特点的犯罪轻刑化。

　　8) 非法拘禁他人罪，非法管制他人罪，非法搜查他人身体、住宅罪，非法侵入他人住宅罪。对公民非法拘禁，非法管制，非法搜查他人身体、住宅，非法侵入他人住宅致人重伤、死亡的，或者其他情节严重的，依照《刑法》第一百四十三条、第一百四十四条的规定追究刑事责任；尚未达到上述危害程度的，情节后果不严重的，可以按照《刑法》第三十二条处理，或者按《中华人民共和国治安管理处罚条例》予以处罚。②

　　9) 流氓罪。在少数民族聚居区、杂居区聚众斗殴，寻衅滋事，侮辱妇女，或者进行其他流氓活动，破坏公共秩序，危害严重的，依照《刑法》第一百六十条和1983年9月2日全国人大常委会《关于严惩严重危害社会秩序的犯罪分子的决定》的规定，追究刑事责任。③

　　在民族节日或平时"跳芦笙"、"摇马郎"、"玩山"、"踩歌堂"、"跳花"、"晒月亮"等活动中发生男女之间越轨的行为，不告不理，不以流氓罪论处。但是，对有些情节特别严重和控告的要予以查处，确实构成犯罪的依法追究刑事责任。

　　10) 诽谤罪。在同一民族、同一习俗的公民中，确属文化科学知识落后，愚昧无知，以"放蛊"、"酿鬼"、诽谤他人，被害人控告，确认是犯罪的，可按《刑法》第三十二条处理或按照《中华人民共和国治安管理处罚条例》处罚。后果特别严重的，依法处理。④

　　11) 故意毁坏公私财物罪，情节特别恶劣，后果特别严重的，依照《刑法》第一百五十六条的规定处罚。毁坏公私财物情节严重，确认犯罪

---

① 1997年《刑法》第三百一十条规定了窝藏、包庇罪，系自1979年《刑法》第一百六十二条修改而来；1997年《刑法》第三百九十九条规定了徇私枉法罪，系自1979年《刑法》第一百八十八条修改而来。——笔者注。

② 1997年《刑法》第二百三十八条规定了非法拘禁罪，修改了1979年《刑法》第一百四十三条；第二百四十五条规定了非法搜查罪和非法侵入他人住宅罪，修改了1979年《刑法》第一百四十四条。——笔者注。

③ 1997年《刑法》取消了流氓罪，第二百三十七条设置了强制猥亵、侮辱妇女罪。——笔者注。

④ 1997年《刑法》第二百四十六条规定了诽谤罪。——笔者注。

的，可按《刑法》第三十二条处理。或者按照《中华人民共和国治安管理处罚条例》处罚。①

12）神汉、巫婆造谣、诈骗财物罪。对神汉、巫婆借迷信进行造谣诈骗财物数额较大，用残酷手段致人终身残废或者致人死亡的，或其他情节特别严重的，依照《刑法》第一百六十五条规定或《刑法》第三十二条处理，或者按治安管理处罚条例处理。②

［关于在我省少数民族地区变通执行《刑法》有关规定的初步设想（草稿），贵州省人民检察院研究室1986年起草］

（6）对某些有民族特点的犯罪作非犯罪化处置。

13）暴力干涉他人婚姻自由罪。原则上不告不理，控告的属于《刑法》第一百七十九条第一款的，按《刑法》第三十二条处理。控告被告人以暴力干涉他人婚姻引起被害人死亡的，可依照《刑法》第一百七十九条第二款的规定追究刑事责任。③

14）重婚罪。由人民法院或者委托乡人民政府宣告重婚无效。解除夫妻关系，但情节恶劣造成严重后果的，依照《刑法》第一百八十条规定追究刑事责任。④

［关于在我省少数民族地区变通执行《刑法》有关规定的初步设想（草稿），贵州省人民检察院研究室1986年起草］

第五条　贩卖、运输毒品，情节显著轻微的，毒品和价款一律没收，处行政拘留，可以并处五百元以下罚款。

第六条　买卖罂粟种子，违反中华人民共和国卫生部《麻醉药品管理条例细则》的规定，未经省人民政府主管部门批准，买卖罂粟壳的，实物和款一律没收，情节严重的，处实物价款三倍以下的罚款或行政拘留。

第七条　禁止种植罂粟，已种植的，必须一律铲除，责令种植者具结悔过，并处五百元以下罚款；经教育仍不悔改的，加处行政拘留。大量种植的，依照《刑法》第一百七十一条的规定处罚。

---

① 1997年《刑法》第二百七十五条规定了故意毁坏财物罪。——笔者注。
② 1979年《刑法》规定的第一百六十五条是"神汉、巫婆借迷信进行造谣、诈骗活动的，处二年以下有期徒刑、拘役或者管制，情节严重的，处二年以上七年以下有期徒刑"。1997年《刑法》没有对该犯罪主体的诈骗行为单独设置罪名，而是根据行为性质在不分主体地加以规定。——笔者注。
③ 1997年《刑法》第二百五十七条规定了暴力干涉婚姻自由罪。——笔者注。
④ 1997年《刑法》第二百五十八条规定了重婚罪。——笔者注。

第八条　吸食（含注射）毒品的，必须到当地公安机关或区、乡人民政府登记，登记机关应责令其具结悔过，限其戒除。

拒不登记或经教育仍不悔改的，集中戒除。

经集中戒烟后继续吸食的，送戒烟所三个月至一年强制戒除；城镇人口，可以送劳动教养。

第九条　引诱、教唆不满十八岁的人吸食毒品的，处行政拘留，可以并处五百元以下罚款；城镇人口，可以送劳动教养。

第十条　用鸦片或其他毒品作为招待品供他人吸食的，责令其具结悔过，可以并处五十元以下罚款。

经教育仍不悔改的，处行政拘留。

［云南省边境地区民族自治地方严禁鸦片毒品条例（第六稿)］

（7）其他总则规定。

第二条　本规定没有变通的条款依照《刑法》的规定处理。

第三条　虽属同一民族，但以本民族习俗为借口去侵犯非同一习俗公民而构成犯罪的，不适用本规定，虽非同一民族但同一习俗，而相互侵害，构成犯罪的案件，适用本规定。

两个以上的民族公民共同犯罪的案件，全案成员的主犯是少数民族的适用本规定，全案成员的主犯不是少数民族的，不适用本规定。

第四条　少数民族公民中，罪大恶极的罪犯，原则上依法判处死刑缓期两年执行，以观后效；个别罪犯不杀不足以平民愤的，可以立即执行。

［关于在我省少数民族地区变通执行《刑法》有关规定的初步设想（草稿），贵州省人民检察院研究室1986年起草]

第十一条　戒烟所的设置、人员配备、经费开支、管理办法，戒烟药品的生产、发放等事项，由云南省人民政府规定。

第十二条　本条例中的行政拘留由公安机关执行，并按《中华人民共和国治安管理处罚条例》规定的程序办理。

［云南省边境地区民族自治地方严禁鸦片毒品条例（第六稿)］

（8）适用范围。

第五条　本规定适用于贵州境内的各少数民族公民中的犯罪分子。

（关于在我省少数民族地区变通执行《刑法》有关规定的初步设想（草稿），贵州省人民检察院研究室1986年起草)

第十三条　本条例所指的边境地区民族自治地方是：红河哈尼彝族自

治州、文山壮族苗族自治州、西双版纳傣族自治州，德宏傣族景颇族自治州、怒江傈僳族自治州、孟连傣族拉祜族自治县、西盟瓦族自治县、江城哈尼彝族自治县、耿马傣族瓦族自治县、沧源瓦族自治县。

第十四条　云南省其他地区参照本条例执行。

（9）生效时间。

第六条　本规定报请省人大常委会按法定程序提请批准后，由司法机关从批准之日起，内部执行。不登报，不广播，不公开宣传。

［关于在我省少数民族地区变通执行《刑法》有关规定的初步设想（草稿），贵州省人民检察院研究室 1986 年起草］

第十五条　本条例自公布之日起施行。

［云南省边境地区民族自治地方严禁鸦片毒品条例（第六稿）］

3. 关于尝试的评述

贵州省与云南省作为两个多民族省份，虽然在行政设置上没有作为自治区来设置。但是，少数民族人口比例在全国各省、直辖市和自治区内居于前列，民族资源丰富，民族情况复杂。贵州省与云南省在刑法变通立法上所作的有益的尝试是全面而深入的，充分地考虑到了少数民族地区政治、经济和文化的发展。在因应少数民族特色作出的变通立法上，对因为少数民族风俗习惯、经济社会发展水平而导致的犯罪或采取非犯罪化或采取非刑罚化的措施进行处理，尽管两个草案均没有获得通过，但这两个草案在民族地方刑法变通立法的进程中不能被抹杀。两个草案在刑法颁布不久出台，作为一次可贵的尝试，我们应当从中获取更多的经验和教训。从两个草案看来，我们可以发现一个有意义的现象：草案均涉及了刑事诉讼法的变通问题，这反映了我们传统的司法实践中更愿意对刑法作静态的法条运用，而对刑事诉讼法作动态的程序运用。进一步分析，民族自治地方刑法变通立法与刑事诉讼法变通立法并不同步：与民族刑法变通立法迟迟不出台形成较大反差的是，与刑法紧密相关的刑事诉讼法在民族自治地方贯彻执行中的变通规定的制定工作进展是比较顺利的。各自治地方的自治机关，均根据少数民族地区的实际情况提出了若干变通执行的意见，并经当地人民代表大会常务委员会批准执行。[①] 为了方便少数民族参加诉讼活

---

① 根据笔者的调查，包括内蒙古自治区、西藏自治区、新疆维吾尔自治区和甘南藏族自治州、广西壮族自治区百色地区等民族地区多年前均已经形成刑事诉讼法执行的变通意见。

动，保护自己的合法权益，各自治地方都充分保障少数民族用本民族的语言文字进行诉讼的权利，有的地方还通过立法的形式加以明文规定。如《西藏自治区人民代表大会关于实施〈中华人民共和国刑事诉讼法〉的若干变通办法（草案）》中规定："公安机关、人民检察院和人民法院在进行侦查、起诉、审判时以藏文藏语为主。"对于不懂藏语也不懂汉语的门巴族、珞巴族等民族，又特别规定："对不通晓藏、汉两种语言文字的诉讼参与人应当为他们翻译。"为了少数民族进行诉讼的便利，西藏自治区在变通办法中设置了组织上的保障："人民法院在审判案件的时候，应根据当事人的具体情况，在审判其案件的合议庭里应有该民族的成员参加。"① 这些规定对于保护少数民族的合法权益，有效地打击各类刑事犯罪，都起到了积极的作用。

五、民族自治地方刑法变通立法的反思

1. 刑法理论界和司法实务部门的探索

尽管刑法变通规定尚付阙如，但刑法理论界和司法实务部门对民族自治地方刑法变通立法的研究一直未停止过，而且曾形成了三个"高潮"：一是 20 世纪 80 年代"严打"政策出台后，民族地区在打击刑事犯罪过程中，出现了一些特殊情况，反映了民族地区在适用刑法中的一些特殊性，引起了党中央的高度重视，制定了"两少一宽"刑事政策，刑法理论界展开了讨论，司法机关尤其是检察机关开展了一系列调查研究，据不完全统计，相关研究论文或调研报告有数十篇。② 二是 1997 年《刑法》修改之前，刑法学界一些专家学者纷纷撰文研究少数民族地方刑事立法问题，对如何

---

① 1986 年 7 月 31 日，西藏自治区第四届人民代表大会常务委员会第十六次会议通过了《关于不得引用、执行〈西藏自治区关于实施〈中华人民共和国刑事诉讼法〉的若干变通办法〉等两个法规草案的决定》：自治区三届人大常委会第五次会议通过的《西藏自治区关于实施〈中华人民共和国刑事诉讼法〉的若干变通办法（草案）》和自治区第四届二次代表大会通过的《西藏自治区实施〈中华人民共和国刑事诉讼法〉的变通条例（草案）》，未经全国人民代表大会常务委员会批准，没有法律效力。自治区人大常委会第十七次会议决定，这两个法律草案自本决定公布之日起，不得引用、执行；一切刑事案件的办理，均按照《中华人民共和国刑事诉讼法》和国家有关规定执行。
② 这个阶段主要代表性成果有：赵秉志《论少数民族公民的刑事责任问题》、新疆自治区人民检察院研究室《关于贯彻执行"对少数民族中的犯罪分子坚持少捕少杀"、"处理上一般要从宽"的研究》，贵州省人民检察院研究室《从民族地区实际出发主动开展检察工作》及其编辑的《少数民族特殊案例分析》、吴大华《论我国刑法在少数民族地区的适用》、姚本模《办理少数民族地区的特殊案件要特别注重社会效果》、张济民《对少数民族中的犯罪分子要认真实行"两少一宽"政策》等。

完善刑法典献计献策。①三是随着西部大开发战略的出台和推进，西部大开发中的刑法协调尤其是民族地区刑法变通立法与少数民族合法权益的保护问题，再度引起刑法理论界的关注。②这些成果对已经或正在实践中的民族刑法变通立法进行了有益的探索，提出了自己的意见。在司法实践中，各民族自治地方的司法机关执行党的民族政策和"两少一宽"的刑事政策，获得许多经验和教训。分析这些理论与实践获得的经验，存在两个问题：一是因为是专论，观点纷呈，不成系统，基本上处于自说自话、无人回应的状态；二是没有进行政策上的提升，多为技术操作层面的东西。

2. 加快民族自治地方刑法变通立法步伐的思考

由于《刑法》是实体法，所调整的对象十分广泛，要结合本民族地区的特点作变通规定，是一项艰巨的工作。加上其他一些因素的影响，造成刑法变通法规制定工作的进展缓慢。笔者认为，要加快民族自治地方刑法变通立法的步伐，要处理好以下两个关系。

一是先要处理好党对少数民族的刑事政策和刑法变通立法的关系。《刑法》是适用于包括少数民族地区在内的全国范围的，惩治《刑法》规定的犯罪是少数民族公民的共同愿望，少数民族地区的刑事变通立法只是刑法的补充，它不能与刑法相抵触，刑事政策是我党指导少数民族地区同犯罪作斗争的方法、策略和原则，二者的关系是相辅相成，辩证统一的。但是，刑事政策是政策，刑事法律是法律，二者不能互相代替。少数民族地区目前依照党的政策和法律办案，是因为我国刑法尚不完备的缘故。随着我国刑法制定的日趋完善以及法制建设的需要，少数民族地区只有根据《宪法》和《刑法》的规定，把党对少数民族的刑事政策法律化、条文化，制定本地区本民族执行刑法的变通法规，并能更好地执行好刑法、避免执法上的混乱。同时这也是少数民族自治地方充分行使自治权的体现。

---

① 这个阶段主要代表性成果有：屈学武《民族地区刑事变通立法的若干问题》、马克昌《对少数民族公民犯罪的政策》、肖扬《对少数民族犯罪分子的"两少、从宽"》、张晓辉《中国法律在少数民族地区的实施》、张锡盛《传统文化与少数民族地区的刑事法律制度》、罗季常和胡启忠《我国刑法对少数民族的适用问题初探》、吴大华《少数民族地区的犯罪控制》、侯敏《坚持法治的统一性和兼顾民族的特殊性》、韦轩元《少数民族地区地方刑事立法问题》、石水平《少数民族地区地方刑事立法问题》等。

② 这个阶段主要代表性成果集中在赵秉志主编的《新千年刑法热点问题研究与适用》、《21世纪刑法学新问题研讨》，张济民主编的《藏族部落习惯法研究丛书》、徐中起等《少数民族习惯法研究》等文集中，还有黄伟明《西部开发中犯罪现象的辩证分析》等论文。

二是处理好民族刑法变通立法与制定单行刑事条例的关系。在目前出台系统的、全面的关于实施《刑法》的变通规定，条件不够成熟的情况下，民族自治地方立法机关可以结合本民族地区的特点制定一些单行刑事法规。以《枪支管理办法》为例：

少数民族由于生活的需要或传统习俗，历来就有添置枪支的习惯，有的用于打猎，有的把它作为装饰，枪支（步枪、土枪、猎枪等）弹药较为普通。据笔者1986~1993年调查发现，贵州省从江、黎平等县的苗族男青年几乎人人都有一支土枪。青海省玛沁县当洛乡、当项、优云三乡共有小口径步枪293支。其中通过私人关系购买的就有164支，曾经占三乡小口径步枪总数的56%。

近年来，在少数民族地区由于枪支迅速增多，势必造成枪支弹药管理十分混乱。枪支基本上都没有登记和办理持枪证，也没有进行过使用、保管等必要的教育，因而动枪斗殴、开玩笑动枪、小孩玩弄枪支走火事件不断发生，甚至致死、致伤他人。这就给社会治安带来了严重危害，也严重威胁了人民群众的生命安全。鉴于这种情况，制定《枪支管理办法》，以严格枪支管理，是亟待解决的重要问题。在该办法中，可明确规定：制定本办法的指导思想和法律依据；适用范围仅限于本地区的少数民族群众；枪支的种类；各种处理措施，如规定公安机关对于气枪改装的小口径步枪和来路不明的火枪，有权予以没收；对国家配备和奖励出售的各种猎枪和因民族习俗制造的土枪，要进行登记，办理持枪证；对既无持枪证又屡教不改的，所持小口径步枪（包括各种猎枪、土枪）有权予以没收；对于构成违法犯罪的依照刑法和治安管理处罚条例追究法律责任。

3. 刑法变通立法的条款内容

伟大的法学家卡多佐（Benjamin N. Cardozo）指出：法律不应当是一种发明，一种人工栽培的植物，它应当根植于风俗、习惯和大众的信念之中，并且可以满怀希望地期待着她提供治疗和帮助的力量。我们应当担心并尽力避免的是，在法律之下的习惯、风俗、信念等土壤被冲走之后，法律仍然要维持一种令人厌恶的生活。[1]这一点论述在英国学者看来，同样重要——"立法必须在原有的民德中寻找立足点。立法为了自强必须与民

---

① ［美］本杰明·内森·卡多佐，冯克利校：《法律的生长》，刘培峰、刘骁军译，贵州人民出版社2003年版，第125页。

德相一致".① 这就需要我们对统一的法律和特定的地域、习惯进行折中性的处理。但是，刑法理论界认为，少数民族地区刑事变通司法是对法制的破坏，只能通过变通立法的方式，遵循刑事法制统一原则、充分尊重少数民族风俗习惯及生产、生活方式的原则，同时贯彻"两少一宽"的刑事政策，对少数民族犯罪进行处理。② 因此，鉴于各少数民族文化的差异，有必要对统一的国家制定法加以变通，在刑事领域即刑法典部分条款的变通。具体变通内容应充分考虑少数民族的风俗习惯、传统观念、文明程度、宗教信仰、封建迷信等特点，笔者以为包括以下方面：

（1）风俗习惯。《刑法》第二百三十六条是关于强奸罪、奸淫幼女罪的规定。鉴于我国部分少数民族的风俗习惯与汉族的差异，某些强制性的性行为为少数民族习俗认可。比如，云南省屏边苗族自治县有在每年三月的对歌中流行抢婚的习俗。其中，既有自愿也有非自愿的，也有部分少数民族地区，一旦形成婚约，男方便合乎习俗地与女方成为夫妻，如果女方反悔则强行抢亲、强行同居。在婚恋习俗中，早婚习俗在少数民族地区非常普遍，某些少数民族地区仍为女子 13 岁为成年并举行成人礼，男性便可与其发生性行为或者结婚，但在国家统一法律制度下，与不满 14 岁的女性发生性关系的，不论女性是否同意，都应当视为强奸罪。一般这类犯罪行为受到民族风俗的鼓励和允许，应当作出变通性的规定，除非造成特别严重后果，否则不作为犯罪处理。《刑法》第二百三十七条是关于强制猥亵、侮辱妇女罪的规定。某些少数民族地区保留有传统的恋爱习俗，比如广西金秀县的瑶族往往通过唱山歌等方式实现沟通，在民族节日或者传统社交活动中，某些少数民族男青年摸弄、搂抱女青年，甚至采取追赶、撬门等方式追求女青年，对女青年有一定程度的猥亵行为，某些情况下带有强制性。变通立法应当作非犯罪化处理。《刑法》第二百五十八条是关于重婚罪的规定。重婚罪客观上要求具备有配偶重婚或明知有配偶而重婚的行为。我国部分少数民族地区经济发展水平落后，生活在偏远的山区，结婚难以找到合适的配偶。加之，受宗教信仰、传统思想观念及风俗习惯的影响，往往兄弟共妻、姐妹共夫、一夫多妻、一妻多夫等重婚

---

① ［英］罗杰·科特威尔：《法律社会学导论》，华夏出版社 1989 年版，第 21 页。
② 梁华仁、石玉春：《论刑法在少数民族地区的变通》，载赵秉志主编：《新千年刑法热点问题研究与适用》，中国方正出版社 2000 年版，第 483 页。

现象较为普遍。①少数民族群众中存在结婚、离婚只按宗教程序或习俗进行而不履行法定程序的状况，在实际生活中也极易导致重婚。建议在变通立法上规定不告不理，如果当事人认可这种关系，国家司法权不宜直接、主动介入。

（2）生产生活方式。《刑法》第一百二十五条是关于非法制造、买卖枪支罪的规定。我国少数民族多从事农牧业，有的以狩猎作为副业。边远牧区的少数民族自己制造枪支或向族内"能工巧匠"购买枪支用于狩猎、畜牧的，不宜视为犯罪。以笔者所长期工作的贵州省为例，从江、黎平、榕江等苗族、侗族聚居县的男青年多以土枪作为一种装饰品，因而形成土枪市场，对于在族内制造、买卖枪支弹药以供狩猎和装饰用的，不能认定为犯罪。刑事变通立法时，可以考虑不作为犯罪处理。《刑法》第二百二十五条是关于非法经营罪的规定。我国法律规定，黄金、白银属国家统一管理，不允许个人私自买卖。违反这一规定便可能构成非法经营罪。我国少数民族女性多有穿金戴银的习惯，买卖黄金、白银的现象在少数民族地区较为普遍。国家还专门拨付黄金供少数民族消费使用。对于少数民族地区买卖金银的现象一般不宜以非法经营罪追究刑事责任。《刑法》第三百四十五条是关于滥伐林木罪的规定。我国少数民族多居住在山区、林区、高原或牧区，其中，居住在山区或林区的少数民族，历史曾经形成"刀耕火种、毁林开荒"的原始耕作方法，到今天仍在部分群众中保留了一定的痕迹，即在耕种前先烧荒，这种方式极易造成火灾。刑事变通立法时，应当考虑到这一情况，不作为犯罪规定。

（3）封建迷信。《刑法》第二百三十二条、第二百三十四条是关于故意杀人罪、故意伤害罪的规定。根据前文对贵州省少数民族犯罪的实证研究，少数民族地区侵犯人身权利犯罪占高比例，其中故意伤害、故意杀人等激情型犯罪较为突出。但是，我们从原因分析中可以发现，此类犯罪多数是因为少数民族地区文化落后，封建迷信思想盛行而引起。比如，贵州省榕江县的苗族、云南省景洪县的傣族相信有"蛊"，有"枇杷鬼"、"酿鬼"，有"龙脉"等迷信说法，"放蛊"、身有"枇杷鬼"、"酿鬼"以及破坏"龙脉"的人，会受到整个村寨的人冷落甚至被伤害、杀害。一般在此类伤害或者杀人案件中，犯罪者会获得全寨的拥护，而被害者甚至亲人都

---

① 张晓辉：《中国法律在少数民族地区实施》，云南大学出版社 1994 年版，第 183 页。

会背弃。封建迷信仅仅是伤害他人或杀人的一个原因，部分伤害或杀人案件由历史遗留下来的民族间的山林、草场、水源、坟地等纠纷而引起。同样是伤害和杀人案件，不同原因引发的犯罪客观危害和主观恶性均不一。变通刑法时，应将故意杀人、故意伤害罪区分为若干类，按照犯罪原因加以分类并规定不同的刑罚。

当然，这仅仅是一个简单性的列举，不能涵盖全部应当变通的法律规定。而且，各民族地方情况不一，应当结合各民族自身的情况作出相应变通。变通刑法之后，不是简单地不作为犯罪处理或从轻处理，而要结合民族地方的固有制度和习俗处理这类案件。比如，藏族地区存在的赔命价、赔血价等习俗，往往比国家统一的法律制度（不论是实体制度还是程序制度）更为有效，更能获得少数民族的拥护和支持。处理少数民族犯罪时，应当重视少数民族习俗的重要作用。

第二节 "习惯法"的价值判断——
回归少数民族刑法文化

文化是一个广义的概念，包括观念、制度和实践三个层面。作为世界五大法系之一的中华法系，是以汉族为主体，各民族共同缔造的，它凝聚着少数民族的法律智慧，吸纳了少数民族优秀的法文化成果，是各民族的法律文化与法制经验相互交流与吸收的结果。各个少数民族在中华法系的形成和发展过程中，都作出了自己的贡献，而少数民族的"习惯法"与"民间法"，同样构成并丰富了中华法系的内涵。在统一多民族的古代中国，经过经济、政治、文化等多方面的推动，形成了多元一体的中华法文化。[①]具体到刑法文化而言，观念的刑法文化是犯罪观、刑罚观的问题，统摄整个文化；制度的刑法文化包括立法、司法解释等，实践的刑法文化是在刑法的适用中形成的，包括刑法实施、刑法的宣传教育以及营造的刑事法治氛围。少数民族刑法文化是伴随着各民族独特历史过程发展、繁衍起来的全部刑事法律活动的产物和结晶，是各少数民族公民参与刑事实践

---

① 张晋藩：《多元一体法文化：中华法系凝结少数民族的法律智慧》，《民族研究》2011年第5期。

活动的基本模式。正如宣炳昭教授所言，任何民族的刑法文化都存在刑法文化的二元性问题：一是原生刑法文化，二是移植刑法文化。前者是各民族在自身历史发展过程中，基于独特的政治、经济、文化特征积淀而成，后者是从外民族引进的刑法文化。[①]一个民族的刑法文化无论在多么强大的外力的推动下，都会被原生刑法文化打下深深的烙印，即民族的"活的法"，其存在是一种"普遍的现象"，[②]也是卢梭所指称的除根本法、公民法和刑事法之外的"第四种法"，铭刻在大理石中，铭刻在公民的心里。[③]在笔者看来，本民族的刑法文化与外民族的刑法文化在一个主权国家内同质，但同样因为文化的不同会产生一定的冲突。少数民族的原生刑法文化的载体有图腾崇拜、禁忌、习惯、惯例、族规家训、村规民约和"民族习惯法"等。"民族习惯法"作为原生刑法的一种相对稳定而活跃的重要载体，是一种"准法律规范"，[④]旨在协调少数民族文化与主体民族文化的矛盾与冲突。限于篇幅，这里侧重介绍叙述少数民族"刑事习惯法"的功能及其价值。

一、少数民族"习惯法"的由来及其主要内容[⑤]

1."民族习惯法"的概念

根据我国台湾学者杨仁寿先生的考察，成文法、习惯与法理为法律之三大渊源。在 18 世纪以前，各国以"习惯法"为主要法源的原因，一则法典未完善；二则社会关系单纯。迨 19 世纪，各国法典纷纷制定，在"法典万能主义"思潮影响下，成文法为法律之全部内容，对"习惯法"故多方歧视，更根本否认法理可为法源。洎乎 20 世纪以后，社会情况复杂，且变化甚巨，成文法不能适应实际需要，"习惯法"与法理之地位因而日趋重要，判例及学说亦成为补充的法源。但一般而言，"习惯法"在民事领域广泛存在而且普遍适用，而刑事领域则因与罪刑法定原则的有所

① 宣炳昭、江献军：《民族自治地方的刑法变通问题初探》，载赵秉志主编：《新千年刑法热点问题研究与适用》，中国检察出版社 2001 年版，第 167 页。
② 石朝江：《贵州苗学》，贵州人民出版社 1999 年版，第 37 页。
③ ［法］卢梭：《社会契约论》，商务印书馆 1982 年版，第 73 页。
④ 邹渊：《少数民族习惯法》，《贵州民族研究》1999 年第 4 期。
⑤ 关于"民族习惯法"的渊源、价值与传承，笔者曾以苗族、侗族习惯法为例进行了考察。参见吴大华：《论民族习惯法的渊源、价值与传承——以苗族、侗族习惯法为例》，《民族研究》2005 年第 6 期。

悖反而遭到排斥。①"民族习惯法"是由古代少数民族或民族地区的社会组织约定的一种民族性、区域性的人们的行为规范。"民族习惯法"有不同的称谓,有的叫"规约",有的叫"款约",有的叫"章程",有的叫"古法",有的叫"榔规",有的叫"民法",有的叫"规矩",有的叫"料条"(规条),有的叫"阿佤理"。"习惯法"一词,是近代西方法学、民族学等传入我国后采用的。

一般认为,"习惯"与"习惯法"是不一样的。"习惯法"与"习惯"之区别标准,论者向不一其说,大别之,有①意思说(Willensteorie);②确信说(Uberzeugungsteorie);③惯行说(Gebrauchstheorie);④国家承认说(Gestattungstheorie)四种。实务上一向认为,"习惯法"之成立要件有四:①人人有确信以为法之心;②于一定期间内,就同一事项反复为同一之行为;③法令所未规定之事项;④无背于公共秩序及利益,乃兼采诸说。在实质上,固以多年惯行之事实及普遍一般人之确信心为其基础。在形式上,仍须通过法院之适用,始认其有法之效力。法院如认其有背公序良俗,即不认有法之效力。②这是对"习惯法"的传统判别标准,是沿袭着"习惯法反映国家认可和由国家强制力保证实施的习惯"的概念。③我们所理解的"习惯法"是相对于国家制定法而言的,依靠某种社会组织、社会权威而实施的具有一定强制性的行为规范。这种理解一定意义上与"民间法"、④⑤和"固有法"⑥是在同一意义上使用的。"少数民族习惯法"的形成原因既有自然地理、生活环境、经济状况、风俗习惯的因素,也有文化发展、历史传统不同的因素。⑦我们区分"民族习惯"与"民族习惯法"的标准在于:习惯或风俗习惯包括的范围很广,是本民族全体成员共同自觉遵守的规则。"习惯法"则是民族内部或民族之间为了维护社会秩序,调整、处理人们的相互关系,由社会成员共同确认的,适用于一定区域的行为规范,它的实质是惩处破坏社会秩序的法则。

---

① 杨仁寿:《法学方法论》,中国政法大学出版社 2000 年版,第 205-209 页。
② 杨仁寿:《法学方法论》,中国政法大学出版社 2000 年版,第 205-209 页。
③《中国大百科全书·法学》,中国大百科全书出版社 1984 年版,第 87 页。
④ 苏力:《法治及其本土资源》,中国政法大学出版社 1996 年版,第 61-66 页。
⑤ 张晓辉等:《云南少数民族民间法在现代社会中的变迁与作用》,载《跨世纪的思考——民族调查专题研究》,云南大学出版社 2001 年版,第 161 页。
⑥ 周勇:《法律民族志的方法和问题》,《人类学与西南民族》,云南大学出版社 1998 年版。
⑦ 高其才:《中国少数民族习惯法研究》,清华大学出版社 2003 年版,第 12 页。

2. "民族习惯法"的由来

早期的"习惯法"，由于没有文字记载，我们无法确定它是何时产生的。原始社会末期出现"习惯法"，并不是说其他社会形态就不会出现、存在"习惯法"。彝族就有符合他们民族、社会的"习惯法"，处于封建社会发展阶段的苗族、瑶族、侗族、壮族、维吾尔族等民族，也有自己的"习惯法"，而且往往是与乡约条规结合起来的，并且有文字记载。苗族的"团规"，"联团合约"（即埋岩会议规约），在清朝以前已经产生，直到民国时还有，并且是用文字订立的。侗族的"款"，现今能看到的用文字记录下来的"款条"，是清朝时订立的，直到现在还保存着，并起作用。侗族聚居的从江县信地乡，他们利用"款"的形式，1979年立有款碑"信地新规"，在序言中说，"国有律，寨有规"，订立了维护社会秩序的16条规约。瑶族的"石牌制"，有文字条文，建于明朝。

"习惯法"之所以能在少数民族地区沿袭下来，一是统治者鞭长莫及，所谓"听调不听宣"、"大抵人物犷悍，风俗荒怪，不可尽以中国教法绳治，姑羁縻之而已"，[1]"蛮夷之俗，不知礼法，与中国诚不同"，[2]"不必绳以官法"。少数民族地区在古代被视为"蛮荒"、"化外"之地。二是法制不健全。中国古代法典刑法规范发达，但关于钱债、田土、户籍、婚姻等方面的民事法律规范简陋，传统法律文化中存在"厌讼"意识，且民族地区头人为控制本民族人民，也严禁"私自奔告"。三是王法与"民族习惯法"相辅相成，甚至出现过朝廷王法与民族约法相互援用的现象，使少数民族的"习惯法"有一个长期蕴存的客观条件。

3. "民族习惯法"的形式

"民族习惯法"的形式即是它的表现形式。限于篇幅，笔者仅对苗族、侗族"习惯法"做一简介，为后文"刑事习惯法"介绍的展开提供一个知识背景。

（1）苗族"习惯法"。传说苗族西迁时，每个宗支队伍都置有一个木鼓，敲鼓以作联系。迁到新地方后，就按宗支重新建立自己的社会组织，叫作"立鼓为社"。各鼓社均有自己的民主议事制度，根据古理和传统习惯制定规约。这就是后来发展的"议榔"制度。

---

① 《文献通考》，卷330。
② 《续资治通鉴长篇》，卷480。

"议榔"在湘西称"合款",云南叫"丛会",黔东南称"议榔"。榔规款约就是苗族的"习惯法"。苗族"习惯法"的表现形式多种多样。过去都是口头传诵榔规,民国前后则用汉文记载于石碑、木牌上,立于寨旁路口,然后杀一头牛或猪。牛拴在坪地中央,人们围在四周,寨老念毕《议榔词》后,把牛杀掉,每户分一块肉,表示牢记榔规。饮血酒盟誓,表示遵守。

对苗族"习惯法"的称谓,各地也不尽相同。贵州省从江县加勉乡苗族立有专门管理农业生产事宜的"发财岩",专门管治偷盗事宜的"禁盗岩",专管婚姻纠纷的"女男岩"。从江县孔明乡则称刻有"习惯法"条款的石碑为"民法"。广西壮族自治区苗族通过"埋岩会议",把一块平整的石碑的1/3埋入土中,碑上刻有大家商定的条规,包括违反何条受何处分,轻者罚款,戴高帽游街,重者活埋。

明清时期,苗疆各民族的"习惯法"经过长期的演化,逐渐丰富成为具有普遍约束力的《苗例》。经过中央王朝的认可,《苗例》在苗疆地区长期沿用。《大清律例》就明确规定:"苗人与苗人相争讼之事俱照苗例归结,不必绳以官法,以滋扰累。"[1]据一些资料所载,《苗例》所调整的范围相当广泛,涉及刑事、民事诉讼程序各个方面。如清朝贵州布政司冯光裕在其奏折中说:"其苗例杀人伤人赔牛十条、数条而已,弱肉强食,得谷十余石数石而止。"[2]又据民国《贵州通志·土民志》:"苗有不明者,只依《苗例》,请人讲理。"对苗疆地区司法审判中的神明裁判作了详细的记载。

(2)侗族"习惯法"。[3]侗族的"习惯法"源本为侗族"约法款","约法款"的形式主要表现为"款条"。"款"作为村社会议制的残余,说明侗族仍然残留着原始社会的部分痕迹。[4]侗族的"款条"分别表现为两种形式:

---

① 乾隆《大清律例》卷三七,条例。
② 中国第一历史档案馆《朱批奏折》民族类,胶片编号70。
③ 总的来说,"侗款"是侗族社会悠久历史文化的一部分,其来源奠定了它在侗族人心中的地位——神圣而不可侵犯的"法律"。作为"法律","侗款"有着较为健全与完备的体制,在侗族社会生活中存在并且对当地的生产、生活与社会的稳定起着积极作用。在社会转型的背景下,须改革"侗款"中某些"消极"的内容;但是不能操之过急,一蹴而就,而应在充分沟通、耐心协商的前提下,以尊重、宽容、积极的心态来引导,并且依靠本民族的先进人物和仁人志士,由他们来带领本民族的群众自愿地进行。吴大华、郭婧:《款:侗族社会的"法律"》,载《贵州世居民族研究》,贵州民族出版社2009年版。
④ 杨一凡、田涛主编,张冠梓点校:《中国珍稀法律典籍续编》(第九册),《少数民族法典法规与习惯法》(上),黑龙江人民出版社2002年版,第11-12页。

一是款碑条。款碑是早期款组织起款时竖立的一种特定石碑。这种碑一般都立在款坪中，日后的讲款仪式和执法仪式都在碑前进行。款碑有成文和不成文两种。一般来说，凡是建有款组织的侗寨，都有一个神圣的象征物——款碑。早期的款碑不刻文字，属于不成文法的象征。汉字传入侗族地区后，才以汉字刻入。这种款碑属于成文法。

二是款词条。款词条是侗族"习惯法"的主要形式。原始的款词条由款首聚众共商，款首当众发布并付诸实施。它是一种立石为碑的盟诅要约，故有人称之为"石头法"。这种"石头法"最初比较简单，也没有什么固定的表述形式。由于当时侗族没有本民族的文字，无法将有关条款用文字记录下来，不利于款众掌握。款首们为了便于款众记忆及在发布时使款众兴奋，于是采用词话形式，把约法编成歌词，日夜吟唱，世代相传。后来侗族文人将这些约法款词用汉字记录的方法记录下来，给后人留下了许多"手抄本"，这些手抄本就成了侗族"习惯法"中的主要成文法。广西三江侗族自治县程阳马安寨老款师陈永彰保存有一部款书手抄本，该书迄今已有 150 多年历史。该书对款规、款约的记载较全，其中约法规有 18 条，共 756 句。近年来，在抢救民族古籍的工作中，湖南、广西、贵州等地均已整理出版流传于当地的约法款词。这些书籍和资料对研究侗族"习惯法"具有重要的参考价值。

4. 民族"刑事习惯法"①

在当代的刑事法治话语中，"习惯法"的地位无疑非常尴尬。罪刑法定原则已经成为刑法现代化进程中最不可动摇的"宏大叙事"，这一原则从形式侧面出发，又必然得出排斥"习惯法"的基本推论。但是，"习惯法"在理论中的法定地位，并不必定等于它在司法运作的实际地位。简言

---

① 关于民族"刑事习惯法"，我国学者杜宇在其《重拾一种被放逐的知识传统——刑法视域中"习惯法"的初步考察》中指出，我们不仅将对"习惯法"在现下刑法理论体系中的角色，作出正本清源的考察，更为重要的，将对"习惯法"在司法实践中的生存状态获得更为真切和清醒的认识。在此基础上，我们将进而发现，"习惯法"的现行理论描述与司法操作之间存在着相当巨大的悖反、断裂与紧张关系，由此，我们不得不对刑事制定法与"习惯法"之间的关系作出全新思辨。这一思路的进一步延伸，便是在罪刑法定主义的理论框架下，重新开辟和释放"习惯法"的应有理论机能，重新审视和估价"习惯法"在整个刑法理论体系中的角色与价值。某种意义上，本书不仅是对传统叙事——"排斥习惯法"的温和颠覆，而且是对"习惯法"的刑法角色与价值的创造性重构。从更为广阔的背景出发，本书更是从"习惯法"的侧面切入，凸显了罪刑法定主义在当代法治情势下面临的重大危机，以及化解此种危机的可能出路。参见杜宇：《重拾一种被放逐的知识传统——刑法视域中"习惯法"的初步考察》，北京大学出版社 2005 年版，第 263 页。

之，理论表达中的"习惯法"：被压制的知识传统；刑法实践中的习惯法：隐秘而真实的力量。①民族"刑事习惯法"同样分为犯罪与刑罚两个部分，对具体犯罪行为刑罚措施作了详细的规定。

（1）民族"刑事习惯法"的犯罪规定。各少数民族认为构成犯罪的行为主要有以下几种：

一是侵犯财产罪。通过非法手段把集体的和他人的财产（动产和不动产）破坏或据为己有，主要表现有诈骗、勒索、偷盗、抢劫、贪污等。偷盗是各族中常见的罪行。但由于偷盗、犯罪观念的不同，处理方式也不一样。如侗族《约法款》对"偷了圆角黄御，盗走扁角水牛"，并杀死卖掉的，不要处以"一处葬、一坑埋"的死刑，对"挖池破塘，钻箱撬柜，盗楼上谷米，偷地下多银"者，处以游乡示众，赶走他乡，其父不准再住寨中，其母不准再进寨里。凉山彝族社会里，奴隶主黑彝偷盗甚至明拿奴隶白彝的财物，"习惯法"上不加追究。这表明"习惯法"已渗入统治阶级的意志，维护统治阶级的利益了。佤族则认为偷盗本族成员的财物有罪，偷盗甚至抢劫外族的财物无罪。这是个别民族的特殊情况。某些坏头人，利用手中的权力敲诈勒索、贪污肥私，打击首倡罢免他的群众，使自己逍遥法外，破坏了传统的"习惯法"。

二是侵犯人身权利罪。构成这种罪行的有：杀人、诬告、强奸。杀人有两种情况，一种是在本族内部、本族与外族的械斗中杀死了对方的人，这种情况不构成罪行，一般向对方赔偿命金或付抚恤金。佤族猎人头祭谷，杀人也无罪。凉山彝族奴隶主杀奴隶，也不会犯罪。用刀时误杀了人，也不构成犯罪，除道歉、支付"赔命金"或付抚恤金外，一般不加惩治。佤族剽牛时，乱刀之中误杀死人，死者倒霉，操刀者无罪。如杀人致伤，不致死，一般是负担伤者的医疗费。另一种是出于个人利益的仇杀、抢劫杀人等故意杀人罪，有些民族如珞巴族、怒族、傈僳族等民族就会造成"血亲复仇"的武装械斗，直至对方死亡的人数与本族死亡的人数对等为止。一般的民族是一命偿一命，或支付"赔命金"。诬告陷害罪一般是罚款、请酒、恢复被诬者的名誉。强奸罪一般是罚款、请酒、向乡亲与原夫请罪并赔礼道歉。

三是危害集体安全罪。犯此罪的表现有：在本族内部、本族与外族的

①杜宇：《表达与实践：当代刑法中的习惯法》，《中国社会科学报》（法学版）2010年5月4日。

武装械斗中，应出征的人员逃避出征，泄露军事机密给敌方，要治罪。失火，如自己的房屋也被火烧，无罪。如自己的房屋财产无损失，他人的房屋财产损失严重，视为纵火罪，如家财多，要赔偿。

四是其他方面的犯罪。如流氓罪、赌博罪、盗墓罪、拐卖妇女罪、虐待罪等，一般都要给予轻重不一的刑事处罚。

（2）民族"刑事习惯法"中的刑罚规定。刑罚是对罪犯施行的最严厉的强制方法。当精神力量已较难保障"习惯法"实行时，便出现了刑罚。我国各少数民族"习惯法"的刑罚种类各有不同。一般对案情不严重的初犯者进行教育，有的要写悔过书，除本人签名或按手指印外，头人和家族的人也画押，悔过书由头人收执，如日后再犯，就按悔过书中所说的严惩。其种类有如下几种：

第一，罚款。偷盗、诬陷、通奸、强奸等罪，以案情的轻重、坦白程度确定罚金。如系偷盗，一般是按原物的价值计算罚款一倍到几倍、十几倍。布朗族却例外，他们认为东西被偷盗是"水泼了是不能还原的"，罚款比原物价值少。重犯重罚。如果犯罪本人（家庭）无财产或财物甚少，由近亲或保人代罚。在审理过程中，头人、当事人误工、酒肉钱，均由罪犯承担。

第二，逐除。屡教不改，危害、连累到本家族、本村寨者，驱逐出去或可留原居地，但都断绝一切的关系，不相来往，不能参加祭祖活动，对罪犯的生活、生死不过问。

第三，囚禁。一般没有监牢，多系民房临时改制或兼用的。捕人、看守是头人本身或临时指派人去执行。如有钱赎罪，可免囚禁。

第四，肉刑。有吊梁、鞭打、针刺、火烧、炮烙、戴刑具、水泡、挖眼、割鼻、断肢、去耳，等等。有钱代罚，可减刑或免刑。

第五，抄家。将罪犯家中所有的牲畜、家禽吃光。没收一切财产充公或没收部分财产充公。

第六，死刑。屡教不改，民愤极大，或严重触犯"习惯法"条规者，经头人会商，本族或本寨、本家族同意才能执行。计有活埋、淹死、烧死、五马分尸、刀砍、枪杀等种。最严重者会殃及家属遭到死刑。罪犯在偷盗、抢劫过程中，要将其殴打致死，执行者无罪。

一些民族的"习惯法"中用刑十分严酷，不分年龄性别，主要刑具有木鞋、铁链、绳子等，有的还专门修了地窖作监狱。

关于刑罚的运用，有的民族的刑罚种类比较完善，适用上基本能体现罪刑相适应。如侗族《约法款》中规定了"六面阴"、"六面阳"、"六面厚"、"六面薄"、"六面上"、"六面下"等轻重不同的刑种。多数民族的习惯法没有制定出施行刑罚的具体细则，量刑的标准也不同，弹性大，往往不准确。

二、民族"刑事习惯法"的功能

民族"刑事习惯法"是少数民族的社会意识形态之一，是上层建筑的主要组成部分，"习惯法"既是法律规范，对人民具有强制的法律效力；同时"习惯法"又是道德规范。民族"刑事习惯法"是少数民族社会物质生活条件的反映，在这些民族的形成和发展过程中产生和发展，又为这些民族的生存、发展和繁荣服务。在少数民族的社会生活中，"刑事习惯法"的作用是巨大的。对民族"刑事习惯法"，我们应当从道德、法律的标准来评价它的历史作用。

1. 裁判功能

道德法律评价的裁判作用是通过社会舆论、传统习惯和内心信念对行为进行善恶判断，从而认可某种行为是否道德和是否合法。

民族"刑事习惯法"的裁判功能是很明显的。在侗族《款的起源》中，叙述了立款的目的是为了裁判纠纷，款词中说："在很古的时候，'舅王争天为大，汉王争地为重，二王相争，刀枪相杀，死伤无数，胜负难分，……于是舅王断事在岩洞，汉王断事在岩上'，各讲各理，断事三年不成，最后'写书请客，奉牌请人'，倒牛合款，制定款约。"侗款《永世芳规》写道："盖设禁碑流传，以挽颓风，而同昌古道。事照得人有善恶之悬殊，倒有轻重之各异，……朝廷制律以平四海，而安九洲。草野立条以和宗族，而睦乡里。……臻于盛世，则世食旧德，农服先畴工而居，疑商贸易，俾我等人人各安于本分，户户讲仁义而型仁。此善条维微，岂非千古不朽，章程未尽修斋，门例条规于后。"还规定"衙门一切公务，应宜同心即办，不可违误。半途盗劫，务要齐团送官治罪"，对一切的违反习惯法行为要严加惩处。

由上可见，民族"刑事习惯法"的裁判功能是很大的。少数民族的广大人民群众，通过榔规、款约等"习惯法"肯定善行，否定恶行，通过善恶褒贬以培养人们养成良好的道德品质，为树立良好的社会风尚起到了较大作用。

2. 教育功能

民族"刑事习惯法"的教育功能是指帮助人们正确认识个人与他人、个人与社会的关系，明确自己的责任与义务，让人们懂得区分什么是善，什么是恶，学会做人的道理。

以苗族、侗族的榔规、款约为例。苗族在举行大议榔活动时，要把一头牯牛系于坪地中央，人群围于两边，寨老在中央，庄严肃穆地念着榔词榔规，念毕把牛杀掉。议榔会议确定的榔规，人人都得遵守，不能违背，否则，轻者认罪、罚款，重者吊打以致处以火烧或投河的死刑。至于侗族款组织活动在教育方面更有特色。为了使款众能自觉遵守款规、规约，各个基层组织的款首，每年都要向款众宣讲款词、款约，名曰"讲款"。讲款时，集众于各坪，举行庄严的形式，如黎平县的《六洞议款条规》开头讲："今天老少都到款堂里来了，一个挨一个坐，人多很拥挤，请大家听我讲话，讲古人的道理。……一片树林，总有一根要长得高些，一个班辈的人，总有一个来承头，古人过世了，我们后人来继班，代代来相替。"每当款首讲完一段款词，群众便齐声应和："是呀！"侗族对款规、规约的宣传与理论工作，除了"讲款"这一主要形式外，民间艺人或一些村庄的芦笙队在本村寨或到其他村寨演出时，也有演讲款词的义务，《侗款》中规定的"鸡尾的款"，就是芦笙队到其他村庄做客时演讲的"法规阴阳款"。

苗族的议榔和侗族的款组织正是通过这经常不断的榔规、款词的演讲活动，把本民族的"习惯法"观念灌输到广大人民群众之中，让他们懂得怎样做人的道理。榔规、款约的教育作用表现在以下几个方面：

第一，它教育人们认识榔规、款词在道德生活中的重要地位。款规说："汉家有朝廷，侗家有岜规，坡上的活路有十二样，大家都要来管好。"款规规定："侗族的社会运转，都得按最高款规（即《九十九公款约》）的规定办事。""种田要符合九十九公才熟谷，处世要符合九十九公才成理。"

第二，教育大家团结互助，宣传朴素的集体主义思想。侗族的款词说："根据我们祖公的道理，祖父的道理，像溪水归河一样合成一条心，大家一起来合款，把两股水汇集拢来才有力量。"苗族的榔规讲："我们地方要团结，我们人民要齐心，我们走一条路，我们过一座桥，头靠在一起，手甩在一边，脚步整齐才能跳舞，手指一致，才能吹芦笙。"在生活方面，救济扶贫是同一村寨或同宗族人的义务。在节庆时，有共同的娱乐场所，村寨或四周的人还要互相请酒饭和唱歌或举行"添我"（打平伙）。同村寨或四周的人如有婚丧喜庆之事，要请"满寨酒"，从而加强了互相之间的团结。

第三，教育人们之间遵守民族成员之间的人伦关系，防止乱伦行为发生。榔规说："为了十五寨的道理，为了十六寨的规矩，勾久才来议榔，务记才来议榔。上节是谷子，下节是稻秆，上面是龙鳞，下面是鱼鳞。公公是公公，婆婆是婆婆，父亲是父亲，母亲是母亲，丈夫是丈夫，妻子是妻子……各人是各人，伦理不能乱。要有区分才有体统，要有区分才亲切和睦。谁要如鸡狗，大家把他揪，拉来杀在石碑脚，教乖十五村，警戒十六寨。"

第四，教育人们的行为符合"理"的原则，提倡道德修养。认为"理学没多重，千人抬不动"，"深山树木数不清，款碑理数说不尽"。要求人们加强道德修养，提倡为人要正直，"要学谷仓那样正，要像禾晾那样直"，"是好人，就要行正道"，认为人与人之间的关系应该是团结友爱，助人为乐。"见人落水要扯，见人倒地要扶"，"会做人栽甜瓜，不会做人栽苦瓜"。坚决反对品行不正、弄虚作假的行为。对那种"当面讲八百，背后讲八千"、"穿钉鞋踩人家肩"的可耻行为，要造成强大的道德舆论加以谴责和制止，必要时辅以刑罚手段。

3. 调节功能

"刑事习惯法"的调节功能可概括为十二个字：倡导善行，排通障碍，制止恶行。具体来说，又表现在以下几个方面：

第一，组织管理生产，防止和惩处破坏生产的违规犯罪行为。苗族的《议榔词》说："为粮食满仓而议榔，为酒满缸而议榔，在羊子踩庄稼的地方而议榔，议榔庄稼才有收成，议榔寨子才有吃穿。"早期的《议榔词》还对全年的生产活动作了明确的处罚规定："剪人家田里的谷穗，盗人家田里的庄稼，轻罚白银六两，重罚白银十二两。不准拉别人家的牛，不准扛别人家的猪，谁违犯了，轻者罚银十二两，重罚白银四十八两。"各地的榔规都有若干管理和维护生产的规定。如规定生产的季节和每个月的具体耕作时间，规定了封山育林、禁止偷盗砍伐的条款。这说明榔规款约在组织广大群众进行生产劳动、维护正常的生活秩序、创造日益增多的社会财富、为本民族的生存和发展方面都起到了重要的调节作用。

第二，加强社会治安，惩治坏人坏事。各民族社会组织最重要的作用是加强自治联防，维护社会治安。侗族款词说，为了解决"内部不和肇事多，外患侵来祸难息"的不安定局面，要求做到"村脚着人管，村头着人守"，"村村有人把守，寨寨有鸡报时，事事有人处理"。为了保证村寨的安全，各寨联成大款，共同抵御外敌，倘若某村寨受到外敌入侵，就擂鼓、吹牛角，点燃烽火报警，火速向联款各寨求援，发出鸡毛炭木牌，鸡血沾几根鸡毛在木牌上，表示要飞速传信。加上火炭，表示十万火急，倘若接到木牌的村寨不履行应援的义务，事后就要按"习惯法"加以严惩，开除款籍，各村寨都会孤立这个村寨，对于危害社会治安者，"务要一呼百应，把他抓到手，擂他七成死"。对杀人犯"要用铜锣焙脸，铜镜砸脑，三十束麻线做头发，五十两蚕丝做肚肠……"

第三，维护恋爱自由，调解婚姻家庭纠纷。大多数民族在恋爱婚姻习俗上历来主张恋爱自由、婚姻自主。认为青年男女谈情说爱是很自然的，不必约束过紧，就像牛不受绳牵一样。但对越轨行为是不允许的。"如果男无信手，女无把凭，一身许两个，一脸贴两人……被我们抓住了，用手就拉，用绳就捆"，对"脱姑娘的花裹腿，揭女人花头帕……"的道德败坏者，"就拿来千个石头，万塘水，把他沉放水里头"。在处理婚姻家庭问题上，椰规、款约也作了具体规定。如黎平肇洞的《六堂议款条规》规定："男不要女，罚十二串钱，婚已过门，男弃女嫌，各罚十二串钱。吵嘴、打架、各罚钱五串。"也有的"民族习惯法"规定：女方提出离婚，付给男方白银八两，男方提出离婚，付给女方白银十六两。通过这些规定，使少数民族的恋爱自由、婚姻自主的传统习俗得到了保障，并进一步调解了婚姻家庭关系。

除以上的调解表现形式外，"习惯法"的调解作用还表现在保护集体和私人财产，协调民族之间的纠纷等方面。

三、民族"刑事习惯法"的传承与创新

几千年来，"民族习惯法"对少数民族的生存和发展，对调节社会的矛盾，巩固民族团结，保持和发扬民族传统道德方面均起了不可低估的作用。但是，我们在承认"民族习惯法"的积极作用（是本质、是主流）的

同时，不应当忽视其中的消极因素：①民族"刑事习惯法"的制定组织产生于原始公社时代，原本是一种地域性的自治联防组织，但进入阶级社会后，它曾经被统治阶段所利用，成为统治阶段镇压贫苦农民，放纵邪恶的工具。②民族"刑事习惯法"在处理纠纷时，有"神判"的做法，是人们在生产力水平低下的状况时产生的一种落后意识和宗教迷信活动，有一部分"习惯法"内容还带有浓厚的宗教迷信色彩。如发生山林、风水、偷葬龙脉、典当田契等纠纷而公断不服的案件，就采取"砍鸡"、"捞油锅"等形式解决。"砍鸡"就是当着乡老或鬼师对着当事人的面，把雄鸡的头砍断，放到地上，鸡倒在哪方，就断定哪方输。"捞油锅"就是把油烧沸，放斧头或其他东西进锅，叫当事人双方用手去捞，手不伤者为赢，手伤者为输。③保存有"血亲复仇"的遗风。郭子章在《黔记》中写道"苗家仇，九世休"，即"血亲复仇"的遗风。又如侗款规定：各村寨之间民生血纷无法和解时，受害村寨就通过议会决定进行复仇，先派几个人去追捕逃犯，其余的人就到对方村寨进行报复，杀猪宰羊，捣毁房屋，直到抓获罪犯为止，这不利于社会的安定团结。因此，对于少数民族"习惯法"，我们认为应当从两个方面扬弃性地继承其成果，尽最大可能地发挥民族习惯法在控制少数民族犯罪、维护民族地区秩序方面的积极作用。

1. 充分发挥民族"刑事习惯法"的积极作用

新中国成立以后，我国少数民族的"刑事习惯法"正在逐步废弛，国家新制定的法律还需要有一个过程才能贯彻执行到边远的少数民族地区。在新旧交替的过程中，不断出现大法不犯、小偷小摸不断的现象，没有触犯刑律的，就很难约束，一旦发生，只有由基层组织或干部处理，不可避免地会有随意性。可以设想，即使在今后法律比较完善的状况下，吵架、斗殴、小偷小摸等纠纷和案件还未构成犯法，法律不能干预，民族、社会要自我控制、调节，还得借用民间的力量。

近年来在很多民族地区，已经用乡规民约的形式恢复了"习惯法"，这是对法律的一种补充，只要不与国家的法律相矛盾，能准确打击违法者，妥善调解纠纷，保护人民，是应该提倡的。法律不能约束的案件、纠纷，用乡规民约来解决，对司法部门是一个有力的支持和帮助。恢复乡规民约已多年的民族地区，以事实证明"习惯法"在控制少数民族犯罪和维护民族地区秩序方面的潜在功能和巨大作用。

2. 继承和创新民族"刑事习惯法"中的优良因素

中共中央关于社会主义精神文明建设指导方针的决议指出："在社会主义时期，物质文明为精神文明的发展提供物质条件和实践经验，精神文明又为物质文明的发展提供精神动力和智力支持，为它的正确发展方向提供有力的思想保证。社会主义精神文明建设，是关系到社会主义兴衰成败的大事"。精神文明建设体现在政治、经济、文化、社会生活的各个方面。改善社会风气是社会主义精神文明建设的一项重要内容，也是物质文明建设的必要条件，还是政治文明的社会基础。良好的社会风气、优美的工作环境、和谐的同志关系和崇高的共产主义思想道德风尚，可以激发人们劳动力和工作的热情。法律是一种文化，与变化演进的社会相伴相生。[1]"民族习惯法"是一个民族的发展史。因此，通过继承和创新民族"刑事习惯法"中的优良因素，可以推进社会主义精神文明的发展，进一步推动物质文明、精神文明、政治文明三个文明的协调发展，推动社会的全面进步。

第一，"民族习惯法"中的优良传统丰富了社会主义精神文明建设的内容，它可被列为社会主义精神文明建设的一个重要组成部分。[2]精神文明建设当中最重要的方面之一就是思想道德建设，各民族的"习惯法"本身就是历史留给我们的一份厚重遗产，怎样看待这份遗产，过去有两种不无偏颇的看法曾流行一时。一种认为，"习惯法"产生于旧的经济基础上，阻碍了社会的发展，主张全盘否定，弃之如敝履；另一种观点认为，主张用以儒家为代表的伦理道德来作为解决当前社会问题的良药。这两种或"全盘肯定"或"全面否定"的方式都是割断历史，没有出路的。

第二，"民族习惯法"是民族群众自己管理自己，自己教育自己的好

---

① 梁治平：《法律的文化解释》，生活读书新知三联书店 1998 年第 2 版，第 274 页。

② 2011 年 10 月 19 日，中共中央十七届六中全会吹响了我国向社会主义文化强国奋勇进发的号角。在少数民族地区，开发利用民族贫困地区少数民族文化资源，是加快民族贫困地区少数民族群体脱贫致富步伐，促进经济发展与民族文化保护与传承发展的有效途径。少数民族贫困地区民族文化与经济二者之间是相互作用、相互影响的，是可以引导、调适使之朝良性方向发展的。合理开发利用民族文化资源，可以促使其向经济资源优势转变，从而加快少数民族地区脱贫致富的步伐，推动地方经济发展，经济的发展反过来又促进民族文化的保护、传承与发展，实现民族文化与经济的互动发展。在此方面，贵州省都匀市开发利用民族文化资源有所探索和实践。伍强力：《民族地区传统文化与经济互动发展探析——以都匀市开发利用民族文化资源探索与实践为例》，载吴正彪、祖明主编：《守护精神的家园——文化与田野在黔南》，作家出版社 2006 年版，第 377–379 页。

形式、好传统、好习俗。通过民族地区制定乡规民约的实践证明，它是行之有效的、成功的，可是在旧社会，它曾受过不公正的待遇。在一些特殊敏感时期，少数民族群众也不敢运用。现在应当坚持下去，使它更好地为社会主义精神文明建设服务。我们认为它的形式可以不变，但其内容是应当变更的，应当随着社会经济的发展变化而不断地更新和丰富其内容，使其更加完善，更好地为社会进步和民族共同繁荣作出贡献。

第三，以科学、理智的态度来对待"民族习惯法"。每个民族都或多或少地保留着一些传统的"民族习惯法"，这些"习惯法"在一定程度上影响着人们的社会行为和社会生活。这些从旧时代沿袭下来的"习惯法"中，尚有不少不健康、不科学，甚至与国家的根本大法相抵触的内容。这些糟粕是我们建设社会主义精神文明和法治文明中需要识别和剔除的。另外，"民族习惯法"中有不少属于民族文化精华的成分，顺应国家的法律并与民族的社会状况、生产生活状况、思维方式和行为方式，以及各种社会主义建设活动相适应，对民族和社会发展具有积极和正面的功能。①

第四，以现代化的行为准则来检验"习惯法"。所谓现代化，从人的角度说，首先是人的行为方式的现代化。人的行为方式有一个从低级向高级、从简单到复杂、从单一到多样化的演化过程。以现代精神来衡量，现代化的行为方式至少包括五个方面的内容：一是主动进取；二是讲求效率；三是开拓创新；四是诚信守纪；五是追求个性特征与群体意识的兼顾。②以此检视各民族"习惯法"，虽然不乏与现代化行为方式相同或相近的要求，例如很多民族都以诚信守纪为美德，但却很难指出哪一个民族的"习惯法"与现代化行为规则完全一致。历史在发展，时代在变革，社会在进步，各民族都应自觉将其传统行为方式及"习惯法"进行现代化的改造，使"习惯法"中优秀的成分发挥更为现实的作用。

第五，以国家法律引导"民族习惯法"的演变和发展。前已述及，

---

① 在 2010 年的"软法与善治研讨会"上，苏力教授对"彩礼与订婚"的问题做了细致考察，他的研究发现，彩礼在与硬法的碰撞中，具有强大的生命力。不仅未被硬法消灭，反而迫使硬法承认它，最高人民法院 2003 年通过司法解释对此予以规定即表明了这一点。由此，他的观点是"软法不软"。他认为，对于类似的问题，不应该回避、忽视，而应该细致地梳理，对善的公序良俗予以确认、适用，对恶的"潜规则"予以反对、防范，这才是务实态度。参见《公共治理呼唤软法之治》，《法制日报》2010 年 4 月 27 日，第 6 页。

② 黄光成：《优秀传统文化的继承和发展》，云南人民出版社 1996 年版，第 103 页。

"习惯法"是"准法律规范"，但与真正意义上的国家法律有所不同。它必须无条件地服从于国家法律。一些"民族习惯法"在民族社会的一定范围内发挥作用，要想"一刀切"地将这些"民族习惯法"取消，既不现实也没有必要。正如高其才教授感慨："对少数民族习惯法，我们是不是该多一点尊重，多一点关心，多一点理解，多一点沟通；少一点冷漠，少一点无知，少一点自大，少一点阻隔？少数民族习惯法并不是无益、消极、落后、糟粕的代名词，它重视群体利益，确认团结互助，鼓励勤劳能干，肯定合理需要，保护生态环境，处理简便迅捷，注重内在接受，形式生动形象，在当代中国的法治化进程同样有采纳、吸取、继承的价值。"①

　　第六，吸收民族美德，完善"习惯法"的内容。在侗族、苗族中，"款约"具有"习惯法"的性质。其内容主要是保护农业生产、维护社会治安、预防火灾等。根据侗族、苗族"款"意识较浓的特点，我们将"款约"中不合乎法律法规的内容删掉，将社会主义法制的内容注入"款约"之中，使之成为新型的少数民族自治的村规民约。侗族、苗族在长期的生产劳动和社会实践中，逐渐形成了具有自己民族特色的传统美德。在运用"习惯法"调解民间纠纷时，应当发扬侗族、苗族传统美德作为重要调解原则，并向当事人宣传"敬老歌"、"赞老歌"，宣扬侗族尊老敬老的传统美德，宣讲《侗理乡规》等。贵州省玉屏自治县的石洞、高酿等7个镇1991年采取这种方法调解49起赡养纠纷，调解成功46起，成功率为94%，并聘请了200多名侗族、苗族歌手为义务调解员和普法宣传员，以生动活泼的形式开展纠纷预防工作。这样，既继承了民族传统美德和完善了"习惯法"，又对少数民族地区的治安秩序起到了维护的作用。②

---

① 高其才：《中国少数民族习惯法研究》，清华大学出版社2003年版，结语。
② "构建和谐新农村，不能离开新村规；村规民约人人赞，一致通过人人遵。和谐邻里互关心，爱护环境讲卫生；遵纪守法促发展，户户争创文明星。爱护公共财和物，违禁物品不私藏；维护社会新秩序，敢同违法作斗争。尊老爱幼讲和睦，共建和谐文明家。村规民约共遵守，不得违反村规定。"这是龙里县三元镇三合村将新《村规民约》改编而成的山歌。龙里县各村的《村规民约》，不仅完善了村民关心的、与村民利益密切相关的重大村务及处理办法，还积极倡导文明生活新理念、宣传环境治理、新农村建设的重要意义。群众都自觉运用《村规民约》来约束和规范自己的行为，并以同样的标准评判邻里的是非曲直；各村干部、党员同志以及村民代表更加求真务实、团结互助；全县依法治村、社会治安综合治理、安全生产、计划生育、村庄整治、精神文明建设等各项工作开展顺利；村民之间团结互助、邻里和睦、民风淳朴、村容整洁、社会和谐。各村的村务工作和日常事务管理实现了制度化、规范化，极大地推动了龙里县社会稳定和社会风尚的进步。参见龙里县司法局：《布依山歌普唱新〈村规民约〉》，《贵州司法》2009年第8期。

第五章 中国少数民族犯罪司法控制论

立法控制仅仅是少数民族犯罪法律控制的一个部分，司法控制作为直接应对犯罪的部分更为重要。在少数民族犯罪司法控制部分，笔者所要探讨的是少数民族地区的"严打"问题、封建迷信犯罪在民族地区如何处理、非犯罪化与轻刑化如何实现以及如何对少数民族犯罪进行矫治。

第一节 "严打"在少数民族地区的实践与反思

"严打"是我国的一项专门刑事政策，也是一种应对严重刑事犯罪的司法措施。关于"严打"，理论界与实务界一直存在争论，"严打"是否有效？作为一项刑事司法措施，"严打"被理论界质疑的同时，在司法实践中却被广为采用。民族地区的少数民族犯罪具有特殊性，更多地受到地理因素、文化因素的影响，这些因素是否更进一步地影响到"严打"的效果？如何在民族地区执行"严打"，如何在"两少一宽"与"严打"之间实现平衡，都需要进行探讨。

一、少数民族地区的"严打"实践

自1983年"严打"开展以来,[①]到2001年就已经展开了全国范围的数次"严打"整治斗争,对维护社会治安和政治稳定方面意义重大。从已经开展的"严打"来看,每一次"严打"都有其重点对象:1983年至1987年的"严打"战役,针对对象为严重危害社会治安的犯罪分子;1996年"严打"战役,针对对象为黑社会性质的犯罪团伙、流氓恶势力、抢劫金融财会部门和洗劫过往车辆等重大流窜犯罪案犯、贩毒贩枪、拐卖妇女儿童、卖淫嫖娼、制黄贩黄、赌博及对群众危害面广的多发性盗窃犯罪;2001年"严打"战役,针对对象为有组织犯罪、带黑社会性质的团伙犯罪和流氓恶势力犯罪以及爆炸、杀人、抢劫、绑架等严重暴力犯罪和盗窃等严重影响群众安全感的多发性犯罪等。应当说,这些都是在全国范围内展开的,理所当然地包括民族地区。"严打"的精神是"根据社会治安的形势,对某些严重刑事犯罪实施依法从重从快",这是否与少数民族犯罪处理需要慎重相矛盾呢?以下,我们将从新疆维吾尔自治区对1983年的"严打"提出的注意问题开始,对民族地区的"严打"实践进行考察。

新疆维吾尔自治区在1984年的一份文件中提出民族地区在"严打"过程中存在的问题,并对如何执行"严打"提出了若干对策。

在这份上报中央的文件中,新疆维吾尔自治区认为在"严打"过程中存在两种错误倾向:一是不考虑民族地区实际情况,与汉族地区同样不加区分地采取"严打"政策;二是根本不执行"严打",而是宽大无边,放纵犯罪。

在实际工作中,要注意防止和纠正两种错误倾向。一种是思想有抵触,处理不从宽或者放任不管;另一种是认识不清,一律从宽,甚至宽大无边,发生不良后果。

---

① 1983年7月,邓小平同志针对文化大革命后的犯罪高峰,提出"解决刑事犯罪问题是长期的斗争,需要从各方面做工作。现在是非常状态,必须依法从重从快集中打击,严才能治住。"1983年8月,中共中央作出《关于严厉打击刑事犯罪活动的决定》,号召"三年为期、三个战役",从刑事政策的高度再次强调并具体化了"从重从快"的方针。1983年,全国人大常委会颁布《关于严惩严重危害社会治安的犯罪分子的决定》和《关于迅速审判严重危害社会治安的犯罪分子的程序的决定》,从而为"严打"斗争拉开了序幕。

（1984 年 7 月中央《政法动态》严厉打击刑事犯罪活动专刊（39）：执笔人：张伟春）

针对"严打"斗争中这两种错误的倾向（现象），自治区提出了如何协调各司法机关的职能，从各个环节加强协调配合，对"严打"总结经验教训，要求民族地区应在党和政府的领导下，协调"两少一宽"和"严打"之间的矛盾，更好地贯彻和执行"严打"政策。

三、要在批捕、起诉等项工作中具体落实此项（平打）政策（严打：笔者加）

首先，必须在办案工作中更要注意"准"，要特别谨慎，步骤更要稳妥。证明对于犯罪事实的主要证据和犯罪性质的认定，要求做到"准确无误"，以利划清罪与非罪、此罪与彼罪、罪重与罪轻、数罪与一罪的界限，防止拔高定性定罪，形宽实严，或者降格定性定罪，差距过大，宽严失当。办理少数民族中的犯罪案件，应该由少数民族干部或通晓民族语言文字的干部去办，并采用民族语言文字进行诉讼，并根据需要提供翻译，保障被告和其他当事人的诉讼权利。

其次，在今后打击刑事犯罪的斗争中，必须注意下面几点：

（一）要严格控制重点地区和重点打击对象。根据自治区党委的规定，少数民族聚居的边远县城和农村、牧区一般不再搞集中打击的统一行动，在规定"集中打击"的地方，集中批捕的案犯应是规定的重点打击对象，对少数民族中的更要严格控制。

（二）要更加严格掌握捕人标准和起诉条件。要在坚持"以事实为根据，以法律为准绳"的前提下。从严掌握《刑诉法》第四十条规定的捕人标准和第一百条规定的起诉条件。批捕的少数民族案犯，必须是从宽处理还可能判处徒刑以上刑罚的；决定起诉的必须从宽处理仍应追究刑事责任的。对少数民族中的未成年犯，特别是其中的偶犯、初犯、胁从犯，要尽量做到能不捕的就不捕，能不起诉的就不起诉，或建议作行政处理，或作"免予起诉"。

（三）要严格执行内部审批制度。除严格依法审查批捕、起诉外，要逮捕少数民族区级干部和当地有影响的宗教人士中的犯罪分子，应报分、州、市检察院审查批准；要逮捕县团一级的，应报自治区检察院审查批准。

（四）要严格区分两种不同的态度。"坦白从宽，抗拒从严"政策同"两少从宽"政策是相辅相成的，要一并执行。少数民族罪犯中有悔罪、自首、立功表现或有其他法定从轻、减轻条件的，不仅属于"一般要从宽"的范围，而且更要体现从宽精神；罪行一般而态度也一般的，属于"一般从宽"范围；少数罪行严重且态度顽劣的属于"一般从宽"之外，不能从宽，有的还要依法从严。

（五）要严格掌握两种案件的捕、诉面。一种是少数民族中常见的赌博、盗窃、贩毒（麻烟）要严格区分罪与非罪；另一种是带一定宗教性或群众纠纷性的案件，更要严格区分各种界限，防止扩大打击面。

再次，要结合办案多做其他综合治理工作。结合出庭公诉，认真做好法制宣传教育工作；建立健全检察建议制度，堵塞各种漏洞；对少数民族案犯"免诉"后，组织帮教的工作要切实做好；要在党委统一领导下，深入少数民族聚居地区，特别是边远偏僻的地方。采取多种形式，做好法制宣教工作，预防、减少犯罪，促进治安根本好转。

四、要运用侦查监督、审判监督、监所监督职能，协同公安、法院和监改部门正确执行这项政策

要运用侦查监督和审判监督职能，及时发现和纠正对少数民族案犯进行指供、诱供、刑讯逼供、非法拘禁等违法犯罪行为；要及时发现汇报和立案，查处徇私枉法、贪赃枉法造成该宽不宽、该严不严，破坏政策法律正确实施的案件，在检察、监督中发现的严重错误倾向，也应及时向当地党委和上级检察机关报告。

在监所检察工作中，处理少数民族的重新犯罪案件时，也要贯彻相对从宽的精神。

五、要注意摸索和总结经验

各级检察机关要在认真学习中央"五号文件"精神和"新党发二十八号"、"新党政发二十三号"文件的基础上，联系严厉打击刑事犯罪第二仗以来的工作实际。认真座谈总结，检查全面贯彻执行政策法律的情况。发扬成绩，总结经验，发现问题，提出措施，以利再战。对于成功经验或严重教训要专门总结，及时推广通报，以保证党的方针政策、国家法律全面、正确实施，进一步做好各项检察工作，促进严厉打击刑事犯罪的斗争更加深入、健康地发展。

（1984 年 7 月中央《政法动态》严厉打击刑事犯罪活动专刊（39）：执笔人：张伟春）

从新疆的文件中我们不难发现，民族地区在少数民族"严打"斗争中确实存在着对"两少一宽"和严打把握不准，出现极端司法、只顾一头的

现象。根据笔者对贵州地区的"严打"斗争的观察，在贵州省民族地区同样存在着"严打"政策把握失当的问题，总结起来包括：

其一，"严打"对象的界定失当。"严打"限于某一阶段的某些严重犯罪，比如1983年"严打"确定的重点内容为七类严重刑事犯罪：①流氓团伙分子；②流窜作案分子；③杀人犯、放火犯、爆炸犯、投毒犯、强奸犯、抢劫犯、重大盗窃犯；④拐卖妇女、儿童的人贩子，强迫、引诱、容留妇女卖淫的犯罪分子，制造、复制、贩卖内容反动、淫秽的图书、图片、录像带的犯罪分子；⑤有现行破坏活动的反动会道门分子；⑥劳改逃跑犯、重新犯罪的劳改释放分子和解除劳教的人员以及其他通缉在案的罪犯；⑦书写反革命标语、传单、挂钩信、匿名信的现行反革命分子等。1990年"严打"的对象是：①抢劫犯罪分子；②流氓团伙分子；③重大盗窃犯罪分子和重大诈骗犯罪分子；④杀人、强奸、重大伤害、爆炸犯罪分子；⑤流窜犯、劳改逃跑犯、重新犯罪的劳改释放分子和解除劳教人员，以及通缉在案和其他有案在逃的犯罪分子；⑥破坏电力设备和通信设备的犯罪分子；⑦拐卖妇女、儿童的人贩子，强迫、引诱、容留妇女卖淫的犯罪分子，制作、复制、贩卖淫秽物品的犯罪分子。应当说，中央提出的"严打"对象都是非常明确和具有针对性的。但是，这种限定需要与民族地区的司法实践结合起来。部分地区在"严打"过程中，对因文化习俗不同引发的犯罪也进行"严打"，从而拓宽了"严打"的对象范围。

其二，"严打"与"两少一宽"的协调问题。"两少一宽"作为民族地区少数民族犯罪的基本刑事政策，经过数十年的检验，发挥了维护民族地区治安稳定和民族文化认同的功效。应当说，它是一条成功的并且相对适用于全国的其他刑事政策，是一条考虑到犯罪地理学和犯罪人类学的特殊的刑事政策。"严打"则是适用于全国的（包括少数民族地区和少数民族犯罪）具有普遍性的刑事政策。"两少一宽"与严打在民族地区应当同时适用，在一定意义上说，"两少一宽"作为特殊的刑事政策还应当优先使用。"两少一宽"要求"少捕少杀"、"一般从宽"，而"严打"则要求"从重从快"。在民族地区的"严打"斗争中，个别民族地区为了执行"严打"刑事政策，对少数民族罪犯没有体现"少捕少杀"、"一般从宽"的政策精神，可捕可不捕的一律照捕，可杀不可杀的一律照杀，更严重的是，为了维护民族地区的治安，对"一般从宽"不予考虑。如此做法，是置民族刑事政策于不顾，是极端错误的。

对于民族地区执行"严打"的实践中出现的问题，我们认为，必须从源头上梳理"严打"的对象，厘清"两少一宽"与"严打"的相互关系，慎重对待民族地区的"严打"斗争。

二、对少数民族地区"严打"的反思

1. 民族地区严打对象需要重新界定

从我们已经展开的多次"严打"整治斗争来看，都指向严重的刑事犯罪。从1983年和1990年的"严打"斗争来看，圈定的对象都是当时意识形态和社会体制下的最为严重的刑事犯罪类型和方式，但当时为了稳定治安局势，没有照顾各地区的实际情况。2001年展开的"严打"斗争对象指向有组织犯罪、带黑社会性质的团伙犯罪和流氓恶势力犯罪、爆炸、杀人、抢劫、绑架等严重暴力犯罪和盗窃等严重影响群众安全感的多发性犯罪，将其作为重点。但这次中央的部署中要求各地区可以在此基础上结合当地实际，明确打击重点。① 这种趋势需要注意。因为民族地区地域偏僻、经济落后、文化不发达，自然犯的范围与汉族地区有所不同。比如，对于抢亲案件中的"强奸"行为，不能一律按照"严打"来加以处理；又如，对于因民族封建迷信而发生犯罪不能一律采取严打措施。少数民族多有自己的宗教，并信奉鬼神，对于涉及封建迷信的犯罪不能一律"严打"。实践中，傣族中流传"枇杷鬼"的说法，认为"枇杷鬼"会使人畜生病，甚至死亡，谁被认为是"枇杷鬼"，全村人就聚集其家门，荷枪持刀地"兴师问罪"，往往将其房屋放火烧毁，强迫驱逐出寨；有的被逼而死，甚至被杀，家人亦遭歧视和迫害。如果对此类犯罪采取严打，会使法律与政策在民族地区的进一步推行受到阻挠。此外，越来越多的法定犯进入"严打"的视野，更会导致"严打"的全国性刑事政策与民族地区的实际情况相脱节。比如，部分民族地区农牧并举，国家法律允许制售和持有猎枪。对于民族地区的涉枪犯罪不能一律采取严打措施，部分牧民以制造枪支并出售给邻舍为业，不能"从重从快"地给予处理。

从既有的三次"严打"斗争的实践来看，笔者认为，"严打"是我国

---

① 张穹：《关于"严打"的政策和策略》，《现代刑事法治问题探索》第1卷，中国人民大学刑事法律科学研究中心组织编写，法律出版社2004年版，第120页。

一项延续多年的基本刑事政策，对于维护社会稳定和生活秩序一直发挥着积极的作用。作为一项普适于全国的刑事司法措施，民族地区同样适用。但是，"严打"的对象在民族地区应当得到重新界定。这是基于重罪与轻罪的评判在民族地区的特殊性的考虑："刑罚世轻世重"是我国刑法思想的一个传统，基本要求是刑罚之轻重要根据社会情况确定。社会情况的"晴雨表"反映在重罪上，即对整个社会秩序的颠倒性倾覆和对人民群众安全感的严重威胁上。犯罪的轻重因经济、地理和文化的因素存在评判的不同。比如，对于拐卖妇女、儿童的人贩子，民族地区呈现出不同的态度。一些民族地区的妇女希望通过拐卖行为实现环境的变迁、经济的改善，一律对这一类的拐卖行为予以打击也有欠考虑。因此，针对国家统一部署的"严打"整治斗争，各少数民族地区可以考虑适应本民族地区的民族特点、风俗习惯在统一限定的"严打"对象的基础上进一步确定"严打"的对象，以更好地维护民族地区的治安稳定和少数民族的合法权益。

2. 协调"两少一宽"与"严打"的关系

"两少一宽"刑事政策是针对民族地区少数民族犯罪的特殊刑事政策，而"严打"是全国范围的应对严重刑事犯罪的基本刑事政策。前者要求在特定地区针对特殊对象"少捕少杀"、"一般从宽"；后者要求对某些严重刑事犯罪分子"从重从快"。应当说，民族地区执行两种刑事政策存在矛盾的地方，如何协调依法对少数民族公民中犯罪从宽处理与"依法从重从快惩治严重刑事犯罪"方针的关系成为民族地区刑事司法的重要问题。

笔者认为，"两少一宽"刑事政策与"严打"刑事政策从政策精神和总体趋向上讲是一致的。民族自治地区既要坚定不移地贯彻依法"从重从快"打击严重刑事犯罪的方针，又要坚定不移地贯彻"两少一宽"刑事政策。政策的指导精神上都是为了维护祖国统一和民族自治地方的治安稳定问题，总体趋向上是趋向于少数民族的合法权益。因而，在适用两项政策处理民族地区少数民族犯罪时需要注意如下问题：

第一，民族地区的少数民族犯罪中严重犯罪必须"从重从快"，不应当搞例外。但是，"两少一宽"作为一项特殊的刑事政策，如果满足一定的条件，应当按照"一般之例外适用例外"的原则进行处理。

第二，根据犯罪类型加以判断，是否要严格地执行"严打"政策。"严打"的依据是犯罪的轻重，而犯罪的轻重是群体对犯罪的感受程度。民族地区因风俗习惯而产生的犯罪，一般能够得到本民族公民的谅解和宽容。考虑到这种因素：对于少数民族实施危害国家安全犯罪的，一般不做从宽处理，如在"严打"范围内应当严厉打击，"从重从快"；对于实施故意杀人、抢劫、重大盗窃、强奸等严重侵犯人身权利和财产权利的犯罪（这里不包括因风俗习惯而发生的案件），如在"严打"范围内应当严厉打击，"从重从快"；对于因破坏婚姻自由或争山林坟地等发生集体械斗的类似的民族地区的侵犯人身权利的犯罪，即使在"严打"范围内，应当略作调整，按"两少一宽"政策处理。

第三，少数民族犯罪与汉族犯罪的处理相比较，应当有所区别。前述按照犯罪类型鉴别是否"严打"可以说是一个原则，比如对涉及与少数民族特有的生产生活方式、民族风俗习惯和宗教信仰有密切联系的违法犯罪行为，一定要正确适用刑法及"两少一宽"政策慎重处理。但对于属于"严打"范围内的少数民族犯罪，处理时也应当有所区别。比如，对于采取有组织方式颠覆国家政权的犯罪实施"严打"，也必须讲究政策，略为从宽。当前，国际敌对势力对我国的颠覆破坏活动加剧，达赖集团、"民运"分子、"台独"势力以及法轮功邪教组织活动猖獗。处理此类少数民族犯罪案件时，必须从维护祖国的统一和民族自治地方的稳定出发，一方面给予严厉的惩治；另一方面体现政策对少数民族公民的从宽精神。

第二节　少数民族迷信犯罪的处理对策

少数民族地处偏僻区域，经济和文化不发达，长期以来形成各种原始宗教遗俗，并衍生各类封建迷信。根据我们对贵州省少数民族犯罪的调查，发现封建迷信对少数民族犯罪产生着不可忽视的影响，正确处理此类因封建迷信而引发的犯罪，对于在少数民族地区进行普法和文化的教育具有非常具体的意义。

一、贵州省边远民族地区的封建迷信遗俗

根据笔者多年来对贵州省边远民族山区的走访，发现那里居住的少数民族至今还存在着各种原始宗教遗俗和由宗教遗俗衍生的封建迷信。早在

原始社会，因为缺乏科学观念，自然崇拜普遍存在于边远民族地区的社会生活之中。他们信奉神灵鬼怪，举凡结婚、生子、丧葬、建房、疾病、出门、农活、过节、生火、饮水、饲牛、养猪、狩猎、干旱、雷电、衣着、饮食等，少数民族公民因为文化与科学观念没有普及，便在头脑中建构事物或事件与神灵鬼怪的联系。他们头脑中建构的鬼神世界，是人间世界的模拟，鬼有善恶之分，鬼有超能力，能够降灾或赐福于人们。由此，产生与鬼神世界沟通的鬼师，形成一定的鬼神祭祀仪式。历代封建统治者也充分利用这种封建迷信来控制少数民族。

时至今日，原始的宗教遗俗衍化为封建迷信遗俗，在少数民族公民的观念中根深蒂固。比如，谁家有人生病，便由"鬼师"用布遮眼，口咬纸火，全身发抖，俨然想象中鬼的样子，意味进入了鬼神世界，询问何鬼作祟，并问"鬼"需何祭品，至此，似已找出病因，则告知病人，或敬鬼，或驱鬼。又如，驱赶"鬼火"。贵州省部分民族地区认为"鬼火"引起火灾，便搞"扫寨"，即在一个吉日，将寨子里各户的炉火、火种全部用水熄灭，由"鬼师"杀鸡、敲狗来祭鬼。念祭之后，把这只背有"鬼怪野火"的狗带到离寨子十多里远的河沟里扔掉。至此，便宣布寨子"鬼火"已被扫除。但是，种种事例的结果往往相反，充其量能够给病人或者公众一种心灵上的安慰或虚假的安全感。敬鬼或驱鬼的病人，因为耽误医疗时间，往往病情恶化以至不治；以扫寨避"鬼火"，却因"鬼火"送走后疏忽大意失火烧毁寨中房屋。贵州省边远民族地区为何封建迷信如此盛行，应当说有经济、社会和文化的三个因素：首先，原始、落后的经济条件是原始宗教遗俗赖以长期生存的土壤，尽管贵州省边远地区的民族经济获得大力发展，但是不少地区地域过于偏僻，交通闭塞，经济条件过于原始落后，客观环境所能提供的生产和生活手段有限，因此他们只能求助于头脑中建构的虚幻的鬼神力量。其次，民族地区具有深厚的民族文化认同，各民族的内在结构和人文特征并不因现代化而自然地消失。贵州省是一个多民族地区，往往呈现一个自治州或自治县内各民族聚居形成的自治结构，呈现高度的封闭性，形成紧密的族寨结构和固有的原始宗教文化。最后，文化欠发达是贵州省边远地区封建迷信存在一个重要原因。贵州省边远民族地区文盲半文盲率高，文化落后，民族地区缺乏医疗卫生设备，公民缺少科学知识，遇到灾害疾病向鬼神求助成为自然。在目前的经济、社会和文化条件下，可以预计贵州省边远地区的封建迷信遗俗仍将在一段时间继续存在。

二、民族地区封建迷信犯罪及其处理

封建迷信既然作为一个地区的"人文景观"，便必然会对该地区的犯罪现象产生影响。在民族地区，因封建迷信进而引发的犯罪屡屡发生。笔者将引入两个非常有趣的发生在民族地区的封建迷信犯罪案例进行分析，从而提出如何在民族地区处理此类犯罪的意见。

案例 5-1　姜×刚、姜×文故意杀人案

被告人姜×刚，男，32岁，苗族，文盲，贵州省黎平县大稼乡邓蒙村农民。

被告人姜×文，男，32岁，苗族，初小文化，农民，住址同上。

被告人姜×先，男，26岁，苗族，高小文化，农民，村民兵连长，中共党员，住址同上。

被害人姜×毫平时自吹会"捉阴兵放鬼整人"，又多次奸污被告人姜×刚之妻姜×香。1984年7月的一天，姜×毫在路上强行要与姜×香发生性行为，遭到女方的反抗，便威胁女方说："你不同意，你家娘崽过不到十月就要死一个。"9月30日，姜×毫在井边淘井，姜×刚的小男孩前去围观，下午因急病身亡。姜×香虽对姜×毫怀恨在心，但惧其"鬼"力，不敢声张。当年12月7日，姜×毫酒后向被告姜×刚等声称是其"放鬼"整死了小男孩，并说奸污过其妻。姜×刚即叫民兵将姜×毫送村领导处理。次日，乡里开会，叫村里放了人。不几天，村民姜×高母病，经他人医治病情好转，后服姜×毫一剂药，遂病情恶化而死，一时姜×毫会"放鬼整人"的传说不胫而走。加之当年该村生病的人比历年都多，且先后死去几人，而姜×毫又说都是他"放鬼"整死的。村民们说，他叫谁死谁就死，这还得了。姜×刚扬言要将姜×毫杀死。姜×毫听后外出。1985年1月9日，姜×毫返家被邻居看见，被告姜×先闻讯即指使被告姜×文去喊人抓姜×毫。随即邀约被告姜×刚等30多人把姜×毫家围住，姜×刚用柴刀撬姜×毫家门锁（因姜×毫母亲把儿子锁在房里）。姜×毫走投无路，欲在房里上吊自杀。被告

姜×刚进房后，割断上吊绳索，把姜×毫抓出房外，其他人杀了一只家猫，将血滴在姜×毫身上，用死猫吊在姜×毫背上（其意是死后不能返魂），将其押至村中芦笙坪进行拷问。被害人当众承认"放鬼"整死了姜×刚的小孩和姜×高的母亲以及当年死去的几个人。并称，在塘中和石板下还押了几个人的"魂魄"等。此时众人更是愤怒，遂将其押往村外，欲用乱石打死。姜×毫乞求众人，称被石头打死太难受，自己愿意被枪打死（有人带有土枪），带枪人怕给他枪后他便打群众就没有给他。被害人又提出自己上吊自杀。被告姜×刚表示赞成，即解下一根绳子，在树上捆成活套。这时被害人解下自己的旱烟袋对姜×刚说："我奸你爱人，整死你小孩，我对不起你，留下这个（指烟袋）作个纪念"；又对在场众人说："我对不起大家，捉鬼害人，我自愿死，以后公安局来问，就说是我自杀，与他人无关。"说毕，上树吊颈，被告人砍断被害人站的树枝，被害人当即悬吊身亡。

案例5-2 向×光、杨×恩非法拘禁案

被告人向×光，男，38岁，汉族，高小文化，贵州省榕江县八开区新华乡摆贝村农民。

被告人杨×恩，男，57岁，苗族，文盲，住址、职业同上。

被告人杨×牛，男，50岁，苗族，文盲，住址、职业同上。

被告人黎×云，女，37岁，汉族，文盲，住址、职业同上，系被告人向×光的妻子。

被害人朱×鲁，女，56岁，苗族，文盲，与上列被告人是同村村民。

1982年10月21日朱×鲁去被告人黎×云家讨要石灰，被告在送石灰给朱后，朱拍黎肩膀表示感谢离去。后黎身体不适（当时已怀孕四个月），即认定是朱放了"蛊"，曾先后三次去找朱要"退蛊药"，朱均解释她不会放"蛊"，也没有"退蛊药"。黎遂告知其爱人向×光。向派人找来岳父及妻兄弟五人策划，如朱×鲁不承认放"蛊"，不给"退蛊药"，就把她捆起来。策划后被告人向×光去外村将正在走亲戚的朱×鲁带回村。此时正值村里开群众大会，被告向×光即当着到会群众追问朱，要其承认放"蛊"，朱不认。向又大声问到会人："她有没

有蛊?"到会人答:"有!"被告向×光就用事先准备好的棕绳将朱捆绑,逼朱要"解蛊药",朱仍否认有"蛊"解药。此时有人提出,她不给解药就用麻绳将她两大拇指并捆。被告向×光捆扎后,朱仍不认放"蛊",向又从被告黎×云的手中要来钢针扎入朱×鲁的右大拇指内,朱疼痛挣扎,半截钢针断在指甲里。这时朱还是否认有"蛊",向×光进而将朱悬吊,再次追逼。这时在场的被告人杨×恩因自己耕牛早在1972年病死,也疑是朱放"蛊"所致,对朱拳打脚踢,用柴棒猛戳朱的脸部,鲜血直流。在场的另一被告人杨×牛因其妻正在生病也怀疑是朱放"蛊",也用刀背猛击朱的腰部。在此同时,还有一些村民也用拳、棒朝朱乱打。这样持续达四小时之久,朱×鲁在难以忍受的情况下,答应给"退蛊药",向、杨等人才将朱从梁上放下。被告向×光、杨×牛二人即押朱去为其妻收"蛊",途中朱不能行走,向、杨二人再次将朱悬吊,直至第二天凌晨三点才让其回家。朱×鲁从此卧床不起,水米不进,两天后死亡。

以上两例都是因为封建迷信导致犯罪的案件,处理结果为:第一起案件由中级人民法院以故意杀人罪判处被告姜×刚有期徒刑5年,判处被告姜×文、姜×先各有期徒刑3年,缓刑3年;第二起案件按非法拘禁罪提起公诉,判处被告人向×光有期徒刑15年,杨×牛有期徒刑4年,杨×恩有期徒刑3年,黎×云有期徒刑2年,缓刑2年。

通过对这两起发生在贵州苗族聚居区的少数民族犯罪的观察和分析,对少数民族封建迷信犯罪的处理应当注意以下两个问题:

1. 严格依法处理迷信犯罪

针对所举两案,最后都得以严格按照刑法进行处理。在案例5-2中,对被告是认定为故意杀人罪(间接故意)还是非法拘禁罪存在争议,最后审判机关采纳了非法拘禁罪的意见。非法拘禁罪是指以拘禁或者其他强制方法非法剥夺他人人身自由的行为,被告实施的捆绑、针刺、吊打等手段以及限制他人人身自由的措施,都是为了威逼被害人承认"放蛊"并要求交出蛊药,并无杀人的故意。从非法拘禁的过程来看,吊打等情节是非法拘禁罪的从重处罚情节考虑,而不能作为间接故意杀人定性。因为从全案看,被告人是出于威逼被害人承认放蛊和索要"退蛊药"的动机,才实施非法拘禁犯罪行为的，在主观方面并无剥夺他人生命的故意。因此，对被告应当认定为非法拘禁罪。而在案例5-1中，应当属于情节较轻的杀人行为，而且社会公众对杀人行为表示"理解"，故认定故意杀人罪并在3年到10年的幅度内量刑是适当的。应当说，两起案件都对被告的犯罪行为给予了准确定性，而且在量刑上也充分考虑了发生在民族地区的地域因素、引发犯罪的被害人因素以及产生犯罪中的封建迷信观念因素。

2. 关注犯罪的封建迷信因素

封建迷信是少数民族实施犯罪的一个重要原因，这一原因由于经济落后、文化不发达，还将在一段较长的时间内对少数民族犯罪发生影响。刑罚的目的是惩罚和预防犯罪，不仅包括针对被告人的特殊预防，还包括对社会公众的一般预防。预防必须具有针对性，即犯罪的生成因素。民族地区的刑罚预防必须关注犯罪的封建迷信因素。换句话说，少数民族犯罪的封建迷信因素是量刑的酌定情节，也是必须充分考虑的一个重要因素。封建迷信因素在少数民族犯罪的量刑上具有减轻功能。以前述案例5-1为例，该案发生在苗族聚居村寨，交通闭塞，经济与文化非常落后，人们往往将现实中发生的一切事件与鬼神相联系。人们的迷信观念是导致此案发生的关键。姜×刚之子突然病故与被害人扬言的巧合，被害人一直声称能够"放鬼整人"，既说明被害人的愚昧无知，也说明加害人的愚昧无知。在案发后，包括被害人母亲在内的普通公众也认为被害人"放鬼整人"是咎由自取。以案例5-2为例，同样是边远的苗寨，交通闭塞，经济、文化不发达，迷信思想极为严重。在苗族的迷信观念中，流传"放蛊"一说，人的生病死亡都可能因为"放蛊"所致。在沈从文先生的记载中，曾经有过详细的内容：

善蛊的通称"草蛊婆"，蛊人称"放蛊"。中蛊的多为小孩子。病好的原因是"收蛊"。蛊婆的家中必异常干净，令人眼红。蛊婆放蛊出于被蛊所逼迫，到相当时日必来一次。通常放一小孩子可以经过1年，放一树木（本地凡树木起瘤有蚁穴因而枯死的，多认为被放蛊死去）只抵2月，放自己孩子却可抵2年。蛊婆所住的街上，街邻照例对她都敬而远之地客气，她也就从不会对本街孩子过不去（甚至于不会对全城孩子过不去）。但某一时若迫不得已使同街孩子或城中孩子因受蛊致死，好事者激起公愤，必把这个妇人捉去，放在大六月天酷日下晒太阳，名为"晒草蛊"。或用别的更残忍方法惩治。这事官方从不过问。即或这妇人在私刑中死去也不过问。受处分的妇人，有些极口呼冤，有些又似乎以为罪有应得，默然无语。然情绪相同，即这种妇人必相信自己真有致人于死的魔力。还有些居然招供出有多少魔力，施行过多少次，某时在某处蛊死谁，某地方某大树枯树自焚也是她做的。在招供中且俨然得到一种满足的快乐。这样一来，照习惯必在毒日下晒3天，有些妇人被晒过后，病就好了，以为蛊被太阳晒过就离开了，成为一个常态的妇人。有些因此就死掉了，死后众人还以为替地方除了一害。其实呢，这种妇人与其说是罪人，不如说是疯婆子。①

从沈从文先生的记载和笔者的调查来看，"放蛊"的多为女性。调查中发现，因"放蛊"而产生的对"蛊婆"的加害在苗族地区占据一定比例。在案例5-2中，被害人朱×鲁正是长期被村里部分群众认定是会"放蛊"的人，故受到加害人向×光等的非法拘禁，直至死亡。应当说，在两起案件的量刑中，都考虑到了封建迷信的影响因素，因而对被告人予以从轻处罚。

3. 重视刑事审判的教育功能

在处理民族地区因为封建迷信而发生的刑事案件时，不应当仅仅注意的是实体刑罚的轻缓，而且要注意刑事程序对迷信因素的关注。案例5-2的处理过程中，县委、县人大和专门司法机关派人做了大量而仔细的工作，县检察院以非法拘禁罪立案侦查，侦查终结后向法院以非法拘禁罪提起了公诉，从审判结果来看也体现了从宽的因素。可以说，通过案例5-2的处理，讲究了"以案说法"对少数民族群众进行说服教育的方法，使民族地区公民通过案件的审判获得了法制教育。少数民族公民对案例5-2的处理基本上能够信服。但是，案例5-1发生后，对被害人姜×毫的死亡村寨人都认为"该死"，甚至包括被害人的母亲也表示不控告，也没有任何要求。侦查终结后，公安局只捕姜×刚一人，检察院亦只批捕一人。但是当地县委的个别领导人并没有做一定的工作，只是强调严打期间的"从重从快"方针，要求政法机关多抓、重判。处理结果上，尽管也做到了"从宽"，但是因为没有在少数民族群众中做好工作，所以并没有收到较好的社会效果，这是在处理少数民族犯罪案件时应当吸取的教训。

需要注意的一个问题是，能否将这种封建迷信因素的减轻功能进一步深化为免除功能？即对于民族地区因封建迷信而引起的犯罪能否免除刑事处理？这里不能一概而论。我们应当承认，在少数民族聚居地区，往往是

---

① 沈从文：《沈从文散文选集》，百花文艺出版社2009年版，第218-220页。

二三十户或近 100 户为一寨，多是一寨一姓，后因避荒、联姻而加入的杂姓多在一段时间内被同化。各个族寨具有固有的原始宗教文化和衍生的封建迷信，这种封建迷信可能导致村寨内的文化观念认同某种犯罪的合法性。在笔者看来，对于一些故意伤害（轻伤）或故意损毁财物等轻度的侵犯人身权利、财产权利等的情节轻微的犯罪行为，可以免除刑罚甚至不作为犯罪处理，但对于情节严重的因为受固有的封建迷信因素影响的犯罪行为，可以考虑从宽处罚。通过对这类封建迷信犯罪的处理，对少数民族公民进行法制教育，涤除民族地区文化中的封建迷信因素。从历史上看，不乏改变鬼神崇拜的事例。《苗防备览·风俗考》载："苗中以做鬼为重事，或一年三年一次，费至百金或数十金，贫无力者，卖产质衣为之，此习为苗中最耗财之事，亦苗中致穷之一端也。近日（指清代——引者注）革去此俗，苗中称便。"可见，尊重少数民族并对少数民族文化中的不科学的因素加以涤除不仅对普及现代科学文化有利，也能受到少数民族公民的欢迎。因此，对于少数民族犯罪的处理，不仅要做到处理结果上的从宽，而且在处理过程中要讲究方法，注意通过案件的处理促进少数民族地区法制观念的进步，推动民族地区法治文明的进展。

第三节　少数民族犯罪的非犯罪化与轻刑化问题

非犯罪化（Decriminalization）是与犯罪化（Criminalization）和过度犯罪化（Over-criminalization）相对应的；轻刑化是与重刑主义相对应的。当代世界刑法改革运动中，非犯罪化与轻刑化代表一种趋势。在西方国家犯罪圈与刑罚圈划定较大和缺乏犯罪定量因素的情况下，非犯罪化成为西方刑法改革运动的一个重要组成部分；伴随刑罚人道主义的昌盛，轻刑化同样成为西方刑法理论界与实务界的主流声音。粗略判断我国刑法究竟采取犯罪化还是非犯罪化，理论上尚没有定论；一般认为，我国存在重刑主义的传统，轻刑化应当成为刑罚价值的一个重要考量。笔者以为，我国应当适时修改刑法，根据经济与社会的发展调整犯罪圈，而在具有犯罪定量因素的独特框架下更应该提供出罪的渠道，而非奉行刑法万能主义，一概建议修订刑法予以规制；对我国刑法中的重刑主义应当作坚决的抵制，走轻刑化的道路。对于少数民族聚居地区发生的少数民族犯罪，如何适应非犯罪化和轻刑化的思想，实现对少数民族犯罪的司法控制，必须进行一种现实而具有前瞻性的思考。

一、少数民族犯罪的非犯罪化

1. 非犯罪化的源流与类型

犯罪化与非犯罪化伴随着世界刑法发展的始终，代表着人们对某种行为的是非评判。人类文明的发展进程中，文明观念和价值判断标准在变化，对是否构成犯罪也各有差异。在原始的习俗中，导致他人的自杀、通奸或者堕胎构成犯罪。比如在马林诺夫斯基的描述中，一位青年因为与他人争抢情人，受到他人的侮辱和指责，最终选择自杀。在可怜的年轻人自杀后，他的同族弟兄义不容辞地为他报仇而导致他的情敌重伤。[1] 如果按照马氏对犯罪的定义来说，这种犯罪随着文明的进步被非犯罪化。又如，在早期政教合一的国家，宗教性质的犯罪被世俗的法典加以确认，但伴随政教的分离，这些犯罪也被非犯罪化。在西方国家，刑法确定的犯罪圈相当广泛，因此目前存在的一个趋势是非犯罪化。英国学者基贝斯认为非犯罪化的原因包括：①法律的世俗化；②心理学、精神医学和社会学研究的进步；③犯罪人心理疗法中取得的进步；④谦抑的作用；⑤某种犯罪中的暗数的重要性；⑥社会、政治的变化。[2] 当然，社会背景是一个大的框架，随着多元价值的宽容、社会理论的兴起和个人权利意识的觉醒，各种包括同性恋、近亲相奸、吸毒等不存在具体侵犯的法益的犯罪（即所谓"无被害人的犯罪"（Victimless Crime），被逐出刑法典的范围。

从英国的非犯罪化进程来看，经历了数项立法，包括：1959年制定的《猥亵法》对猥亵行为的非犯罪化；1961年制定的《自杀法》对自杀行为的非犯罪化；1967年制定的《堕胎法》对堕胎行为的非犯罪化；1967年制定的《性犯罪法》对同性性交行为的不处罚。同样，在美国的各州刑事立法中，纷纷对同性性行为、卖淫、通奸、赌博等行为合法化。在欧洲大陆，

---

① ［英］马林诺夫斯基：《原始社会的犯罪与习俗》，原江译，云南人民出版社2002年版，第51页。
② ［日］森下忠著：《犯罪者处遇》，白绿铉等译，中国纺织出版社1994年版，第165页。

德国引入"摆脱道德羁绊"的对传统道德领域的犯罪包括堕胎、同性猥亵予以非犯罪化。意大利于 1981 年为实现非犯罪化制定了《第 689 号法律》，把一些轻微的犯罪撤销，并修改了违警罪的罚则，用行政处罚代替刑罚，使之成了事实上的非犯罪化。奥地利也在 1975 年修改了自己的刑法典，对一些性犯罪和堕胎罪实行非犯罪化。其余欧洲国家如法国等，也同样在为推进非犯罪化进行着努力。以瑞典为代表的北欧国家则通过修改《性犯罪法》缩小了卖淫和亲属相奸等罪的范围。由此可见，非犯罪化已经成为一种世界性的刑法改革趋势。

根据日本学者的分析，非犯罪化包括取缔上述的非犯罪化和审判上的非犯罪化。前者指刑罚法规虽然存在，但因调查以及取缔机关不适用该刑罚法规，事实上几乎不作为犯罪处理的情况，又称为事实上的非犯罪化。后者是指通过刑事审判而进行的非犯罪化，也称"司法上的非犯罪化"，它以通过变更判例，变更刑罚法规的解释和适用，对从来均被处罚的行为不再处罚。即法院认可刑罚法规在"习惯法"上已被废止，并对由于该刑罚法规而被起诉的事实判处免诉。[①]我国学界一般认为，存在事实上的非犯罪化、司法上的非犯罪化和法律上的非犯罪化三种类型。所谓的事实上的非犯罪化，是指刑法法规虽然存在，但因司法机关不适用该刑法法规，事实上几乎不作为犯罪处理的状况。[②]司法上的非犯罪化，是指在刑事审判中，根据法官的裁判而使一定的行为在法律解释上不认为犯罪。法律上的非犯罪化，是指通过法律的修改或废止而使过去被认为是犯罪的行为合法化或行政违法化。在笔者看来，非犯罪化只有两种：一种是取缔上的非犯罪化，即立法上的非犯罪化，通过刑事立法的废、改、立重新确认犯罪范围、划定犯罪圈。比如堕胎、通奸、自杀等犯罪的不再规定。这种非犯罪化的原因因各国的法律传统、社会制度、道德伦理观念以及经济发展水平的不同，在非犯罪化的时间、范围和进程上表现有所不同。另一种是司法上的非犯罪化，即刑事司法实践中对某些轻罪案件通过诉讼程序排除出刑罚措施之外。这里，需要强调非刑罚化与非犯罪化的区别。非刑罚化是对犯罪行为判处有罪但处以刑罚替代措施的情形。比如，对行为人判处有罪但采取训诫、责令社区劳动等方式转处的；非犯罪化则是在侦查、起诉

---

① ［日］大谷实：《刑事政策论》，黎宏译，法律出版社 2001 年版，第 58 页。
② 这种非犯罪化实际上是一种非刑罚化的措施，即对轻微的无被害人的犯罪进行免予起诉的处理。

或审判阶段对情节显著轻微的案件不作为犯罪处理。

2. 少数民族犯罪的非犯罪化

我国刑法同样存在立法与司法之非犯罪化的区分。刑事立法上的非犯罪化，是立法者将原本由法律规定为犯罪的行为从法律中剔除，使其正当化或者行政违法化。①这种非犯罪化思潮在我国是在摒弃传统的犯罪化单轨运行的立法思维模式之后而采用的，适应社会变迁和价值观念的发展对部分犯罪行为非犯罪化。在1979年《刑法》中，主要包括：伪造、倒卖计划供应票证罪、流氓罪、投机倒把罪、反革命破坏罪等。这种非犯罪化的途径在少数民族地区主要是通过变通或补充条例对某些犯罪行为予以非犯罪化，比如在"抢亲"风俗盛行的地方，便应当在变通或补充条例中规定抢亲中的情节较轻的人身伤害行为予以非犯罪化。但是，谈到对少数民族犯罪的司法控制，更多涉及的应该是司法上的非犯罪化。

我国1997年《刑法》中规定了唯一的一条出罪化的途径，即《刑法》第十三条的"但书"规定，即"但是情节显著轻微危害不大的不认为是犯罪"。②少数民族犯罪的司法上的非犯罪化，同样只能在"但书"规定的范围之内操作。关键在于如何理解"情节显著轻微危害不大"？犯罪的危害程度的评价，是一个客观的范畴，但也取决于人们对犯罪的主观容忍程度。对同一犯罪行为，汉族地区与少数民族地区可能存在程度不一的判断。比如，对于集体殴斗行为，少数民族地区可能认为是解决问题的有效途径，也对殴斗造成的伤亡持一种相对宽容的态度；又如，对婚姻家庭犯罪中的暴力干涉婚姻自由，当父母之命受到青年男女的阻挠而暴力介入的，较汉族地区而言，少数民族地区的公民会普遍地对干涉婚姻自由的父母抱有一种同情的态度。因此，在"情节显著轻微危害不大"的把握上，应当适应各民族地区的风俗习惯、地理环境、经济发展水平作一种较汉族地区更为宽容的解释，使得少数民族犯罪更为广泛地依赖出罪途径实现非犯罪化。但是，在非犯罪化的过程中，不能放松对少数民族公民实施犯罪

---

① 马克昌、李希慧：《完善刑法典两个问题的思考》，《刑法的修改与完善》，人民法院出版社1995年版，第36页。
② 《刑法》第三十七条规定，对于犯罪情节轻微不需要判处刑罚的，可以免除刑事处罚，但是可以根据案件的具体情况，予以训诫或者责令具结悔过、赔礼道歉、赔偿损失，或者由主管部门予以行政处罚或行政处分。笔者以为，这是非刑罚化的规定，并非非犯罪化的规定，是在肯定成立犯罪之后免予刑事处罚。

者的教育，通过法制教育，使少数民族犯罪者得以通过法律实践提高认识，增强法制观念。

二、少数民族犯罪的轻刑化

1. 轻刑化思想的源流与演变

轻刑化是顺应刑法人道主义和刑法谦抑原则提出来的。它与轻微犯罪的出罪化和非刑罚化在功能上是同向的。在世界各国的非犯罪化过程中，往往通过轻刑化再到非刑罚化，最终实现非犯罪化的渐进过程。比如，通奸和流浪等行为，最初由配置重刑到配置轻刑，再到非犯罪化。在大不列颠岛，按照古老的法律，一个人流浪三天要被遣返出生地，并在其胸脯上烙上"V"字，累犯要被处死，而现在流浪者最多在监狱被关上不长的时间。[①] 随着迁徙自由权利的实现，流浪将不再成为犯罪。同样，轻刑化包括立法上的轻刑化与司法上的轻刑化。立法阶段，降低最高刑与最低刑，或改生命刑为长期自由刑，或改长期自由刑为短期自由刑，或改自由刑为罚金刑等均属刑罚减轻的表现；司法阶段，轻刑化体现为侦查、起诉、审判、行刑等过程中对犯罪的从轻处理，包括侦查阶段的微罪处分、起诉阶段的不起诉、[②] 审判阶段的缓期执行、缓期宣告和行刑阶段的保护观察、假释、善时制、开放处分、中间处分等。从世界范围来看，存在一个"轻轻重重"的刑事政策走向，一方面强调对严重犯罪加重刑罚，以应对和有效预防该类犯罪；另一方面要求对轻罪采取从轻、减轻或免除刑罚的措施，甚至包括非犯罪化和非刑罚化的措施。

我国是一个具有重刑主义传统的国家，在 1979 年《刑法》颁行之后，各单行《刑法》不断增加规定罪名且攀升刑罚，对各类犯罪大量地规定死刑和长期限制自由刑。这种惯性在 1997 年《刑法》的修订中并未得到全面的纠正，可以说，1997 年《刑法》仍然是一部刑罚相对过重的法典，尤其是死刑罪名过多。《刑法》修订前，曾经有学者倡议合理控制死刑，对经济犯罪、贪利性犯罪等大幅度地削减死刑，更多地采取财产刑；[③] 但是 1997 年

---

① 转引自何柏生：《论无直接受害者的犯罪》，《法律科学》1998 年第 5 期。
② 这里的微罪处分和不起诉在一定意义上说，并非轻刑化，而是非犯罪化或非刑罚化。
③ 储槐植：《刑事一体化与关系刑法论》，北京大学出版社 1996 年版，第 119 页。

的《刑法》并没有理会这种意见，在第三章破坏社会主义市场经济秩序罪中大量规定死刑，导致刑法典的总体刑罚投入量过大。立法的重刑规定导致司法实践中的刑罚适用过重。立法设定了一个"重刑"的制度前提，司法如何在有限范围内纠正？我们需要强调轻刑的价值，即基于谦抑主义的立场要求适度刑罚对犯罪的有效遏制。

2. 少数民族犯罪的轻刑化

少数民族地区具有特殊情况，经济不发达、地域偏僻，文化落后。相对于汉族地区而言，少数民族地区风俗习惯、文化传统均有差异。立法授权少数民族地区制定变通或补充的规定，适应民族特点对某些犯罪予以非犯罪化或轻刑化。这是立法意义上的少数民族犯罪的非犯罪化与轻刑化。司法上的少数民族犯罪的轻刑化要求在维护国家法制统一的前提下，兼顾少数民族地区的特殊情况，司法实践中从宽处理少数民族犯罪。例如，1952年海关总署《有关查禁走私几项具体政策》中明确规定："对少数民族，尚应结合少数民族政策从宽处理之。"1958年国务院《关于处理走私案件十项原则》第七条规定："对少数民族的走私……应该……严肃处理，但是处罚尺度应该比对汉族为宽。对于未改革地区少数民族走私的处理，可以再稍宽一些。"1984年中共中央有关文件又明确指示："对于少数民族中的犯罪分子，要坚持'少捕少杀'，处理上一般要从宽。"这一政策后来被总结为我国民族地区采取的"两少一宽"刑事政策，"处理上一般要从宽"是其中的重要内容。这种处理上的从宽应当是根据少数民族犯罪的具体情况，结合民族特色，比照对汉族犯罪分则的类似情况，从轻量刑。

为何要"处理从宽"，一般认为，是由犯罪行为的社会危害程度决定的。犯罪的社会危害程度是刑法关于犯罪和适用刑罚的依据和基础，但犯罪社会危害程度的评判既有客观依据也有主观观念的影响因素。《刑法》规定的犯罪与刑罚的"阶梯式"对应是基于统一法制国家内的整体而言，在具体民族地区受当地民族传统习惯和思想观念影响，或者说是受当地民族特点和传统观念的制约，对犯罪行为的社会危害程度的评价可能有一定差异。甚至可以说，是一种弱化乃至否定性的评价（不认为是犯罪）。对于这类犯罪，当然不能强行地在法外定罪量刑，任意地变通司法。在民族地区，一般需要从宽处理的案件包括：杀人、伤害、强奸、奸淫幼女、非法拘禁、非法搜查、投机倒把、盗伐滥伐、盗窃、抢劫、抢夺、毁坏财产、

"打、砸、抢"和贩卖枪支弹药、偷越国（边）境等。[①]"从宽处理"也并非仅限于这些犯罪，或凡是这些犯罪都应该从宽处理。处理时应当严格把握"行为与民族特点相联系"的原则，只有受其风俗习惯、传统观念、文明程度、宗教信仰等制约而表现出来与其民族特点有联系的危害行为，才适用从宽特殊刑事责任原则。对少数民族犯罪一般从宽不仅是量刑上的总体轻缓，还体现在更多地选择短期自由刑，更多地判处缓刑。在执行阶段，笔者以为，对少数民族犯罪的减刑、假释应当比汉族犯罪适当从宽掌握。

第四节 少数民族服刑人员监禁矫正问题

从地域空间和社会领域看，前述贵州少数民族服刑人员犯罪的特征和原因，是一种发生在较为广阔的地域空间和相对开放的社会领域里的现象。相比而言，少数民族服刑人员的监禁矫正则是发生在监狱这种比较特定的地点和比较封闭的社区里。在这类特殊环境里，普遍存在的是对服刑人员言行举止的高度管束状态。这样，少数民族服刑人员的矫正中，如何适应少数民族公民的特质，实现对少数民族犯罪的控制？这是行刑阶段"一般要从宽"的重要体现，也是少数民族犯罪预防的重要环节。适应少数民族服刑人员的特质，对少数民族服刑人员实施有针对性的矫正，是我们从行刑阶段观照少数民族犯罪司法控制的当然结论。本节的写作思路为，根据笔者等2009年的监狱实证调查，首先统计8个世居少数民族的在押监禁服刑人员的刑罚适用构成并对比少数民族服刑人员与汉族服刑人员在刑罚适用特征上的异同，然后叙写少数民族在押服刑人员在监禁矫正中的因不同民族文化背景所带来的问题及对策。[②]

---

① 肖扬主编：《中国刑事政策和策略问题》，法律出版社1996年版，第265页。
② 贵州省少数民族服刑人员犯罪的矫正包括监禁矫正和社区矫正。但是根据笔者的考察，自开展社区矫正至今，少数民族社区服刑人员人数较少，并且都是居住在城区或郊区。鉴于贵州省少数民族的社区服刑人员数量太少且又非生活在少数民族聚居区，目前详细研究的意义不是很明显，本书也就暂不将其纳入分析范围。

一、少数民族在押监禁矫正人员的构成特征

我国学者金鉴等认为，服刑人员的综合构成特征除了年龄、文化程度、捕前职业等有关人身自然状况的构成和犯罪类型之外，还有一类构成是刑罚适用的构成，也就是服刑人员群体中不同刑种和刑期的构成比例情况。[①]一般而言，服刑人员的情况不同，其对监狱生活的适应状况也不一样。为此，考察少数民族服刑人员在监禁矫正中的文化适应状况，也就需要先把握其在押服刑人员的综合构成情况。

1. 8 个世居少数民族的服刑人员刑罚适用构成统计

（1）苗族服刑人员的刑罚适用构成情况。

1）原判刑期的结构情况。从 2009 年的调查看，当前在押的 848 名苗族服刑人员中，其原判刑期的结构为：5 年以下的有 63 人（这里的"以下"不包括本数，下同）；5 年以上 10 年以下的有 114 人（这里的"以上"包括本数，下同）；10 年以上 15 年以下的有 204 人；15 年以上的有122 人；无期徒刑的有 237 人；死缓的有 108 人（其比例见表 5-1）。如果按照刑法学中的一般划分，10 年以上有期徒刑即为重刑的话，那么，在押苗族服刑人员中，原判刑期中 10 年以上的重刑犯占大多数，接近 80%。

表 5-1　苗族服刑人员原判刑期比例

刑期	5 年以下	5~10 年	10~15 年	15 年以上	无期徒刑	死缓
比例（%）	7.43	13.44	24.06	14.39	27.95	12.74

注：比例经四舍五入保留两位小数，下同。

2）剩余刑期的结构情况。从 2009 年的调查看，当前在押的 848 名苗族服刑人员中，其剩余刑期的构成结构为：5 年以下的有 316 人；5 年以上 10 年以下的有 177 人；10 年以上 15 年以下的有 160 人；15 年以上的有 131 人；无期徒刑的有 48 人；死缓的有 16 人（其比例见表 5-2）。这说明，在押苗族服刑人员中，剩余刑期中 5 年以下的居多，占到 37%强。

[①] 金鉴主编：《监狱学总论》，法律出版社 1997 年版，第 415 页。

表5-2　苗族服刑人员剩余刑期比例

刑期	5年以下	5~10年	10~15年	15年以上	无期徒刑	死缓
比例（%）	37.26	20.87	18.87	15.45	5.66	1.89

（2）布依族服刑人员的刑罚适用构成情况。

1）原判刑期的结构情况。从2009年的调查看，当前在押的488名布依族服刑人员中，其原判刑期的结构为：5年以下的有15人；5年以上10年以下的有43人；10年以上15年以下的有92人；15年以上的有113人；无期徒刑的有162人；死缓的有63人（其比例见表5-3）。这说明，在押布依族服刑人员中，原判刑期中10年以上的重刑犯占绝大多数，超过88%。

表5-3　布依族服刑人员原判刑期比例

刑期	5年以下	5~10年	10~15年	15年以上	无期徒刑	死缓
比例（%）	3.07	8.81	18.85	23.16	33.20	12.91

2）剩余刑期的结构情况。从2009年的调查看，当前在押的488名布依族服刑人员中，其剩余刑期的结构为：5年以下的有101人；5年以上10年以下的有144人；10年以上15年以下的有103人；15年以上的有105人；无期徒刑的有27人；死缓的有8人（其比例见表5-4）。这说明，在押布依族服刑人员中，剩余刑期中5年以上10年以下的居多，接近30%。

表5-4　布依族服刑人员剩余刑期比例

刑期	5年以下	5~10年	10~15年	15年以上	无期徒刑	死缓
比例（%）	20.70	29.51	21.11	21.52	5.53	1.64

（3）侗族服刑人员的刑罚适用构成情况。

1）原判刑期的结构情况。从2009年的调查看，当前在押的352名侗族服刑人员中，其原判刑期的结构为：5年以下的有33人；5年以上10年以下的有64人；10年以上15年以下的有99人；15年以上的有50人；无期徒刑的有68人；死缓的有38人（其比例见表5-5）。这说明，在押侗族服刑人员中，原判刑期中10年以上的重刑犯占多数，超过70%。

表5-5　侗族服刑人员原判刑期比例

刑期	5年以下	5~10年	10~15年	15年以上	无期徒刑	死缓
比例（%）	9.38	18.18	28.13	14.20	19.32	10.80

2）剩余刑期的结构情况。从 2009 年的调查看，当前在押的 352 名侗族服刑人员中，其剩余刑期的结构为：5 年以下的有 155 人；5 年以上 10 年以下的有 101 人；10 年以上 15 年以下的有 49 人；15 年以上的有 21 人；无期徒刑的有 20 人；死缓的有 6 人（其比例见表 5-6）。这说明，在押侗族服刑人员中，剩余刑期中 5 年以下的居多，接近 45%。

表 5-6　侗族服刑人员剩余刑期比例

刑期	5 年以下	5~10 年	10~15 年	15 年以上	无期徒刑	死缓
比例（%）	44.03	28.69	13.92	5.97	5.68	1.70

（4）土家族服刑人员的刑罚适用构成情况。

1）原判刑期的结构情况。从 2009 年的调查看，在押的 91 名土家族服刑人员中，其原判刑期的结构为：5 年以下的有 14 人；5 年以上 10 年以下的有 16 人；10 年以上 15 年以下的有 32 人；15 年以上的有 12 人；无期徒刑的有 12 人；死缓的有 5 人（其比例见表 5-7）。这说明，在押土家族服刑人员中，原判刑期中 10 年以上的重刑犯仍可以说是占多数，接近 70%。

表 5-7　土家族服刑人员原判刑期比例

刑期	5 年以下	5~10 年	10~15 年	15 年以上	无期徒刑	死缓
比例（%）	15.38	17.58	35.16	13.19	13.19	5.49

2）剩余刑期的结构情况。从 2009 年的调查看，当前在押的 91 名土家族服刑人员中，其剩余刑期的结构为：5 年以下的有 44 人；5 年以上 10 年以下的有 24 人；10 年以上 15 年以下的有 12 人；15 年以上的有 10 人；无期徒刑的有 1 人；没有死缓的（其比例见表 5-8）。这说明，在押土家族服刑人员中，剩余刑期中 5 年以下的居多，超过 48%。

表 5-8　土家族服刑人员剩余刑期比例

刑期	5 年以下	5~10 年	10~15 年	15 年以上	无期徒刑	死缓
比例（%）	48.35	26.37	13.19	10.99	1.10	0

（5）彝族服刑人员的刑罚适用构成情况。

1）原判刑期的结构情况。从 2009 年的调查看，当前在押的 212 名彝族服刑人员中，其原判刑期的结构为：5年以下的有2人；5年以上10年以下的有11人；10年以上15年以下的有29人；15年以上的有57人；无期徒刑的有69人；死缓的有44人（其比例见表5-9）。这说明，在押彝族服刑人员中，原判刑期中10年以上的重刑犯占绝对多数，超过94%。

表5-9　彝族服刑人员原判刑期比例

刑期	5年以下	5~10年	10~15年	15年以上	无期徒刑	死缓
比例（%）	0.94	5.19	13.68	26.89	32.55	20.75

2）剩余刑期的结构情况。从2009年的调查看，当前在押的212名彝族服刑人员中，其剩余刑期的结构为：5年以下的有24人；5年以上10年以下的有46人；10年以上15年以下的有41人；15年以上的有74人；无期徒刑的有19人；死缓的有8人（其比例见表5-10）。这说明，在押彝族服刑人员中，剩余刑期中15年以上的居多，接近35%。

表5-10　彝族服刑人员剩余刑期比例

刑期	5年以下	5~10年	10~15年	15年以上	无期徒刑	死缓
比例（%）	11.32	21.70	19.34	34.91	8.96	3.77

（6）仡佬族服刑人员的刑罚适用构成情况。

1）原判刑期的结构情况。从2009年的调查看，当前在押的34名仡佬族服刑人员中，其原判刑期的结构为：5年以下的有2人；5年以上10年以下的有1人；10年以上15年以下的有11人；15年以上的有4人；无期徒刑的有5人；死缓的有11人（其比例见表5-11）。这说明，在押仡佬族服刑人员中，原判刑期中10年以上的重刑犯占绝对多数，超过91%。

表5-11　仡佬族服刑人员原判刑期比例

刑期	5年以下	5~10年	10~15年	15年以上	无期徒刑	死缓
比例（%）	5.88	2.94	32.35	11.76	14.71	32.35

2）剩余刑期的结构情况。从2009年的调查看，当前在押的34名仡佬族服刑人员中，其剩余刑期的结构为：5年以下的有8人；5年以上10

年以下的有 12 人；10 年以上 15 年以下的有 3 人；15 年以上的有 7 人；无期徒刑的有 3 人；死缓的有 1 人（其比例见表 5-12）。这说明，在押仡佬族服刑人员中，剩余刑期中 5 年以上 10 年以下的居多，超过 35%。

表 5-12　仡佬族服刑人员剩余刑期比例

刑期	5 年以下	5~10 年	10~15 年	15 年以上	无期徒刑	死缓
比例（%）	23.53	35.29	8.82	20.59	8.82	2.94

（7）水族服刑人员的刑罚适用构成情况。

1）原判刑期的结构情况。从 2009 年的调查看，当前在押的 57 名水族服刑人员中，其原判刑期的结构为：5 年以下的有 1 人；5 年以上 10 年以下的有 5 人；10 年以上 15 年以下的有 15 人；15 年以上的有 12 人；无期徒刑的有 17 人；死缓的有 7 人（其比例见表 5-13）。这说明，在押水族服刑人员中，原判刑期中 10 年以上的重刑犯占绝对多数，接近 90%。

表 5-13　水族服刑人员原判刑期比例

刑期	5 年以下	5~10 年	10~15 年	15 年以上	无期徒刑	死缓
比例（%）	1.75	8.77	26.32	21.05	29.82	12.28

2）剩余刑期的结构情况。从 2009 年的调查看，当前在押的 57 名水族服刑人员中，其剩余刑期的结构为：5 年以下的有 15 人；5 年以上 10 年以下的有 15 人；10 年以上 15 年以下的有 13 人；15 年以上的有 10 人；无期徒刑的有 3 人；死缓的有 1 人（其比例见表 5-14）。这说明，在押水族服刑人员中，剩余刑期中 5 年以下和 5 年以上 10 年以下的一样多，都处在比例的第一位，都是 26.32%。

表 5-14　水族服刑人员剩余刑期比例

刑期	5 年以下	5~10 年	10~15 年	15 年以上	无期徒刑	死缓
比例（%）	26.32	26.32	22.81	17.54	5.26	1.75

（8）回族服刑人员的刑罚适用构成情况。

1）原判刑期的结构情况。从 2009 年的调查看，当前在押的 54 名回族服刑人员中，其原判刑期的结构为：5 年以下的有 1 人；5 年以上 10 年以下的有 2 人；10 年以上 15 年以下的有 3 人；15 年以上的有 10 人；无期徒刑的有 16 人；死缓的有 22 人（其比例见表 5-15）。这说明，在押回族服刑人员中，原判刑期中 10 年以上的重刑犯占绝对多数，超过 94%；其另一个显著特点是死缓比例大，超过 40%，这在其他少数民族中是比较少见的。

表 5-15　回族服刑人员原判刑期比例

刑期	5 年以下	5~10 年	10~15 年	15 年以上	无期徒刑	死缓
比例（%）	1.85	3.70	5.56	18.52	29.63	40.74

2）剩余刑期的结构情况。从 2009 年的调查看，当前回族在押的 54 名服刑人员中，其剩余刑期的结构为：5 年以下的有 6 人；5 年以上 10 年以下的有 7 人；10 年以上 15 年以下的有 15 人；15 年以上的有 13 人；无期徒刑的有 3 人；死缓的有 10 人（其比例见表 5-16）。这说明，在押回族服刑人员中，剩余刑期中 10 年以上 15 年以下居多，接近 28%。

表 5-16　回族服刑人员剩余刑期比例

刑期	5 年以下	5~10 年	10~15 年	15 年以上	无期徒刑	死缓
比例（%）	11.11	12.96	27.78	24.07	5.56	18.52

2. 少数民族服刑人员与汉族服刑人员的刑罚适用特征比较

通过前文的叙述，可以看到贵州省少数民族服刑人员在年龄、捕前文化和捕前职业等人身自然状况构成和犯罪类型构成的特征上，与贵州省汉族服刑人员相比存在着一些不同，那么在刑罚适用构成特征上，二者有无差异？如果存在差异，那又主要表现在哪些方面？下文对 2009 年在 K 监狱和 W 监狱调研资料的统计对比将回答这些问题。

（1）少数民族服刑人员的刑罚适用构成特征。

1）少数民族服刑人员的原判刑期结构特征。在本次调查的 2352 名少数民族服刑人员的原判刑期中，人数最多的是无期徒刑，有 649 人；其次是 10 年以上 15 年以下的有期徒刑，有 519 人；排在第三位的是 15 年以上有期徒刑，有 422 人；此外，死缓的人数也比较高，有 349 人；5 年以上 10 年以下和 5 年以下有期徒刑的人数相对要少一些，分别为 273 人和 140 人（其比例结构见图 5-1）。

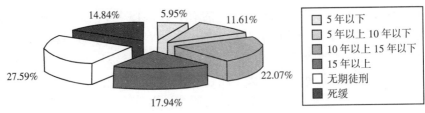

图 5-1 少数民族服刑人员原判刑期结构

这种结构特征显示：受所调查监狱都是关押重刑犯的高警戒度监狱的影响，在押少数民族服刑人员中超过 83% 的人员在原判刑期上都是重刑犯。

2）少数民族服刑人员的剩余刑期结构特征。

在本次调查的 2352 名少数民族服刑人员的剩余刑期中，人数最多的是 5 年以下有期徒刑，有 822 人；其次是 5 年以上 10 年以下有期徒刑，有 538 人；排在第三位的是 10 年以上 15 年以下的有期徒刑，有 468 人；其余依次是无期徒刑、15 年以上有期徒刑和死缓，人数分别为 234 人、225 人和 65 人（其比例结构见图 5-2）。这说明，在笔者调查时，这两所监狱中总体面临的情况是，少数民族服刑人员中超过 57% 的剩余刑期是 10 年以下，其中剩余刑期不到 5 年的接近 35%，其人数比例在剩余刑期中是最高的。

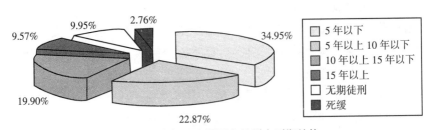

图 5-2 少数民族服刑人员剩余刑期结构

（2）汉族服刑人员的刑罚适用构成特征。

1）汉族服刑人员的原判刑期结构特征。

在本次调查的 5791 名汉族服刑人员的原判刑期中，人数最多的是无期徒刑，有 1687 人；其次是 15 年以上有期徒刑，有 1281 人；排在第三位的是 10 年以上 15 年以下的有期徒刑，有 1191 人；此外，死缓的人数也比较多，有 1000 人；5 年以上 10 年以下和 5 年以下有期徒刑的人数相对要少一些，分别为 458 人和 174 人（其比例结构见图 5–3）。同上，如果 10 年以上有期徒刑即为重刑的话，那么在 K 监狱和 W 监狱的汉族服刑人员中，在原判刑期中有近 90% 的都是重刑犯。

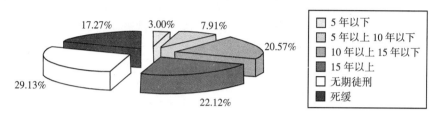

图 5–3　汉族服刑人员原判刑期结构

2）汉族服刑人员的剩余刑期结构特征。

在本次调查的 5791 名汉族服刑人员的剩余刑期中，人数最多的是 10 年以上 15 年以下的有期徒刑，有 1487 人；其次是 5 年以下有期徒刑，有 1464 人；排在第三位的是 5 年以上 10 年以下有期徒刑，有 1358 人；其余依次是 15 年以上有期徒刑、无期徒刑和死缓，人数分别为 817 人、537 人和 128 人（其比例结构见图 5–4）。这说明，在笔者调查时，这两所监狱面临的总体情况是，汉族服刑人员中占 75% 左右的剩余刑期是 15 年以下，剩余刑期不到 5 年的仅占约 25%，矫正的压力仍然较大。

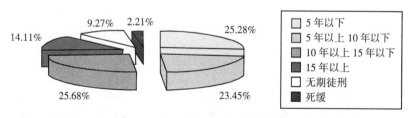

图 5–4　汉族服刑人员剩余刑期结构

（3）少数民族服刑人员与汉族服刑人员的刑罚适用特征对比。

1）原判刑期结构特征对比。

结合上面的统计，我们可以看到，在原判刑期的结构特征上，少数民族服刑人员与汉族服刑人员的共同点是，两者的无期徒刑比例都是各自最高的，而 5 年以下有期徒刑比例也是各自最低的。少数民族服刑人员与汉

族服刑人员的不同点是，前者在 15 年有期徒刑以下三个刑期段的相对比
例都比后者高，而 15 年有期徒刑以上三个刑期段的相对比例都比后者低。
这种特征在一定程度上说明，总体上少数民族服刑人员触犯重罪的相对比
例要小于汉族服刑人员。此外，还有个明显的差异是 10 年以上 15 年以下
的比例在少数民族服刑人员中是排在第二位，在汉族服刑人员中则排在第
三位；15 年以上有期徒刑的比例在少数民族服刑人员中是排在第三位，
在汉族服刑人员中则排在第二位（具体情况见图 5-5）。

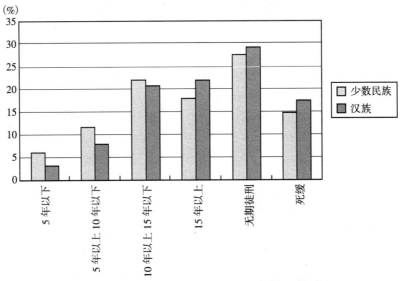

图 5-5　少数民族与汉族服刑人员原判刑期结构对比

2）剩余刑期结构特征对比。

在剩余刑期的结构特征上，少数民族服刑人员与汉族服刑人员的共同
点是，两者的死缓比例都是各自最低的。少数民族服刑人员与汉族服刑人
员的不同点是，前者 5 年以下有期徒刑的排在第一位，其相对比例远高
于后者（排在第二位），高出接近 10%；后者 10 年以上 15 年以下的排在
第一位，其相对比例则要高出前者（排在第三位）5%强（具体情况见图
5-6）。

上述原判刑期和剩余刑期特征的对比说明，如果仅就服刑期限来讲，
单纯考虑刑期的长短而坚持刑期越长则矫正越难的观念，那么监狱在矫正

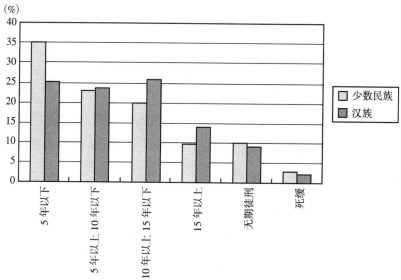

图5-6　少数民族与汉族服刑人员剩余刑期结构对比

汉族服刑人员上可能要比矫正少数民族服刑人员的压力要大。不过，一旦结合前文统计过的服刑人员年龄结构、文化结构和职业结构情况，那么实际上狱内少数民族服刑人员所面临的文化适应困难就要大多了。因此，就总体情况而言，一方面，监狱在矫正少数民族服刑人员上要更为棘手一些；另一方面，大多数少数民族服刑人员在监狱化过程中形成机构化人格的风险相对要高一些，因而其对监狱生活的适应也要承受一些压力较大的考验。

二、少数民族服刑人员监禁矫正情况调查与分析

通过上面对刑罚适用的统计分析，再结合前文论及的在押服刑人员的一些构成特点，本研究从实证统计的角度，证实了在刑罚适用上，与汉族服刑人员相比，贵州省少数民族服刑人员都存在一些自己的特点。这正如有的学者研究指出，由于民族地区政治、经济、文化、宗教信仰、风俗习惯的影响以及历史发展的原因，少数民族服刑人员无论在心理特征、思想状况，还是在改造表现上，与汉族服刑人员都有很大差异。这种差异就是改造与被改造中的特殊性矛盾，它给监管改造工作带来了复杂性和困难性。如果我们看不到这一点，对它缺乏足够的认识，仅采取一般的矫正方

法，与汉民族服刑人员搞"一锅煮"，就难以取得最佳矫正效果。[1]并且菲利也认为，"从人类学和社会学方面来说，面对同样的犯罪，由于犯罪的原因不同，对各种人格的服刑人员则需要采取不同的治疗方案"。[2]这样，在对少数民族服刑人员进行监禁矫正的过程中，从理论上讲也就需要充分考虑其存在的特点，以促使其快速适应监狱生活。同时，鉴于深描的基础是精细的行为主义的描写。[3]因此，本节内容更侧重于对少数民族服刑人员适应监狱生活过程的观察和描述，并对此作出文化适应理论解析。

1. 少数民族服刑人员文化适应面临的理念、制度与环境

在整个矫正领域，可以说很难找出大量的专属于少数民族服刑人员矫正的理念和制度。然而，我们可以从下述思路来理解少数民族服刑人员的矫正理念及制度问题：首先，少数民族服刑人员从其本质属性上看，他是一名因犯罪而受到刑事处罚的人，先是归类在服刑人员中，这和那些非服刑人员（指那些没犯罪或者犯罪而免于刑事处罚的人，既可以是少数民族成员，也可以是汉族成员）是相对应的；其次，在服刑人员这个大范围中，从民族这个自然身份上看，他又是属于少数民族成员，在中国语境中和汉族服刑人员是相对的。这样，我们分析少数民族服刑人员的矫正理念及制度问题，那就既要考虑那些针对全体服刑人员的矫正理念及制度（即作为服刑人员都必须接受的矫正，少数民族服刑人员和汉族服刑人员无差异），又要结合针对少数民族服刑人员的矫正理念及制度（即因少数民族服刑人员的特殊生活习惯等而予以照顾）。为了便于区别称呼这二者，本研究尝试提出"普遍性的矫正理念（制度）"和"变通性的矫正理念（制度）"这两组名称作分析框架。[4]

（1）少数民族服刑人员文化适应面临的监禁矫正理念。

1）普遍性的监禁矫正理念。

第一，关于监禁矫正效果的争辩情况。当代流行的服刑人员监禁矫正

① 本书编写组：《云南少数民族罪犯研究》，中国人民公安大学出版社1990年版，第180页。
② ［意］恩里科·菲利著：《实证派犯罪学》，郭建安译，中国公安大学出版社2004年版，第46页。
③ 澜清：《深描与人类学田野调查》，《苏州大学学报》（哲学社会科学版）2005年第1期。
④ 此处是受民族自治地方常见的"变通性规定"这种说法的启发而提出这两组分析概念。在少数民族自治地方所实施的法律中，除了那些通行全国的法律（这是除港澳台地区之外的国内任何地方都普遍有效的法律）外，还包括民族自治地方依法对国家法律所作的变通性规定（这是一种仅限在民族自治地方施行的法律）。

理念（或者称思想）主要源于西方国家，特别是美国。有关监禁矫正效果的争辩也主要发生在国外。自矫正理念产生以来，其大致经历了初发、勃兴、强盛、低谷和重整这几个阶段。其间，理论分歧最大的是监禁矫正的效果问题。不少西方学者对监禁矫正的效果进行了很多深入的研究，也形成了不少评价性的结论。根据他们对监禁矫正效果是坚持否定还是坚持肯定的立场，大致可以把他们的观点划分为"否定论"和"肯定论"两种情形，其中否定论的基本观点认为，对犯罪人的矫正是无效的，矫正治疗不应当是刑罚机构的一个重要目标。考虑到本书的研究主题，下文对在20世纪70年代以前基本占绝对上风的肯定论仅一笔带过，主要围绕否定论的盛行及其后矫正理念的发展作简要叙述。

就笔者收集的资料看，英国社会犯罪学家莫里森（Morrison）可以算是较早怀疑矫正效果的学者。他通过本人以监狱牧师身份长时间亲身体验英国监狱生活的经验，在20世纪初就坚持"几乎不相信监狱在改造犯人方面有什么效果"的看法。莫里森把犯罪人划分为偶然犯罪人和习惯性犯罪人，其中前者的犯罪仅仅是一种孤立的偶发事件，他们在其他方面则过着守法的生活；后者的犯罪则已成了一种职业，他们通过掠夺社会来维持自己的生活。由此，莫里森论述了监禁对犯人的心理和社会损害问题：监狱是习惯性犯罪人产生的温床，监狱使犯人变得更堕落，败坏了他们的心理和道德，减弱了他们的热情，使他们厌烦工作和对生活的义务；当他们自由时，他们对社会的危险性比他们进监狱前大得多。因此，莫里森的结论认为，监禁没有保护社会的目的，它给社会增加了很大的危险。①

对监禁矫正效果持否定态度的最著名人物可能是美国社会学家罗伯特·马丁森（Robert Martinsen）。他在1974年发表了《有什么效果？关于监狱改革的问题与答案》的研究报告，提出了监禁矫正对减少重新犯罪没有产生效果的观点，②引起了巨大的反响。在这篇文章中，马丁森指出，"除了极少的和孤立的例外情况，迄今为止所报告的矫正活动没有对累犯产生明显的效果"。"这并不是说我们没有发现成功或者部分成功的例子，而仅仅是说，这样的例子是孤立的，以至于不能形成可以说明特定治疗方

① 吴宗宪：《西方犯罪学》（第2版），法律出版社2006年版，第181页。
② ［美］Robert Martinsen "What Works? Questions and Answers about Prison Reform," The Pubilic Inrerest. Vol.35, 1974, pp.22-54.

法是有效的清晰模式"。①马丁森的这个惊人的研究报告及其论点，被称为"马丁森炸弹"。1975年，道格拉斯·利普顿、罗伯特·马丁森和朱迪斯·威尔克斯合著的《矫正治疗的效果：对治疗评价研究的一项调查》一书出版，进一步阐述了马丁森关于矫正治疗没有产生效果的观点。马丁森等的研究结论似乎宣告"矫正无效"时代的到来，成为刑事司法领域中用公平模式取代医学模式的重要理由。②

此外，还有一些美国学者也不同程度地表示出对矫正服刑人员效果的怀疑。比如，学者麦克纳马拉（D.E.L. Macnamara）在1977年发表文章认为，就矫正的医学模式而言，其基本假设就是它的基本缺陷：医学模式认为，犯罪人是"病人"，但事实上，犯罪人是像大多数非犯罪人那样的"正常人"。犯罪人与非犯罪人的差别在于，犯罪人是社会化不足的人，他们被迫生活在遭受虐待、残忍、歧视和剥削的社会中。因此，那些教育计划、职业培训计划或保健治疗都不会产生真正的"疗效"，因为他们不可能消除经过二三十年形成的反社会条件反射。③社会犯罪学家理查德·霍金斯（R. Hawkins）等在《美国监狱制度》一书中也认为，大多数服刑人员治疗计划没有考虑到监狱整体环境的意义，而仅仅是对监狱环境的一种点缀，只有极少数的矫正结构是完全按照矫正原理设计和建造的。④更有学者对矫正的基本假设发表了不客气的批评。犯罪学家斯坦顿·萨米诺（S.E. Samenow）就指出，矫正就是恢复以前的建设性状态，但对于犯罪人而言，没有什么可以恢复的；犯罪人不可能恢复到早期的负责任状态。犯罪人从未学会过在这个社会中生活的方式，而我们中的大部分人在孩童时代就学会了这些方式。他甚至声称：正如矫正是一种错误的概念那样，"把犯罪人重新整合进社区"也是一种错误的概念。犯罪人在最初就没有整合到社会中，现在要说把犯罪人整合进社会中，是荒谬可笑的。⑤

---

① Robert Martinsen, "What Works? Questions and Answers About Prison Reform", The Public Interest, 1974, Vol.35, p. 49.

② 吴宗宪：《当代西方监狱学》，法律出版社2005年版，第144页。

③ D.E.L. Macnamara, "The Medical Model in Corrections: Requiescat in Pace", Criminology, 1977, Vol.35, p. 441.

④ ［美］霍金斯等：《美国监狱制度——刑罚与正义》，孙晓雳等译，中国人民公安大学出版社1991年版，第170–176页。

⑤ 吴宗宪：《当代西方监狱学》，法律出版社2005年版，第146页。

针对日益增长的矫正无效论，美国学者威尔逊（James Q. Wilson）提出，不能对服刑人员的矫正一概而论，而应当明确：对适当的服刑人员采用适当的治疗计划是非常重要的；对不适当的服刑人员采用不适当的治疗计划，就可能会妨碍积极效果的产生。威尔逊谈到了顺从性的问题，认为在许多情况下，如果犯罪人是顺从的，治疗计划就可能对他们产生效果，就可以降低他们重新犯罪的可能性；如果犯罪人缺乏顺从性，治疗计划就可能不但无效，反而可能增加他们重新犯罪的可能性。[1]

晚近以来，西方学者在评价矫正效果时产生了一个比较明显的变化，学者们不再笼统地讲服刑人员矫正是否有效果，而是区分不同情况进行分别的评价，认为一些服刑人员矫正计划是有效的或者效果是比较明显的，而另一些矫正计划是无效的或者效果比较微弱的。[2]有学者提出，"对犯罪人进行工作的底线是，必须有实际证据表明干预可能会带来犯罪行为的减少。如果这一减少随着时间的流逝仍然是令人信服的，并能一直表现出来，那么在社会理解和应对犯罪人的方式上就会有根本性的变化"。[3]这些情况显示出西方学者似乎已经跳出"有没有效果"的争议圈子，进入到"有哪些效果"、"怎样做才有效果"的阶段，这种发展趋势看起来应当说是更加务实一些。尽管下文将谈到，在我国有关监禁矫正效果的争议还不多见，不过国外的这种发展趋势对我国评价监禁矫正效果还是具有一定启发意义的。

第二，国内关于监禁矫正理念的变迁。可能是国情差异的因素，在西方国家监狱学理论中争辩得不可开交的"矫正是否有效果"的问题，自新中国成立以来的60余年里，在国内监禁矫正[4]指导思想上似乎并不是一

---

① 吴宗宪：《当代西方监狱学》，法律出版社2005年版，第146页。
② 吴宗宪：《当代西方监狱学》，法律出版社2005年版，第147页。
③ ［英］Clive R.Hollin主编：《服刑人员评估和治疗必备手册》，郑红丽译，中国轻工业出版社2006年版，第346页。
④ 新中国成立以来在处置服刑人员的称呼中，没有"矫正"这种说法，国内官方的正式提法是"改造"。有学者认为，"矫正"与"改造"具有不同的内涵，二者是有区别的，前者侧重行为、心理；后者则包括思想、行为、心理及知识、技能等多种内容。但它们之间又有内在的联系，从本质上看有共性。参见夏宗素主编：《狱政法律问题研究》，法律出版社1997年版，第43页。笔者在此主要是取其共性而言的，并且从当前的发展看，似乎"矫正"一词要比"改造"更为符合用词发展的趋势，于是就将其中的"改造"表述成"矫正"了。

个有特别分歧的问题。① 毛泽东在《接见斯诺的谈话》（1960 年 10 月 22 日）中提出，"许多犯罪分子是可以改造好的，是能够教育好的"。同时，他还指出，"我们的监狱不是过去的监狱，我们的监狱其实是学校，也是工厂，或者是农场"。从那以后"人是可以改造的"一直就是中国服刑人员矫正的理论基石。有学者根据辩证唯物主义理论认为，服刑人员作为一个特殊的社会群体，也是处于不断变化之中，其犯罪思想、动机都随着特定社会条件和外部环境的变化而变化。正是人的可变性，服刑人员的可变性，才使改造服刑人员成为可能。②

在坚持"人是可以改造的"这一思想的基础上，我国的服刑人员矫正管理工作（即监狱工作）方针随着社会的变迁，历经了如下四个发展演变阶段：第一阶段是"三个为了"的工作方针。1951 年的《第三次全国公安会议决议》指出："大批应判刑的犯人，是一个很大的劳动力。为了改造他们，为了解决监狱的困难，为了不让判处徒刑的反革命分子坐吃闲饭，必须立即着手组织劳动改造工作。"第二阶段是"两个结合"的工作方针。1954 年出台的《中华人民共和国劳动改造条例》中第四条规定："劳动改造机关对于一切反革命犯和其他刑事犯所实施的改造，应当贯彻惩罚管制与思想改造相结合、劳动生产与政治教育相结合的方针。"第三阶段是"改造第一，生产第二"的工作方针。1964 年的《关于第六次全国劳改工作会议的情况报告》中明确提出"改造第一，生产第二"是监狱的工作方针。第四阶段是"惩罚与改造相结合，以改造人为宗旨"的工作方针。1994 年颁行的《中华人民共和国监狱法》中第三条规定："监狱对服刑人员实行惩罚和改造相结合，教育和劳动相结合的原则，将服刑人员改造成为守法公民。"随即在 1995 年的《国务院关于进一步加强监狱管理和劳动教养工作的通知》（国发〔1995〕4 号文件）中，明确指出监狱工作要坚持"惩罚与改造相结合，以改造人为宗旨"的方针。当前这一方针仍为服刑人员矫正管理工作的指导方针。

---

① 这可能和中国政府统计的重新犯罪率低有关。根据 1992 年的统计，中国是重新犯罪率最低的国家之一，多年来一直保持着 6%~8%的水平。参见国务院新闻办公室：《中国改造罪犯的状况》，法律出版社 1992 年版，第 2 页。同时，根据最近的一次官方统计，自 1978 年以来我国监狱共教育改造服刑人员千万余人，改好率保持在 90%以上。参见柴黎：《三十年间监狱刑罚执行职能不断强化》，《法制日报》2008 年 11 月 9 日。
② 金鉴主编：《监狱学总论》，法律出版社 1997 年版，第 13 页。

根据上述有关方针，我国在服刑人员矫正问题上形成了如下管理、矫正服刑人员的政策：其一，立足于改造（矫正）服刑人员的政策。这是我国行刑的总政策，它贯穿于服刑人员矫正过程中的各个方面，是指导服刑人员矫正工作的最基本政策。其二，惩罚与改造（矫正）相结合、教育与劳动相结合的政策。也就是要在惩罚这个前提下，通过教育和劳动这两个手段来达到改造（矫正）的目的。其三，区别对待服刑人员的政策。也就是在矫正服刑人员过程中要做到分类关押、分类管理、分类教育。其四，给出路的政策。也就是在服刑人员服刑期间要依法给予减刑、假释等奖励，其出狱后要帮助给予妥善安置。其五，人权保障政策（也称革命人道主义政策）。也就是要尊重服刑人员的人格，保障其合法权利。

此外，在上述思想、方针和政策的指导下，我国监狱行刑目的可以分为三个层次：一是对服刑人员实施惩罚和改造，这是监狱行刑的首要目的。二是预防和减少犯罪，这是监狱行刑的主要目的。三是保障社会主义建设事业的顺利进行，这是监狱行刑的根本目的。[①] 其中，对服刑人员而言，就是矫正其成为守法公民。这实际上是自新中国成立以来就一直在坚持不懈追求的目标。比如，新中国成立不久就拟定的《中华人民共和国刑法大纲草案》（1950 年 7 月 25 日）中第十六条第二项就规定："改造犯罪人，使其对于国家企求政治、经济与文化发展的秩序，养成尊重的精神。"[②]

2）变通性的监禁矫正理念。

正如我国台湾地区学者林纪东所言，刑事政策的发达，使监狱行刑观念发生了根本性的变化，所以刑事政策的观念是现代监狱行刑的基本观念之一。[③] 对少数民族服刑人员而言，其变通性的监禁矫正理念主要体现在国家对少数民族实行的"两少一宽"刑事政策上。在 1984 年《民族区域自治法》颁行的同时，中共中央为了统一和协调少数民族地区的刑事司法工作，在中发〔1984〕第 5 号文件中提出对少数民族的犯罪分子实行"两少一宽"的政策，即"对少数民族中的犯罪分子要坚持'少捕少杀'，在处理上一般要从宽。"这里的"处理从宽"包含范围较广，包括刑事诉讼程

---

① 张全仁主编：《监狱行刑学》，中国物价出版社 2003 年版，第 37 页。
② 高铭暄、赵秉志编：《中国刑法立法文献资料精选》，法律出版社 2007 年版，第 202 页。
③ 林纪东：《监狱学》，三民书局股份有限公司 1978 年版，第 19 页。

序上的从宽、定罪上从宽、量刑上从宽和刑罚执行上从宽。就与矫正密切相关的刑罚执行而言，那就是凡可以缓刑的，坚持适用缓刑，不予羁押执行；已经判处主刑的，经过法定执行期间要适当放宽减刑和假释的条件。[①]"两少一宽"刑事政策在坚持全国法制统一的同时，又注重兼顾少数民族的特点，反映了党和国家民族政策在有关少数民族刑事司法工作中的指导，对维护国家统一和巩固民族团结有重要的意义，是对少数民族服刑人员采取变通性矫正的政策依据。

同时，根据少数民族服刑人员的特殊性，有学者提出，改造少数民族服刑人员的指导思想应当是：贯彻各民族平等的原则；体现社会主义人道主义精神；采取区别对待的政策。[②]还有学者认为，改造少数民族服刑人员的特殊原则有：其一，坚持民族平等，促进民族团结；其二，关注民族问题，化解民族矛盾；其三，把握少数民族服刑人员的心理和行为特征。[③]笔者认为，这些倡导都是有相当道理的。在具体的服刑人员管理工作中，从贯彻党和国家的民族政策出发，结合少数民族服刑人员的特点，应当在坚持前述五个政策的情况下，落实这样两大指导原则：其一，民族平等原则。对各民族服刑人员一视同仁，不准有任何民族歧视。做到各民族服刑人员的法律地位平等、民族尊严和人格平等。其二，特殊处遇原则。这不是提出搞不平等，而是强调要根据少数民族服刑人员在生活习惯、语言文字、宗教信仰等方面的特殊性，对其生活、文化等方面的特殊习惯予以特别照顾。前述的政策和这里的原则，是我们在制定少数民族服刑人员矫正规划、措施和具体实施矫正工作时需要高度重视的。

（2）少数民族服刑人员文化适应面临的监禁矫正制度[④]。

1）普遍性的监禁矫正制度。这里的"普遍性的监禁矫正制度"，是指在法律法规、部门规章及规范性文件（此处仅讨论国内法）中所规定的适用于全国范围内（除港澳台地区之外）的有关服刑人员矫正规范。从监狱工作的法制建设变迁看，自1978年改革以来，我国监狱工作的法制化建设不断进步。《监狱、劳改队管教工作细则》、《犯人生活卫生管理办法》、

---

① 马克昌主编：《中国刑事政策学》，武汉大学出版社1992年版，第420、428页。
② 本书编写组：《云南少数民族罪犯研究》，中国人民公安大学出版社1990年版，第181页。
③ 鲁加伦主编：《中国少数民族罪犯改造研究》，法律出版社2001年版，第35~47页。
④ 王飞：《矫正少数民族服刑人员的理念、制度与文化》，《贵州社会科学》2011年第2期。

《犯人守则》等在 20 世纪 80 年代先后出台，而《监管改造环境规范》、《服刑人员改造行为规范》、《劳改劳教工作干警行为准则》等一系列规章在 20 世纪 90 年代又陆续制定。尽管其中一些规定现在已经失效，但也曾促进了监狱工作的有规可依、有章可循。特别是 1994 年《监狱法》通过后，为配合《监狱法》的实施，司法部会同有关部门还制定了一系列涉及监狱工作的法律法规文件 30 余件。从现行有效的服刑人员矫正制度看，按照其法律效力主要有三个层次：首先，国家根本大法即《宪法》（1982 年颁行）中的有关规定，①这是服刑人员矫正的最根本性的法律依据。其次，基本刑事法律即《刑法》（1997 年颁行）、《刑事诉讼法》（1996 年颁行）等法律中的有关规定，②这是监狱服刑人员矫正的比较宏观性的法律依据。最后，专门的监狱管理法律和规范即《监狱法》（1994 年）、《监狱、劳改队管教工作细则（试行）》（公安部 1982 年）、《司法部关于计分考核奖罚服刑人员的规定》（1990 年）、《监狱教育改造工作规定》（司法部 2003 年）、《监狱服刑人员行为规范》（司法部 2004 年）和《教育改造服刑人员纲要》（司法部 2007 年）等法律法规及法规性文件为服刑人员矫正提供了比较详细的、可操作性较强的法律依据。鉴于这些法律法规及规范性文件内容都是围绕监狱中服刑人员矫正所规定的，在下文中很多地方会有不同程度的论述，为使讨论显得精简一些，在此就不一一列举了。

　　2）变通性的监禁矫正制度。从笔者收集的资料看（见表 5-17），有关少数民族服刑人员的变通性监禁矫正制度主要有：1994 年全国人大常委会颁行的《监狱法》第五十二条，公安部于 1982 年制定的《监狱、劳改队

---

① 《宪法》第二十八条规定："国家维护社会秩序，镇压叛国和其他反革命活动，制裁危害社会治安、破坏社会主义市场经济和其他危害国家安全的犯罪活动、制裁危害社会治安破坏社会主义市场经济和其他犯罪活动，惩办和改造犯罪分子。"

② 比如，《刑法》第四十六条规定："被判处有期徒刑、无期徒刑的犯罪分子，在监狱或者其他执行场所执行；凡有劳动能力的，都应当参加劳动，接受教育和改造。"
《刑事诉讼法》第二百一十三条规定："服刑人员被交付执行刑罚的时候，应当由交付执行的人民法院将有关的法律文书送达监狱或者其他执行机关。
对于被判处死刑缓期二年执行、无期徒刑、有期徒刑的服刑人员，由公安机关依法将该服刑人员送交监狱执行刑罚。对于被判处有期徒刑的服刑人员，在被交付执行刑罚前，剩余刑期在一年以下的，由看守所代为执行。对于被判处拘役的服刑人员，由公安机关执行。
对未成年犯应当在未成年犯管教所执行刑罚。
执行机关应当将服刑人员及时收押，并且通知服刑人员家属。
判处有期徒刑、拘役的服刑人员，执行期满，应当由执行机关发给释放证明书。"

管教工作细则（试行）》第二十七条第二款、第四十一条、第六十七条第一款、第七十一条第二款、第一百二十条第二款，2003 年司法部第 79 号令颁布的《监狱教育改造工作规定》第八条等规定。这些规定的内容基本上都是围绕少数民族服刑人员的风俗习惯、语言文字和文化基础等具有一定民族特点而规定的，对少数民族服刑人员适应监禁生活等起到了不少的指导和帮助作用。

表 5-17　少数民族服刑人员的变通性监禁矫正制度规定情况

名称	时间	条文	规定内容
《监狱教育改造工作规定》	2003 年 8 月 1 日	第八条	监狱用于罪犯教育改造的经费，按照国家规定的有关标准执行。少数民族罪犯、未成年犯的教育改造经费应予提高
《监狱法》	1994 年 12 月 29 日	第五十二条	对少数民族服刑人员的特殊生活习惯，应当予以照顾
		第二十七条第二款	少数民族服刑人员死亡后的尸体，可按其本民族现行的风俗习惯处理
《监狱、劳改队管教工作细则（试行）》	1982 年 2 月 18 日	第四十一条	对少数民族的服刑人员，应当尊重他们的民族风俗习惯，在生活上给予适当照顾。少数民族服刑人员较多的单位，应当单独编队，尽可能派本民族的干部进行管理教育
		第六十七条第一款	服刑人员接见家属，每月 1 次或 2 次，每次不超过 1 小时，特殊情况，可以适当延长。每次接见的家属，不得超过 3 人。接见时禁止使用隐语或外国语交谈。少数民族服刑人员接见时，可以使用本民族的语言。反革命犯、重大刑事犯和改造表现很坏的服刑人员接见家属时，要有干部监听
		第七十一条第二款	少数民族服刑人员与亲属通信，可以使用本民族的文字
		第一百二十条第二款	少数民族服刑人员较多的单位，可以单设食堂或另立食灶

（3）少数民族服刑人员文化适应面临的监狱文化背景。

1）监狱是一个体现特殊环境的独特"小社会"。监狱是一个相对独特的小社会，与日常生活中的公共社会相比，监狱社会是比较封闭的，同时对监狱外的社会公众而言，高墙电网内的监狱社会又是比较神秘的。这种封闭环境下的社会是怎样的？服刑人员在这种独特环境中是怎么生活的？有着什么样的体验？又是怎样适应心理、行动等方面所受的监禁限制的？如此一些疑问往往引发人们对监狱形象的联想。从社会学理论角度看，监狱是以对服刑人员实施强制再社会化为活动宗旨的一种暴力性色彩强烈的正式社会组织。①进而从监狱体现出来的知识权力和社会功能看，法国社会学家福柯敏锐地指出，在若干方面，监狱必须是一种"彻底的规训机构"："它必须对每个人的所有方面——身体训练、劳动能力、日常行为、道德态度、精神状况——负起全面责任。学校、工厂和军队都只涉及某些方面的专业化，而监狱远远超过它们，是一种'全面规训'的机构。……它实行的是一种不停顿的纪律。……它对犯人施展一种几乎绝对的权力。它具有压迫和惩罚的内在机制，实行一种专制纪律。它最大限度地强化了在其他规训机制中也能看到的各种做法。"②由此可见，在所有的正式社会组织中，监狱的社会控制力量非常强大且功能全面。监狱的确称得上是一个名副其实的体现特殊社会环境的独特社会。

2）监狱文化主要体现的是整体社会的主流文化。监狱文化是一个多元素、多层次、多内容和多形式的复合性文化构成。笔者认为，作为一种满足矫正服刑人员之需而应运而生的文化现象，监狱文化是社会主流文化在监狱这个独特场域里的折射和反映。这可以引众多学者的论述为证：有学者认为，监狱文化是监狱在长期的发展过程中，根据统治者的意志并接受社会传统文化的影响所形成的组织、纪律、制度、法规、价值观念、道德规范、行为方式和精神风貌。③也有学者主张，监狱文化是社会文化的一个重要组成部分，改造服刑人员本质上也就是一种文化现象，对服刑人员所代表和体现的生活方式与文化价值观念的改造正是社会主义精神文明建设、社会主文化置换亚文化的一个内容；改造服刑人员必然是一种文化建设，整个文化环境的核心集中在服刑人员生活方式的培养上；劳动改造实践在文化本质上是改造犯人的文化过程。④还有学者坚持，监狱作为国家法律实现效力的重要场所，在监狱法律规范、刑事执行政策的内容及其实施过程中，也反映着一个社会主文化的基本价值观。从文化发展的角度看，监狱这个"小社会"文化程度的高低，不仅反映出社会制度和法律制度的优劣，而且还反映出社会文化所倡导的基本价值观念的兴衰。监狱作为一个特殊的社会文化场所和法律文化的"聚焦点"，可以说是一个社会制度和社会文化发展的缩影，它通过暴力性的物化形态昭示着国家与社会

① 金鉴主编：《监狱学总论》，法律出版社 1997 年版，第 40–41 页。
② ［法］米歇尔·福柯：《规训与惩罚》，刘北成、杨远婴译，三联书店 2003 年版，第 264 页。
③ 金鉴主编：《监狱学总论》，法律出版社 1997 年版，第 530 页。
④ 孙晓雳：《劳动改造刑论》，中国人民公安大学出版社 1992 年版，第 131、132 页。

对服刑人员的价值评判，并且在更深层次上展示了国家对"社会文化图腾"的完美追求。[①]此外，有学者还认为，监狱文化是监狱在执行刑罚、改造服刑人员的实践中，通过长期积淀而形成的，为服刑人员所熟知的思想观念、行为模式、传统习惯、行为规范、物质环境与精神文化环境等的总和。监狱文化并不是单一文化形态，它主要包括两方面：一是监狱机关倡导的主流文化；二是在服刑人员中自发形成的居次要地位的亚文化。[②]

因此，在本书看来，监狱文化主要体现的是整体社会的主流文化。它在监狱这个特殊社区中包括三方面内容：监狱主流文化、服刑人员文化和工作人员文化。其中主流文化是国家倡导的，是一种显性存在（显规则），它的力量最强大，对其他两种文化都形成绝对的压制态势。服刑人员文化是服刑人员当中形成的，隐性存在（潜规则）是它最常见的表现形式，它主要是和监狱主文化相抗衡或牵制，力量相对较小，但是生命力比较顽强，与监狱主文化形成此消彼长的关系。工作人员文化是监狱工作人员当中形成的，隐性存在（潜规则）也是它最常见的表现形式，它和监狱主流文化不形成明确对抗，若即若离，既合作又分离，力量相对较小，不过生命力也顽强。服刑人员在监狱要适应的主要是监狱主流文化和服刑人员文化，基本不涉及工作人员文化，因为他们不可能也没必要融入工作人员圈子。此外，服刑人员文化还可以按照其分布范围、存在价值和规则效力的不同，进一步细分为囚犯亚文化（也称犯人亚文化、罪犯亚文化）和机构化人格，前者在服刑人员中分布相对要广泛一些，主要是抵制监狱主文化的强迫，并且凡亚文化团体内成员违反该文化规则将遭到团体而非来自监狱的惩罚；后者一般仅存在于那些过度监狱化的服刑人员的行为模式中，主要是消解监狱主文化的效果，服刑人员不仿行该模式不会遭到任何惩罚。由此，本研究认为，监狱主流文化通过物质文化（如监狱的生活起居、劳动矫正等）、制度文化（如服刑人员行为规范、军事化组织结构等）和精神文化（也称观念文化，如思想教育、文化教育等）形式在服刑人员的再社会化矫正过程中体现出来，而服刑人员文化则主要体现为监狱化过程中的囚犯亚文化和机构化人格等非主流文化。

---

① 夏宗素主编：《监狱学基础理论》，法律出版社 2001 年版，第 196 页。
② 何为民主编：《服刑人员心理矫治》，法律出版社 2001 年版，第 108 页。

3）服刑人员的狱内再社会化是个体原有文化模式的一些强制改变。社会化是在社会学里的一个重要概念，一般是指社会个体通过与社会的交互作用，适应并吸收社会的文化，成为一名合格社会成员的过程。正如学者所言，在行刑领域，我们所面临的是已经发生了犯罪的社会现实，我们在用一种文化功能去矫正服刑人员的反社会性，同化他的思维方式和行为习惯。①所以，服刑人员改恶从善的过程就是服刑人员再社会化的过程。这里的再社会化，是指服刑人员经过一定方式的改造，逐渐克服社会化过程中发生的病态，重新适应社会规范和社会生活的过程。②换言之，再社会化，就是指服刑人员个体由旧的价值标准和生活方式向新的价值标准和生活方式的转变过程。对服刑人员的关押改造就是服刑人员的政治再社会化、法律再社会化、角色再社会化的过程。③

既然服刑人员再社会化是要重点矫正其扭曲的价值观念和不良行为方式，重点培养服刑人员的社会意识和守法意识，并向他们灌输符合绝大多数人利益的社会规范、价值规范和行为方式。在中国语境下，同时还意味着用科学的理论和先进的思想改造服刑人员的世界观、人生观和价值观。④那么改变服刑人员的观念结构和行为模式，这种强制性的转变也就是在改变服刑人员原有文化模式的一些内容。

4）少数民族服刑人员的监禁矫正是一种特殊场域中的文化适应过程。监狱必须发挥"收得下，管得住，跑不了，改造好"的功能。因此，监狱文化不同于一般的社会文化，它所要求的"言有戒律，行有准则"远非社会一般组织的要求可比。同时监狱里的矫正也不是一般社会文化的接触，它是以国家强制力为保障的主流文化传播。这种特殊形式的文化传播具有强烈的且接收方几乎难以改变的定向作用，它总是在明文宣示或者在潜移默化中使服刑人员接受监狱所提倡的价值标准和思维方式。这样，一旦服刑人员来到这里，就会在监狱所特有的传统和舆论的无形压力中重新审视自我，改变以往的认知结构，逐渐适应和接受这里的改造方式。⑤

---

① 刘强：《美国社区矫正演变史研究——以犯罪刑罚控制为视角》，法律出版社 2009 年版，第111 页。
②④ 金鉴主编：《监狱学总论》，法律出版社 1997 年版，第 830 页。
③ 何为民主编：《服刑人员心理矫治》，法律出版社 2001 年版，第 103 页。
⑤ 何为民主编：《服刑人员心理矫治》，法律出版社 2001 年版，第 109、110 页。

同时，前文也曾提及，一般而言少数民族往往是弱势民族，因而其文化也就成了主流文化背景下的一种弱势文化。在这种弱势文化背景下，加之少数民族人员大多生活在信息比较闭塞的民族地区，当其离开自己的文化群体而与主流文化群体交往时，也就常常会遭遇文化适应的考验。因此，当少数民族服刑人员在狱内矫正时，其就会面临着监狱主流文化（相对而言，也就是一种异文化）的文化模式和生活规范的适应问题。既然狱内再社会化是服刑人员原有文化模式的一些特质变化，那么我们就可以说，少数民族服刑人员犯罪的监禁矫正也就是一种特殊场域中的文化适应过程。

2. 少数民族服刑人员在监禁矫正中对监狱主流文化的适应

（1）物质文化适应：监内少数民族服刑人员的生活与劳动。俗话说"人是铁，饭是钢，一顿不吃饿得慌"。上面谈到，作为在文化上与社会主流文化有着一些差异的少数民族的一个特殊群体，少数民族服刑人员要适应体现社会主流文化的监狱文化，他们最基本的需求之一是要首先适应其物质文化环境。从有关规定看，对少数民族服刑人员的日常生活方面有一些特别保护。①换言之，也就是少数民族服刑人员的一些传统风俗习惯可以在监狱中继续保留。那么，少数民族服刑人员如何适应当前监狱生活中的物质文化？带着这个疑问，本研究的考察也就由此开始。

1）饮食上的适应。第一，食物的数量及质量。有学者在2001年做过统计，当时服刑人员的饮食标准（按月计算）可确定如下：粮食17~25公斤，蔬菜15~25公斤，食油0.5~1公斤，肉食、蛋、鱼、豆制品1~2公斤，调味品适量，燃料、炊事用具及杂支运输费根据需要确定。②这个数字统计时间早，应该说只是起到了参考的作用。笔者调研时因监狱要求保密的原因，在此不便提及本次统计具体数量。不过根据监狱主管领导介绍和笔者察看，在食物的数量标准上，本次所调查的两所监狱尽管有些不同，但都超过司法部监狱管理局核定的标准，不管是否是少数民族服刑人员都同样能够保证吃饱（饭管吃饱，不准随意浪费）、吃热、吃卫生。同

---

① 比如，《监狱法》第五十二条规定"对少数民族服刑人员的特殊生活习惯，应当予以照顾"。再如，《监狱、劳改队管教工作细则（试行）》第四十一条第一款规定"对少数民族的犯人，应当尊重他们的民族风俗习惯，在生活上给予适当照顾"。第一百二十条第二款规定"外籍犯和少数民族犯较多的单位，可以单设食堂或另立食灶"。
② 王泰主编：《罪犯管理概论》，法律出版社2001年版，第85页。

时两所监狱的领导都不约而同地强调服刑人员的生活标准至少要略低于当地的最低生活保障标准。问其原因，有一位领导是这样形象地描述的："如果服刑人员住在监狱里面，吃得比外面遵纪守法的贫困低保户还要好，那这个消息传出去，估计明天就有一群群的人涌进来，××监狱装都装不下。"尽管这位监狱领导的话可能有玩笑的成分在里面，但也能够看出监狱在食物供应上对服刑人员的一些态度。

第二，食物的制作及种类。有学者认为，对维吾尔族等信奉伊斯兰教的民族的服刑人员在饮食方面予以特殊照顾，尊重其民族饮食习惯，单独开灶。这是对少数民族公民的特别的司法保障。[①]本次调查了维吾尔等民族在监服刑人员的饮食适应情况。[②]

在 W 监狱做调查的时候，了解到该监狱在押服刑人员中有 48 名少数民族人员。于是，笔者专门去现场观察了该监狱民族灶的设置情况。民族灶位于该监狱的第 16 监区，在一个比较宽大的做饭大厅里，用铝合金玻璃隔了一个约 15 平方米的小间，玻璃上贴有白纸红字"民族灶"。去观察时，正好有 3 名服刑人员在里面做菜，一个大锅里正炒着卷心白菜。看样子，三人是分工协作，一人拿着锅铲正在翻菜，另一个正在捅火，还有一人正在切菜。在"民族灶"外，笔者对其中一名服刑人员马某某作了访谈。以下是有关饮食方面的简要对话：

笔者：您好！我是来作一个关于服刑人员在监狱内生活习惯保持情况的调查。想耽误您一会儿，问您几个问题。我说普通话，您能听懂吗？

马某某：听得懂，都说汉话了。

笔者：请问您的姓名是？你们三个人都是少数民族吗？

马某某：我叫马某某，我们三个都是。

笔者：你们服刑人员的饮食都是由服刑人员做的吗？

马某某：是的，全监的饮食都是我们三个做的。

---

① 杨侯第主编：《中国少数民族人权述要》，北京大学出版社 1997 年版，第 166—167 页。
② 尽管维吾尔族人员不属于本次调研的八个世居少数民族人员之列，但我们在 K 监狱看到一则"个人食堂的自助餐"式的维吾尔族饮食文化适应案例：一个 41 岁维吾尔族服刑人员（新疆沙雅县人，小学文化，捕前职业是农民）因运输毒品罪被判处死缓。在死缓期间，又涉嫌脱逃，现在监待审。据看管他的监狱干警介绍，由于该监狱维吾尔族服刑人员少（全监只有 2 名），他的饮食习惯与其他服刑人员不同；同时，脱逃又被列为严管对象，不能和另一名维吾尔族服刑人员吃住在一起。因此，专门给他提供符合维吾尔族饮食习惯的牛肉、面粉、油料等，由该犯本人自己做饮食。

笔者：你们做饮食用的油、佐料和那边汉族（指大厅另一面）用的有什么不同吗？

马某某：有的，我们用的都是日常用的（管教干警后来对我说就是指带有清真标志的）。

笔者：您认为监狱里的饮食怎么样，比如说吃得饱不，吃得好不？

马某某：吃是吃得饱，不过菜是有限制的。

笔者：请您回想一下，您刚到监狱时，饮食上习惯吗？

马某某：刚进监狱时，我在饮食上还是习惯的，当时就在提供我们的饮食。

笔者：监狱除了在饮食上照顾外，还提供其他风俗习惯上的照顾吗？

马某某：还有就是在我们的节日上有照顾。

笔者：能不能举个例子呢？

马某某：比如，我们的开斋节要开展活动。

笔者：您觉得和其他民族，比如和汉族服刑人员住在一起，好不好相处，也就是合不合得来？

马某某：除了饮食和风俗，其他都没事，都好沟通。

笔者：好的，耽误您了，谢谢您！

马某某：没什么的，谢谢领导关心！

（受访人情况：马某某，34 岁，小学文化，捕前职业为农民，云南省寻甸县人，因贩卖毒品罪被判处无期徒刑，已服刑期 6 年 3 个月零 4 日）

后来笔者还去观察了设置在食堂大厅里的民族食堂。在一个可以同时容纳 800 人就餐的大厅一角，用铁栅栏隔了一个大概 30 平方米的空间。据监狱干警介绍，监狱在这方面比较重视，"民族灶"和民族食堂是不容许汉族服刑人员进去的。随后，笔者又去访谈了一位姓马的管教干部。在问到民族灶和民族食堂时，他介绍道，"民族灶"以前又叫"回民灶"，后来考虑到有些不是回族的服刑人员也信仰伊斯兰教，也有自己的饮食习惯，为了避免民族歧视的嫌疑——有的信仰伊斯兰教的少数民族服刑人员不满，说"回民还有个灶，不是回民的连灶都没得个"等之类的——也就改称"民族灶"了。这样把名称改了也好，包容性就更强了。至于民族餐厅和"民族灶"不单独设置的原因，不是监狱没有屋子，而是要照顾到全体服刑人员的情绪，不能把"民族灶"开设成别的服刑人员误认为是不正当的那种"小灶"，监狱里还是要做到平等。这位教导员强调："该照顾的要照顾，但是安全第一。"此外，他还介绍了监狱里开展的民族节日情况。在 2009 年举办开斋节时，还专门组织服刑人员宰了一只羊。由于监狱里面没有阿訇，于是采取服刑人员民主推选的形式，公推大家认可的有威望的人员来宰羊。并且他特别说明，对待饮食习惯上要注意用语，比如，宰羊不能像汉族那样说成是"杀羊"。服刑人员在"民族灶"做菜时用的是专用菜板，其他的也和汉族等服刑人员分开。一旦混用，服刑人员反映最多的问题是饮食不干净，这里的"不干净"与汉语里说的"脏"不是一回事，不能搞混淆。

在 K 监狱调查时，笔者还发现其他不像维吾尔族等信仰伊斯兰教的少数民族服刑人员饮食受到关照的情况。这就是 K 监狱里也在流行的俗语"三天不吃酸，走路打捞蹿"（"捞蹿"读"lào cuān"，方言词，指打踉跄、走路不稳、东歪西倒之意）。[①] K 监狱在服刑人员的生活上，除了法定标准外，每个月监狱还补助 6000 斤肉，将以前的两餐改为四餐，在生产任务重、经济效益好的监区还要加一些补助。同时，由于该监狱在押苗族服刑人员有 591 名，在押侗族服刑人员有 332 名，合计人数为 923 名，占该监少数民族服刑人员总数的 70.51%。监狱根据苗族、侗族等少数民族的服刑人员喜欢吃酸汤这个情况，自 2009 年 1 月开始，每天在服刑人员饮食中增加两款酸汤。笔者在该监狱调查所接触到的苗族和侗族服刑人员几乎没有遇到对饮食上的照顾表示不满意的，认为监狱的这个做法更便于他们适应监内改造（这是监内人员习惯的说法，即矫正）生活。一个刚入监不到三个月的侗族服刑人员对笔者这样描述他的感受："有了这个（指酸汤），感觉好多了。比起看守所的，那个清汤寡水的，油都没得点。监狱还是要好些了，至少在生活上照顾我们。你没听说过我们这边的'三天不吃酸，走路打捞蹿'。酸汤习惯了，饭也要多吃些，人也要静得下些。在看守所根本就吃不下去饭。一个是刚刚被抓（逮捕）关起来，心里静不下来；另一个是饭菜太差，根本就吃不进去。"

通过对两所监狱的调查，笔者发现，对长期定居在少数民族聚居区的

[①] 案例涉及的背景知识：苗族、侗族等少数民族都喜吃酸食，像酸菜、酸汤等历来是这些民族人员的传统风味菜肴。至今在贵州省黔东南苗族侗族自治州等地还流传着一句俗语叫"三天不吃酸，走路打捞蹿"，当地的苗族、侗族等民族人民还很盛行吃酸汤类菜肴。这些地方中尤以州府凯里市的情况最为典型且出名，省内外不少人都听说过凯里酸汤。

少数民族服刑人员（如果是长期到处流动的人员可能有例外）而言，一般情况下，在狱内生活饮食文化适应上，像信仰伊斯兰教的维吾尔族等少数民族服刑人员，凡是法律规定而监狱又严格执行照顾的，大多在适应饮食上心理负担较小，适应的速度相对较快，这可能主要是其入狱前后饮食模式变化不大，没有太大的差异，也就在较短时间较容易适应，比如 W 监狱的情形；然而如果监狱因条件限制没有执行或执行不力，那么其在饮食文化适应上就要比其他少数民族服刑人员要慢得多，甚至要等到监狱调整饮食提供模式后方能适应。其他一些具有传统饮食习惯的少数民族，特别是没有那种典型宗教信仰色彩的少数民族，在饮食文化适应上能否尽快适应，这可能和在监关押的同一少数民族服刑人员的数量和监狱管理层的重视程度有相当密切的关系。如果人员数量较大，监狱又重视，其适应就越快；反之，则较慢一些。比如 K 监狱的情形，苗族和侗族服刑人员超过了 K 监狱少数民族服刑人员的 70%，于是监狱对其饮食习惯予以了相应的照顾，因而刚进监的苗族或侗族服刑人员饮食适应相对就快些，其在这一层面上对监狱文化的适应比其他没这个便利条件的人员就要快一些；在 W 监狱的苗族和侗族服刑人员合计为 277 名，只占到在监少数民族服刑人员的 26.53%，在笔者的调查中，也就没有发现有类似的照顾。进而从两所监狱服刑人员的民族构成情况看，就单个民族而言，汉族服刑人员的数量都是最大的，因而在两所监狱饮食管理上，汉族习惯的饮食占据主导地位。不过，K 监狱的酸汤饮食提供事例则可能意味着，在多种文化共存的场合下，在优势文化（如汉族服刑人员的饮食文化）决定局势的情况下，力量不弱的次优势文化（如苗族、侗族等民族服刑人员的饮食文化）可能也要从胜利的果实中分得一调羹。此外，在调查中还发现，尽管 K 监狱中的一些汉族服刑人员对酸汤并不怎么适应，且汉族服刑人员数量约占监狱总服刑人员的 47%，但在多数食物皆是汉族服刑人员的习惯食物，并且还可以自由选择吃与不吃的情况下，他们基本无法也较少去反对酸汤的增加。由此也说明，狱内服刑人员的物质文化适应是一种双向甚至是多向的过程。

此外，在饮食上，有些少数民族服刑人员还可能面临更多的适应情形。比如说，关于饮酒问题。司法部的《监狱服刑人员行为规范》和贵州省的《监狱服刑人员行为规范细则》都规定了禁酒规范。[①]但正如前文所述，实际上贵州少数民族人员大多都有好饮酒的传统习俗，这也涉及适应问题，比如服刑人员彭某（侗族，42 岁，初中文化，捕前职业为农民，贵州省天柱县人，因运输毒品罪被判处 12 年有期徒刑，已服刑期 4 年 5 个月 16 日），因 2009 年 3 月 1 日晚在监内违规喝酒被严管，并且还被取消 2008 年 12 月和 2009 年 1 月的月表扬两次。此外，关于服刑人员中的饮酒行为，还可以借助宗教手段等来加以调整适应。有学者曾在内蒙古、新疆等民族地区的监狱、劳改场所调查发现，实践中可以运用服刑人员中改造好的阿一或毛拉即宗教神职人员做一些少数民族服刑人员的工作。比如，该学者访谈过一些阿訇服刑人员，这些宗教人员反映他们的规劝有时是可以收到一定效用的。[②]考虑到本研究主题范围较多，关于禁酒适应方面的内容在此不赘述。

从上述少数民族服刑人员在饮食上的文化适应看，也反映出监狱在矫正过程中，除了严格执行《监狱法》等法律、法规和规范性文化的有关规定，还要尽量注重照顾少数民族服刑人员的饮食需要，注意他们的食物禁忌和饮食喜好。在有条件的情况下，搞好少数民族服刑人员的传统饮食服务，这是对少数民族传统风俗习惯的尊重，有利于消除或减少其戒备心理，促进其对监狱生活的适应，从而避免饮食不调带来的矛盾冲突。如果提升一个高度看这个问题，其实尊重少数民族人员的风俗习惯，就是尊重少数民族人民，尊重民族平等，尊重民族感情。[③]

2）着装上的适应。第一，服装的来源及发放数量。根据笔者收集的资料看，监狱对服刑人员的基本服装需求是免费发放，但是在一定时间段里有限额。监狱一般可按以下实物标准配发：单衣、单裤、单鞋、内衣、内裤第一年两件，以后每年一件；棉衣、绒裤、棉鞋、棉帽 2~4 年一件（双）；棉被、被褥、蚊帐、枕头 4~6 年一床（个）；被罩、褥单、枕巾、草席 1~3 年一床（条）；罩衣、袜子每年一套（双）；洗漱、卫生等日常用品根据需要（包括公用部分）确定。上述被服实物量标准不包括工作服等

---

① 《监狱服刑人员行为规范》第十三条规定："不饮酒，不违反规定吸烟。"《监狱服刑人员行为规范细则》第十三条规定："不饮酒，不在车间、宿舍等易造成安全隐患和危害他人健康的场所吸烟（未成年犯不得吸烟）。"

② 吴大华：《民族法学通论》，中国方正出版社 1997 年版，第 338 页。

③ 《民族工作》编辑部编：《民族工作手册》，云南人民出版社 1985 年版，第 541 页。

劳动保护用品。[①]和上面的食物配给量一样，服刑人员的服装配发标准因其统计时间较久，也只能作个参考。出于和上面一样的原因，本研究在此也不便具体叙述所调查监狱的服刑人员服装配发情况。不过，可以明确的是，监狱有关部门介绍，在正常使用的情况下（也就是工作人员所言的"莫去故意整烂"），服刑人员的服装维持基本生活需要是绝对没有问题的；除了监狱配发以及自己购买外，多数服刑人员都有亲戚、朋友或者是社会帮教人士送来一些内衣等服装。

第二，服装的样式及着装要求。服刑人员的服装由监狱同一样式制作。服刑人员在监期间，要按照规定着囚服，同时监狱禁止服刑人员私自隐藏除囚服以外的任何可以穿在外面的便装便服。[②]不过服刑人员自己的内衣、鞋袜等可允许按规范化管理继续使用。除了样式按照有关规定统一外，根据《司法部关于进一步加强犯人生活管理的通知》（司发通〔1992〕111号）的规定，已经禁止监狱在囚服上加印"犯人"、"劳改"、"服刑人员"等容易带有歧视性的字样，一般是在囚服的左胸前印制小型符号或标牌。笔者在调查监狱时所见的是，服刑人员都是统一在衣服的左胸前佩戴管理级别不同而颜色不同的胸卡，比如K监狱分深绿色胸卡（一级宽管）、浅绿色胸卡（二级宽管）、浅黄色胸卡（普通管理）、深黄色胸卡（二级严管）和红色胸卡（一级严管）。此外，在服刑人员的个人形象上，监狱按照有关规定要求服刑人员勤理发、剃须等，男性服刑人员一律留平头或者光头，禁止留胡须。笔者在监狱见到有留平头的，也有理成光头的，留胡须的较少见，但不是留很长胡须的服刑人员还是有的。

根据本次调查情况，尽管多数少数民族服刑人员在入监前是生活在其民族聚居地，但是没有收集或者听说有服刑人员因囚服等不适应的报告。从文化的角度去审视这种着装上的适应问题，监狱配发统一服装既有管理上的方便需要，也有限制或者压抑服刑人员个性张扬的考虑。和饮食习惯相比，少数民族服刑人员在服装上较少有不适应的现象，反映出其在监内对保持该方面民族特色的愿望不是很强烈并且也难以实现。这和监狱外社

---

① 王泰主编：《罪犯管理概论》，法律出版社2001年版，第88页。
② 《监狱服刑人员行为规范》第八条规定："按要求穿着囚服，佩戴统一标识。"《监狱服刑人员行为规范细则》第八条规定："按要求穿着囚服，佩戴统一标识。不私藏或穿着未打狱号标识的便服，不私自改变囚服标识和样式。"

会生活中的常见现象基本一致。尽管少数民族在传统上都有自己的一些民族特色服装，但是对当前的一些少数民族人员而言，大多数情况中除上了些年纪的中老年人（其中主要还是妇女）还在日常生活中穿着民族服装外，其他的人员基本习惯穿非传统民族服装了，现在如果还在日常生活中穿的话，多半是出于吸引旅游等方面的考虑。这也反映出一种文化上的变迁。所以，在囚服穿戴上，即便是世居少数民族的服刑人员也较少有服饰不适现象，也就比较好理解了。

3）住宿上的适应。随着全国范围内的监狱设置大调整，一些监狱为新建，更多监狱为重修，但多数监狱的硬件设施设备都基本能够满足关押服刑人员需求。就建筑设施而言，外界人员的最明显感受是高墙加电网。围墙的高大，墙体的厚实，墙壁上的高压线，墙头上的隔离网，[①] 以及监门的宏伟等，[②] 这些建筑设施构成监狱的物态文化，显示了一种国家法权的威严，以在执法环境上震慑服刑人员，促使其产生一种敬畏之感。此外，就属于其中"软环境"的住宿行为规范要求而言，贵州省监狱管理局还根据司法部《监狱服刑人员行为规范》的规定内容制定了相关的实施细则。[③]

笔者所调查的两所监狱服刑人员住宿楼为多层钢筋混凝土楼房，其中W监狱近几年里重建力度比较大，因此全监所有服刑人员的住宿楼里外相对都是比较新的，楼层都是7层。从外观看的感觉是，如果不做建筑介绍，打个可能不太恰当的比喻，就好像大学里的学生宿舍，甚至比笔者在贵州省部分高校所见的学生宿舍还要好一些；在宿舍里面，设施比较简

① 按照《现代化文明监狱考核评审细则》的要求，重刑犯监狱的围墙高出地面距离为5.5米以上；一般监狱为4.5~5.5米；围墙厚度不少于0.5米。监狱围墙顶端应安装不低于1米高度的电网，其电压宜为1万伏，并安装分段自动报警装置。参见杜中兴主编：《现代科学技术在监狱管理中的应用》，法律出版社2001年版，第281、282页。

② 笔者在K监狱和W监狱观察到，两所监狱都建有两道大、小门，其中W监狱的大门看起来非常宏伟。据介绍，大门主要供车辆以及罪犯队列出入监区使用，为带轨式电动铁门，同时备有手动开启、关闭大门装置。在人车进出时，都是先打开一道门，等检查完毕，再打开另一道门放行。小门供监狱干警和外来人员出入时使用，W监狱是人工控制的电动铁门，K监狱是人工控制的上锁铁栅栏门。

③ 比如，贵州省《监狱服刑人员行为规范细则》第十六条规定："按时就寝，就寝前，做好如厕、洗漱等准备工作，在规定时间到指定位置立正等候点名。听到就寝号令即按指定铺位就寝，不得换铺、合铺、挂挡布（夏季使用的透明蚊帐除外）和蒙头睡觉。就寝时保持安静，不影响他人休息。"

单，服刑人员的睡铺为分上下铺的铁制床。据干警介绍，尽管 W 监狱的服刑人员监舍数量在全省监狱中算多的，但是该监押犯量大（笔者调查时押犯有 5696 人），因此服刑人员基本安排为 10~12 人共同住宿。K 监狱的服刑人员宿舍楼相对要旧得多，监舍内面积也要小一点，这和 W 监狱除围墙、电网外的其他监区内服刑设施建筑基本是一样，但住宿人员要比 W 监狱少一些，一般为 8~10 人。这样，两所监狱服刑人员的住宿有时会出现一些拥挤现象。同时，在服刑人员的住宿安排上，两所监狱都没有固定的要把某个少数民族服刑人员安排在一起居住的做法，而是视情况而决定，多数情况下都不会把某个少数民族服刑人员都安排在一个监舍（这涉及对服刑人员的"三分"管理，下文另述）。据对管理监舍的干警和一部分服刑人员的访谈情况，初步的结论是，少数民族服刑人员除了在内务床被折叠等方面可能要改进外，在遵守（适应）省监狱管理局制定的《监狱服刑人员行为规范细则》第十六条规定的就寝行为规范基本没有问题。在访谈的 11 名少数民族服刑人员中，有一名少数民族服刑人员还认为，住在监狱里除了不自由外，这里的建筑比老家还要好，洗澡也方便；并且他还告诉笔者，他认识的好几个服刑人员都有像他这样的看法。

4）劳动上的适应。当代中国在服刑人员劳动问题上是以马克思主义理论及其劳动学说为指导，认为劳动是改造（矫正）服刑人员、造就新人的基本手段。马克思曾经提出一个论断："体力劳动是防止一切社会病毒的伟大的消毒剂。"[1] 比较传统的观点认为，对于犯罪分子来说，他们本身就属于"社会病毒"之一种，只有通过劳动才能消除他们身上的种种病毒，使之成为一个正常的人、有用的人和健康的人。[2] 对于服刑人员这种特殊公民来讲，在中国则是通过社会主义法制的强制改造，实现其个体正常发展的条件。[3] 在这类指导思想下，《刑法》、《监狱法》、《监狱、劳改队管教工作细则（试行）》、《司法部关于计分考核奖罚罪犯的规定》和《关于罪犯劳动工时的规定》等法律法规或规范性文件中的有关规定，是我国服刑人员劳动矫正工作的主要国内法律依据。同时，1955 年在日内瓦召开

---

① 《马克思恩格斯全集》（第 31 卷），人民出版社 1998 年版，第 538 页。
② 邓又天主编：《劳动改造服刑人员的理论与实践》，法律出版社 1987 年版，第 12 页。
③ 朱崇武、沈坤平：《中国监狱服刑人员行刑分级处遇研究》，华东师范大学出版社 1996 年版，第 143 页。

的联合国预防犯罪和服刑人员待遇大会通过的《囚犯待遇最低限度标准规则》等有关规定是指导劳动矫正的国际法规范文件。①《刑法》第四十六条，《监狱法》第四第、第七条、第五十八条、第六十九条等都强调，凡有劳动能力的服刑人员必须参加劳动，②劳动是服刑人员的法定义务且带有强制性，如果有劳动能力而拒不参加劳动将遭到惩罚。③此外，劳动的场所、工种等也不由服刑人员自愿选择。

第一，劳动类型及时间。中国监狱里的劳动，因监狱类型和地理位置的不同而有差异。笔者在 W 监狱和 K 监狱的调查发现，在劳动类型上，两所监狱中服刑人员的劳动多数为工厂式劳动，作业场所固定，实行隔离、封闭式管理，工艺流程形成车间班组，专业分工明确，岗位比较固定，并都主要是依靠服刑人员的人工来操作机械。其中，W 监狱服刑人员多一些，劳动生产项目也要多一些，主要有毛衣编织、机床制造、汽车配件和打火石（一般用于打火机的引发打火）等项目。K 监狱服刑人员相对少一些，生产项目相对也要少一些，主要有毛衣编织、铁质转轴条和用于空调装置的滑片，以及警用服装生产（该项目原本是 K 监狱生产规模最大，但在笔者调查时其已经停产一年多）等项目。也有一些服务性劳动，主要包括服刑人员伙食制作、环境维护、教学辅助等工作。在劳动时间上，两所监狱一般都实行的是"5+1+1"模式，也就是每周从周一到周五这五天里，服刑人员要参加劳动教育（据 K 监狱的一位副监狱长介绍，这和以前提法有差异，以前称为"劳动改造"，而近年来基本上都在提"劳动教育"。由此看，这或许意味着一种新的矫正理念正在逐渐推广）；在周六，服刑人员要参加教育学习；每周的周日服刑人员休息（不过据笔者走访和观察，这种模式实际上并不是特别严格地执行，比如说劳动，如果生产任务紧，那就加班多；再如教育，有时监狱并不是把教育放在周六进行，而是放在周一到周五的某天晚上，这样，周六也就没有开展教育）。

---

① 比如，《囚犯待遇最低限度标准规则》第七十一条第二项规定："服刑囚犯都必须工作，但以医官断定其身心俱宜为限。"

②《刑法》第四十六条规定："被判处有期徒刑、无期徒刑的犯罪分子，在监狱或者其他执行场所执行；凡有劳动能力的，都应当参加劳动，接受教育和改造。"

③《监狱法》第五十八条第五项规定"有劳动能力拒不参加劳动或者消极怠工，经教育不改的"，"监狱可以给予警告、记过或者禁闭"。

　　根据笔者对 K 监狱四个劳动现场（两个是室内生产车间，另外两个是监内的室外工地）的观察。在室内生产车间中，一个是制造铁质转轴条，另一个是毛衣编织，两个都在一栋楼的不同楼层里，铁质转轴条生产是在二楼，毛衣编织是在三楼，主要都是站立式的机械性操作，总体上技术含量不高。以铁质转轴条车间的生产现场为例：该车间有生产、打磨、验收三道工序，其中生产和打磨都是服刑人员用机器操作。劳动中的服刑人员每 3 人组成一组，每道工序完成后，皆是用一个倒三角形的支架依次摆放，每一支架上放置 10 根转轴条。① 此外，笔者发现，两个车间劳动人员中，有的戴着口罩或手套；有的是放在一边，没戴；有的是既没戴，也没放（问过管教干警，说是有些工种要求必须戴，保护身体）。除生产项目不同外，两车间最大的共同点是都显得有序；最大的差别感是转轴生产车间的噪声比较大，这种区别在笔者和一些劳动服刑人员的随机性访谈中表现得非常明显，如果在转轴车间生产时说话，必须大声讲话才能听清楚。在监内的室外工地中，一个是石沙粉碎，另一个是水泥砖铸压。其劳动场面看起来就没室内车间生产那么有序。石沙粉碎工地上，有两名管教干警在场，服刑人员中大都动作不快不慢，一些人拿铲，一些人拿箩筐，一些人拿抬杠，抬的抬，铲的铲，不过还是有几个在东张西望的，甚至还有两三个一起站着聊天。另一个水泥砖铸压场上的情形也差不多。笔者对此感到惊奇，陪同的管教干警解释说："你莫看他们有的做得慢或者有的看起来没做，实际上如果整天都要求很大强度、很快地做的话，人是受不了的，那也是要不得的。再说了，这两种劳动也不给外面的做，是给监狱计划要进行的重新维修做准备。这是生产项目外面销路不好的情况下，监狱采取的一种自力更生，也可以节省一笔购买砖、沙等的开支。"不过，笔者更为感兴趣的是，在室内生产和室外作业上，服刑人员觉得哪一种更容易适应？在短暂的访谈中，一位苗族服刑人员用汉语对笔者说："两个（室内和室外）都是手上活路，在外面是要遭多晒些太阳，有时可能也要累一点。不过，相比较我倒是更愿意在外面做，（室内）每天基本上都关在屋里头，哪个遭得住哦。"他的这种看法得到不少在场服刑人员的赞

---

① 这种整齐的摆放，是按照监狱服刑人员的行为规范在进行。司法部《监狱服刑人员行为规范》第三十条和贵州省《监狱服刑人员行为规范细则》第三十三条都规定："保持劳动现场卫生整洁，遵守定置管理规定，工具、材料、产品摆放整齐。"

同。这在一定程度上反映了服刑人员对劳动的适应倾向。如果把在室内劳动看成是一种更具有空间约束性的话，一部分服刑人员宁愿选择室外劳动，也透露出他们在适应劳动矫正的时候，有选择相对更自由的劳动方式的念头。

第二，劳动心理。服刑人员被强制参加劳动大都缺乏劳动生产的自觉性，在对强制劳动心理不适应期的长短这一问题上，有学者认为与下述五种因素有关：一是服刑人员个性开朗与否；二是服刑人员入监前有无劳动习惯；三是服刑人员刑期长短；四是服刑人员认罪与否；五是服刑人员入监前在看守所的时间长短。[①]从本次调查接触的少数民族服刑人员看，这种观点有一定道理，凡是个性开朗的、入监前有劳动习惯的、服刑时间短的、服刑人员认罪的和在看守所滞留时间长的这些服刑人员，其适应强制劳动心理的时间大多就要短一些。不过，在入监前的劳动习惯上，可能还需要继续细分是哪一种劳动习惯，如果形成的是与监狱劳动模式不一致的（入监前习惯轻活，监狱劳动是重活，如下文的服刑人员石某的例子；或者入监前习惯的是粗活，监狱劳动是细活，如下文的服刑人员赵某的例子），那其适应的时间也要长一些。另外，尽管《监狱法》曾规定应当按照有关规定对参加劳动的服刑人员给予报酬，[②]然而，这个"有关规定"至今都没有制定出来。正如有的文献资料所提到的那样：颇为遗憾的是，《监狱法》实施至今，关于服刑人员劳动报酬的制度仍未出台，尽管有些监狱已开始尝试向服刑人员发放劳动报酬，但数额极少且做法不甚规范，参加劳动的犯人，尚未普遍实现取得通常意义上的劳动报酬的权利。[③]这种状况在有些情况下增加了部分服刑人员劳动心理的适应困难和时间。本次调查作私下个别访谈时，有的服刑人员就明确表达或者流露出这样一种情绪：到监狱里反正是给国家"卖力气"。

笔者就少数民族服刑人员的劳动适应方面问题，和 K 监狱的一位姓陈的监区长做了访谈。该监区长现年 38 岁，是一名苗族警官，在该监狱多个监区担任过监区长。他告诉笔者，在服刑人员的劳动上面，少数民族与

---

① 王戎生主编：《罪犯劳动概论》，法律出版社 2001 年版，第 59—60 页。

② 《监狱法》第七十二条规定："监狱对参加劳动的服刑人员，应当按照有关规定给予报酬并执行国家有关劳动保护的规定。"

③ 张文华主编：《监狱服刑人员自我警示与行为规范学习读本》，法律出版社 2008 年版，第 19 页。

汉族没有什么区别，不像我们常见的其他生活或者文化方面。他说："你都看到了的，这些活路（劳动项目）技术含量低，这个监区中有一半以上的是少数民族，你从他们做活路的情况，能看出哪个是少数民族不？"笔者摇头说："我还真看不出。"他继续说道，"所以，这里在劳动上不存在少数民族服刑人员比汉族特殊的情况，都是一样的劳动"。据他多年的观察，也不是说没有服刑人员不适应的例子，只是在他看来，大多数情况都不是做不了，而是嫌活路太累或者有些活路要求细心（如编织毛衣）而不愿做。同时，服刑人员在劳动中失误多，完不成生产任务或者达不到质量标准，影响到改造表现评定，而又影响到减刑等情况时，有的服刑人员会在劳动中出现紧张、焦急、烦躁等现象。这时如果受到粗暴的批评或者其他服刑人员挑唆时，比较容易产生劳动抗拒心理。不过，这类情况不是哪一个民族服刑人员才发生，而是在监狱中所有民族服刑人员中，都有可能要出现一两个。笔者问监区长有没有相关的统计，他回答没具体统计过是哪些民族的服刑人员，不过据他经验感觉可能少数民族要多些（其理由是K监狱少数民族服刑人员超过半数以上），但相差不是特别大，正因为都是些个案，因此才没详细地记录汇总，如果真是少数民族或是汉族中哪一类要明显更多的话，监狱肯定要求详细记录的。据笔者调查，陈监区长提及的两种不愿参加劳动的情况，在两所监狱中不同程度地存在。前者如W监狱服刑人员石某（水族，35岁，小学文化，捕前职业是农民，贵州省三都水族自治县人，因故意杀人罪被判处无期徒刑，已服刑期3年8个月20日），他被分流到监区参加劳动后，认为劳动强度大，分配不理想，于是多次抗拒改造并被多次关禁闭。此后，他认为自己在本监区无改造出路，又多次提出转监要求，甚至扬言搞出点事来也要转监，行为极其嚣张，后来监狱将其调整转监并转换了工种。后者如K监狱服刑人员赵某（彝族，39岁，文盲，农民，贵州省水城县人，因故意杀人罪、抢劫罪被判处死缓，已服刑期4年6个月26天），长得五大三粗，因为在捕前干的是一些力气活，入狱后经过了较长时间，仍旧不能适应被安排的编织毛衣工作，经常有顶撞管教干警行为，直到后来有了工种调整机会，把他调到室外工地后方才罢休。

此外，根据笔者在 K 监狱对少数民族服刑人员做的问卷调查，[1] 在"您适应劳动改造这种改造方式吗？"这一问题上，所调查的 50 名服刑人员中，选择"比较适应"的有 10 人次，占 19.23%；选择"基本适应"的有 27 人次，占 51.92%；选择"不适应"的有 7 人次，占 13.46%；选择"说不准"的有 8 人次，占 15.38%。由此可以初步判断，在所调查的人员中，在适应监狱劳动矫正上，超过 70% 的人员是基本适应及其以上的状态，而明确不适应的人员超过 13%，另有超过 15% 的人员属于状态不确定。此外，和服刑人员自我报告相比，在"您觉得劳动改造对少数民族服刑人员的效果怎么样？"这一问题上，所调查的 40 名管教干警中，选择"比较有效果"的有 3 人次，占 7.50%；选择"有一定效果"的有 32 人次，占 80.00%；没有干警选择"没什么效果"这一项；选择"说不准"的有 5 人次，占 12.50%。这说明，在对待监狱劳动改造上，多数少数民族服刑人员的适应情况与管教干警认为的矫正效果基本吻合，但是总体上管教干警明显看好得多，前者中 71% 的人员认为基本适应及其以上，而干警中则有超过 87% 的人员相信有效果。同时，另一个鲜明对比是，服刑人员中有超过 13% 的人员明确认为不适应劳动改造，而管教干警中没有人明确劳动改造"没什么效果"这个看法，这反映出二者对待劳动矫正上的差异。

　　事实上，相比监内的制度文化和精神文化，对一些有特殊生活习惯的少数民族服刑人员来讲，物质文化中的饮食文化可以说是其有权自由选择的内容。这样，结合前文中的论述，在美国跨文化心理学家 Berry 看来，弱势文化群体及其成员在有自由选择自己文化互动模式的前提下，其个体一般有同化、分离、整合和边缘化四种文化适应模式。[2] 从上面的调查情况看，贵州省少数民族服刑人员中比较醒目的是饮食文化适应模式，其中回族等民族服刑人员基本能够保持自己原有的饮食模式，这是其看重自己

---

[1] 这次在 K 监狱进行的问卷调查采取的是不记名的抽样调查方式，分两套含义相当但因对象不同而在表述上有差异的问卷。其中少数民族服刑人员的调查是从八个世居少数民族的服刑人员中都随机抽取几名而组成的 50 名填卷人员，40 名管教干警是在各个分监区中随机产生的。在组织填卷方式上，少数民族服刑人员调查是集体统一填写统一收回，而干警调查则是下发到各分监区答完交回。还需说明的是，尽管在服刑人员填写问卷时反复提醒了单项选择的问题，不过，还是有服刑人员在一些问题上进行了多项选择，因此，本书在描述情况时也就将其写成类似"选择×的有×人次"的表述格式。

[2] 王亚鹏、李慧：《少数民族的文化适应及其研究》，《集美大学学报》（哲学社会科学版）2004 年第 1 期。

的母体文化，力求避免同监狱饮食主流文化的互动，因此其使用的是分离适应模式。也有一些如苗族、侗族等少数民族服刑人员的传统饮食爱好得到照顾，这是其个体在维持自己母体文化的同时，又寻求同监狱饮食主流文化的互动，因而其使用的是整合适应模式。同时，没有发现其他那些少数民族服刑人员饮食文化的突出情况，因而其可能存在的混合状态也就很难将其归入上述四模式中任何一模式。此外，在着装、住宿和劳动等监狱物质文化的适应上表现不明显。

（2）制度文化适应：监内少数民族服刑人员的交往与组织。上文叙述了少数民族服刑人员在监狱内对饮食、着装、住宿和劳动的一些适应情况，在此考察监内少数民族服刑人员在行为规则、交往模式和组织结构以及接受奖罚上对监狱"行有规则"规范文化的适应情况。

1）少数民族服刑人员对普遍性监管矫正规范的适应。除《刑法》的有关规定外，《监狱法》明确规定，对服刑人员先是按照性别和年龄进行分押和分管，进而再按照犯罪和刑罚情况进行分押和分管，同时实行分类教育。①《监狱、劳改队管教工作细则（试行）》则初步提出了一些对服刑人员试行"三分"（分押、分管和分教）规定。②司法部监狱管理局1991年出台的《对服刑人员实施分押、分管、分教的试行意见（修改稿）》，进一步确立分押、分管和分教制度。此外，司法部在2004年修订的《监狱服刑人员行为规范》和1990年颁布的《司法部关于计分考核奖罚服刑人员的规定》也是服刑人员接受矫正必须遵守的行为准则和实施奖惩的重要标准。

---

① 该法第三十九条第一款、第二款分别规定："监狱对成年男犯、女犯和未成年犯实行分开关押和管理，对未成年犯和女犯的改造，应当照顾其生理、心理特点。""监狱根据服刑人员的犯罪类型、刑罚种类、刑期、改造表现等情况，对服刑人员实行分别关押，采取不同方式管理。"
② 该细则第三十七条第一款、第二款、第三款分别规定："要逐步把反革命犯与普通刑事犯分别编队，分管分教，区别对待。""要把普通刑事犯中的累犯、惯犯、二进宫、三进宫的犯人和偶犯、过失犯分别编队（组），避免相互教唆、传习犯罪伎俩。""对同案的犯人和有直属亲属关系的犯人，除女犯外，不得关押在同一个劳改单位。"
第三十八条第一款规定："监狱、劳改队可根据实际情况建立严管队（组），关押改造下列犯人：（一）公开抗拒改造，屡教不改的刑事惯犯；（二）严重破坏监视，组织反革命集团，或拉帮结伙，危险性大的为首分子；（三）坚持反动立场，继续进行破坏活动，经教育无效的"四人帮"帮派骨干分子。"
第三十九条规定："对犯人中原系县（团）级以上的干部（不含"文化大革命"中"双突"的干部）、公、检、法机关工作干部和统战对象，应当集中到条件较好的劳改单位单独编队，在劳动和生活上给予适当照顾，管理上适当从宽，派政策业务水平较高的干部进行管理教育。对犯人中的高级知识分子，也要给予适当照顾，并注意发挥其技术特长。"

第一，交往限制。监狱服刑人员的交往限制，主要体现在服刑人员的分押分管制度和一些监狱服刑人员行为规范上。分押分管制度的直接目的是为了降低不同类型服刑人员之间的"交叉感染"和相同类型服刑人员之间的"深度感染"，第一次分押和分管主要预防"交叉感染"，第二次分押和分级主要预防"深度感染"。其中分管制度又包括两方面内容：一个是分类管理；另一个是分级管理。所谓分类管理是在纵向分押的基础上对服刑人员进行的横向分管。目前我国的分类管理实践是以犯罪性质为主，结合犯罪手段、行为方式和主观恶习情况，将服刑人员分为财产型、性欲型、暴力型和其他类型服刑人员四种类型。所谓分级管理又称分级处遇，是在分押和分类基础上，主要根据服刑人员的改造表现，结合其服刑时间、犯罪性质和恶习程度，确定服刑人员的等级，并给予相应待遇的制度。在具体的分级处遇上，传统的做法通常把服刑人员的管理级别设定为从严、常规和从宽三种形式，其相应人数一般分别控制为在押犯总数的10%、70%~80%和10%。此外，还要考虑分级处遇本身的政策效应，在处遇管理上为服刑人员处遇内容留有调控余地，对其中未成年人、少数民族成员、外籍人员和女性的处遇标准应略高一点。[①]当前的管理级别相对要细一些，一般由低到高划分为一级宽管、二级宽管、普通管理、二级严管和一级严管（如 K 监狱）。实践中监狱基本上都分别从警戒、监控、管束、通信、会见、活动范围、接受物品、文体活动等方面对不同级别服刑人员给予不同处遇。在这种分押和分类制度下，同时也在监狱服刑人员行为规范的制约下，[②]服刑人员在狱内的活动空间和联系方式也是受限制的，即使在吃饭、睡觉、淋浴、交往和通信等方面也必须得到许可，否则就可能会招致相应的监狱行政制裁，甚至是严厉的刑法制裁。比如，服刑人员潘某（苗族，28 岁，小学文化，捕前职业为农民，贵州省凯里市人，因抢劫罪被判处有期徒刑 13 年，已服刑期 9 年零 19 日），在 2009 年 9 月因私藏、使用手机被查获，被撤销 2008 年 12 月获得的改造积极分子，并同

[①] 王泰主编：《罪犯管理概论》，法律出版社 2001 年版，第 156 页。

[②] 比如，《监狱服刑人员行为规范》第六条规定："服刑期间严格遵守下列纪律：（一）不超越警戒线和规定区域、脱离监管擅自行动；（二）不私藏现金、刀具等违禁品；（三）不私自与外界人员接触，索取、借用、交换、传递钱物；（四）不在会见时私传信件、现金等物品；（五）不擅自使用绝缘、攀援、挖掘物品；（六）不偷窃、赌博；（七）不打架斗殴、自伤自残；（八）不拉帮结伙、欺压他人；（九）不传播犯罪手段、怂恿他人犯罪；（十）不习练、传播有害气功、邪教。"

时被建议撤销其（2009）黔东刑执字第 1069 号刑事裁定书。

第二，正式组织。我国在监狱服刑人员的组织管理上采取的是军事化模式的矫正管理形式。监狱以大队（监区）、中队（分监区）、小队（分监区小组）等基本单位作为不同人数规模的服刑人员正式组织，将负责服刑人员管理工作的监狱干警与服刑人员编制在一起，大队长（监区长）、教导员、中队长（分监区长）、指导员等单位领导由干警担任，实行服刑人员的军事化管理。有学者认为，这是一种在世界监狱管理中少见的现代军事化的服刑人员矫正管理模式。① 设立这种组织结构的基础认识是，通过这样长期持续不断的严格要求，在这种"净化"了的环境中，服刑人员能够通过矫正形成良好的行为习惯，提高其社会化的程度，也就有利于其在重返社会后适应社会生活。在这种矫正管理方式下，服刑人员"行有准则"，其生活、起居、举止、交往、作风、内务等必须按照规定模式一丝不苟地遵照执行，换言之，服刑人员是生活在严格控制之下的②、规范有序的、行动节奏一致的集体生活之中；否则，行为方式的随意和行为义务的逃避，都会受到相应处罚。例如，服刑人员雷某（苗族，34 岁，初中文化，无业，贵州省黄平县人，因抢劫罪被判有期徒刑 11 年，已服刑期 2 年 11 个月零 6 日），在 2009 年 3 月未经允许窜监窜队，涉嫌私藏、使用手机被严管，还被监狱处以撤销该犯之前所获得的 2008 年 12 月、2009 年 1 月和 2 月三次表扬，六个月内不得呈报减刑、假释的处罚。

第三，行为奖惩。从笔者的调查看，如果说在分押分管制度和军事化组织模式上，服刑人员几乎"不能发言"而大都顺从适应的话，那么在行为奖惩问题上，③ 服刑人员表达意愿的途径就多了起来。这在奖惩两类情形里都有不少体现。比较而言，奖励自由表达的内容要更多一些，而惩罚大多是在证据确凿的情况下进行的，一般性的申诉基本不能改变处罚。在关于奖励的项目中，一般围绕减刑这一块的意见要多一些。笔者在调查中

---

① 王泰主编：《罪犯管理概论》，法律出版社 2001 年版，第 23 页。
② 如《监狱、劳改队管教工作细则》第四十三条有"犯人的一切活动必须置于干警的直接控制之下"的规定。
③《司法部关于计分考核奖罚服刑人的规定》第二十二条第一款规定："奖励分为表扬、记功、授予劳改积极分子称号、依法呈报减刑或假释。"第二款规定："处罚分为警告、记过、记大过；再次犯罪的，依法惩处。"

发现，减刑制度的运行情况对少数民族服刑人员适应狱内生活的指引作用比较大，因而其影响力也很大。特别是，当监狱依法对服刑人员的表现综合评定，属于应当提起减刑的情况下，一旦监狱所在地中级人民法院裁定的减刑不是根据其矫正表现所对应的刑期减少时，服刑人员的情绪波动非常大。按《刑法》等法律的有关规定，只要符合法律规定条件的服刑人员都可获得减刑的奖励。①然而，根据有关报告，在司法实践中减刑人数具有不成文的比例，并不是所有达到条件的都能如期获得减刑，这无疑增加了监狱减刑的矛盾。从目前减刑运作机制和现状看，贵州省所规定的减刑、假释的指标是恒定的，执行的减刑、假释的比例总体控制在 26% 左右。②一些服刑人员在符合减刑条件却因法院裁定的因素而未能减成时，往往把怨气发在管教干警身上，认为管教干警说话不算话，监狱是骗人的；有的服刑人员由此增加了对管教干警的成见，把管教干部称为"骗子警察"；甚至还有的服刑人员情绪失控而故意实施毁坏财物、伤害其他服刑人员以及"袭警"等行为。近几年监狱里几乎每年都出现达到减刑条件本该减刑的服刑人员，因为这类原因而被取消减刑甚至被重新定罪再加刑的现象。面对这种减刑机制的现状，不少干警坦言，压力非常大，很无奈，但认为换个位置思考，又很理解服刑人员的举动。一位年龄近 50 岁的管教干警对笔者说，"说实话，这些犯人（干警们在非正式场合下还是习惯于这样的指称）也值得同情和理解。想想他们中的有些人员在这里老老实实地听话，实实在在地做活路，图个什么呢？还不就是盼着有个早一点出去的机会，如果人家靠自己的行动可以得到这个机会，却因某些部门的原因让人家眼睁睁看到希望的破灭，哪个又没得点情绪呢？"此语所描述的现象确实令人深思。K 监狱一位曾因处理减刑问题不当而犯脱逃罪的

---

① 《刑法》第七十八条规定："被判处管制、拘役、有期徒刑、无期徒刑的犯罪分子，在执行期间，如果认真遵守监规，接受教育改造，确有悔改表现的，或者有立功表现的，可以减刑；有下列重大立功表现之一的，应当减刑：
（一）阻止他人重大犯罪活动的；（二）检举监狱内外重大犯罪活动，经查证属实的；（三）有发明创造或者重大技术革新的；（四）在日常生产、生活中舍己救人的；（五）在抗御自然灾害或者排除重大事故中，有突出表现的；（六）对国家和社会有其他重大贡献的。
减刑以后实际执行的刑期，判处管制、拘役、有期徒刑的，不能少于原判刑期的二分之一；判处无期徒刑的，不能少于十年。"

② 参见"关于重刑犯监狱减刑问题的思考"，载贵州司法行政门户网站：http://www.gzsft.gov.cn/gzsft/74310540607881216/20100126/2262.html，2010 年 1 月 27 日最后访问。

少数民族服刑人员接受了笔者的访谈。该服刑人员进监初期表现积极，编织毛衣动手快、技术好，一般服刑人员都赶不上他，并获得过4次服刑改造积极分子，只是曾因减刑上没处理好就脱逃过一次。以下是他认识自己脱逃行为的叙述：

那次逃跑是由于发生了不愉快的事，我当时认为既然管教干部是这么对我的，那么我留下来改造，表现再好，也没啥意思了。于是，我就和其他两名同改①一起挖开防空洞，跑了出去。后来又被抓了回来。算起来，我那次逃跑是非常不值得的，脱逃加了3年的刑，劳积（旧的说法叫劳动改造积极分子，新的称呼为服刑改造积极分子）又被取消，一年半的减刑也没有减成。对我自己的时间来讲，可以说前后相当于有6年又浪费掉了。说实话，我自到这个监狱以来，以前从没想过会逃跑。如果是想跑的话，可能早在刚进监时就跑掉了，那个时候没现在管得严。当时，我们一群人下车放下包裹后，就到外面餐馆去吃饭，当时要跑的话，机会很多。押送我们的干警只有几个，并且有的看样子都是喝（酒）醉的。可我当时真的没有跑的念头。

（报告人情况：杨某，侗族，37岁，初中文化，农民，贵州省锦屏县人，因盗窃、脱逃罪被判处无期徒刑，已服刑期9年8个月零25日）

2）少数民族服刑人员对变通性监管矫正规范的适应。根据《监狱法》和《监狱、劳改队管教工作细则（试行）》的有关规定看，②少数民族服刑人员组织结构的特别要求为，在按照性别和年龄分押的基础上对少数民族服刑人员实行单独编队，即在少数民族服刑人员比较集中的监狱，按照少数民族服刑人员的民族情况和人员数量，成立少数民族服刑人员的大队（监区）或中队（分监区）；在少数民族服刑人员数量或比例较少的监狱，可根据实际情况，将少数民族服刑人员编为单独的小队（分监区小组）。有学者研究认为，以前的少数民族服刑人员的单独编队管理是有一定效果的。云南省在20世纪五六十年代对藏族、佤族服刑人员单独编队，进行分类监管改造的尝试，尽管存在一些缺陷，但它对少数民族服刑人员的矫

---

① 也就是在狱内一同改造（接受矫正）人员，这是服刑人员之间的一种常见称谓。
②《监狱、劳改队管教工作细则（试行）》第四十一条第二款规定："少数民族犯人较多的单位，应当单独编队，尽可能派本民族的干部进行管理教育。"

正工作确实起到了积极的促进作用。①

　　不过，就笔者收集的资料和对两所监狱的实际调查看，当前基本都没有作这样的单独编队。在"尽可能派本民族的干部进行管理教育"这一点上，各个监狱的情况也有所不同，相比非民族自治地方的监狱要少一些，如 W 监狱；地处民族地方的监狱多为少数民族干部，如 K 监狱。就此，笔者和 W 监狱的一位姓龙的狱政科干部作过访谈。他介绍道：现在服刑人员的变化大了，人员层次也复杂了，如果让某个少数民族单独编队，就有可能拉小集体，孤立管教干部，"抱成一团"对抗管教干警，这会给改造管理带来很大的安全隐患，所以，尽管这个单独编队的规定还在，但是基本上大家都没去管它，也几乎很少有人去监督执行。笔者问道，如果是同一民族的管教干部来管教单独编队，效果会不会要好一些？他回答说，也存在排斥情况，尽管少数民族服刑人员相对比较亲近同一少数民族的干警，但毕竟管教干部和服刑人员不是"一路人"，这种亲近关系是有限度的，在一般的管理上是要更方便有效一些，但不宜绝对化。在 K 监狱调查时，笔者就这一问题向一名姓李的教育科干部请教。他的回答体现出些不同的理解。他认为，这种编队实际上也不可能完全执行得下去，像 K 监狱这样的少数民族服刑人员超过半数以上，这个地方不是少数民族的服刑人员是少数，而是汉族服刑人员相对全监整体来说是少数。如果硬要作这种单独编队，那可能会给整个监狱的团结造成一些影响。一旦编队后，监狱的管理是不准随便乱窜乱跑的，那样的话，狱内少数民族与汉族之间以及少数民族与少数民族之间的交流就要少得多了，联系少了，沟通的难度就要大一些。所以，少数民族单独编队有优势，可能也有不足，最好不要一概而论。至于少数民族管教干部是不是对少数民族服刑人员的管教效果更好，一般来说，相比要好一些，尤其是在少数民族服刑人员在固执难化时，更是如此。不过，这个也不是一成不变的，更不是绝对的，关键还是要看干警的素质。这个问题的实质是少数民族服刑人员的权利是否真正受到保障，干警是否讲诚信，言行是否一致，是否首先真正尊重少数民族服刑人员。在他看来，这些因素可能比单独看是不是少数民族管教干部更管用。

　　不过，笔者在先后或多或少地访谈过的 50 余名少数民族服刑人员中

① 本书编写组：《云南少数民族罪犯研究》，中国人民公安大学出版社 1990 年版，第 180 页。

发现，对这个编队管理问题的认识，与管教干警和领导主要从安全角度的理解有些不同的是，少数民族服刑人员更看重的是其监狱生活的交往方便。绝大部分较少在社会上流动的少数民族服刑人员还是更愿意和本民族特别是来自同一个地方的本民族人员在一起吃、住和劳动，少部分人员持无所谓的态度。按照一个布依族服刑人员的话说，"大家（指服刑人员之间）说点自己的话，听起来感觉很亲切，加上饮食和风俗大体相同也就习惯些，要比一些具有不同习惯的人在一起方便得多。我们好多人都希望能够编成一组"。从与其他少数民族服刑人员的访谈看，这名服刑人员的话可以算是一些少数民族服刑人员的典型认识。在本研究看来，这种情况说明，少数民族服刑人员在适应监狱这一新环境时，受到监狱主流文化（异文化）的强大压力，这种文化上的高压态势无形中又增强了他们对狱内同一民族成员的情感依赖和交往愿望。

此外，根据笔者在 K 监狱对少数民族服刑人员作的问卷调查，在"您适应监管（管理）改造这种改造方式吗？"这一问题上，所调查的 50 名服刑人员中，选择"比较适应"的有 13 人次，占 25%；选择"基本适应"的有 23 人次，占 44.23%；选择"不适应"的有 9 人次，占 17.31%；选择"说不准"的有 7 人次，占 13.46%。由此，可以初步判断，在所调查的人员中，在适应监狱管理矫正上，接近 70% 的人员是基本适应及其以上的状态，而明确不适应的人员超过 17%，另有超过 13% 的人员属于状态不确定。和服刑人员自我报告相比，在"您觉得监管改造对少数民族服刑人员的效果怎样？"这一问题上，所调查的 40 名管教干警中，选择"比较有效果"的有 6 人次，占 14.63%；选择"有一定效果"的有 25 人次，占 60.98%；选择"没什么效果"的有 2 人次，占 4.88%；选择"说不准"的有 8 人次，占 19.51%。这说明，在对待监狱管理改造上，多数少数民族服刑人员的适应情况与多数管教干警认为的矫正效果大体吻合，不过，服刑人员中有超过 17% 的人员明确认为不适应管理改造，而管教干警中只有接近 5% 的人员认为管理改造没什么效果，这也证明了二者在管理矫正认识上存在差异的事实。

这样，综合上面的少数民族服刑人员对监狱制度文化适应的总体情况，尽管占据一定数量的少数民族服刑人员有与相同少数民族人员共处服刑的想法，但是在行动上多数人员很少有不服从监狱分押分管和军事化组织模式的举动。因此，结合前文中的叙述看，文化适应的过程和结果主要有接受、适应和抗拒三种类型，其中接受是指通过接触、选择、采借，接受了某些文化成分或某些文化成分的部分，并且当接受是在强制中形成时，这种被迫的接受又被称为"逆文化适应"。①所以，我们基本可以说，就群体意义而言，少数民族服刑人员对监狱规范文化的适应在多数情况下是一种逆文化适应模式。

（3）精神文化适应：监内少数民族服刑人员的受教与心理。狱内少数民族服刑人员在精神文化上的适应，主要包括对常规性和辅助性教育的适应以及对服刑心理的调适等内容。涉及的法律制度主要有《监狱法》、《监狱教育改造工作规定》、②《教育改造服刑人员纲要》、《司法部、国家教委、劳动部关于进一步加强对罪犯的文化职业教育和技能培训的通知》、《监狱服刑人员行为规范》和《司法部关于计分考核奖罚服刑人员的规定》等有关法律法规或规范性文件。

1）对常规教育的适应。这是在"三像"③、"六字"④教育理念的指导和延伸下，监狱通过创办教育人、造就人的育新学校，对服刑人员开展正规的以思想、文化、技术三课为内容的，有固定时间和场所的教育实践活动。

第一，少数民族服刑人员的思想教育。在中国语境下一般认为，一个人走上犯罪道路，由守法公民转化成服刑人员，主要并不是由于生理上的原因，而是在世界观这个"总开关"上出了毛病，导致人生观、价值观的异化。对世界观这种属于思想领域、精神世界的东西，仅仅依靠惩罚和监管是难以改变的，需要通过强有力的思想教育手段，转化服刑人员的思想认识，改变认知结构，矫正其犯罪意识，以此端正其世界观、人生观、道德观、价值观、劳动观。在这样的认识和主张下，思想教育被当成是教育改造的首要和主要内容，是实现服刑人员矫正任务的主要途径，在教育矫正活动中处于核心地位。思想教育的主要内容有法制、道德、形势、政策、前途等。有学者提出，服刑人员思想教育的目标应当低于对广大干部

---

① 石奕龙：《应用人类学》，厦门大学出版社1996年版，第148页。
② 其中，涉及少数民族服刑人员变通性规范的主要是《监狱教育改造工作规定》第八条规定："监狱用于罪犯教育改造的经费，按照国家规定的有关标准执行。少数民族罪犯、未成年犯的教育改造经费应予提高。"
③ 指像父母对待患病的孩子、像医生对待病人、像老师对待犯错误的学生那样。
④ 指教育、感化、挽救。

群众的教育目的，服刑人员思想教育中的"高目标、一元化、泛政治化"要调整，要使服刑人员思想教育的方向符合服刑人员的实际情况。[①]在本次调查中，笔者发现在思想教育上，尽管仍然是政治思想作主导，但也有一些新的变化。比如，W 监狱就在全监广泛开展了传统思想、道德等中国优秀传统文化的教育。按照其监狱长的看法，除了在政治思想上的要求，还要对这些服刑人员进行传统道德礼仪的熏染，"要让一个人学好，首先就要他学会讲孝道"。因此，该监狱普遍要求服刑人员念读《三字经》等传统道德教育书籍。此外，尽管在主流观念上是政治思想教育要作为核心来抓，但这种倡导在监狱管理层面提得比较多，实际上在服刑人员的观念中不是最重要的那一类。特别是从服刑人员每年都被要求写的改造计划中可见，政治思想方面内容的体现并不明显（下文的不记名问卷调查结果情况也证明了这点）。笔者在查看服刑人员档案记录时，看到了不少在版式及内容上基本雷同的改造计划，现将其中跃某某（苗族，46 岁，初中文化，捕前职业为农民，贵州省清镇市人，因破坏电力设备罪、盗窃罪被判处有期徒刑 17 年，已服刑期 8 年 10 个月零 22 日）的一份计划照录如下为证：

2002 年改造计划

尊敬的政府干部：

我是一名新学员，在 2001 年的改造上没有取得多大的成功，由于来的时间较短。但本学员在 2002 年的改造上，用真诚的态度来迎接 2002 年的改造。向政府干部保证如下：

1. 积极追求改造，服从管理教育，认罪服法，尊重每一位政府干部。

2. 积极参加生产劳动，学员虽身体严重残疾，但我心理不残缺，用心地做好每一件事，做到积极肯干，不怕脏不怕累，争取能超额完成生产任务。

3. 严格按照"58"[②]改造自己，团结同犯，互相帮助。

---

① 所谓"高目标"，是指服刑人员改造目标高；所谓"一元化"，是指用无产阶级的世界观改造服刑人员，使服刑人员形成马克思主义世界观；所谓"泛政治化"，是指把服刑人员思想中的一切问题归于政治问题。参见张全仁主编：《监狱行刑学》，中国物价出版社 2003 年版，第 229 页。

② 此处的"58"，有的服刑人员改造计划中又写成"行为规范 58 条"，这是在改造计划中普遍存在的代指现象，意思是指司法部在 1990 年出台的一共规定有 58 条内容的《罪犯改造行为规范》。现在该规范已经失效，新的司法部规范是 2004 年颁布的《监狱服刑人员行为规范》，而贵州省的相应规范是 2005 年制定的《监狱服刑人员行为规范细则》。

4. 积极参加三课学习! 不迟到、不早退, 上课认真听讲, 考试时均考出满意的成绩来向政府干部汇报。

四中队学员: 跃××

2001 年 12 月 17 日

同时, 根据笔者在 K 监狱对少数民族服刑人员做的问卷调查, 在"在'三课教育'中, 您最适应的是哪一门课程?"这一问题上, 所调查的 50 名服刑人员中, 选择"政治教育"的有 15 人次, 占 27.27%; 选择"文化教育"的有 12 人次, 占 21.82%; 选择"职业技术教育"的有 23 人次, 占 41.82%; 选择"不清楚"的有 5 人次, 占 9.09%。由此, 如果仅看上述调查数据, 在所调查的人员中, 对"三课"教育最易适应的是职业技术教育, 另有超过 9% 的人自认无明确最适应的课程。这样, 合计"最适应职业技术教育"和"不清楚适应哪一种教育"两种情形, 那么超过 50% 的比例则说明, 少数民族服刑人员最适应的教育内容和监狱推行的思想教育要在教育矫正活动中处于核心地位的主张之间存在着一些不协调的地方。不过对一些服刑人员而言, 尽管他们不怎么乐意接受政治和文化教育, 但是受监狱强制的作用, 他们也不得不"积极"参加"三课"学习。如果从理论上分析这种对立情况的文化适应方式, 那么根据前文所述瑞士心理学家皮亚杰关于适应包括同化和顺应两种作用和机能的理论看,[①] 此处少数民族服刑人员的心理适应属于皮亚杰笔下的同化模式, 也就是政治和文化教育被服刑人员的原有心理格局吸收, 教育效果受到影响。和服刑人员自我报告相比, 管教干部在"您觉得对少数民族服刑人员进行教育改造时最有效的方式是什么?"这一问题上, 所调查的 40 名管教干警中, 选择"政治教育"的有 11 人次, 占 26.19%; 选择"文化教育"的有 11 人次, 占 26.19%; 选择"职业技术教育"的有 18 人次, 占 42.86%; 选择"不清楚"的有 2 人次, 占 4.76%。从相对比例上看, 在"三课"教育问题的认识上, 少数民族服刑人员自认最适应的情况与管教干警认为最有效的情况

---

① [瑞士] 皮亚杰:《发生认识论原理》, 王宪钿等译, 商务印书馆 1981 年版, 第 3-4 页。

基本相当，职业技术教育的被认同度最高。①

第二，少数民族服刑人员的文化教育。在服刑人员的文化教育组织上，两所监狱都主要进行的是义务教育，包括扫盲、小学和初中教育，也都有扫盲、小学和初中三个层次的编班，至于自学性的提高班并未单独设置，而是采取鼓励和支持方式。在学制开设上采取的都是循环制形式，也就是任何一个需要接受相应教育的服刑人员在入监后随时可以跟班学习，学习周期满经考试（考核）合格即可结束学习。在学习内容上，扫盲教育的对象为文盲和半文盲服刑人员，主要学习内容为识字和简单的计算；小学教育的对象为已脱盲的服刑人员，学习内容主要为语文和数学。初中教育的对象为具有小学毕业文化程度的服刑人员，开设语文、数学、历史等课程。上述教育使用的教材是经国家教委审定，司法部监狱管理局组织编写的文化教育课本。

从前文统计的 2009 年押犯综合构成情况看，当前两所监狱的服刑人员文化教育面临的总体难点是：在押犯年龄上，少数民族服刑人员多数为青壮年，26 岁至 50 岁押犯的比例之和超过 75%，服刑人员年龄越大，教育矫正难点也增大了，不少人员已经不习惯那种像学生一样坐在课堂里学习的模式。在捕前文化结构上，小学和文盲超过半数以上，比例合计超过 57%。这样，要落实初中文化教育面临的压力也比较大。在捕前职业上，最明显的特点是农民比例很大，超过 78%，其次是无业人员的比例也比较高，接近 14%。这两类人员的比例合计超过了 90%，从矫正服刑人员的治本目标看，监狱对这批来自农村的服刑人员的文化教育任务仍十分艰巨。

同时，监狱中的文化教育通常还存在一个问题，在对服刑人员文化层

① 不过，令笔者不解的是，在监狱的职业技术教育中，实际上并未真正按照理念提倡的根据将来出狱后就业需要而进行职业技术教育。从笔者亲见的监狱中育新职业技术培训学校所颁发的职业技术培训合格证书看，上面并没有注明是什么技术培训，而只是填了受训学员的姓名、性别、年龄、民族和来源地以及培训时间，然后写上"在本校技术班培训学习期满，成绩合格，准予结业"等字句云云，即基本算完成。并且据笔者对两所监狱的观察，实践中绝大多数职业技术教育都是新入监人员在下到分监区进行劳动生产前所做的岗前培训。为何在实质上没怎么进行的职业技术教育反倒成了最受欢迎的教育形式？笔者曾经就这个问题问过一些干警和服刑人员，但大都没有在意这个问题，不过他们的回答倒是觉得职业技术培训似乎更有利于将来的就业。或许这反映了他们的一种想法，看来这个问题背后的深意还有待于将来的进一步研究去弄清楚，这也是本文并未将"三课"教育中的职业教育适应问题纳入此次分析的原因。

次的摸底测评和具体教学上，怎样把握新入监服刑人员的真实水平？K监狱教育课的一位姓李的干部告诉笔者，这也是一个比较考验功夫的事情。K监狱里的少数民族服刑人员多，仅靠服刑人员自己报告，那也是不行的，有些服刑人员会乱报，大字不识的人会说自己是初中毕业。这种不准确比例过大，会给以后的教育矫正和相关管理造成一些麻烦。为此，对那些新入监的服刑人员，除了自己报告外，监狱还要组织一次摸底考试。随之，问题也来了，怎么把握摸底试卷的难度？完全参照外面州府正规中小学的试卷是不太符合实际的。每次测评下来，总有人员说给他写低了，比如，服刑人员自认为他该是初一水平，被写成小学未毕业，那他就要多学一个阶段，他就不干。因此，这个问题一直侵扰了监狱好几年。不过，当时算是有了改观，监狱来了一个曾经在乡里从事过中小学语文和数学教育，后来又到县教育局担任过教学管理干部的新犯。于是这名管教干部和该服刑人员长谈过后，就报请监狱改变了以前警官出题考服刑人员的模式，调整成比较熟悉学员情况的服刑人员出题考服刑人员的方式。这名干部说，通过近来的多次测评，服刑人员的摸底考试成绩基本符合其本人的水平，也就很少有服刑人员反映测评的问题了。笔者经查证，发现该出题服刑人员的原籍县被公认为是现在贵州省内已经为数不多的民族传统文化保留得比较好的县，想到这可能是少数民族服刑人员适应文化教育一个鲜活的案例，于是专门找这位"教师型"服刑人员做了比较详细的了解。该服刑人员姬某（苗族，51岁，中专文化，捕前职业为干部，贵州省台江县人，因故意杀人罪被判处无期徒刑，已服刑期7个月零12日）现为K监狱育新学校教员。以下是这次访谈的部分对话：

笔者：姬老师，您好！请坐。虽然您是因罪在监狱服刑，但我是来和您交流的，并不代表监狱，也不代表政府，因此，我还是尊称您为姬老师（在监内特别强调服刑人员的身份意识，一般干警都是直呼其名，以强化管教与被管教的关系。为了打消他的疑虑，也为了避免管教干警责怪笔者"乱了章法"，笔者特在访前说明）。

姬某：谢谢！

笔者：我了解过您的一些情况，您曾担任过中小学语文和数学教师，入监前是县教育局负责教学管理的干部吧？

姬某：是的，我以前曾经教过数学，也曾在中学当过语文老师。

笔者：管教干部说您入监以来表现很好，还曾给监狱出过入监文化测试的试卷，反映挺不错的。您看能不能谈谈您出试卷的相关情况？

姬某：好的。当时刚进来，育新学校和干警看到我的经历后，提出让我根据脱盲、小学和中学的水平出份试卷，于是我就出了。

笔者：您怎么知道这些服刑人员的水平呢？特别是其中的少数民族服刑人员？

姬某：这是我以前做过的。我进来前在一个少数民族比较多的县搞过教育工作多年，还是比较了解一些少数民族人员，在心里面对他们的文化水平状况大致有数。

笔者：那您是如何判断哪种文化程度才能被视为是脱盲呢？

姬某：脱盲水平起码要达到小学四年级知识水平（谈到此，先前的低声突然高了起来，感觉语气自信）。我是根据以往经验，对不同的水平出了不同的题目。

笔者：比如说？

姬某：数学中的一些计算题，出的都是日常生活中可能要遇到的，很多同改都要参加劳动，于是我就出了有关生产劳动的计算题。比如，"当5个人干6天能够运完的一堆泥沙，如果要提前3天干完，请问要增加多少人员"之类的计算题。

笔者：那您感觉这个测试结果与您后来在生活和教学中接触到的服刑人员的文化水平情况符合吗，也就是您觉得这些服刑人员在生活中解决问题的知识和他测试所得的等级基本相当吗？

姬某：总体上还是相差不大，数学基本可以，语文有些知识不少人还是遗忘了，往往会说不会写。

笔者：是的，有时是这样的。那您现在在育新学校是教什么课程？一般什么时候上课？

姬某：教他们的数学，一般都是安排在晚上。

笔者：您会讲苗语吗？平常上课用的是普通话，还是地方方言汉语，学员中是否按照民族分班，对少数民族服刑人员上课有没有用你们的苗语？

姬某：我会讲苗语。上课没用普通话，用普通话他们根本就不听的。用的是地方方言汉语。上课时也不用苗语，学员中除了苗族，还有一些汉族和其他少数民族，没有按照民族分班，讲苗语好多人听不懂的。不过，如果是单独给苗族学员讲题，用苗语的效果要好得多，他懂得也快。

笔者：那您课间和苗族服刑人员聊天用什么语言呢？

姬某：那要看情况，有些刚进来的苗族学员不大会说汉语，那就多用苗语，聊天时感到亲切。（学员）如果两种语言都会说的话，那就不固定了。

笔者：如果请您评价一下您教的学员，他们认为这项学习重要吗，您认为总体上他们怎么样？

姬某：（沉默了一会）这不好说，他们白天大多是要参加劳动，有些是不大爱学习的，不过，有纪律要求，课堂秩序基本还是过得去。

笔者：好的，您让我了解了狱内的一些教育教学情况。非常感谢您！

姬某：没什么的。也谢谢你的关心！

从上述情况以及笔者和服刑人员姬某的对话可知如下几点情况：其一，实际上服刑人员所面对的监狱文化教育模式也不是一成不变的。这可以从考试出题人的改变，上课时间也不是固定在"5+1+1"模式中的星期六等情况中看出来；其二，来自民族地区教育部门的少数民族服刑人员担任教员对少数民族服刑人员捕前文化状况的把握相对要清楚一些，这种情形下少数民族服刑人员对文化教育的适应相对比以前要好；其三，有些少数民族服刑人员对用自己民族语言进行的教学讲解要容易理解一些，其适应效果也要好些；其四，一些少数民族服刑人员对文化教育学习不是很感兴趣（从下文问卷中可见，适应文化教育的人数比适应政治教育的人数还要少），因而其总体学习效果受到一定影响，但这些服刑人员在课堂上不捣乱，这又可以从中看出其对服刑人员行为规范的一些适应情况。[1]

此外，根据笔者在 K 监狱对少数民族服刑人员做的问卷调查，在"您适应教育改造这种改造方式吗？"这一问题上，所调查的 50 名服刑人员中，选择"比较适应"的有 12 人次，占 23.53%；选择"基本适应"的有 26 人次，占 50.98%；选择"不适应"的有 9 人次，占 17.65%；选择"说不准"的有 4 人次，占 7.84%。由此可以初步判断，在所调查的人员中，在适应监狱教育矫正上，接近 75% 的人员是基本适应及其以上的状态，而

---

[1] 贵州省《监狱服刑人员行为规范细则》第二十三条规定："尊重教师，遵守课堂纪律，爱护教学设施、设备。"

明确不适应的人员超过 17%，另有不到 8% 的人员属于状态不确定。和服刑人员自我报告相比，在"您觉得教育改造对少数民族服刑人员的效果怎样？"这一问题上，所调查的 40 名管教干警中，选择"比较有效果"的有 4 人次，占 9.52%；选择"有一定效果"的有 29 人次，占 69.05%；选择"没什么效果"的有 2 人次，占 4.76%；选择"说不准"的有 7 人次，占 16.67%。这说明，在对待监狱教育改造上，大部分少数民族服刑人员的适应情况与多数管教干警认为的矫正效果大体吻合，总体上管教干警稍微看好一点，不过，服刑人员中有超过 17% 人员明确认为不适应教育改造，而管教干警中只有接近 5% 的人员认为教育改造没什么效果，这反映出二者认识上的差异。

2）对辅助教育的适应。矫正中的辅助教育是除监内常规教育之外的其他一切教育活动，主要包括对服刑人员的社会教育、感化教育和服刑指导等。

第一，少数民族服刑人员的社会教育。当前监狱通常采取的社会教育方式是"请进来"和"走出去"。至于何时"请进来"，又何时"走出去"要受服刑人员改造时期和季节制约。在服刑人员改造早期，服刑人员入狱不久较少"走出去"，多是安排政法机关人员来狱进行法制教育和请受害人来狱进行"受害人之声"的演讲。在服刑人员改造中期，是服刑人员婚姻家庭问题的多发期，要根据情况决定社会教育方式，其重点是邀请服刑人员亲友以及社会团体或单位的社会帮教，比如，安排服刑人员亲属来狱帮教座谈会或者邀请服刑人员亲属到监狱签订帮教协议、同餐、特殊会见等。在服刑人员改造的晚期，多数情况则是安排"走出去"的社会帮教活动。一些少数民族服刑人员在这些广泛的、开放式的社会教育中，转变了以前不适应监狱生活的矫正观念，变得积极参与矫正活动。K 监狱的服刑人员龙某（侗族，56 岁，小学文化，捕前职业为农民，贵州省锦屏县人，因故意杀人罪被判处死缓，已服刑期 9 年 5 个月），就是众多因社会帮教而适应监禁矫正服刑人员中的一例：

服刑人员龙某，入监时对法律"根本不认账"，是一个不但拒不认罪而且软磨硬泡的典型法盲式老申诉犯，是一个出名的"反改造"尖子。2006 年，贵州省某县林业局在进行社会帮教时，在得知龙某服刑 6 年期间未见到过其母亲，非常思念，很想见其母亲一面的情况后，产生了帮助龙某满足心愿的想法，准备派专人到龙某家将其母亲接到监狱来探视，但考虑到龙某母亲年老多病，不宜出远门的实际情况，便安排该局一些同志专程到其家中看望，并用摄像机、照相机将其母亲在家的生活场景进行摄录和照相，然后带到监狱，在帮教时让龙某观看，当龙某看到日夜思念的老母亲依然健在时，泪流满面，当即表示，自己犯了罪，是一个罪人，政府和社会没有抛弃自己，监狱和林业局的党员干部为了自己的改造费尽心血，除了感激之外，自己只有好好改造，早日重新做人。由此，龙某逐步转化，能够认识自己的罪错和愿意接受刑罚惩罚，并有积极改造表现。迄今被评为监狱表扬 1 次、服刑改造积极分子3 次，获得减刑 3 次。

第二，少数民族服刑人员的感化教育。感化教育是施教者通过对被教育者的关心、关怀、体谅、理解、心理沟通、情感交流、知识传递、技能培养等途径，使被教育者受到震撼和感动，从而自觉自愿地按照施教者的希望和要求规范自己行为的一种有目的的活动。①一般而言，服刑人员最容易理解接受和认同的，还是那些诸如伙食的改善、医疗的方便、环境的美化、监舍的卫生、劳动的安全保护、家庭变故的救助以及文化知识的传授、生产技能的培养等这些具有显著感化色彩的行为。因而，也有不少少数民族服刑人员在监狱帮助解决诸如子女照管、亲人安危、父母生活、家庭天灾人祸等实际困难的情况下，深受感动而安心改造。以下 K 监狱的服刑人员杨某（侗族，35 岁，初中文化，捕前职业为农民，贵州省玉屏县人，因抢劫罪被判处无期徒刑，已服刑期 8 年 6 个月零 27日）就是典型的一例：

杨某在入狱后不服管教，拒不出工，并且经常顶撞干警，对社会仇视程度深，一直是监狱列控的"顽危犯"。经过反复做工作，杨某终于说出了他不能安心改造的原因：父亲早逝，母亲在他还小的时候就抛下他和年龄更小的妹妹远走他乡，家里就只剩他和妹妹相依为命，入狱后他总是担心孤单在家的妹妹会受人欺负，过得不好。得知这个原因后，监狱制定了针对性的感化教育方案：不但联系其妹妹，让她鼓励杨某好好改造，而且还资助杨某妹妹到监探望，同时随时关注其妹妹的消息，在其妹妹结婚的时候有两名干警不顾路途遥远，以杨某娘家人的身份参加婚礼，并将其妹

---

① 金鉴主编：《监狱学总论》，法律出版社 1997 年版，第 541 页。

婚礼照拍下送到杨某手中。杨某由此非常感动地说："我没有理由不好好改造，我一定用行动来报答干警的恩情。"此后，杨某积极改造，至今已获得4次减刑。

第三，少数民族服刑人员的服刑指导。对狱内服刑人员进行服刑指导的工作是最近几年才开展起来的。本次调研的两所监狱皆设置有服刑指导中心，大多数工作人员都是由监狱女警组成（K监狱服刑指导中心现有上岗干警26名，其中男干警只有1名），因此，不少监狱又将这类中心称为女警服刑指导中心。一些少数民族服刑人员在监狱服刑指导中心的指导下，较快地适应了监狱改造生活或者由以前的消极改造变为积极改造。以K监狱为例，该监狱结合地处少数民族地区和少数民族押犯多的实际，在国内首创了"少数民族语言（苗语、侗语）教育热线"，很多苗族和侗族服刑人员在"苗语、侗语教育热线"的帮助下，调整了矫正心态，由以前的不适应监狱矫正生活转变成积极参与矫正活动。下述例子中李某（苗族，38岁，小学文化，捕前职业为农民，贵州省凯里市人，因故意伤害罪被判无期徒刑，已服刑期4年9个月零6日）的经历，即是靠监狱里的"乡音热线"改变命运，从而适应监狱生活的真实记录：

由于身处农村，李某家里条件贫困，犯罪后无力偿还被害者家属的赔偿，家里的房屋、家私全部被洗劫一空，家里有5个尚为年幼的孩子，李某又是家里的主要劳动力，妻子体弱多病。自李某入狱后，家里的贫穷更是雪上加霜。妻子曾几次泪流满面地把孩子放在监狱的接见室后独自离开，孩子们在那里哭得呼天喊地。李某家庭的困难是让他难以投入改造的心病，为此他曾产生了自杀的念头，成了监区监管安全的一个顽疾。由于李某的汉语表达不够清楚，监区干警无法完全了解他想表达的意思。后来在监狱的"苗语、侗语教育热线"帮助下，女警服刑指导中心的干警们了解了李某的全部情况，通过多次的家访资助，依靠行为带动其老家的当地村委和邻居相继帮助李某家人，解决了其家庭的基本生活问题。李某非常感动，其后一直努力投入改造中，至今已获得3次减刑。

在调查中，K监狱女警中心工作人员还介绍，自2005年创设"苗语、侗语教育热线"以来，迄今已经超过15000人次拨打此热线电话。这种通过"苗语、侗语教育热线"解决问题的苗族、侗族服刑人员还有很多。再如，服刑人员张某（苗族，37 岁，小学文化，捕前职业为农民，贵州省平坝县人，因盗窃罪被判无期徒刑，已服刑期 9 年 8 个月零 7 日）平时很少使用汉语，生活劳动中遇到的困惑无法正常与管理干警交流，感到很压抑，自监狱有了"苗语、侗语教育热线"后，可以用苗语大胆交流了，目前正利用从"苗语、侗语教育热线"获得的知识写假释申请。同时，从有关统计看，贵州省有本民族语言的少数民族人口约 1100 万，其中有 500 万人不通汉语，占少数民族人口的 45%；400 万人兼通汉语和本民族语言，占少数民族人口的 37%；200 万人主要用汉语，占少数民族人口的 18%。[1]少数民族中的这种语言状况，在另一个层面上也说明，在有条件的情况下，监狱开展"民语热线"式的服刑指导可以促进少数民族服刑人员更好地适应监禁生活。

　　这样，从上述三种情形下少数民族服刑人员对监狱生活的适应转变看，其共同的特点是以"情"促进适应（"民语热线"也是促进情感亲和力的一条途径），也就是少数民族服刑人员在感情的打动下，不少人转变了心态，从抗拒或逃避改造，转变为积极接受监狱的矫正。我们可以把这类情形适应称为监狱生活的情感型适应。在本研究看来，这些例子还说明，少数民族服刑人员在监狱生活的适应过程中，多数情况下不是没有改进适应的意愿，而是看有没有相应的条件，只要提供相关的条件，他们就能够借助这些条件使自己的服刑生活变得适应起来。结合前面论及的文化适应相关理论看，这里也涉及文化适应中的对监狱的某些文化成分或某些文化成分的部分的接受问题，由于上述三例中的接受都是在强制过程中因感动而自愿产生的，因此，相对于完全强制性接受的"逆文化适应"，[2]其也就可以算是一种自发接受的"顺文化适应"。这样，我们就可以把这种情感型适应看作是一种特殊情况下的"顺文化适应"模式。

---

① 贵州省民族法学研究会、贵州省民族事务委员会政法处编：《民族政法工作研究》，贵州民族出版社 2001 年版，第 27–28 页。
② 石奕龙：《应用人类学》，厦门大学出版社 1996 年版，第 148 页。

3）对服刑心理的调适①。有学者指出，入狱以后服刑人员中反映出来的各种心理问题，也是对新的监禁环境适应不良的结果。所以，从一定意义上讲，对服刑人员的改造或矫治也就是不断提高服刑人员适应能力的过程。②在监狱这种与社会隔离的特殊生活中，服刑人员适应监狱生活在心理上可能有多个模式，也可能分多种阶段。对此，学者们有比较翔实的论述。比如，从适应阶段看，根据社会心理学家凯尔曼的研究，服刑人员服刑心理的转变过程可分为三个阶段：其一，服从阶段。服刑人员仅仅是在监规纪律的约束下或期盼得到某种奖励、避免受到某种惩罚而服从监狱当局的规定和做出某一行为。其二，认同阶段。服刑人员在思想、情感上主动地接受监狱提倡的观点和信念。其三，内化阶段。服刑人员真正从内心深处相信并接受监狱当局提倡的观点和思想。其中有些服刑人员可能在服刑期间完成整个过程，而另一些服刑人员可能只经历到服从或同化阶段。③也有学者认为，服刑人员入狱后的心理变化是极其复杂的，一般大致要经历恐慌观望阶段、抵触对抗阶段、适应反复阶段和稳定巩固阶段。④本研究认为，这类划分都是有道理的，不过为了表述的方便，在此采取主要考察入监初期和出监时期两个时段，同时在可能的情况下将前面学者划分的心理发展过程穿插其中的方式来描述少数民族服刑人员的监狱生活心理适应问题。

第一，入监初期的心理适应。由于社会环境与生活方式的变化，除少数累犯外，新入监的少数民族服刑人员几乎都不同程度地面临适应监狱生活的问题。有研究认为，对一般服刑人员而言，刚入监的心理变化一般有三种情形：烦躁不安、情绪紊乱和思维逆向，⑤并且恐惧、悲观和

---

① 在服刑人员的心理矫治上，本次所调查的两所监狱中，W监狱主要采用的测试软件是中国学者修订后的艾森克个性问卷（EPQ）成人版和SCL90自评症状量表；K监狱采用的测试软件是中国罪犯个性分析测验量表（COPA-PI）。但两所监狱的测试都是面向整体，没有按照民族身份分开测试的记录，并且本研究并不是侧重于服刑人员心理矫治的专题研究，因此不集中围绕两所监狱的心理矫治实践作阐述。

② 狄小华：《服刑人员心理矫治导论》，群众出版社2004年版，第232页。

③ 何为民主编：《服刑人员心理矫治》，法律出版社2001年版，第97–98页。

④ 金鉴主编：《监狱学总论》，法律出版社1997年版，第831页。

⑤ 金鉴主编：《监狱学总论》，法律出版社1997年版，第422页。

不认罪是大多数新入监服刑人员明显存在的心理内容。[①] 这样，每个新入监服刑人员都要适应三关：认识角色、熟知规范和掌握劳技。一种常见且为主要的帮助适应方式是入监教育中的军事化管理（杜绝欺压现象，消除恐惧）、法制宣传（消除法律误解，增加矫正信心）和组织服刑人员写认罪书（促使认罪伏法）。[②] 在这种状况下，不同的少数民族服刑人员因有不同的认识，在入监时也就有不同的适应方式。现以上述在"民语热线"中提及的服刑人员李某入监时的心理适应过程为例加以说明。在接受笔者的访谈过程中，李某是这样描述他入监初期的心理改变的：

> 当时被判了个无期（徒刑），我刚刚到监狱时就觉得没啥活头了。我不晓得"无期"是什么意思，以为这一辈子都得待在监狱里，出不去了。后来在监狱做入监教育中，我就去问（无期徒刑的含义），警官对我说无期还是有希望出去的，改造得好的话，有的 12 年就出去了。听他说了后，我就慢慢接受了，也从最开始的绝望看到了一点希望。现在想起来，当时还是警官帮助了我。

从服刑人员李某入监初期的转变看，他最初是因法律误解而对前途失望，是一种悲观的心理，后来经过了解相关法律知识后就看到了希望。同时，根据本次的调查情况，结合美国人类学家奥博格提出的"文化休克"理论看，没有发现特别典型的"文化休克"现象。在刚入狱的少数民族服刑人员中，一部分人员（尤其是不太会汉语的人员）的确要多一些文化适应方面的问题，但是没有收集到相当典型的"文化休克"报告。这可能是在整个中华文化这个大背景下，贵州地区的少数民族文化与社会主流文化

---

① 王明迪主编：《罪犯教育概论》，法律出版社 2001 年版，第 118—119 页。
② 当然，有时服刑人员写的认罪书并非一定是真实想法，或者即使有些真实想法，但还是有可能要写一些含有套话的文字。比如，W 监狱的服刑人员毛某（40 岁，小学文化，捕前职业为农民，贵州省册亨县人，因拐卖妇女罪被判处有期徒刑 19 年 6 个月，已服刑期 9 年 10 个月零 19 日）是这样写他的认罪书的："我经过看守所干部的管理教育和本人深刻反思，是人民政府给我重新做人的机会，是法院给我公平判处，是他们大公无私的结果。所以，我今后一定要以法律为准绳，在此期间，用法律对照自己的行为，为将来出狱后的谋生打下良好的基础，奋发（原文如此）自己的一切，发出自己的光和热。"再如，服刑人员张某（仡佬族，29 岁，小学文化，捕前职业为农民，贵州省大方县人，因盗窃罪被判处 13 年有期徒刑，已服刑期 6 年 7 个月零 13 日）是这样写的："通过学习法律法规，使自己知道所犯罪行为的危害性，自觉深挖犯罪根源，认罪服法，服从管理，一切听从干部的管理教育，时刻学习规范并执行，绝不出现违规违纪现象。"

尽管有差异，不过同时也存在较多融合的原因。

此外，根据笔者在 K 监狱对少数民族服刑人员做的问卷调查，在"在下述心理中，哪一种在您最初入监时最突出？"这一问题上，所调查的 50 名服刑人员中，选择"恐惧或者害怕"的有 6 人次，占 11.54%；选择"悲观"的有 31 人次，占 59.62%；选择"我没犯罪"的有 6 人次，占 11.54%；选择"其他"的有 9 人次，占 17.31%。由此可以初步判断，在所调查的人员中，刚入监服刑人员在适应监狱生活的主要内容之一是如何调整心态，从悲观走向希望。和服刑人员自我报告有差异的是，管教干部在"您认为新入监的少数民族服刑人员在下述心理中，哪一种最突出？"这一问题上，所调查的 40 名管教干警中，选择"恐惧或者害怕"的有 13 人次，占 32.5%；选择"悲观"的有 13 人次，占 32.5%；选择"我没犯罪"的有 7 人次，占 17.5%；选择"其他"的有 7 人次，占 17.5%。从相对比例上看，服刑人员认为入监时的悲观情绪最大，但管教干警认为服刑人员的恐惧或害怕与悲观基本相当，同时服刑人员自感不认罪的相对比例要比管教干警认为服刑人员不认罪的比例要小，说明管教干警从日常行为接触中认为有些刚入监服刑人员存在"口服心不服"现象。

第二，出监时期的心理适应。在服刑的后期阶段，服刑人员在刑满释放前多存疑虑和猜测，最常见的特点表现为心情浮躁、心理矛盾和期盼出狱。主要心理情形有：一是过于自信心理；二是自卑心理；三是补偿心理；四是报复心理。[①] 在即将刑满释放之前，由于服刑人员处于监狱人（不自由）与自由公民的"临界点"，因此，其心理活动十分复杂，最关心的问题莫过于出狱后是否会受到社会或家庭的歧视，是否有就业的机会，家庭是否稳定，生活上能否得到保障等。这些问题可能会引发部分服刑人员（特别是形成机构化人格者）出现"释放焦虑"症状。W 监狱一位从事服刑人员心理矫治工作的干警和笔者谈了一些他在矫治中遇到出狱阶段出现"释放焦虑"的情况，下面即是其中的一例：

宋某（布依族，37 岁，小学文化，贵州省普定县人，因抢劫罪被判处有期徒刑 10 年，曾获得减刑，现已刑满释放），其自投入改造以来，劳动态度端正，服从分配，不怕脏不怕累，按时完成生产任务，平常也

[①] 金鉴主编：《监狱学总论》，法律出版社 1997 年版，第 847 页。

不多与人交往，话语很少。但是随着出狱时间的接近，该犯就开始经常卧床不起，不按规定叠放被子，时常与同监舍的服刑人员因小事情闹矛盾，并且情绪波动明显，改造表现较为反常。后来通过咨询谈话了解到，宋某还有不到 6 个月就刑满释放，他担心出监后家人和社会不接纳自己，自己无法生存，一想到此就不愿意出监，于是随着出监日期的临近，出现了紧张、失眠、心烦意乱、坐卧不安、头痛、右胸有胀痛感等症状。心理矫治的干警对其进行了疏导，最后这名服刑人员实现了按时出狱。

另外，根据笔者在 K 监狱对少数民族服刑人员做的问卷调查，在"根据您掌握的情况，您认为出监教育在哪一方面对您最重要？"这一问题上，在所调查的 50 名服刑人员中，选择"改造总结教育"的有 3 人次，占 5.88%；选择"'三课学习'的复习和补课教育"的有 3 人次，占 5.88%；选择"适应社会教育"的有 40 人次，占 78.43%；选择"其他"的有 5 人次，占 9.80%。这说明，绝大部分少数民族服刑人员是以积极的心态在适应出监生活，希望能够在释放后顺利地融入社会中。和服刑人员自我报告相比，管教干部在"根据您掌握的情况，您认为出监教育在哪一方面对少数民族服刑人员最重要？"这一问题上，在所调查的 40 名管教干警中，选择"改造总结教育"的有 1 人次，占 2.5%；选择"'三课学习'的复习和补课教育"的有 1 人次，占 2.5%；选择"适应社会教育"的有 34 人次，占 85%；选择"其他"的有 4 人次，占 10%。这说明，大部分少数民族服刑人员和管教干警都认为，在出监时段中最重要的是要有社会适应方面的引导，特别是对那种存在机构化人格的服刑人员更要如此。

3. 少数民族服刑人员在监禁矫正中对非主流文化的适应

从当代的矫正理念看，设立监狱的主要目的，除了惩罚的需要，更在于促进服刑人员在社会主流文化的主导下实现再社会化。然而，我们要看到，和其他服刑人员一样，少数民族服刑人员在适应监狱主流文化的再社会化过程中，总也无法完全摆脱那种普遍存在的与再社会化相对立的服刑人员监狱化和亚文化的现象。这也就是说，不管上文中少数民族服刑人员对监狱各种规范的适应是否做得好或者做到位，但他们的方向大都是跟着监狱的主流文化在走，只是还需高度关注的是，除了主流文化的正面引导外，还有一些非主流文化的力量（比如机构化人格、囚犯亚文化等）在影响着一些少数民族服刑人员。

（1）少数民族服刑人员所经历的监狱化过程。

1）监狱化的适应模式。结合前文导论中的叙述，在监狱化的有关理论探讨上，美国监狱社会学家唐纳德·克莱默认为，进入监狱和个人身份的改变，引起了犯人的监狱化过程，犯人被迫接受监狱的规则和角色，用监狱中的生活方式代替原来的生活方式，用监狱中的观念代替原来的观念。通过接受监狱行为规则，犯人也就逐渐失去了个人的自主性。并且克莱默还提出，服刑的时间越长，监狱化的可能性越大，服刑人员对同一监狱内囚犯的行为准则和价值观的认同感越深，他们重新适应自由社区生活就越加困难。[1]美国学者斯坦顿·惠勒也发现，监狱化的效果呈现出"U形"曲线。[2]这些理论再一次证明，前文对两所监狱中少数民族服刑人员刑罚适用情况考察结论的成立：超过83%的原判刑期都是10年有期徒刑以上的重刑犯，因此大多数少数民族服刑人员在监狱化过程中承受的压力比较大。

通过本次的调查和访谈，笔者发现了一些少数民族服刑人员在适应监狱生活中的监狱化情况。在行为规范上，大部分少数民族服刑人员的主要精力花在对监狱规范及要求（包括劳动、受教等）的学习和遵守中，也有部分人员学习并接受了服刑人员群体内部的一些非正式规则。一些服刑人员在适应矫正的过程中出现了不同程度的反应：比如肢体反抗，接到行动命令却故意拖延，用他们的话说，"我要做，但是做慢一点，你把我没法噻"；心理反抗，表面上听从管教干警，实际上却不以为然，说一套做一套；等等。不过，调查的大多数服刑人员都从抗拒、不服从到逐渐服从，再到基本服从，慢慢也就习惯了监狱的生活，以前的习气和行为方式变得少了。

本次调研还发现，前述美国学者欧文等人所提出的适应模式（即大多数男犯人通常采取度日型、获益型、监禁型和解组型四种适应模式中的一种）问题需要辩证看待。在大类上把某个时间段中少数民族服刑人员群体的适应监狱生活归为上述四类模式是没有问题的，也就是这些服刑人员中总的状态为：要么采取度日的方式，心甘情愿地接受矫正，其心态是反正

---

① 吴宗宪：《当代西方监狱学》，法律出版社2005年版，第501-502页。

② Stanton Wheeler, "Socialization in Correctional Communities", *American Sociological Review*, Vol.26, 1961, pp. 679-712.

刑期会很快过去的；要么是认罪伏法，其心态是认识到犯罪行为是一个能力（观念）不足的后果，努力地"吃一堑，长一智"；要么是认为反正刑期不满也出不去或者出去还不一定适应，于是就安心待在监狱内，这多为那种长刑期人员的打算。当然，也有一些服刑人员是漫无目标的。不过，实际上这种划分落到具体的服刑人员个体上，那就不是一成不变的了，某个服刑人员可能近段时间心绪好，服刑平稳，属于获益型的适应模式，但是有可能隔一段时间，他的生活发生了变化，情绪也随之发生了变化，这个时候他可能就不是获益型，而是可能什么目标都没有了。所以，从本次调查看来，把服刑人员划分为上述四个适应模式，在作新入监犯罪的服刑目标调查和快出狱的服刑期满那些人员的矫正结果总结或归类时，具有相当的参考价值，但是一概地照搬到某个服刑人员的具体矫正过程中，那就不大符合实际服刑情况了。所以，每个服刑人员的情况都是复杂的，将某个服刑人员的整个矫正过程都一成不变地划入一种模式那就未免太简单化了。简言之，上述四个模式作为起点和终点的考察都是可行的，作为过程把握则需要辩证地看待。这可以服刑人员雷某（苗族，36 岁，小学文化，捕前职业为农民，贵州省黄平县人，因犯盗窃罪、故意伤害罪被判处有期徒刑 20 年，已服刑期 10 年 7 个月零 10 日）的适应监狱生活为例来说明。按照他在访谈中的自述：

　　刚进监区时，看到不仅要学习法律、文化和劳动技能，还要遵规守纪，受到严格的管束。习惯了花天酒地、"自由自在"的生活，我哪里受得了这些，走进课堂我就打瞌睡，干劳动又怕脏怕累，吃不好穿不好，还时时受人管着。我对监狱里的生活反感极了，于是就得过且过，整天混刑度日。监区安排我学习车床操作，一想到开车床不仅手酸还脏油，我就以生病为由三天两头不出工，警官找我谈话，我就说："不是我不想做，实在是我身体不太好，我是一心向着政府的，给我换个干净点又不累的工种，我一定好好干。"

　　从这名在监内都还曾向同改们"借"（偷盗）点东西来用用，自认为自己是"贼"命的服刑人员雷某自述的情况看，他刚入监时，基本可以算是监禁型的适应模式。然而后来在监狱干警和其父母的共同帮教下，他的行为发生了变化。自 2005 年起，他 5 次被评为改造积极分子，获减刑 3 次共 5 年，在 2009 年被评为省级服刑改造积极分子。这样，他的适应模式也就从监禁型发生了转变。

2）机构化人格的形成。在监狱化过程中，服刑人员的人格往往会发生一定程度的变异和重塑。其具体表现如我国台湾学者蔡墩铭所述，对于一个监狱化了的服刑人员来说，其人格将会发生下列变化：一是依赖性增强。服刑人员在监狱中的一切活动完全由监狱当局为其安排，只能唯命是从，毫无主见可言。二是受暗示性增加。监狱管理人员对服刑人员的控制，除使用多种明示方法外，还经常使用暗示方法，服刑人员的受暗示性不断增强，变得缺少判断能力。三是思考能力下降。在管理极为严格的监狱中，不容服刑人员对其所作所为做过多的思考，只须依令而行，因而服刑人员的许多行为都是在缺乏思考的情况下做的。四是惰性增强。由于日日相同的监狱生活节奏使服刑人员逐渐变得感觉麻木、迟钝，毫无奋发进取之心。[1]根据前面论及的有关理论看，这些人格中的典型就是机构化人格，而形成这种机构化人格的服刑人员，在临近释放时会出现"释放焦虑"情形。同时，这种机构化人格现象的存在，也证实了当下这种流行说法在一定程度上的成立：服刑人员在被送到监狱之后，不但不可能度过有意义的生活，而且会被切断与外界社会文化的联系，使心理与社会性遭到损害，因而更加难以复归社会。

再结合上文所分析的少数民族服刑人员刑罚适用构成看，在调查的两所监狱中原判刑期在 10 年以上的重刑犯超过 83%。这样，对其中大部分少数民族服刑人员来说，面对漫长的刑期，其在监狱化过程中形成机构化人格的风险比较高。这也就是说，对那些被长期监禁在高警戒度监狱中的重刑犯，由于受到刑罚执行机构严格监管的时间长，比较容易逐渐形成一套像监狱生活一样的固定化思维习惯和行为模式，这对其刑释后的社会生活适应带来很大的麻烦。国外曾经报道过此类事例，一名服刑人员在获得自由后的长达数月里，都无法改变过去在监狱中养成的习惯，致使他每次进出家门就情不自禁地停下脚步，等待别人为他开门。[2]在本次调查时，笔者所接触的少数民族服刑人员中没有发现像这么明显的机构化人格的情况，所访谈的管教干警也没有碰到像"开门"事件这类的案例。不过，在和少数民族服刑人员交谈时，有种感觉非常明显，

① 何为民主编：《服刑人员心理矫治》，法律出版社 2001 年版，第 214–215 页。
② 刘强：《美国社区矫正演变史研究——以犯罪刑罚控制为视角》，法律出版社 2009 年版，第 96 页。

即便是管教干警没在谈话现场，大多数人员在说话的时候，都是站着（在没有凳子的场所访谈时）或者坐得端端正正的，较少改变姿势，而且每次访谈完时说话总是客客气气的，这或许不能视为是机构化人格表现，但把它理解为受监狱生活的侵染所致应当是成立的。并且像在临近释放时产生"释放焦虑"的这种机构化人格案例确实是有的。据 W 监狱的郑干警介绍，在他以前管教的服刑人员中就有这样一例比较极端的。他告诉笔者：

那个犯人是一名侗族人，家住在黔东南下辖的一个县。他最初因盗窃和抢劫被判处无期（徒刑），多次减刑后实际在监执行了近 13 年就要刑满释放了。在我的印象中，那个罪犯一直没有犯什么大的错误，一向都是规规矩矩的，你叫他做什么他就做什么。哪想到这样一个人在快出监狱的前两个月左右就开始犯事（违规）了。先是无故就挑起和同监舍的犯人打架，没造成什么伤害，但他气势凶得很，说了一些要打死人、砍死人之类的暴力威胁性话语，考虑到他快要出狱了，不能让他重新违规犯罪，那就出不去了，于是就关了几天（禁闭）。那之后，他不打人了，安静了一两天，我们都以为他自己顺顺利利度过后面那个把月出狱就算了。实在想不到的是，那个罪犯居然在有个晚上做了一件让他出不了狱的事情。像他那种快出狱的都是基本列为宽管了，管得也不怎么严，结果他就脱逃了。尽管没费多大力气就被抓了回来，但他这一逃就触犯脱逃罪加刑 2 年，当时也就没有能够按时出狱。我们干警都替他想不通啊，那个时候都快出去了，没得必要脱逃的。后来问他为什么要跑？他开始不说。直到反复做工作，说你有什么问题，有什么想法，说出来我们帮你分析解决。那个犯人最后说了一句让我至今都忘不了的话，他说："在这里住习惯了，出去能做啥嘛，我就是不想出去（出监狱）啊。"

郑干警还告诉我，这名服刑人员最后还是出狱了，但完全是在看似宽管实则严格的密切监督下，没再犯什么错误也就期满释放了。从理论上看，这名服刑人员的释放焦虑是由于对未来的不确定性的担心而产生的，他不知道从监狱释放后自己会面临什么样的生活，会受到怎样的对待，不知道自己应该如何在自由社会中生活，因此索性就不愿离开监狱了。这种情况可算是体现了比较典型的机构化人格。尽管少数民族服刑人员形成这种人格的并不是很多，但还是不能说上面的例子只是孤证，实际上这类现象是存在的。再如，在 K 监狱就有干警介绍，一名苗族服刑人员由于多年从未出过监狱，不要说对出狱后的生活有什么打算，当时他出了监狱大门后，连回家的路都找不到，最后还是干警把他送到车站，帮助他买票坐上车才离开。这些现象在一定程度上反映出少数民族服刑人员对监狱化的适应方式及结果的多样性。

（2）少数民族服刑人员对犯人亚文化的适应。

1）微弱半自治社会领域内的隐秘规则。监狱是一个管束相当严厉的机构，但即便是这样，监内服刑人员中总还是存在挥之不去的"潜规则"。美国人类学者穆尔在《法律与社会变迁：以半自治社会领域作为适切的研究主题》一文中就明确指出，从法律角度看，在当代政制之内的绝对统制是难以想象的，即使在军队、监狱等机构中，通常仍然会有某种带有一定自治性的隐秘生活。[①]这样，从穆尔的半自治社会领域理论看，监狱中也不可避免地存在一种与狱外社会中典型的半自治社会领域有较大差异的特殊形式的半自治社会领域（本研究认为可暂将其称为微弱半自治社会领域[②]），它能够在监狱主流文化的高压态势之下，生成隐性抗制监狱行为规范的规则并诱导或迫使一些服刑人员遵循。在这个领域里潜行的文化就是以往常说的"犯人亚文化"。

中国的监狱是一个军事化模式管理的监禁机构，服刑人员的行动自由受到严格的监管控制。不过，在这样极端的规训环境中，我们仍然可以发现服刑人员之间亚文化的存在，因而在文化适应上也就有各种的态势，而不是统一的完全归顺模式。这就是说，即便是在少数民族服刑人员的监禁

① 萨莉·法尔克·穆尔：《法律与社会变迁：以半自治社会领域作为适切的研究主题》，胡昌明译，舒国滢校，载郑永流主编：《法哲学与法社会学论丛》（7），中国政法大学出版社 2005 年版，第210 页。

② 之所以将监狱中的这种领域称为"微弱半自治社会领域"，是因为基于这样几点思考：其一，穆尔的"半自治社会领域"概念是一个包容性很广泛的概念，监狱中存在的服刑人员亚文化这类情况，可以借助穆尔提出的半自治社会领域理论和方法来加强研究。其二，监狱内存在的这种半自治社会领域，和狱外一般常见的半自治社会领域有显而易见的差异，这主要在于监狱是一个国家力量占据着压制性强大地位的地方，狱中的其他任何力量都没有与之正面抗衡或者就主流方向上讨价还价的可能，在这种暴力机构中，其他任何不顺从主流文化的东西都只能生存在"没有阳光的阴影"下，任何明目张胆的对抗或露头，就会成为无情打击的"见光死"。其三，"微弱半自治社会领域"一词，说明这种现象首先在大类上还是归入一种半自治；其次在自治的程度上是微弱的。其四，这种现象是有生命力的，可能难以成长壮大但却总是没有消亡。当然，这种理解是否恰当，是可以进一步讨论的。

矫正中也可能存在着某种微弱半自治社会领域，在该领域中有一些带某种自治性的隐秘规则在运作，因此少数民族服刑人员在接受矫正时，既要做到对主文化的适应，又要防范对亚文化的抗拒。

2）犯人亚文化的产生及适应。根据前文所述的监狱社会学的有关研究，监狱化的核心内容和主要结果是对犯人亚文化的学习与接受，并且不少学者都是从亚文化是监禁痛苦的替代性满足这个角度去分析犯人亚文化的。美国犯罪学家格雷沙姆·赛克斯更是描述了犯人遭受着被剥夺自由、物品和服务、异性关系、自主权和安全等痛苦，并据此提出应对监禁痛苦的更为现实的生存模式是通过服刑人员自己建立的相互交往的模式。[①]笔者认为，犯人亚文化的产生是受多种因素的影响，就其中的生理机制看，它来源于服刑人员作为人所具备的内在基本需要，是在自由等被剥夺情况下，为减轻监禁中的孤独与痛苦而做出的一种逃避或代偿反应。尤其是存在服刑人员非正式群体（非正式组织结构，如帮派、团伙和牢头狱霸）情况下，一些服刑人员对这种非正式群体的投入，接受群体的规范、价值与习惯，获得一种归属感、安全感和自我肯定，其实质是他们在遭到正常社会的排拒之后而进行的一种非病态的心理逃避和补偿。

3）少数民族服刑人员对亚文化的适应。前面谈到，监狱是一种特殊的社区，狱中监狱主文化和犯人亚文化构成此消彼长的关系。服刑人员就是在这种双重文化背景下生活的，不仅受到监狱主流文化的教化，而且受到监狱亚文化的影响，并且后者对一些服刑人员往往具有相当程度的吸引力、同化力、腐蚀力和制约力。有研究认为，一般情况下，要"成功地"应对监狱的生活，服刑人员也就必须了解周围服刑人员扮演的角色（同样的服刑人员在不同的时期和不同的场合下可能扮演不同的角色）以及行为规范的内容。尤其是新服刑人员则更可能需要花费一个较长的时间来理解监狱生活的复杂性，学习服刑人员的行为规范并扮演相应的角色。[②]并且在监狱行刑环境中，服刑人员亚文化群体的组系在很

---

① 刘强：《美国社区矫正演变史研究——以犯罪刑罚控制为视角》，法律出版社 2009 年版，第96 页。

② 刘强：《美国社区矫正演变史研究——以犯罪刑罚控制为视角》，法律出版社 2009 年版，第97 页。

大程度上是基于群体成员的境遇相同，包括相同的监管环境、相似的个人经历和刑罚感受，使服刑人员群体中的多数成员在价值观、道德观、情感意向甚至行为方式等方面形成暗合，在这一基础上形成服刑人员群体生活的特有内在的生存法则。[①]这样，就大多数服刑人员而言，他们往往一方面表示积极接受、认同监狱主文化，努力改造自己；另一方面又热衷于在亚文化中寻找依靠，满足各种不良需要，自觉不自觉地接受它的影响。[②]

当然，在当前的现实条件下，不少人都感觉监狱中存在亚文化，但是要去证实我国监狱里的服刑人员亚文化是不太容易的，而要去明确探知少数民族服刑人员中可能存在亚文化，那更是一件非常困难的事情——笔者在调查中就发现，在监狱调查少数民族服刑人员本身就比较敏感，如果还要声明去发现少数民族服刑人员在监狱中面临的亚文化问题，那基本上就是等同于直接让监狱拒绝自己的调查。不过，我们知道，一般而言具有一定特质的社会文化对其服刑人员的监狱生活有着不可忽视的影响。前面也谈到，少数民族服刑人员在适应监狱的新环境时，除了一般服刑人员常见的监禁痛苦之外，还常常承受着异文化的强大压力，而这种异文化压力也常常增强了他们对本民族成员情感上的依赖和行动上的支持。因此，我们还是能够从一些细微之处多少探知这一事实：尽管相比总体而言，少数民族服刑人员一般为人小心谨慎，只有在感觉是互相尊重、没有歧视的前提下，才会和汉族服刑人员来往和交朋友。因此，在没有深交的情况下，少数民族服刑人员绝不贸然纠合，也就较少参加狱内团伙。[③]不过，少数民族服刑人员在监狱生活中也还是多少面临一些犯人亚文化的问题。其中一部分人接受了一些犯人亚文化，有的是本民族群体的，有的是混合群体的；另一部分人虽然不加入服刑人员中的非正式群体，但是对这些群体的规则保持高度的警惕，总是谨小慎微，以免不慎触犯而招致团伙报复。这可以从 K 监狱一位服刑人员对笔者的叙说中看出一些规则来。在访谈中，他是这样叙述的：

---

① 夏宗素主编：《狱政法律问题研究》，法律出版社 1997 年版，第 106—108 页。
② 何为民主编：《服刑人员心理矫治》，法律出版社 2001 年版，第 108—109 页。
③ 吴兴良：《试析少数民族罪犯的心理状态及其干预（未刊稿）》，2006 年。此文曾获"贵州省政法系统调研论文评比"一等奖，其作者系 K 监狱一位从事服刑人员矫正工作达 15 余年的管教干部。原文未对外刊发，在此特对吴兴良干警准许笔者引用其文表示特别感谢。

没进监狱前，我有时看报道或者听别人说，（监狱）里面是怎样怎样的。犯法后知道自己要进来，还是很担心和害怕的，主要是怕遭打。特别是还在新犯收押分流中心，看到有些犯人之间的打架，打得凶得很，有个脑袋都被打破了，心里还是很畏惧的。不过，到了这里我还是没有遭其他犯人的吓打。他们是有些规矩在里面的，不过都不针对我。一方面，我从来不参与，也不去管别人在做什么，当然也没有（向管教干警）打小报告，也不讨嫌，他们就没有吓打我。另一方面，我年纪大些，又不和他们争什么，他们也就不吓打我了。我感觉他们那一套和社会上的差不多，他们也不会随便针对别人，只要你不争、不讨嫌。

（报告人情况：杨某，贵州省三穗县人，土家族，46岁，大学文化，捕前职业为干部，因受贿罪、贪污罪被判处有期徒刑12年，已服刑期1年7个月零2日）

从上面服刑人员杨某的叙述中，我们大致可以推出监狱中可能存在的亚文化规则（当然，这种归纳的说服力因案例的数量问题会受到一些影响，笔者是在做一种"以管窥豹"的尝试）：其一，监狱团伙基本不会随便针对一个和他们不相干的无辜者；其二，监狱团伙对那种打小报告的服刑人员非常憎恨，"讨嫌者"会受到攻击；其三，不要和监狱团伙争利益；其四，老老实实服自己的刑也就不会招致监狱团伙的麻烦；其五，监狱团伙较少控制狱中上了一定年纪的人。同时，从该监"语音热线"咨询内容处理记载表上，笔者还发现这样一个例子。服刑人员王某（土家族，34岁，初中文化，无业，贵州省沿河县人，曾因抢劫罪、盗窃罪被判处无期徒刑，后被减刑，现已刑满释放）曾经通过"语音热线"反映他不适应改造环境和狱内人际交往问题。表上是这样记录的："服刑人员王某不适应改造环境，与狱内同改人际关系紧张，导致对改造环境的强烈不满，有其不利改造举动、语言及意向。""反映的问题：其一，监区犯人拉帮结伙，其成员有杨某（苗族）、文某（苗族）、刘某和王某某等；其二，拉帮结伙同改对其进行挑衅，该服刑人员表示，有（原写如此，可能是'在'）忍无可忍情况下，有发生严重后果的可能。"从这个记录中，我们可以看出一些亚文化的迹象，至少可以说明有的少数民族服刑人员明显感受到了监狱里有拉帮结派的团伙组织存在现象，并且该服刑人员甚至明确报告了该团伙有针对他的挑衅行为。这些情况都证明少数民族服刑人员在监狱内也面临着亚文化的问题。

此外，当我们采取价值中立态度从文化适应的理论看，一些少数民族服刑人员接受监狱中犯人亚文化的行为，这类行为其实也是一种文化适应的表现。在文化适应的过程或结果中，除了顺文化适应接受和逆文化适应接受外，还有一种类型的接受被称作"对抗性文化适应"。在学者威尼克看来，对抗性文化适应是指一个文化体系采纳一种文化因素，以作为抵抗欲输入一种类似文化因素的社会文化体系的入侵的一种有效的方法。换言之，一个文化通过发明或从其他文化中采借一种文化因素，用来同另一种类似的文化因素相抗衡，这就是对抗性文化适应。并且通常情况下，对抗性文化适应是抵御其他文化侵入的一种有效方法。①用这个理论来分析监狱中一些少数民族服刑人员对犯人亚文化的接受也就比较好理解了。实际上，接受犯人亚文化正是他们抵抗监狱主流文化矫正的一种手段，一旦这些服刑人员接受了犯人亚文化，那么监狱主文化的灌输也就遭到了强烈的抗制，从而使得监狱的矫正效果大打折扣或者归于失败。正是因为这种对抗性文化适应的存在，使得几乎所有监狱对犯人亚文化的态度都是打击超过利用。

综上所述，从对监狱的田野调查情况看，所调查的少数民族服刑人员在刑罚适用上重刑犯居多，这种现状意味着这些服刑人员对监狱生活的适应要承受较大的压力考验。同时，相比同监汉族服刑人员，总体上少数民族服刑人员适应监狱生活的困难要大得多。从少数民族服刑人员在适应监狱生活过程中的吃、穿、住、行等活动和遵守管理、从事劳动以及接受教育的实际情况看，可以说其监禁矫正的再社会化过程就是一种文化适应过程。在此过程中，少数民族服刑人员的适应并非是完全的强制模式，他们会因不同时段和不同事项而采取多种的文化适应模式。因此，对其中的一些个体来说，一概而论地套用某个模式评价是不恰当的。这样，就提高少数民族服刑人员的矫正效果而言，也就需要调整完全强制矫正的惯性思维，并着力从文化上去发掘更多的非强制性转化因素，增加少数民族服刑人员的顺文化适应机会，减少对抗性文化适应。

由此，针对少数民族服刑人员的各类特征，应当适应特征对少数民族服刑人员进行改造和教育。鲁加伦的研究认为，少数民族服刑人员的改造具有强烈的民族倾向性、普遍的低文化倾向和深厚的宗教情结。基于这一

---

① 石奕龙：《应用人类学》，厦门大学出版社1996年版，第148-149页。

研究，鲁加伦等认为，在改造少数民族服刑人员的进程中，应当坚持民族平等、促进民族团结的原则，关注民族问题、化解民族矛盾的原则和把握少数民族服刑人员心理和行为特点的原则。①这些入监前长期形成的与居住地域的社会经济、传统习俗和宗教氛围紧密相关的各类特征将直接影响少数民族服刑人员矫治的效果。在笔者看来，针对少数民族犯罪需要强调：一是重视缓刑、假释等制度及相关社区矫正的实施。对于少数民族服刑人员，应当更多地判处缓刑，更为宽泛地适用假释制度。因为少数民族服刑人员具有与汉族服刑人员不同的生理、心理特征，其犯罪更多地是由于经济落后、地域偏僻、文化不发达等因素，少数民族服刑人员的入狱不可能达到与汉族服刑人员的分监管理，更可能产生互相感染的现象。将少数民族服刑人员置于原居住环境进行社区矫正，能更为有效地惩治和预防少数民族犯罪。笔者建议，在符合法定条件的情况下，应当对少数民族服刑人员的缓刑、假释等条件适当从宽，同时加强对少数民族地区的帮教和扶助工作，利用民族地区的组织化力量，对少数民族服刑人员进行有效的惩治。这应当是"两少一宽"刑事政策的衍生含义。一是适应少数民族服刑人员的特征对在押少数民族服刑人员进行有针对性的改造。对少数民族服刑人员并不能一味从宽，应当是"法内从宽"，而非"法外从宽"、无原则的从宽。对于不符合缓刑的少数民族服刑人员应当依照法律判处实刑，并送入监狱执行；对于不符合采取社区矫正的少数民族服刑人员不能因为其少数民族的身份而突破法律底线将其纳入社区矫正的范围。因此，对必须在监执行实刑的少数民族服刑人员应当采取另外一套管理办法。

笔者认为，对少数民族服刑人员的监禁矫正应当注意：①贯彻民族政策，强调区别对待。对于少数民族服刑人员，虽不能实现少数民族服刑人员与汉族服刑人员的分监与分押，但可以适应少数民族服刑人员的生理、人格特征进行管理，把服刑人员管理的共性与少数民族服刑人员的个性结合起来。②尊重宗教信仰，利用民族情感强化改造效果。调查中发现，很多少数民族服刑人员一般信仰某种宗教，改造中的各种思想政治教育和法制教育往往不能对少数民族服刑人员起到良好效果，可以尝试在对少数民族服刑人员的思想政治教育和法制教育的同时，利用少数民族服刑人员心

---

① 鲁加伦主编：《中国少数民族罪犯改造研究》，法律出版社 2001 年版，第 26—51 页。

中的固有信仰对其进行教育改造。③尊重少数民族服刑人员的语言与文化习惯，提供一个良好的改造环境。少数民族公民具有强烈的民族认同感，拥有文化、风俗、语言等供共同识别的特征，少数民族服刑人员在监中容易形成团体，以民族语言沟通，不能武断地一概判断为"黑话"和抗拒改造，狱政管理部门应当允许少数民族服刑人员在遵守监规、服从监管的前提下以民族语言进行交流，在有条件的情况下应当组织民族服刑人员进行民族娱乐活动，欢度民族节日。④培养少数民族狱政管理干部。通常情况下，少数民族的民族认同感使得少数民族服刑人员更倾向于认同少数民族干部，而且，少数民族管教干部因为了解民族地区的经济、政治、文化及民族服刑人员的心理特征、思想状况、风俗习惯，易于与本民族服刑人员的沟通与了解，并及时和妥善处置各民族服刑人员之间的矛盾和纠纷，具有汉族管教干部不可比拟的优势。因此，选拔一批具有法律意识的少数民族人员充实管教干警队伍是有必要的。

第六章　中国少数民族犯罪
社会控制论

　　"控制"是驾驭，是遏制。对犯罪现象的规律性认识和对犯罪原因的系统分析是犯罪控制的前提。犯罪控制与犯罪现象、犯罪原因相伴相生。存在什么样的犯罪现象，产生于什么犯罪原因，必然要求依据犯罪规律采取有针对性的犯罪控制。如同一定时空范围内的犯罪现象呈现规律性一样，犯罪控制也应当有一定的规律。因应作为系统的具体类型犯罪的原因结构，犯罪控制应当是一个系统。犯罪原因结构系统中，立法的应付阙如和司法的控制疏漏是犯罪生成的重要因素，但并非全部的致罪因素；自然，犯罪控制系统中，立法与司法的对策仅仅是一个部分，而且是一个技术化的部分。正如 Hans–Grünther Heiland 与 Souiese Shellley 所考察的那样，犯罪及其控制与文明、现代化伴生，无论在发展中国家还是发达国家，都重视犯罪行为与社会控制。[①]犯罪的社会控制是一个法律控制外的空间，更多更有效的反应来自犯罪的立法与司法控制之外的领域。作为一种与犯罪作斗争的社会事业（工程），犯罪控制是社会遏制犯罪蔓延的整体方略。[②]犯罪控制因不同的文化背景、现代化程度而存在差异，我国的犯罪控制是在综合治理的实践中逐渐形成的。这种控制模型总体上是一种国家本位型的，对于维持低水平的犯罪和稳定局面确实贡献颇巨，但在经济发展和社会变迁的今天，我国的犯罪控制面临着转型，更侧重从社会本位思考犯罪及其控制。在犯罪控制转型的时代，中国少数民族犯罪控制如

---

① Hans–Grünther Heiland and Souiese Shellley, "Civilization, Moderniazation and the Development of Crime and Controll", in Hans–Grünther Heiland etc.eds. Crime and Controll in Comparative Perspectives, New york: de Gruyter, 1991, pp.1–18.

② 储槐植、邓天杰、吴大华主编：《犯罪控制论》，贵州人民出版社 1993 年版，第 4 页。

何设计，笔者认为，调整综合治理的诸因素，使之既适应少数民族犯罪的独特原因结构系统，又配合犯罪控制的转型，是为要策。[①]

第一节　两种不同类型的犯罪控制形态

犯罪社会控制的意义起因于，犯罪及其刑事反应并非不可避免的进程，而是社会可以矫正或者影响的。[②] 社会控制是犯罪控制的一种类型，是立法控制与司法控制之外的控制。犯罪控制是在一定刑事政策理念指导下实施的，遏制犯罪不使其蔓延的方略，它是一项社会系统工程。控制犯罪就是遏制犯罪，基本内涵是控制的目标和控制的手段。犯罪控制按理念、制度与实践可以划分为两种基本类型：一种是国家本位的；另一种是社会本位的。国家本位的犯罪控制强调国家权威、公法规范发达，从刑事政策上注重重刑控制；社会本位的犯罪控制强调社会自治、私法规范发达，从刑事政策上讲注重通过恢复性司法恢复社会秩序。

一、国家本位的犯罪控制观

1. 强调国家权威

国家本位的犯罪控制在理念上强调国家权威，采取国家主导组织对犯罪的反应的方式。国家权威无论在社会司法实践还是民众法律意识中都拥有国家作为"庞然大物"无处不在、无所不包的形象。国家权威的存在为人们提供了一种"虚幻"的犯罪控制秩序，一定程度上也遏制了社会自发秩序的生成。强调国家权威是对个人自由的挤压，要求个体对秩序、国家

---

① 在《中国少数民族犯罪社会控制的实践与反思》中，笔者将犯罪社会控制分为国家本位与社会本位两种形态，认为我国的犯罪控制将实现由国家本位向社会本位的转型：刑事政策需要调整、重视非刑法规范的功能，倡导社会而非政府主导。认为中国少数民族犯罪的社会控制必须适应这种转型，尊重民族政策、关注民族因素。参见吴大华：《中国少数民族犯罪社会控制的实践与反思》，《人大复印资料》2005 年第 6 期。

② Hans－Günther Heiland, Souiese Shellley, "Civilization, Moderniazation and the Development of Crime and Controll", in Hans－Günther Heiland etc.eds. Crime and Controll in Comparative Perspectives, New york: de Gruyter, 1991, p.2.

命令的遵循。以"亲亲相隐"为例,传统文化强调"父为子隐,子为父隐",①汉朝法律明文规定:"自今子首匿父母,妻首匿夫,孙匿大父母(祖父母),皆勿坐。其父母匿子女,夫匿妻,大父母匿孙,罪殊死,皆上请廷尉以闻"。但国家本位的犯罪控制要求亲属互相告发,否则将受到惩罚。这种"亲亲得相隐匿"的制度规定亲属之间可以相互隐匿犯罪行为,不告发和作证,是考虑到社会伦理道德的重要基础作用。国家本位的犯罪控制观破除这种观念,固然能够对犯罪的侦查和审判起到一定的作用,但其他方面的负面作用更大。

强调国家权威的理念认为社会价值和群体价值高于个体价值,理论上采取一种目的理性论,只要达到国家"大治"的目的,可以容忍对个人权利的侵犯,容忍非法搜查,容忍刑讯逼供。国家权威的理念给人以误导:在一个犯罪低水平的"假象"之后,国家可以肆意行使其权力。在一个国家本位的犯罪控制中,"刑法是一种不得已的恶。用之得当,个人与社会两受其益;用之不当,个人与社会两受其害。因此,对于刑法之可能的扩张和滥用,必须保持足够的警惕。不得已的恶只能不得已而用之,此乃用刑之道也"②。这样的刑法谦抑声音式微,公法"膨胀"侵犯人权的趋势明显,但人们并没有保持足够的警惕。强调国家权威固然能带来一个超稳定的社会结构,超稳定社会结构有利于犯罪预防(至今有许多人对在那种社会结构下的太平景象怀念难忘);超稳定社会结构要为低犯罪率作出巨大牺牲(这种超稳态的形成是以遏制生产力和个性发展为代价的)。

2. 公法规范发达

公法、私法的划分,始于罗马法时代。③公法是关于国家或国家与个人之间权利义务关系的法律部门的总和,调整公共利益涉及的主体为国家机关,以宪法、行政法和刑法为核心。在国家本位的犯罪控制中,一切以

---

① 《论语·子路》。

② 陈兴良:《刑法的价值构造》,中国人民大学出版社1998年版,第17页。

③ 关于公法、私法的划分,存在利益说(目的说),即以规定国家利益和社会公共利益的为公法,规定私人利益的则为私法;意思说(意志说),即以规定国家与公民、法人之间的管理服从关系的为公法,规定公民、法人相互之间的平等关系的则为私法;主体说,即以规定国家或具有管理公共事务职能的组织作为主体一方或双方的为公法,规定法律地位平等的主体的则为私法。这些说法莫衷一是。但一般认为,公私法的划分是以调整对象即社会关系的性质决定的,法理学界对传统公私法的划分提出质疑,认为存在一种以传统公法和私法的调节方法为原型混合而成的第三种结构要素,即社会法。社会法介于公法与私法之间,以社会利益为本位,包括经济法、劳动法和社会保障法等。

国家为核心、为出发点来考虑法律规范的设置，更为重视国家对个体行为的严密监视。国家与个人处于较为紧张的关系之中，需要庞大的公法规范加以维持。

在国家本位的犯罪控制制度中，以国家为主体颁行的各种禁止性与命令性规范大量存在，追求一种"组织化"状态。仔细观察，制度中的宪法、刑法与行政法规范细密而发达，并且为国家留下过多的"其他"型的堵截性条款。①尤其需要注意的是，在国家本位的犯罪控制中，公法规范的"膨胀"令私法规范窒息，并挤压社会内生的规范。这种犯罪控制对本土文化与文明的传统不予过多关注，典型表现是强行干预社会生活，由此导致的社会"超组织化"则在所不问。

3. 注重重刑控制

实践形态的犯罪控制是观念、制度的贯彻与落实，是"活生生"的犯罪控制。国家本位的犯罪控制致力于结一国之物力，志在尽可能地减少犯罪，甚至有的还将目标定位在消灭犯罪的不可能目标上。因此，这种犯罪控制注重刑罚的威慑作用，刑罚实践中注重重刑主义，把刑罚作为对付犯罪的主要乃至唯一的工具。刑罚万能观念在国家本位的犯罪控制实践中处处皆在，他们认为只有刑罚（重刑）才是对付犯罪的唯一有效手段，早已忘记二百多年前贝卡利亚关于重刑只会造成人的心灵残酷的振聋发聩的伟大预言。

观之世界刑罚结构，无非是五种：一是死刑占主导；二是死刑和徒刑在刑罚体系中占主导；三是徒刑占主导；四是徒刑和罚金并列占主导；五是徒刑的替代方式在刑罚体系中占主导。第一种已成为历史的过去，第五种在世界上还没有到来。实际上只有三种世界上都有。死刑和徒刑占主要比例的就叫作重刑；另两种叫轻刑。所以重刑和轻刑不在于刑判得是重还是轻，而在于在立法中一种刑罚方法在刑罚体系中所占的比例关系，这就是刑罚结构。刑罚结构对于一个国家刑罚的运行会产生重要的作用。刑罚的不断攀升和趋重是这类犯罪的明显特征。

---

① 关于堵截条款的阐述，请参阅储槐植：《刑事一体化与关系刑法论》，北京大学出版社 1996 年版，第 358–359 页。

二、社会本位的犯罪控制观

1. 强调社会自治

社会本位的犯罪控制观是法律社会化的结果，强调社会能够自我生成秩序。这种自治理念是一定地域群体的成员基于自己的真实意愿，依托一定的组织体，自我认知、自我管理、自我决定的活动方式和能力。包括两种类型：一是与国家权力体系分工相联系的地方自治；二是与社会日常生活中的权力组合相关联的社会自治。社会自治是实现社会自我控制和社会发展的基本手段之一。这种从社会内部自己成长起来的秩序，符合人文精神，符合社会发展趋势。从国家本位到社会本位的过渡，标志着对人的权利的进一步张扬和政府的深刻自信。同样以"亲亲相隐"制度为例，"同居相为隐"是一种传统的民族法律文化心理，是社会稳定的伦理道德基石。在西方国家，刑法学之父贝卡利亚早在两百多年前就反对基于背叛、出卖为基础的证词，并认为即使这些证词是确定无疑的，也不应当采信。①强调社会自治不仅是犯罪控制的自然理念，也是建设社会最基础性的契约和信任的手段。因为国家主导的犯罪控制容易扩张公权力的无边界限，伤害到社会无辜；社会自治在某种意义上说，所牺牲的正义与公平是有限度的、可控的和可以容忍也必须忍受的。社会自治是一个犯罪控制发展的必然趋势。

2. 私法规范发达

在社会自治的理念指导下，社会本位的犯罪控制的制度形态是私法规范发达、私法文化滥觞。私法重个人本位，调节的是个体与个体之间的权利义务关系，以民法和商法为核心。传统私法的根本特征在于自行调节方式。笔者所指称的私法，更大程度地包括民间生成的规范，具有私法的性质，但并没有私法的外观。

在民间，存在着许多自发生成的规范，协调个体与个体之间的关系，重组社会的组织结构。公法的强行干预反而会导致民间传统、民间文化一

---

① 他的理由是：背叛、出卖，是犯罪者都厌恶的品质，我们不能以罪犯鄙夷的品质来对付罪犯，法律首要的是维护人类的尊严，而不是沦落成"合法"的犯罪。[意] 贝卡利亚：《论犯罪与刑罚》，黄风译，中国大百科全书出版社 1993 年版，第 29 页。

定程度的拒斥。比如，对于故意伤害罪中，犯罪人与受害人都是亲戚朋友，一方出于间接故意造成另一方轻伤，如果一定强调公法规范介入，或者实行治安行政处罚或者直接定罪判刑，本来可以通过私法规范解决的问题因为公法规范的强势介入导致亲戚朋友的反目成仇，最终导致社会关系的破坏。在私法规范发达的制度中，会更为重视伤害的赔偿、受害人的心理恢复，从社会固有秩序的恢复上考虑犯罪的控制问题。

3. 注重"恢复性司法"

"恢复性司法"（Restorative Justice）是近年西方刑事法学者提出的。其基本的刑事政策含义在于：改变传统刑事司法过于关注报应与改造的刑罚模式，聚焦在犯罪人与被害人的关系上，聚焦在被害人的权利恢复上。根据我国学者的介绍，"恢复性司法"旨在建立一个使犯罪人和受害人进入对话状态的"模式"，主要通过四个步骤把犯罪人和受害人组织到一起：承认错误；分担并理解有害的影响；在补偿方面达成一致；就将来的行为构筑理解。[①]在笔者看来，"恢复性司法"重在非犯罪化和轻刑化的实践，通过加害人与被害人的沟通，实现犯罪的有效控制。刑罚作为社会关系的后盾立法，应当是在其他规范不能实现有效调整的情况下出现的。重刑主义只会导致社会对刑罚的恐惧和厌恶，而不会视为自身权利的维护。

[①] 论者详细介绍了牛津大学所处的泰晤士河谷警察局的做法：首先，促成受某一犯罪影响的相关方面的人参加圆桌形式的面谈，由组织者介绍每一个参与者及其与该犯罪的关系和他们参加的原因（这里的组织者，既包括警方，也包括其他政府机构的代表和一些社会工作者以及非政府组织）。其次，开始询问犯罪人在犯罪当时的想法和感受。再次，又向受害人和在场的受害人的支持者询问类似的问题。最后，询问犯罪者方面的人，如犯罪人的父母。之所以做这样的顺序安排，主要是基于以下两点考虑：一是能够让受害人在面谈程序的一开始就听到犯罪人承担责任和悔罪，这样就可减轻受害人的气愤情绪；二是让受害人在犯罪人及其亲属面前说出他们所受的伤害，就可以尽量避免由于后者可能想办法降低事情的严重性而激怒受害人。结果，警方发现，实际上犯罪人、受害人以及他们各自的亲人都比想象中的有更多的共同语言，犯罪人的亲属特别是其父母在犯罪发生之后感觉到的是无助、羞耻、痛苦和气愤；同样，犯罪人也伤害了他们自己，因为他们破坏了亲情以及他们在社会中的地位。在这种犯罪导致的伤害的多面性被展示之后，事情就变得清楚了：必须针对受害人和犯罪人之间、针对犯罪人和他们的社区以及整个社会之间的关系做多方面的恢复性工作，鼓励犯罪人从中吸取教训，明确什么是导致他们犯罪的罪魁祸首。国家也应该提供条件帮助犯罪人克服那些不良因素，促进社会融合。从受害人的角度看，"恢复"的结果有可能是一定的物质补偿，有时甚至只需要对方一个真诚的道歉，重要的是，他们由此重建起了尊严和安全感。参见刘仁文：《恢复性司法面对面化解矛盾》，《检察日报》2003 年 7 月 23 日。

第二节　转型之中的中国犯罪社会控制

从两种不同类型的犯罪控制观的比较来看，国家本位的犯罪控制观将逐渐让位于社会本位的犯罪控制观。一个国家究竟采取国家本位还是社会本位的犯罪控制观，取决于国家理念、经济发展与法治成熟等，但也没有一个国家属于完全典型的国家本位或者社会本位。中国传统的犯罪控制侧重国家本位，但在社会控制上采取综合治理的方针，具有社会本位的因素。笔者想通过综合治理方针的考察与实施来进一步研究中国犯罪控制。现代国家将沿着"小政府、大社会"的方向转型，政府理念向"有限政府"转型，因此，犯罪控制应当更多地依赖社会本位的控制，势必要求我国向社会本位的犯罪控制转型。

一、综合治理方针考略

1. 综合治理方针的确立与完善

符合国情、具有中国特色的社会治安综合治理方针，是在党的十一届三中全会以后确立的。正如我国学者指出：综合治理方针是 1978 年以后由党中央明确提出来的，是社会治安实践经验的科学概括和新发展。[1] 这一方针的确立与完善迄今为止经历了 30 余年的历史，至今仍在发展进程之中。

最初，综合治理是针对日益严重的青少年犯罪提出来的。1979 年 6 月，针对日益严重的青少年犯罪，中共中央宣传部、教育部、文化部、公安部、国家劳动总局、全国总工会、共青团中央、全国妇联八个单位联合向党中央写了一个《关于提请全党重视解决青少年违法犯罪问题的报告》。报告提出："必须实行党委领导，全党动员，书记动手，依靠学校、工厂、机关、部队、街道、农村社队等城乡基层组织来进行教育。全党都来关心、重视做青少年的工作，把它作为一项迫切的政治任务，抓紧抓好。"

---

[1] 康树华主编：《犯罪学通论》（第 2 版），北京大学出版社 1996 年，第 624 页。

同年 8 月，"中共中央 58 号文件"批转这一报告，并明确指出："对青少年犯罪问题，绝不能就事论事，孤立地去对待它。应当同彻底肃清林彪、'四人帮'的流毒，同加快国民经济的发展，加强思想政治工作，健全民主和法制，积极搞好党风、民风，狠抓对青少年的培养教育工作联系起来去考虑、去解决。尽管这一文件未明确使用综合治理的概念，但是贯穿综合治理的思想，全面阐述了综合治理的基本内容。

1981 年 5 月，中央政法委员会适时召开了北京、天津、上海、广州、武汉五大城市治安座谈会，讨论了当时社会治安的形势、任务、政策和措施，中央批转了座谈会纪要。争取社会治安根本好转，必须各级党委来抓。全党动手，实行全面"综合治理"。自此，综合治理在各种文件、法律法规中被广泛使用。1982 年中央关于加强政法工作的指示，明确提出社会治安综合治理要采用多种手段的问题，强调加强青少年教育是社会治安综合治理的中心环节。1983 年 8 月中共中央办公厅关于印发《严厉打击刑事犯罪活动，实现社会治安根本好转（宣传提纲）》的通知中，强调指出严厉打击刑事犯罪活动与社会治安综合治理的方针是一致的，阐明了"严打"与"综合治理"的辩证关系。

1984 年，中央政法委员会在总结社会治安综合治理的经验时，进一步提出打击、预防和改造罪犯是综合治理的三个环节，充实和丰富了社会治安综合治理的思想，全面揭示了社会治安综合治理方针的主要内容。这个阶段标志着综合治理的方针已经确立。1986 年中央召开的全国政法工作会议上，明确提出：社会治安的综合治理，是一项教育人、挽救人、改造人的"系统工程"。1991 年 1 月 15 日至 21 日，中央政法委员会主持召开的全国社会治安综合治理工作会议总结和明确了社会治安综合治理方针的性质、内容、意义及亟待解决的问题等。

1991 年 2 月 19 日，中共中央、国务院总结社会治安经验，做出《关于加强社会治安综合治理的决定》。这一文件以党和政府的最高机关联名发出，是迄今以来对社会治安综合治理所作的最系统、最全面、最深刻、最具体的阐述。1991 年 3 月 2 日，第七届全国人民代表大会常务委员会第十八次会议通过了《关于加强社会治安综合治理的决定》，以国家最高权力机关的名义，对《关于加强社会治安综合治理的决定》进行立法，详细规定社会治安综合治理的相关问题。

2. 综合治理的方针与战略

综合分析中共中央与国务院、全国人大颁布的两个规范性文件，可以发现其主要规定内容为：战略方针是"打击和防范并举，治标和治本兼顾，重在治本"。

（1）打防并举、标本兼顾、重在治本。

1）"打防并举"指的是打击和防范并重，相辅相成。打击包括经常性打击工作和严厉打击严重刑事犯罪分子（严打）。防范是指防止违法、犯罪发生的各种活动，包括"防范、教育、管理、建设、改造等各方面的工作"。打击和防范是综合治理的两项基本工作，是综合治理各项措施的浓缩。

2）"标本兼顾，重在治本"。治标是指惩罚违法犯罪以及减少违法犯罪产生的条件。治本是指力图从根本上减少和消除违法犯罪产生的条件。治本更重在从源头上更依赖于制度建设。实际工作中，每项措施都程度不同地具有治标和治本的功能，不存在单纯的治标工作和单纯的治本工作。

"打防并举"与"标本兼顾"似乎同义反复，但侧重点不一。"打防并举"表明综合治理两种基本手段的关系，"标本兼顾"则是从功能上描述综合治理两种基本手段的功能。

（2）综合治理的运行机制。关于综合治理的贯彻实施，两个规范性文件是从领导体制、目标管理责任制、监督检查体制、社会参与机制来规定的。

1）领导体制。规定党委统一领导并组织实施，即在党委统一领导下，党政共抓，各专门办事机构具体指导协调，各部门、各单位各负其责。为了加强犯罪控制工作的领导和具体指导，中央成立社会治安综合治理委员会，下设办公室。各地从省、自治区、直辖市到地市、县区，都要建立健全社会治安综合治理领导机构。

2）目标管理责任制。地方各级党政领导之间，党政领导和各部门、各单位之间，都要层层签订责任书，把犯罪控制的各项任务、责任落实到各级领导干部头上。按照"条块结合，以块为主"的管理体制，自上而下，层层制定、分解、落实责任和措施，把"社会治"与"综合抓"有机地结合起来，形成上下贯通、覆盖全局、纵横联系的成网络状的工作机制。

3）监督检查制度。社会治安责任制同经济责任制、领导任期责任制结合起来，将犯罪控制目标管理同责任人的政治荣誉、政绩考核、职级提升和经济利益挂钩，同评选文明单位、企业晋级挂钩，实行犯罪控制一票否决权制。同时，各级人大常委会对犯罪控制工作要经常进行监督检查。通过听取政府、法院、检察院关于犯罪控制工作的汇报，和组织代表、委员实地考察，督促检查犯罪控制工作开展和落实的情况，提出意见、建议，以保证犯罪控制工作健康、深入地开展。

4）社会参与机制。各级人民政府应当充分发动和依靠群众，群众是"群防群治"的主导力量。城镇居民和农村村民以及机关团体、学校、企业、事业单位的职工、学生，是综合治理的依赖力量。加强基层组织建设和制度建设，形成"群防群治"网络。充分发挥村民委员会、城市居民委员会维护社会治安的积极作用，广泛地建立群众性自防自治的治安保卫组织，并切实加强对群众性治安保卫组织的指导和监督。各级地方政府应当开展各种形式的治安防范活动和警民联防活动。

此外，两个规范性文件对综合治理的队伍建设、重点治理和基层治安提出了要求。比如，要求普遍加强职业道德教育提高治安队伍的政治素质和业务素质，健全监督机制以转变工作作风、提高办事效率；要求先行整治大中城市、沿海开放地区和交通干线等重点地域，集中力量整顿治理好秩序混乱、治安问题较多的少数地区、街道、乡镇、村落、交通线段和单位；要求将犯罪控制的各项措施落实到基层，各级基层党政领导负有治安责任，要求他们本着"一切立足于基层、一切落实到基层"的思想，通过基层组织，落实综合治理方针。

3. 综合治理的类型分析

综合治理是中国共产党和中国政府制定的一项行之有效的社会治安措施。其内容覆盖全面，其影响深远而宏观。从近30年的实践来看，综合治理应对了20世纪80年代以来的犯罪率上升、社会治安状况趋于恶化的态势。因此，被学者称誉为"既具有鲜明的中国特色，又顺应和符合了犯罪预防的一般规律和要求"。[①]但是，在笔者看来，综合治理的政府主导色彩太强，没有更好地重视社会本位。

综合治理要求全社会参与，但从类型上看，属于国家本位的犯罪控制。它是一种自上而下的控制，强调党委和政府对综合治理实施统一领

---

① 储槐植等：《犯罪学》，法律出版社1997年版，第281页。

导、统一负责、统一实施。中央专门成立综合治理委员会，地方设置相应领导机构，采取"条块结合、以块为主"的方式。这种强势的方式能够迅速而果断地取得治安的成效，但在人口迁徙越来越频繁的今天，没有稳固的民间力量将无法应对仍在不断恶化的治安形势。在我国的综合治理模式下，国家本位色彩凸显，维护社会稳定和集体秩序成为最为重要的任务；公法规范非常发达，表现为时至今日没有形成一部系统的民法典，而相对应的刑法则一修再修，截止到 2011 年，单单是修正案就已出现 8 个；立法理念和司法实践中，重刑控制是一直以来被奉为圭臬的指导思想，立法不断在比较和攀升重刑主义的趋势。从此看来，我国的综合治理模式基本上属于一种国家本位的犯罪控制，当然我们不能也不应该忽视其中的社会主导因素。这种模式给我们带来的启示是：如何调整我们的犯罪控制理念，以应对市场经济社会中的"有限政府"、以应对"社会第三种力量"的强大？

二、中国犯罪社会控制的转型

1. 刑事政策观念的调整

我国传统犯罪学对曾经专门针对私有制是否是犯罪根源展开过讨论，[①]到今天学界已经对犯罪根源停止了这种无谓的充满意识形态色彩的研究。犯罪内生于社会主义社会，受社会主义初级阶段的生产力和生产关系的基本矛盾支配，既有本土文化的传承因素，也受到域外文化因素的影响。作为稳定态的犯罪是一定社会中的规则现象，是社会机体的正常排泄。[②]菲利指出，犯罪统计资料表明，犯罪总体上看增长了，但各年度之间或多或少有波动，或升或降有些变化。因此，每一年度犯罪的多少显然都是由不同的自然和社会环境，按照犯罪饱和法则（笔者根据化学现象类推而来），与行为人的遗传倾向和偶然冲动相结合而决定的。就像我们发现一定数量的水在一定的温度之下就溶解为一定数量的化学物质但并非原子的增减一样，在一定的自然和社会环境下，我们会发现一定数量的犯罪。[③]犯罪同样存在年终平衡，一定的自然和环境决定着犯罪的多少与严重程度。犯罪

---

① 康树华主编：《犯罪学——历史·现状·未来》，群众出版社 1998 年版，第 96 页。
② 张小虎：《转型期中国社会犯罪原因探析》，北京师范大学出版社 2002 年版，第 16–17 页。
③〔意〕菲利：《犯罪社会学》，郭建安译，中国人民公安大学出版社 2004 年版，第 163 页。

数量受犯罪饱和法则支配。过去，我们提减少和消除犯罪，现在我们更多倾向于提"犯罪控制"，即将犯罪控制在社会容忍度之内。

现代刑事政策理念正是在犯罪控制的指导下形成的。刑事政策的中心在科学合理地组织对犯罪的反应，即要求拓宽刑事政策的内涵与外延，更广义地看待刑事政策。在刑事政策的演变历史上，存在三种不同范围的刑事政策理解：狭义刑事政策将刑事政策严格地界定为刑法即刑事实体法的法律政策，即研究如何运用刑罚措施以吓阻犯罪。近代刑法学之父费尔巴哈就提出刑事政策为"国家据以与犯罪作斗争的惩罚措施的总和"，是"刑法的辅助知识"。[①]这种观点深刻地影响了其后刑法学者对刑事政策的理解。比如同样是德国的刑法学者希沛教授认为，刑事政策是就合目的性的观点而进行的对于刑法成效的考察。[②]中义刑事政策对刑事政策定义为运用刑罚以及具有与刑罚具有类似作用的法律制度预防和控制犯罪的法律政策，包括刑事立法政策、刑事司法政策、刑罚执行政策。德国刑法学家耶塞克教授的定义便是中义刑事政策的代表："制裁制度的构筑、适用和改革，鉴于变化着的社会关系，被概括性地描述为刑事政策（狭义）。广义的刑事政策则还包括处罚的先决条件以及犯罪构成适应时代的需要以及符合目的地构筑刑事程序和刑事追诉。"[③]"刑事政策探讨的问题是，刑法如何制定以便其能最好地实现其保护社会的任务。刑事政策与犯罪的原因联系在一起，它探讨如何描述犯罪构成要件特征以便与犯罪的实际情况相适应；它尝试确定在刑法中适用的制裁措施的作用方式；它斟酌允许立法者将刑法延伸到何种程度以便使公民的自由空间不会超过不必要的限制；它检验实体刑法是否作了使刑事诉讼能够得以进行的规定"。[④]广义刑事政策是以预防和控制犯罪为目的的措施。李斯特所提出的"最好的社会政策就是最好的刑事政策"的著名论断可谓代表，他认为："刑事政策是国家

---

① 转引自 ［法］米海依尔·戴尔玛斯–马蒂：《刑事政策的主要体系》，卢建平译，法律出版社 2000 年版，第 1 页。

② 转引自 ［法］米海依尔·戴尔玛斯–马蒂：《刑事政策的主要体系》，卢建平译，法律出版社 2000 年版，第 534 页。

③ ［德］汉斯·海因里希·耶塞克等：《德国刑法教科书》，徐久生译，中国法制出版社 2001 年版，第 901 页。

④ ［德］汉斯·海因里希·耶塞克等：《德国刑法教科书》，徐久生译，中国法制出版社 2001 年版，第 28–29 页。

和社会据以与犯罪作斗争的原则的总和。"① 社会防卫学派大师马克·安塞尔教授对刑事政策定义为：集体对犯罪的越轨的反社会活动的有组织的果敢的反应。② 米海依尔·戴尔玛斯·马蒂则认为"刑事政策就是社会整体据以组织对犯罪现象的反应的方法的总和，因而是不同社会控制形式的理论与实践。"③ 三种不同的刑事政策定义在我国刑事政策理论界都有表现。

我国著名刑法学家高铭暄教授认为，刑事政策是运用刑法武器同犯罪作斗争的策略、方针和原则，是我国刑事立法和刑事司法工作的灵魂。④ 杨春洗教授认为："刑事政策是指根据犯罪情况的变化运用刑罚及其有关制度，有效地同犯罪作斗争，以期实现惩罚和预防犯罪之目的的策略、方针、措施和原则。"⑤ 储槐植教授对刑事政策定义为："是国家或执政党依据犯罪态势对犯罪行为和犯罪人运用刑罚和有关措施以期有效地实现惩罚和预防犯罪目的的策略。"⑥ 周振想教授认为："我国的刑事政策是党为了指导国家创制与实施刑事法律的活动而制定的政策，是国家机关为进行刑事法律的活动而制定的政策，是国家机关进行刑事立法与司法等各项活动所遵循的准则。""从内容上看是以指导犯罪的认定与刑罚的适用为出发点，以预防犯罪为归属的。实质上它指的即是党为了指导国家同犯罪作斗争而制定的一系列政策。"⑦ 曲新久教授采取的是广义刑事政策概念，⑧ 而梁根林教授采取的是一个超越刑法学和犯罪学的概念的独立的范畴，即一个独立的关于刑事政策的知识体系。⑨ 基于我国的刑事政策实践，从刑事政策的历史发展来看，刑事政策存在一个广义化发展的趋势。

我们需要在一个怎样的场景下讨论刑事政策问题？现代西方刑事政策，"产生于19世纪的后1/4世纪。它与社会政策同时发展，齐头并进"，

---

① 转引自杨春洗主编：《刑事政策论》，北京大学出版社1994年版，第4页。

②③ 转引自［法］米海依尔·戴尔玛斯–马蒂：《刑事政策的主要体系》，卢建平译，法律出版社2000年版，第1页。

④ 高铭暄、王作富主编：《新中国刑法的理论与实践》，河北人民出版社1988年版，第67页。

⑤ 参见杨春洗等主编：《刑事法学大辞书》，南京大学出版社1990年版，第578页。

⑥ 杨春洗主编：《刑事政策论》，北京大学出版社1994年版，第7页。

⑦ 周振想：《论刑事政策》，《中国人民大学学报》1990年第1期。

⑧ 曲新久：《论刑事政策——作为权力知识的公共政策》，载陈兴良主编，《刑事法评论》（第11卷），中国政法大学出版社2003年版。

⑨ 梁根林：《解读刑事政策》，陈兴良主编，《刑事法评论》（第11卷），中国政法大学出版社2003年版。

"通过影响犯罪个体同犯罪作斗争"。①应当说，刑事政策作为独立的概念，首先为德国刑法学家费尔巴哈使用，之后由李斯特继承和发扬。当代西方刑事法存在一种"刑事法刑事政策化"的趋势，在米海伊尔·戴尔玛斯·马蒂那里形容为"刑事范畴特殊性的消失"——"这一现象归功于两个不同的趋势：在内，因为刑法日益复杂，刑事范畴分崩离析；对外，相邻范畴迅速发展，如或多或少被整合进刑法途径的调解，带有惩罚性的行政法，最后是国家对受害人的赔偿"。②我们的时代将逐渐倾向于从更广义的角度去看待刑法，不再把其仅仅视作静态的固有的规范，而是一个动态的运行机制。探求机制的内在规律便是刑法也是刑事科学（包括刑事政策学）的职责所在。刑事政策处于刑事科学的巅峰，宏观地指导着刑事法的发展。笔者曾在提交中国刑法学 2001 年年会的一篇文章中写道：反观我国刑事政策与刑事政策学，零散堆陈，缺乏系统性，亟待理论的深化。在犯罪控制的目标下，讲求刑事政策的系统性，既要处理好同向运行政策的功能的正相关关系，又要调和好逆向运行的政策的负相关关系，才能获得效益的最优化。笔者以为，从目前的刑事政策观念来看，如何淡化刑事政策的国家主导色彩，发挥社会组织和私法规范的力量是至关重要的。这既符合市场经济的自由原则，又符合建设"有限政府"的理念。

2. 重视非刑法规范的功能

刑事法不是万能的，这是刑法谦抑主义的必然结论。私法规范在调整人与人的关系、社会与人的关系上存在公法规范不能替代的功能，它更体现一种社会自治和人与人之间的平等。对于社会越轨行为，刑法与刑罚措施仅仅是一种最后的应对方式。轻微刑事犯罪，如果能够采取非刑法规范予以应对，便不需要动用刑法资源。这是一个总体的判别。黑格尔（1770~1831 年）指出，法律（刑法）决定于一国人民的特殊民族性，它的历史发展阶段，以及属于自然必然性的一切情况的联系。没有一种国家制度是单由主体制造出来的。一个民族的国家制度必须体现这一民族对自己权利和地位的感情，否则国家制度只能在外部存在着，而没有任何意义和价值。有时对偷窃几分钱或一棵甜菜的人处以死刑，而有时对偷窃百倍

---

① ［德］冯·李斯特：《德国刑法教科书》，徐久生译，法律出版社 2000 年版，第 13 页。
② ［法］米海伊尔·戴尔玛斯·马蒂：《刑事政策的主要体系》，卢建平译，法律出版社 2000 年版，第 3 页。

于此数甚或价值更贵的东西的人处以轻刑，都同样是正当的。所以一部刑法典主要是属于它那个时代的市民社会情况的。严厉的刑罚不是自在自为地不公正的，而是与时代的情况相联系的。一部刑法典不可能在任何时代都合用。① 这段话进一步延伸开去，可以理解为：刑法典不是在任何时候都合用的，刑法措施也不是在任何情况下都适用的。比如，对于重婚罪等亲告罪，采取不诉不理原则。

就时空而言，刑法上的犯罪以一个社会的主流社会规范为背景，应当是严重侵犯一个社会绝大多数人共同利益的行为，而一个社会的绝大多数人的共同利益是与该社会的反映历史发展的物质生活条件相适应的，不同地区的经济条件、文化差异与风俗习惯决定了犯罪评价标准的时空差异。比如，A 地的盗窃 3000 元的行为可能不被视为严重的违法行为（犯罪），但在 B 地则可能构成对一部分人的生存的严重侵犯，而被视为犯罪。在民主权利意识不发达的地方，民主权利受侵犯并不被认为是严重的刑事犯罪，而在民主权利意识兴起的地方则可能视为犯罪。因此，并不存在一个普适性的犯罪概念，犯罪应当是有地域性的，同定义犯罪的法律概念一样，它同样是一种"地方性知识"。对应犯罪而言，并不存在唯一的措施即刑法。通过社会措施同样能够预防和控制犯罪，又能省却刑罚措施的社会成本和对社会造成的进一步伤害，应当鼓励刑罚替代措施的运用。

3. 社会而非政府主导

市场经济形态中，倡导市场作为资源配置的决定性力量，国家宏观调控仅仅是在市场失灵的状态下出现。因此，新型的政府理念应当是"小政府、大社会"，即一种"有限政府"的形态。在"有限政府"的框架中，市场经济下的现代政府应当是"有限政府"、"法治政府"而非"全能政府"。市场是一只看不见的手，也是一只蕴含无穷能量的手。这种"有限政府"是在针对自由市场经济的反思（自由市场经济因公共服务、外部性等存在失灵的现象）下形成的，现代各国政府都试图寻求政府适度干预的市场经济发展模式。我国探索的是一条国家宏观调控下的市场经济发展道路，同样应当遵循市场经济的基本规律，以市场作为资源配置的决定性手段，在市场失灵时发挥国家宏观调控的作用。"有限政府"要求政府提供公

---

① ［德］黑格尔：《法哲学原理》，范扬、张企泰译，商务印书馆 1961 年版，第 4 页、第 291-292 页、第 228-229 页。

共产品服务，包括犯罪预防和控制等公共安全服务。然而，在"小政府"的形态下，政府的公共安全服务在一定意义上已经部分转移给社会中间组织，单靠政府行政力量很难保证一个有效的安全体系。政府能够提供的是最低限度的公共安全需要，更高层次的安全需要体系则交给社会组织来进行。

犯罪控制，就是使犯罪处于一定状态，不致蔓延、泛滥，影响社会安全。犯罪控制是对社会生活犯罪饱和论[①]和犯罪作为规则现象的确认[②]。犯罪控制是人类对付犯罪的唯一选择，使犯罪保持常态。犯罪常态，是正常犯罪率。衡量犯罪正常与否的标准本身是一个复杂的系统，包括民族传统、文化观念、历史条件、社会背景、现实需要、主观力量等因素相互作用形成一个可以被社会接受的结论。这个标准在现存历史阶段只是被人们模糊地感知，尚无法被具体地量化。正如一个世纪以前的犯罪实证学派大师恩里科·菲利所言，医治犯罪疾患的手段应当适应导致犯罪产生的实际因素。而且，由于导致犯罪产生的社会因素最容易消除和改善，因此我们同意普林斯的观点：对于社会弊端，我们要寻求社会的治疗方法。[③]一味强调政府运用刑罚措施和法律手段并不能为公共安全提供可靠的保证。只有社会本身的组织化力量和程序才能为市场经济提供秩序的保证，保证社会越轨行为（乃至犯罪）的不再产生。比如，行业协会对行业内部纪律的维护，对行业内部各经济个体的规范；又如，社区内各种民间组织对社区治安的保护，对社区内各居民行为的约束。我们可以从社会对政府在公共安全上的功能替代发现，社会中间力量因为接近民众而更为具体而微观地对犯罪控制起着作用；相反，政府承担的是一些更为宏观的抽象的指导工作。这种犯罪控制主体由政府向社会转移的趋势是市场经济所倡导的。

第三节　中国少数民族犯罪控制机制的设计

中国少数民族犯罪如何实现社会控制，是在提出中国犯罪控制由国家

---

① ［意］菲利：《犯罪社会学》，郭建安译，中国人民公安大学出版社 2004 年版，第 107 页。
② ［法］迪尔凯姆：《社会学方法的规则》，胡伟译，社会科学文献出版社 1999 年版，第 58 页。
③ ［意］菲利：《犯罪社会学》，郭建安译，中国人民公安大学出版社 2004 年版，第 181 页。

本位向社会本位转型的背景下讨论的。少数民族的经济地理和人文状况决定着犯罪控制不可能不关注民族地区的此类因素，而在犯罪控制的既往实践中，我们也正是在尊重民族政策发展民族平等的框架中进行。长期以来，少数民族地区的司法机关根据党和国家的民族政策，从本民族地区犯罪问题的特点出发，采取灵活的办法，既有效地控制了犯罪，又较好地维护了民族地区的稳定与发展。对于今后的少数民族地区犯罪的社会控制如何设计，同样应当根据国家民族政策的精神结合民族地区的具体情况加以反思。

一、中国少数民族犯罪社会控制的实践

1. 尊重民族习俗处理重婚案件

从少数民族地区的多发犯罪来看，重婚是一个较为突出的现象。部分少数民族地区的重婚问题较为突出，重婚不论是原始群婚，对偶婚的遗风，还是换房制度的遗俗，或者是封建思想的结果，都与我们社会主义所要求的婚姻家庭制度格格不入。它必将遭到禁止，直至最后消亡。少数民族地区由于旧的婚姻习俗的残存，早婚、私婚现象比较普遍，重婚问题尤为突出。笔者收集的材料如下：

案例 6-1

据对云南省×县一少数民族支系××人的调查，全县共有××人 3467 户，15612 人，分布在 4 个区，9 个乡聚居，在聚居的××乡，15 岁以下早婚的有 142 人，占 477 人的 29.8%，重婚的有 48 人。

四川省凉山州××县从 1980 年到 1985 年 3 月止共发生重婚案件 64 件。

甘肃省甘南州××县 1981~1984 年早婚的就有 90 人，私婚的 149 人，重婚的 30 人。甘肃×族群众中的重婚大致有这样几种：一夫多妻，如牧民××娶了 4 个老婆，一妻多夫（兄弟共妻，如女牧民××与两兄弟结婚）；还有母女同夫、父子同妻的现象。

综合考察少数民族地区的重婚案件，发现重婚一般有四种情况：

其一，家庭中的兄或弟去世后，女方为抚养子女，留下来与兄或弟自

愿结婚，使已有婚配的兄或弟形成事实上的重婚。凉山×族群众通常称之为"转房"。

其二，婚配的女方不育或无男孩，为传宗接代，男方另娶而形成重婚。

其三，因为早婚，感情不和，女方出走又与他人非法同居，形成事实上的重婚关系。

其四，因喜新厌旧，私婚后形成重婚的占据一定比例，但并不显著。

可见，少数民族地区的重婚问题十分复杂，在处理重婚案件时，必须具体分析，区别对待。根据笔者的走访，民族地区控制重婚现象的实践中有若干措施：

对于封建思想严重的重婚，前妻（夫）不告诉的主要由基层组织进行教育，并由基层调解组织进行调解后，宣布解除非法婚姻关系。如××县1985年上半年64件重婚案中有63件是作为民事案件处理的，处理时根据情况判离小老婆的29件，判离大老婆的22件。

对于因喜新厌旧的重婚，前妻（夫）不告诉的，一般按重婚罪处理，情节轻微的免予刑事处分，并判处废除其非法婚姻关系，情节严重的按刑法重婚罪判处。

对于重婚情节严重，前妻（夫）不告诉而由基层组织提出的，由检察机关立案侦查、起诉，由审判机关依法判处。

2. 发挥调解手段的功能

在有的少数民族中，男女结婚后，按传统习俗，并不马上同房，女的仍然在娘家居住，甚至去"游方"、"行歌坐月"（少数民族青年男女的社交活动），时间长了有的另有所爱，背弃前者，再娶再嫁。在这种情况下，男方带领多人到再嫁者家里宰猪、挑粮，甚至砸房，大吃一顿，以此作为"修赔"（赔礼）。按照法律规定，这种行为可能造成伤害或毁损财物等后果，但考虑到少数民族的特殊情况和落后的习俗，对待这类案件，凡是没有致人重伤或致死人命，仅造成经济损失或轻微伤害的，一般是采取调解的方法解决，不以犯罪论处。案例如下：

案例 6-2

被告人万×权，男，63岁，中共党员，苗族，文盲，贵州省三穗县巴冶乡桂槐村第十村民组农民，曾任过村党支部副书记、村长等职。

1985年4月，桂槐村民组16岁的女青年万×桥自愿跑来被告万×权家与其子万×保非法同居。当晚被万×桥的父亲将其拉回。1986年1月，万×桥又自愿到本村民组万×发家与其子万×生非法同居。被告万×权得知后，认为万×发家抢了他的儿媳，便要其子万×保通知家族50余人商量抢人。被告对家族众人说："我们几爷崽带点东西（指棍棒、柴刀等凶器）去，他退人就算，不退人就打砸房子。"随即家族按被告万×权的嘱咐，手持柴刀、斧子，在被告万×权的带领下闯入万×发家要人未得，被告等5人即用柴刀、斧子将万×发家住宅的板壁、柱头及其家具等物乱砍乱砸，经济损失达400多元。

在这一案件中，便是典型的"游方"等民族习俗引起的案件。案发的起因是苗族女青年万×桥先后与万×保、万×生非法同居。苗族群众在婚姻方面的传统习俗是：男女青年经过"游方"（苗族青年男女的社交活动）后，女方自愿上门，就算男方家的媳妇。上门后，如女方父母表示同意，经过十天便带着礼物回门认亲。像这样成婚的在当地为数很多。如父母不同意这门亲事便将女儿拉回，男方就要提出"修赔"（赔礼道歉之意）或前去"抢亲"。一旦发生矛盾或"抢亲"落空，男方就要到女方家杀猪、砸房，类似情况在苗族聚居地区司空见惯。不仅被告人认为毁物砸房符合当地少数民族的风俗习惯，并无不妥；而且群众也认为被告万×权的行为无可非议。对于万×权率人损坏他人财物案，公安机关曾依法以毁坏财物罪将被告万×权逮捕，经过预审后移送检察机关起诉。但检察机关在审查起诉中认为，公安机关没有掌握好"两少一宽"的刑事政策，检察机关在明确民族婚恋习俗后对万×权免予刑事处罚，采取调解的方式使被告人既认识到自己的错误，又使苗族群众受到一定的法制教育，把坚持法制的统一性和兼顾民族地区的特殊性结合起来，在被告悔罪的基础上，让被告在群众中现身说法，扩大法制宣传的效果，消除了积怨，促进了团结，没有伤害到"乡土社会"的固有秩序。

3. 发挥民族上层人物作用

少数民族地区不同民族之间以及同一民族之间，因为闹坟山，争山林，争耕地、宅基地、水源矿藏，"串姑娘"以及其他权益或习俗经常引起械斗，并时常因械斗而造成严重后果。如云南省勐海县两个村寨，因争茶山发生一起聚众武装械斗，当场死亡 6 人，重伤 3 人，轻伤数人。这类案件因涉及民族问题，比较敏感，往往掺杂着古老的乡里感情，以及历史遗留下来的民族隔阂和仇怨，情况复杂，处理不慎往往影响民族团结和边疆稳定。

　　根据笔者对民族地区办案实践的观察，发现少数民族犯罪（民族地区的矛盾与纠纷的处理）的处理往往是在党委和政府的领导下，通过发动民族上层代表人物，对群众做好说服教育工作。既要求根据查明的事实，对个别煽动、组织和幕后策划者，罪行严重的，依法予以处罚，同时对胁从者或裹挟者进行具有针对性的教育，通过以案释法，对周围群众进行法制宣传教育。在过去的司法实践中，我们所注重的少数民族上层人物一般包括：①土著的，能影响一方的代表人物。如民族地区农村中的"秧头"、"鼓藏头"、"寨老"、"里老"、"鬼师"、"米腊"、"柏母"等与群众有相当联系的人物。②曾任国民党军官，甚至国民党的高级军官。③曾和中国共产党有过联系，或接受过党的领导，拉武装队伍反对过国民党的人物，也有的是自发性武装反对过国民党的人物。④上层知识分子。对于民族上层人物，我们已经注意到利用他们在少数民族群众的威信和号召力，通过他们维护民族地区的治安秩序。同时，我们也注意到在民族上层人物带头违反法律时，更要谨慎处理。

案例 6-3

　　被告人罗×昌，男，51 岁，苗族，大专文化，贵州省关岭布依族苗族自治县上关镇向阳村农民。

　　1983 年 3 月，被告罗×昌的外甥儿王×义与罗的堂侄女罗×兰（县人大代表），由双方父母包办订婚。罗×兰反对并同杨×富自由恋爱。在此期间，罗×兰多次提出解除与王×义的婚约，均遭对方拒绝。

　　1985 年 1 月 12 日，罗×兰因与王家原订的婚期（1985 年 1 月 16 日）迫近，便约杨×富，由杨的老表李×昌陪同，到亲戚家躲避。被告罗×昌闻讯后，伙同他人于 14 日追到杨家，将回家取钱粮的杨×富捆绑到上关镇关押（致杨的脖子呈观 0.5×10 公分的绳索伤），并威逼杨交出罗×兰。次日，李×昌为缓和矛盾，将罗×兰送回，但被告罗×昌却反诬李拐人之妻，将李捆绑跪在地下，并用烧红的火钩烙伤李的脸部，致李的脸部呈现大小不等五个烙印。后被告又串通上关镇个别工作人员，假借镇政府名义，将杨、李二人非法关押3天。

案发后，罗×兰因害怕王家抢亲，逃到县城并在县人大一负责同志陪同下，到县检察院控告，要求保护。县检察院立案后查明：被告罗×昌系20世纪50年代毕业的师范专科生，曾任中学教师、小学校长、县人大代表等职，还作为省、地少数民族参观团的成员到全国各地参观过，在当地方圆数十里的苗族群众中有较高的威信，群众大小纠纷都请他出面调解，他一表态就算数。因而成为当地本民族中的"自然领袖"，素有"苗王"之称。因此，对这起"苗王"罗×昌非法拘禁案，不能等闲视之。案中，被告罗×昌凭借自己的威望，用封建礼教、民族习俗和暴力手段干涉他人婚姻，并对他人实施非法拘禁，犯罪情节是严重的。但当地不少苗族群众对被告罗×昌的犯罪行为不但不抵制和制止，反而心悦诚服，即使被害人也没有要求对罗法办。司法机关在县委和上级机关的指导下，形成敦促被告认罪服法、从宽处理的意见：①被告罗×昌必须真诚认罪伏法，并公开在一定范围向被害人赔礼道歉，赔偿损失。②责令罗×昌负责处理好罗×兰与王×义的婚姻纠纷，解除包办婚约。③解除包办婚约后，罗×昌不得干涉罗×兰的婚姻自由。④罗×昌要利用自己的身份和影响，结合本案现身说法，向群众宣传政策法律。被告罗×昌接受了处理意见和从宽处理，这种做法社会效果很好，是值得我们在民族地区推广的。

4. 从宽处理封建迷信犯罪①

少数民族地区存在着浓厚的封建迷信思想和落后、愚昧的习俗，由此而造成的各类案件较多。例如有的少数民族村寨中有了病人或遇有牲畜死

---

① 关于少数民族封建迷信，比如巫蛊，有学者指出，神秘的巫蛊信仰在中国已经延续了数千年。一方面，人们相信巫蛊诅咒可以致人生病、死亡，给生产、生活带来危害，将之视为社会控制的对象；另一方面，围绕着蛊言蛊事所形成的神秘文化又历史性地承担着社会控制的功能。当前，既要依据法治建设的要求，对巫蛊迷信行为进行严格归制，也要考虑到其历史渊源及现实影响，采用多种方式，灵活地解决相关纠纷，协调各种社会控制资源。参见洪涵：《巫蛊信仰与社会控制》，《云南大学学报》（法学版）2009年第9期。

亡，只要有人怀疑或指认是某人"放鬼"造成的恶果，被怀疑"放鬼"的人就要遭到不幸，轻者被抄家或逐出村寨，重者被活活打死。封建迷信案件是一种性质恶劣、情节严重的犯罪行为。司法实践中，对于有意利用"放鬼"这种迷信活动加害他人，指认或暗示他人为"放鬼"者，而造成严重后果的犯罪分子，要依照政策和法律严肃处理。但是如果忽视少数民族地区群众浓厚的迷信思想因素，对封建迷信案件的参与人一律以犯罪论处并不妥当。在民族地区的长期司法实践中，从宽处理封建迷信犯罪已经成为一条成功的经验。

比如，在我国地处边远的一些少数民族中，近几年来"背马"搞封建迷信活动比较突出，由此引起的杀人、伤害、抄家等刑事案件也较多，成为少数民族地区社会治安的一个突出问题。究其原因，主要有：

（1）少数民族地区文化比较落后，群众缺乏科学知识，把"背马"当成是能避鬼的人。××族流传的酒歌中称："没有头人城墙要倒（地方要乱的意思），没有背马鬼要闹，没有铁匠田要荒……"故而"背马"在××族中地位较高，××人从生到死都要"背马"来背，就是牲畜有病，庄稼不好也要"背马"背，群众还自愿给"背马"一定钱物作报酬。

（2）"背马"有一定的欺骗伎俩，往往以迷信为手段造谣惑众，骗取财物，引起杀人、伤害、打砸抢等刑事案件。如云南省红河县××族农民李某和周某，听信"背马"妖言，认为李父病死，周两个孙子死去，是某某人"背死"的。两人怕他继续"背死"人，即共同将其杀害。还有的"背马"利用"送鬼"、治病等手段强奸、玩弄妇女。

（3）"背马"问题的认识。如有的文化部门片面强调"背马"是少数民族文化遗产的继承人，专门召开"背马"会议，公开为"背马"平反，甚至还要酝酿成立"背马"协会，结果"背马"的身价越来越高，一些青年人纷纷投师"背马"。

如何看待"背马"？应采取什么相应的法律对策呢？一般认为，他们对研究少数民族的文化遗产有积极作用的一面，但同时具有欺骗、愚弄群众、对社会治安有害的一面，既要发挥他们的积极作用，也要约束和限制他们的消极作用。如何处理"背马"活动中的违法和犯罪问题？有的少数民族地区司法机关在执法中掌握的原则是比较恰当的：即对"背马"一般不以"巫婆"、"神汉"看待，群众按民族习俗，请"背马"进行民族形式的"背马"活动，并自愿给"背马"酬金，不以犯罪论处；"背马"借封建迷信活动进行犯罪活动的，严格按照刑法论处，但略为从宽。

5. 特殊情况特殊处理

少数民族地区的刑事犯罪活动是十分复杂的。既有严重刑事犯罪，又有普通刑事案件，还有危害国家安全的案件。对于一些普通刑事案件，一般依法从宽处理，但对那些严重刑事犯罪案件能否适用"两少一宽"的政策呢？回答应是肯定的。对一些属于严重刑事犯罪的人犯，尽管其罪行严重，但因其确有困难，问题无法克服，可以挽救而又不会继续危害社会，群众公认放回去比关起来好的，可以通过特殊途径从宽处理。

二、中国少数民族犯罪社会控制的完善

1. 发挥少数民族传统习俗的积极作用

在少数民族地区进行犯罪控制，发挥少数民族传统习俗的积极作用，是一个有效的办法。正如哈特兰所描述的那样：原始人远非卢梭想象中的那样，是自由自在而又无拘无束的生灵。相反，他们的一切都处于其所在群体的习俗的禁锢之中，这不仅反映在社会关系上，也包括在其宗教、巫术、劳作、工艺行为中，总之，他们生活的方方面面都被束缚在历史悠久的古老传统的锁链上。①美国顶级的人类学权威之一洛伊博士同样表述：一般说来，和我们成文法相比，（原始人）更愿意服从习俗惯例这类不成文法，或者确切地说，他们自发地服从于不成文法。②居住在少数民族地区的少数民族居民，一定意义上是一种类型的"原始人"。少数民族地区的某些传统习俗，自古以来就是少数民族群众管理社会，调整人与人之间各种关系的无形的行为准则。少数民族公民会选择更为服膺习俗的统治。例如，在贵州省黔东南苗族侗族自治州，许多苗族、侗族村寨从很早以前就有"议榔"、"起款"的习俗（就是起誓遵守某一款约）。③"议榔"之前选

① ［英］西德尼·哈特兰：《原始法律》（Primitive Law），第138页，转引自［波］马林诺夫斯基：《原始社会的犯罪与习俗》，云南人民出版社2002年版，第3—4页。

② ［英］西德尼·哈特兰：《原始法律》（Primitive Law），第387页，转引自［波］马林诺夫斯基：《原始社会的犯罪与习俗》，云南人民出版社2002年版，第5页。

③ 黔东南苗族村寨中存在着大量的村规民约，作为"民族习惯法"的传承遗留，村规民约在现代社会中仍然发挥着很大作用。但是"民族习惯法"与国家法的冲突也在所难免，其中的罚款问题作为明显的罚"3个100"或罚"3个120"的变形，与国家的法治精神违背。参见丁成成、李向玉：《黔东南少数民族村寨村规民约研究》，《凯里学院学报》2009年第5期。

出几个"榔头"、"理老"拟定款约，经全村寨人举行喝鸡血酒的仪式后，款约就对人们有了约束力，任何违犯它的行为，都要受到一定的处罚，轻者赔礼认错、罚款，重者抄家砸房，殴打体罚，甚至逐出村寨。实践证明，"议榔"和"起款"的形式是易为群众所接受的，只要剔除落后的、有害的内容，赋予它新的内容，加以改革，就会起到很大的作用。以黎平尚重镇为例证，我们可以发现习俗在少数民族地区的重要性：

案例 6-4

侗族聚居的黎平县尚重镇，地理位置偏远，是一个居住着七千多人的小镇。1985 年前，每年各种刑事案件的发案数在 30 起以上，尤其是盗窃、抢劫、流氓、强奸几种犯罪，严重地威胁着人民生命财产的安全。在"严打"斗争中，镇党委从这里的实际情况出发，布置各村寨订立各项村规，不少村寨沿袭过去的传统习俗，通过了款约。之后，群众不仅自觉遵守所订款约，并积极揭发违约者。镇政府根据群众的揭发并经司法机关查证后，对已触犯刑律的依法处理，对有一般违法行为的，进行遵纪守法教育，这样更激发了群众的自治积极性。1985 年内，全镇没有再发生过刑事案件，治安案件只发生过 5 起，违法的人也很少。由此可见，这些款约对维护当地社会治安起了很大作用。

侗族是笔者身属的民族，保存各种旧有的习俗。比如"起款"、"议榔"等，类似于今天的乡规民约。在民族聚居的社区内，习俗比法律能获得更为广泛和更有内心确信的遵从。当然，不能排除习俗中的部分封建文化因素和非现代化因素对民族聚居地区的消极作用，在发挥习俗对维护民族地区稳定的作用方面提出这些因素，更好地运用这些因素加以协调。①

---

① 云南省大理州鹤庆县六合乡灵地村，该村以白族居民为主，还有少数的彝、苗、藏、汉等民族，60 年来，没有一个人吸毒、贩毒，没有一起重大刑事治安案件，没有一起上村上访事件，全村始终夜不闭户，多个民族团结如一家，派出所干警"没事做"。该村的"平安密码"是：村民盛行儒雅君子之风，知礼明耻，处事开明。基层组织编织"篱笆墙"，良好民风难侵蚀。《灵地村的平安密码》，《法制日报》，2009 年 10 月 14 日，第 2 版。

2. 利用和改造少数民族中原有的某些组织形式①

利用和改造少数民族地区中原有的某些组织形式控制犯罪、维护社会治安，是少数民族地区实行综合治理的一条成功经验，在今后的民族地区犯罪控制工作中也要坚持并发展完善。例如，在四川省凉山彝族地区和云南省宁蒗彝族地区的"家支"制度，原先是奴隶主阶级专政的工具，并在一定意义上具有政权性质，它虽然对家支成员之间没有统治和隶属的关系，但对个人或家庭具有一定的约束力。在控制犯罪的过程中，凉山彝族自治州对彝族中的家支活动，采取一分为二的态度，对于家支非法行使司法权，如对已经国家政法机关判处的案件，家支再行处罚和算人命金等，予以制约和取缔；对于家支主动出面调解各种刑事、民事案件解决纠纷的，则大力支持，并将家支组织纳入基层调解委员会和治保委员会，帮助他们学习法律知识，逐步把它们改造成为维护社会治安的基础力量。以四川省凉山家支犯罪控制为例：

案例 6–5

1981 年 2 月，喜德县海来家支因索取买卖婚姻的身价与加洛家支发生聚众斗殴，械斗中，海来××将加洛××的左耳咬掉。加洛家支提出赔偿 1200 元，海来家支不从，双方分别聚集 200 余人，准备继续进行大规模械斗，当地检察院了解这一情况后，立即会同区、乡领导人，通过纳入调解委员会洛家支出面调解，商定海来家支宰羊 1 只，打酒 50 斤，向加洛家支赔礼道歉，加洛家支退还海来家支 54 元，作为婚姻身价的补偿。双方喝酒表示同意，伤害案和婚姻案一并解决。后来当地检察院进行了回访考察，双方信守协议，关系正常。这样做，既巩固了民族内部的团结，有利于社会治安，又能逐步改变家支活动的性质，消除奴隶制的残余。

---

① 贵州省锦屏县隆里乡华寨村在农村基层群众自治方面有新探索，其主要做法是：征求意见，问计于民；按章办事，取信于民；村务公开，还权于民。其主要成效是：经济发展迈出新步伐，村容寨貌发生新变化，和谐村寨建设取得新成绩，以党支部为核心的村级组织领导作用得到加强。参见中共锦屏县委政研室杨武标：《村基层群众自治的新探索——锦屏县隆里乡华寨村实行村民自治合约管理调研报告》，《贵州调研》2010 年第 1 期。

从当地政府与司法机关对凉山家支聚众斗殴事件的处理过程，我们注意到：一方面，家支是一种部分民族地区盛行的民间权威，这种潜在权威的生成甚至比正统的国家秩序权威还要强大；另一方面，如果合理地利用这种组织形式，把家支纳入基层调解系统，等于将民间权威纳入国家渠道，使得各方面的力量得以平衡，各种声音得到诉求，犯罪得到控制，秩序得以维护。同样，侗族、苗族的"房族"和瑶族的"油锅组织"，也是一种类似于彝族"家支"的可以利用的组织形式。

侗族、苗族的家庭结构是以同姓同宗近亲血缘组成"房族"，若干个近亲房族又联合组成同姓大族即"宗祠"。"房族"和"宗祠"建有严格的"族规"。"款"是侗、苗民族以地域为纽带结成的地方联盟组织，并有大小之分。"小款"相当于一个村，"大款"由数十个村构成，可以跨乡、跨县、跨竹。侗族、苗族人民的"大款"组织是一个协商解决不同地区之间纠纷的议事机构，具有平等性和联防性的特点。比如说，侗、苗民族"款坪说款"是由"族长"或"寨老"主持召集纠纷当事人以"款约"来明辨是非、解决纠纷的一种传统方法。根据笔者的走访观察，实践中多将"大款"改建为地区民间纠纷联防联调协作委员会，这些联防联调组织吸收"族长"或"寨老"参加，每年定期召开会议，共商联防联调事宜，组成公议会或公议庭，依据法律、法规、政策以及乡规民约处理调解各类纠纷。

瑶族中的"油锅"组织是瑶族社区中类似于彝族家支的一种形式。瑶山地处黔桂交汇处的荔波、从江、榕江、三都及广西南丹、环江等两省几县交界的月亮山麓，远离县城，山高林密，交通闭塞，商旅不通，与落后的社会生产力相适应，个体家庭每遇灾害和不幸，只有依靠群体间的相互关怀和帮助，才能渡过难关。古老的氏族"油锅"组织由此产生并长期发挥着重要的社会职能作用，时至今日，仍为广大瑶族群众所竭力拥戴，呈现顽强生命力。"油锅"组织要求有事互相商量，大事人人到场，互相间全力支持和帮助。"油锅"，瑶语称为"玻卜"，意思是"爷崽"，汉译为"油锅"，意为"同在一口锅里吃饭的人"。这是一种以家族为单位建立的一种特殊社会组织，可以是一个父系家庭组成的血缘集团，所有的成员同出于一个父系祖先的亲属，彼此间都有血缘关系，聚族而居，互相照应。每个"油锅"都有自己的名称，有自己的头人。各"油锅"成员同住一地，都有自己的保护神。各"油锅"有自己的领地，有公共墓地。同一

"油锅"的成员严禁通婚，成员有互相继承财产的权利，并且有定期的会议制度。①这种油锅组织应当在瑶寨中继续完善并发挥作用，剔除消极因素，发挥积极因素，维护瑶寨的社会治安秩序。

3. 利用民族地区的宗教组织形式

宗教在少数民族地区是一个不可忽视的力量，少数民族的宗教信仰非常坚定。少数民族中的宗教神职人员或宗教理论造诣较深的学者仍然是少数民族中有代表性的人物。宗教组织是一支可以利用的犯罪控制形式，在信教徒中神权看成至高无上的力量，教徒对宗教的信仰和崇拜超出对国家法律的崇仰。

民族问题与宗教问题一直处于紧密联系之中，以笔者所长期工作和生活的贵州省为例，民族地区的宗教问题较为复杂。早在 20 世纪末，黔西南的外国传教士就在民族地区设教堂、做洗礼并发展信徒，以致在少数民族中培养了一大批神职人员，这些神职人员一直是群众的"精神领袖"。根据统计，黔西南近 4 万名天主教徒中布依族占大多数，自清朝雍正年间迁入贵州，并逐步定居在黔西南中部、北部的城镇及农村。基本上是全民族信仰伊斯兰教，伴随人口的迁徙，伊斯兰教在黔西南也得以扎根。根据 1990 年统计，全州有伊斯兰教活动场所 21 个，阿訇 18 人。可以说，贵州省境内少数民族的宗教信仰已经成为民族地区稳定和民族地区安全的一个不可忽视的因素。我们应该化被动为主动，变消极为积极。因此，发挥宗教组织对民族地区犯罪控制、秩序维护的积极作用应当是我们今后的努力方向。

---

① 新兴的"威赏"瑶寨的个例，可以为我们观察残存的"油锅"提供一些有益的启示："威赏"寨是党的十一届三中全会以后兴盛起来的瑶寨，位于樟江河谷黔桂交汇处，全寨 8 户瑶族人家，33 口人，分布于 4 个互相呼应的小山坡。威赏寨 8 户人家都姓何，3 户来自板告寨，5 户来自董蒙寨。板告寨和董蒙寨原来就同属一个大"油锅"。在威赏寨，凡大小事务都由一退休的原乡干部出面、接洽和组织实施，因其曾是乡主要干部，见识广、通汉语、晓政策。他接受任务后，就先与两老住户商量，协商确定后，再通知全寨施行。寨中"秩序"井然，一切有"法"可依。从立寨到今 10 多年中，从未发生争吵斗殴事件，喂养的家禽家畜，如有损害他户庄稼的，少量则免为不计，只是互相道歉即可，如数量多的，则全寨共同讨论赔偿，当事人不提苛刻要求。起房盖屋全体参加，若造房日子选对主家生日时辰的，主家还行回避，由全寨代为营造。因威赏寨靠近荔波至南丹公路干线，1993 年时，一住户两头水牛被外族强盗偷走。半夜被偷，清晨主家才发现，主持祭祀寨神的巫师立即赶到寨神坛前，撒上几粒米，念动诵词禀明寨神。全寨大小全体火速出动，兵分几路查找失落的水牛。很快将失丢的两水牛找回，只是未抓得贼人。失主备办酒肉，感谢全寨支持。

4. 发挥少数民族上层人物的作用

在过去的民族工作中，我们曾经利用少数民族上层人物发挥了许多作用，比如凉山法院请彝族"德古"参与调解。[①]这些上层人物有的在政府工作，有的产生于民间，但不无例外的是，他们对少数民族地区具有极大的影响力。根据笔者对少数民族地区的走访和观察，少数民族地区民族、村寨、姓氏基本上都有自然领袖和长者，深得民族群众的敬重，并负责处理民间纠纷，维护民间秩序。他们是民间自然生成的权威。在处理少数民族犯罪案件时，只有团结和依靠少数民族上层人物，才能解决各类纠纷，处理好民族矛盾，实现对少数民族犯罪的有效控制。

案例 6-6

贵州省麻江县龙昌乡1982年在苗族内部因婚姻发生了一起群众性械斗案。16岁的苗族青年王××找了一个19岁的苗族姑娘，未经结婚登记即同居一年多。后女方嫌男方年幼，提出与男方离婚，法庭调解无效。女方又与苗族吴姓青年同居，并生一小孩。为此男女双方又再次扯到区法庭解决，法庭调解无效，问题愚而未决。由于女方不返回王家，王率领本族群众100余人，分别拿着匕首、土枪、棍棒去抢亲。吴家闻讯躲避。结果王家人把吴家房屋、家财捣毁，肥猪杀掉，东西拿走。吴姓青年的堂弟愤然相阻，被王××用匕首刺成重伤。见此情景，吴姓青年与本族头人商量后，牛角一吹，全村老幼出动相助，又发生了群众性的械斗。案发后，王、吴两姓头人出面，各护一边，酝酿着再次组织械斗。司法机关受理此案后，及时深入当地调查了解，充分听取两边头人的意见。首先按民族习俗承认了王姓的事实婚姻，吴姓青年后与女方同居是错误的，同时向他们讲明刑法有关条文的规定，实事求是地指出当事人中谁的行为错误，谁的行为违法，谁的行为犯罪。在做好两边头人的工作，提高他们的认识后，都认为王××不仅带人去打砸抢，而且动手杀伤无辜，触犯了刑律，应受到惩罚。此案处理后，两边头人都各自向群众做宣传解释工作。

---

① 《法制日报》，2011年9月30日，第5版。

这起案件的处理充分地利用了少数民族上层人物的积极作用。因为少数民族居住在偏僻边远的山区，行政权力不能有效地到达个体民族公民。这种情况呼唤乡土自然生成的秩序。根据笔者的走访，进入调查视野的每个聚居的边远民族山寨，都有"头人"之类的自然领袖来仲裁寨内、族内事务。南盘江边板其乡马黑村，清道光27年（1847年）秋，所立乡规民约镌于石上："我等生居乡末弹丸，少睹王化之典。"又坝江村碑述："凡于寨中，虽属壤地褊小，亦皆莫非王土"；并且规定："一切田土婚姻之事者，最要投明寨老里长人等。宽容理论了息。"由此观之，即使在少数民族的视野中，他们也认识到自己的"边远"，文化与汉族存在不同，需要民族上层人物对社会治安秩序的维护。根据笔者的理解，当前民族工作中的上层人物一般是在民族地区和少数民族中以及在某一方面有一定的代表性和影响力的少数民族人士，可能具备行政干部身份，也可能不具备行政干部身份。他们包括少数民族中的高级知识分子和学有专长的专业技术人才、归国人士、海外侨胞、非公有制经济人士、宗教人士、社团及其他方面的负责人士以及少数民族上层人士的后裔等，从中央到地方，从政府到民间分为不同的层次。控制少数民族犯罪，维护民族地区的治安秩序，必须依赖少数民族上层人物的良好群众基础，发挥他们在少数民族群众中的巨大影响力，才能处理好民族纠纷和民族矛盾。①

5. 尊重和倾听本民族群众的意见

少数民族犯罪，一定意义上因民族内部习俗引起，对于少数民族犯罪，各民族有自己历史传承的处理办法。我们在维护法制统一的前提下，对某些轻罪案件不予追究刑事责任或采取非刑罚化处理，都是尊重少数民族群众意见的结论。司法实践中，对于民族内部发生的犯罪案件进行处

---

① 除了少数民族社会上层人物外，还应充分发挥少数民族有影响力的人物。比如，2008年奥运会前夕，一位农民在车祸中身亡，其家属不服处理结果，招呼了数百名群众抬着遗体在宁夏银川大街上闹事，政府有关部门怎么做工作都做不通。这时候，有人想到一个人——康伏海，宁夏红寺堡开发区一位农民。从数百公里外紧急调来后，康伏海用了不到半天时间，说服了死亡者家属及群众接受有关部门的处理，掩埋遗体，回到家乡。当前，许多地区法院受理案件出现井喷式的增长，法院案多人少的矛盾突出，不仅法官不堪重负，纠纷久拖不决也导致矛盾加剧，给社会和谐稳定埋下了隐患。有的案件即使经由法院判决，法律与传统习惯、道德、情理之间的差异，导致了案结而事难了。康伏海让人们看到了在矛盾纠纷解决机制上民间社会参与的巨大空间。可以毫不夸张地说，康伏海是一个社会和谐的种子，他的存在，使"公道自在人心"的老话变成了实实在在的现实。我们期望民间草根社会涌现出更多的"康伏海"，这样，社会和谐的成本必然越来越小，和谐空间会越来越大。参见黄会清：《"编外法官"康伏海》，《半月谈》第288期。

理，不能采取鲁莽的工作作风，这样既伤害民族感情，又不能顺利开展工作。走访过程中，笔者曾经获悉两起案件因采取不同的处理方法而获得不同的结果：

案例 6-7

广西壮族自治区融水苗族自治县苗族高中女学生杜某挑草木灰回家存放，引起火灾，不仅自家房屋被烧毁，且蔓延全村烧毁 50 户，烧死 1 小孩，损失很大。有关机关未征求苗族群众的意见即批捕杜某，结果当公安人员前去捕人时，被全村苗族群众包围，不让捕杜。提出的理由是：杜不是有意放火，是不慎失火，其家先被烧毁，且她是该村苗族祖祖辈辈唯一的高中生，至于因失火造成的损失，群众愿意自己解决。根据苗族群众的意见，有关机关决定对杜某的失火行为不予追究。

广西壮族自治区田林县有个瑶民犯罪，但公安机关未向瑶族群众讲明情况就将犯人逮捕。当民警将被捕者押至半路时，瑶族群众追赶上来，强烈要求放人。但经过进行法制教育，说明犯罪分子罪行的严重危害性和刑法的严肃性后，结果瑶族群众自己把罪犯交送出来，表示任由政法机关依法处理。

上述失火案首先采取的是不顾及民族感情，不尊重少数民族群众意见的方法，故受到抵制。但在有关机关征求群众意见之后，同群众商量对杜某免予刑事追究，才获得群众的支持。瑶民犯罪案中，公安机关因为没有与瑶族群众沟通就贸然地逮捕瑶族公民，自然会受到在不理解的情况下的瑶民的围攻，在顺利沟通之后，公安机关获得瑶族群众的支持，他们表示将主动交出犯罪的瑶族公民。由此可见，在办理少数民族犯罪的案件时，必须尊重和倾听少数民族群众的意见，否则会引起民族纠纷，酿出事端。

6. 培养一支少数民族执法队伍[①]

《宪法》规定少数民族聚居区实行民族区域自治。在区域自治的范围

---

① 邹杨：《扩大西部法律人才队伍之我见》，《人大论坛》2011 年第 7 期。

内，各少数民族对经济、政治、文化各项事务享有自治权。少数民族公民
在民族聚居区内更能贴近群众，同时也熟悉本民族的语言文字和风俗习
惯。因此，培养少数民族执法队伍，整顿少数民族社会治安，控制少数民
族犯罪，是实行民族平等政策所必需的。相比较而言，汉族工作人员与少
数民族群众更难于沟通，存在语言文字和风俗习惯等许多障碍。少数民族
出身的工作人员在执行刑法、控制犯罪的过程中表现出三个突出作用：一
是在接待群众来访，在处理不懂汉语地区的案件和平息械斗，保证案件的
及时、准确处理上，起着重大作用。二是较易深入当地民族群众完成调
查、侦查任务，广泛收集证据和意见，有利于查清案件事实，也便于审判
人员与被告人和其他诉讼参与人之间直接对话，这有益于全面了解案情，
防止主观片面，使案件得到公正的处理。①三是根据我国现行法律规定，
在少数民族地区应当用当地通用的语言审理案件，起诉书、判决书和其他
法律文字应当根据实际要求使用当地通用的文字。在少数民族聚居地区或
多民族杂居地区，他们可用当地通用的语言进行审判，用当地通用的文字
发布判决、布告和其他文件，这样能够使当地居民清楚地了解案件审理的
情况，知道被告人犯的什么罪，犯罪的原因和思想根源，以及犯罪行为的
危害性和应受什么样的惩罚。这不仅能够教育犯罪分子，促使其认罪伏
法，接受改造，而且还可以加强当地民族群众的法制观念，提高他们同违
法犯罪行为作斗争的自觉性，起到预防犯罪和减少犯罪的作用。2006 年，
中共中央组织部等部门印发《关于缓解西部及贫困地区基层人民法院、人
民检察院法官、检察官短缺问题的意见》，截至 2011 年 4 月，民族地区法
官、检察官奇缺难题没有得到根本缓解，转而出现了"后继无人"的新情
况，②此外，我国西部地区双语检察官、双语法官仍然十分紧缺，最高人
民检察院、最高人民法院已经表示，将在西部推进双语检察官、双语法官
培训。③

---

① 《宁夏同心县法院下马关法庭庭长马自应曾将法庭"搬"进农家小院》，《法制日报》2010 年 8 月 3
　 日，第 8 版。因地广人稀、交通不便、信息闭塞和牧民游牧生活方式等原因，草原上普法宣传教
　 育很难向基层牧区延伸普及，在甘南藏族自治州玛曲县，这一难题有了破解之道。《8 支马背法宣队
　 驰骋玛曲大草原》，《法制日报》2009 年 3 月 9 日，第 4 版。
② 焦红艳：《少数民族地区法官检察官后继无人》，《法治周末》2011 年 3 月 24 日。
③ 2011 年，由贵州省高级人民法院主办，贵州民族学院（现贵州民族大学）承办的贵州省法院系统
　 少数民族法官民汉双语培训班布依语汉语双语班已在贵州民族学院开办。摘自《贵州民族报》2011
　 年 8 月 15 日，A3 版。

7. 建立民族关系监控系统

我国长期以来高度重视各民族地区和睦相处。中华人民共和国国家民族事务委员会于 2007 年 3 月 29 日发布的《少数民族事业"十一五"规划》指出，我国将建立民族关系监测系统，制定处置涉及民族因素突发性事件的应急预案。国家民委副主任丹珠昂奔表示，民族关系始终是我们这个多民族国家至关重要的政治和社会关系。当前，中国的民族关系总体的情况很好，但同时，由于各民族间在语言、文化、风俗习惯和宗教信仰等方面存在差异，以及经济利益方面的原因，不同民族之间也存在一些矛盾和纠纷。按照《少数民族事业"十一五"规划》要求，我国将依托国家电子政务网，建设民族事务管理网络系统。建立反映少数民族和民族自治地方经济社会发展状况和民族关系的指标体系，建立以信息资源集成为基础的统计、分析、评价、监测、预警和决策咨询系统。丹珠昂奔表示，通过建立民族关系监测系统，制定处置涉及民族因素突发性事件的应急预案，特别是建立科学、严谨、规范的民族关系评价指标体系，了解民族关系状况，掌握民族关系动态及其发展变化的趋势、规律，对于提高民族工作的管理能力和工作水平，及时妥善处理涉及民族因素突发性事件，促进各民族和睦相处、和衷共济、和谐发展，具有重要的现实意义。①

---

① 《我国将建民族关系监控系统》，《人民日报》2007 年 3 月 30 日，第 10 版。

第七章 一个比较性的展望："少数人权利"概念的勃兴及其借鉴

"少数人权利"的提出是基于"少数人"的界定，但时至今日对"少数人"的限定争议纷纭，仍然没有定论。"少数人权利"的依据、包含内容更是差异万千，莫衷一是。我国少数民族人权的保障需要在少数人的理论框架内展开。因此，笔者在本章拟探讨"少数人权利"概念的起源与发展并研究中国少数民族人权的刑事法保障问题。

第一节 "少数人权利"概念的起源与发展

历史上最早的带有国际性的人权问题，实际上起源于保护"少数人"的宗教自由。[①] 现代有关"少数人权利"的规定可以追溯到国际联盟时代对于属于某一少数者群体的个人的保护。但是，发展到今天的"少数人"和"少数人权利"由于各种因素远没有达成共识，需要廓清迷雾，重建概念体系。

一、"少数人"的界定

国内外法学理论界对"少数人"的定义已经探讨长达半个多世纪，但

---

① 廖敏文：《为了一个和而不同的世界：〈联合国土著民族权利宣言〉研究》，中国政法大学出版社2009年版，第1页。

到今天"少数人"还是一个模糊的群体和范围。① 一般而言，构成"少数人"概念界定的一个重要障碍是"《国际法》上具有完全的自决权的'人民'群体"。因为自决权关系到各国的主权问题，只有在尊重国家主权的前提下才能对"少数人权利"主体即"少数人"的描述更加清晰。因此，"少数人"应当将拥有自决权的主体排除在外。如果强调按照民族、宗教和语言的标准对少数人群体进行划分，又难免重叠交叉。但是不论如何定义"少数人"，不可忽视的是少数人群体的最重要的特性是它作为一种具有文化特性和认同的群体，必须强调其文化特质。对"少数人"的渊源和重要分歧加以辨别是明晰和界定概念的必需。

在《国际人权法》中，涉及民族概念的不同法律用语所指称的人群共同体或族体的法律地位不同，因而享有的权利也就不同。通过宣示和确认他们的集体权利和个人权利的方式对其进行国际法保护，是《国际人权法》的基本模式。因此，涉及民族概念的不同法律用语所指称的共同体或族体的权利的宣示、确认和阐明是《国际人权法》的立法内容之一，《土著民族权利宣言》（2007 年）的通过标志着这一内容的发展与完善。从此，土著民族人权的国际法保护有了普遍适用的、纲领性和原则性的专业国际法律文件。这意味着《国际人权法》保护民族权利的第四个法律制度领域——专门保护土著民族人权的国际人权法律制度的基本形成。这个法律制度领域以《土著民族权利宣言》为基本框架，辅之以现行有关保护土著民族人权的国际人权法律文件和专门条款，包括今后为充实和完善该法律制度领域而产生的新的国际人权法律文件和专门条款。②

1. "少数人"概念的提出

《国际法》上尝试对"少数人"的定义可以追溯到国际联盟时期国际常设法院对有关双边条约所做的法律解释。1919 年，保加利亚和希腊缔结的条约涉及对"少数人"社群的保护，此后，两国就希腊的保加利亚社

① 国际人权实践中，对于明确定义并普遍认可的"少数人"概念已经成为过去。定义的缺乏并不能妨碍"少数人权利"国际保护实践的发展，比如说：联合国《公民权利和政治权利国际盟约》第二十七条自正式生效实施以来已在过去的 20 多年中发挥了积极作用，而 1992 年联合国《少数人权利宣言》也没有等到这一定义的争议终结才予以宣布。如果停留在"少数人"的定义和范围的争论上，那么国际社会人权的实践便无法开展，它更多地取决于国与国之间利益和力量的博弈。但就研究而言，"少数人"定义则是一个重要的前提。

② 廖敏文：《为了一个和而不同的世界：〈联合国土著民族权利宣言〉研究》，中国政法大学出版社 2009 年版，第 5 页。

群的外迁发生争执。1930年，国际常设法院在其咨询意见中认为：条约规定的少数人社群是指生活在一个国家或地方的人群，该社群具有自己的种族、宗教、语言和传统，依据这种种族、宗教、语言和传统的认同，该社群成员之间彼此团结，互相帮助，并主张保护他们的传统和宗教，确保依照他们种族或民族的传统和精神抚养和教育他们的子女。①1948年的《世界人权宣言》没有对“少数人权利”作出任何特别的规定，1966年联合国《公民权利和政治权利国际盟约》第二十七条特别规定了“少数人权利”的条款，有关“少数人”的概念及其在各国社会中的地位才又成为国际法上关注的重要问题。

理论界对“少数人”进行的界定有两种观点：一是凯博多蒂（Capotorti）的定义。应联合国人权委员会下属的防止歧视和保护少数小组委员会之邀，凯博多蒂作为特别报告人（Special Reporter）在1978年完成的报告《关于隶属于种族的、宗教的和语言的少数人权利研究》中所提出的少数人概念是目前在理论界和实践中得到最广泛承认的定义之一。他认为，“少数人”是那些数量上居于少数，政治上不处于支配地位，在人种、宗教和语言方面具有不同于其他人的特征，并且具有维系自己文化、传统、宗教和语言向心力的居住在一国领土上的国民。二是英国学者杰伊·西格勒的定义。他认为，“少数人”是数量上具有一定规模，在肤色、宗教、语言、种族、文化等方面具有不同于其他人的特征，由于受到偏见、歧视或权利被剥夺，在政治、社会和文化生活中长期居于从属地位，国家应当给予积极援助的群体。②这两种定义的分歧是微小的，二者都肯定了“少数人”在数量规模上的劣势以及在种族、宗教或语言上的特性。我国有学者主张，“少数人”是一个开放的概念——该群体不同于其他人的特征，不限于种族、宗教、语言、肤色、体质、精神状态或文化等项目。例如，非婚生子女、囚犯、同性恋者等都属于“少数人”释义的范围。今后，随着社会的发展，还可能出现以前未见的新的少数群体。③尽管公民权利与

① 周勇：《少数人权利的法理——民族、宗教和语言上的少数人群体及其成员权利的国际司法保护》，中国社会科学出版社2002年版，第3页。
② 李忠：《论少数人权利——兼评〈公民权利和政治权利国际公约〉第27条》，《法律科学》1999年第5期。
③ 周勇：《少数人权利的法理——民族、宗教和语言上的少数人群体及其成员权利的国际司法保护》，社会科学文献出版社2002年版。

政治权利公约对"少数人权利"作出明示性的规定，但是已有的国际法律文件并没有对少数人作出权威的获得世界各国一致认可的定义。迄今为止，旨在对"少数人"一词所下的任何普适性定义均未能得到一致认可。

土著民族的界定问题实际上就是确定谁是土著民族的问题。由于《土著民族权利宣言》没有定义法律用语"土著民族"所表示的概念，这使土著民族的界定标准无法确定。土著民族的界定问题直接涉及谁是土著民族与"宣言"所宣示、确认的权利的享有者和受益者的范围。尽管联合国在解决土著民族问题的实际工作中从来不主动界定谁是土著民族，通常的惯例是土著民族根据自己的意愿作出声明，但这仅能作为联合国在审查参加或出席有关解决土著民族问题机制的活动和会议时确定土著民族资格时采用的一种简便工作方法，而不能作为国家在承认土著民族和履行保护土著民族权利义务时界定土著民族的唯一方法。作为法律用语和法律概念的"土著民族"始终是与特定权利联系在一起的，意味着有土著民族身份和资格的族群享有相应的权利并从这些权利中受益。因此，对于谁是土著民族，在没有法律定义的情况下，既要考虑土著民族形成和产生的历史因素，还要考虑人类学、民族学和社会学方面的因素。目前，对于土著民族的界定标准在学理上已经基本形成，这可以帮助我们确定谁是土著民族。[①]

2."少数人"与"人民"、"土著民"的分歧

"少数人"如何与"人民"概念相区分？人民自决权作为一项国际法原则在第二次世界大战之后得以确立。《联合国宪章》是最早将人民自决权作为一项国际法原则予以确认的国际条约。"人民"群体的确认意味着承认自决权，主权国家对人民的概念保持着充分的警惕。国际公约、国际条约等在"人民"的使用上都谨小慎微，唯恐对某些主权国家造成不利影响。在各个主权国家则努力限制对人民的界定的同时，不同的民族群体则努力希望被视作为"人民"以获取自决权。应当承认，"少数人"是一个特定的群体，与"人民"概念交叉，但"少数人权利"不应包含自决权，否则就影响到各国主权国家的主权。我们所认为的"少数人"应当是在主权国家范围进行的，这一"少数人"概念与"人民"的概念既相联系又相区别，更多意义上讲，它是一个人权的概念，是要求享有人类普遍

① 廖敏文：《为了一个和而不同的世界：〈联合国土著民族权利宣言〉研究》，中国政法大学出版社2009年版，第16页。

权利的一种界定。[①]因此，在国际人权的理论与实践中，在"少数人"的探讨中一般性地排除人民的要素，既便于人权交流，也便于各国在人权领域的广泛合作。目前国内关于"少数人权利"的著作或文章多数是从国际（人权）法角度来定义"少数人"的概念的。[②]

国际社会对"土著民"改称为"土著人民"一直是一种较为强烈的呼声，要求承认土著民权利的运动主要起源于北美的印第安人、因纽特人，澳大利亚的土著以及北欧的萨米人等土著民群体。但是，土著民的呼声无一例外地受到所在主权国的压制，这是由主权对人权的超然性导致。国际社会对于"土著民"的定义主要来源于两份国际文件：一份是联合国特别报告员科沃（J.Martinez Cobo）针对土著民的歧视问题进行的一项综合性研究报告；另一份是联合国国际劳工组织"第 169 号公约"。土著民作为一种特殊类型的"少数人群体"享有所有的"少数人权利"，与此同时，国际社会对土著民的保护正逐渐与"少数人权利"保护呈分立的趋势。科沃报告是联合国在土著民权利保护方面的重要里程碑，认为"土著社群（Communities）、"人民"（Peoples）和"民族"（Nations）是指那些在其领土上发展起来的与先前被侵占和被殖民的社会具有历史连续性的社群，他们构成现行社会的非主宰性部分，自认为与在这些全部或部分领土上占优势的社会的其他部分不同，并决定依其自己的文化模式、社会组织和法律制度，保护、发展和传承他们祖先的土地和民族认同，并以此为他们作为人民继续存在的基础"。[③]显然，这一报告将土著社群、人民和民族加以混同。联合国土著民问题工作组在其第二届和第三届会议期间曾致力于解决"土著"的定义问题，但并没有合适的回答。[④]

[①] 在夏勇教授的著作中，人权从起源与发展上充满着人道、法治和大同的精神，从主体不分国界和范围上意味着普遍的品格，从内容包括道德权利、普遍权利和反抗权利的意义上凸显涵括广泛的方面。参见夏勇：《人权概念的起源——权利的历史哲学》，中国政法大学出版社 2001 年版，第 170–178 页。

[②] 马斗：《"少数人"辨析——兼论宪法上的少数者》，《云南大学学报》（法学版）2011 年第 3 期。

[③] 周勇：《少数人权利的法理——民族、宗教和语言上的少数人群体及其成员权利的国际司法保护》，中国社会科学出版社 2002 年版，第 8 页。

[④] 1982 年，联合国土著人工作组在沃克定义的基础上，将土著人界定为"最早居住于此且在历史上曾经被征服或被殖民，但现在独立国家中处于附属地位并至少部分保留着特有社会、经济、文化及政治制度的人群"。这一界定逐渐为国际社会所接受，构成了学术界和联合国等国际组织关于土著人概念的基本内容。参见陈建樾：《土著人权利保护，长路漫漫》，《人民日报》2013 年 8 月 9 日，第 23 版。

从人权保护的意义来看，"土著民"与"少数人"的重要区别是强调土著群体与其祖先的历史关联。与"少数人"概念相比较，土著民群体特性中的最重要的差异是土著人世代居住某地已经形成基于地缘关系和血缘关系的共同纽带。这一纽带具有坚韧的性质，具有历史延续性，在历史、文化、语言、传统方面，土著居民已经与地缘不可分割。但是，是否要承认土著居民的自决权？一般而言，土著居民也是在排除自决权干扰的情形下产生的。为了避免与自决权相联系，联合国国际劳工组织"第169号公约"在第一条第三款中专门规定，"本公约使用'人民'一词不得解释为包含该词在国际法上可能附有的权利"。通过这一排除性规定，为主权国家凌驾于土著居民之上赋予了法理基础，等于说，我们并不承认土著居民的自决权。一言以蔽之，土著人与自决权是在民族国家范围内进行的探讨。土著民与"少数人"均是具有文化特性的群体，在数量规模上均属于少数并处于非主宰性的社会地位。目前国际人权实践已经渐渐对土著民权利形成一套独立的体系。[①]对土著民设立特殊保护的宗旨在于——土著民的权利在语言上更为强势，并呈现出三个方面的实质性差异：[②]第一，《少数人权利宣言》十分强调少数人群体成员作为整体社会的一部分有效参与社会公共生活的权利，而土著民则寻求与整体社会相对分离，以便由他们自己作出相关的决定。第二，在有关土地权利和自然资源权利方面，国际劳工组织《第169号公约》[③]和《土著人民权利宣言》草案中的规定是其核心内容，而《少数人权利宣言》中则没有这些权利。第三，有关"少数人权利"的国际文件中所规定的都是个人权利，而土著民权利则可能含有"人民"的权利。尽管这三种实体性差异还存在争议，但无一例外的是，土著民权利已经被视为一种相异于少数人保护的范畴。

3."少数人"定义的要素

我国有学者对"少数人"作出定义：少数人是指那些在数量上具有一定规模，在人种、宗教和语言方面具有不同于其他人的特征，并且具有维系自己文化、传统、宗教或语言倾向，遭受偏见、歧视或权利被剥夺，在

---

① 国际劳工组织《第169号公约》以及联合国防止歧视保护少数小组委员会于1994年提交人权委员会审议的《土著民权利宣言》（草案）。

②③ 周勇：《少数人权利的法理——民族、宗教和语言上的少数人群体及其成员权利的国际司法保护》，中国社会科学出版社2002年版，第40、41页。

政治、社会和文化生活中长期处于从属地位，在一国领土上居住了一定时间的个人。[①] 这一定义可以从主客观两方面来界定 "少数人" 的特征。"少数人" 的客观存在是一个 "不带政治偏见" 的真实结论，它包括客观要素和主观要素。客观要素属于外在，可以观察和测度；而主观因素属于内在，只能通过客观因素加以判断。

　　"少数人" 的客观要素是显在的。少数人群体的客观要素包括群体共性特征、数量规模、群体社会地位、国籍或公民身份、居住时间等。[②] 这些特征的整体构成 "少数人群体" 的外在特征，可以测度：①群体特征。"少数人群体" 是存在于一国人口中具有民族、宗教或语言上的特色而与其他人口不同的群体。国际社会既定的法理认为，一个特定的社群是否构成 "少数人" 是一个事实问题而不是法律问题。它不依赖于其所在国家政府的确认。[③] ②数量规模。是否需要一个绝对的规模才构成一个 "少数人" 的问题，目前的声音是采取相对比例的方法确定处于数量上的劣势或者称 "非主宰性地位"。如果处于一种可以忽略不计的数量，则无法形成一个能够抗争的有效群体，最终会选择归附于一个具有更多同质的群体。③群体的社会地位。"少数人" 的前提预设是数量上的劣势，这种劣势往往构成少数人处于多数人 "包围" 的背景。多数人构成社会的统治力量，除非对这种力量进行制约，否则很可能对弱小群体造成困难。[④] 因此，少数人保

---

① 李忠：《论少数人权利——兼评〈公民权利和政治权利国际公约〉第 27 条》，《法律科学》1999 年第 5 期。

② 关于 "少数人" 的客观要素的争议主要集中在 "新少数人" 和 "旧少数人" 之争。"旧少数人" 是指群体在民族或族裔、宗教或语言上有其独特性并在一个地域范围内生活了很长时间，处于非主宰性地位的、数量上较少的公民群体。"新少数人" 对少数人采用一种宽泛的定义，只要符合前面的主观要素，都应当视为 "少数人"。新旧 "少数人" 的分歧在外国人、移民工人和难民是否应当列其内。国际法理论已经渐渐地区限于承认 "新少数人" 的概念，在当代社会，新旧 "少数人" 都需要国家给予平等权利，需要国家因 "类" 制宜地给予特别保护。1992 联合国《少数人权利宣言》并没有对少数人做出狭义的限定，只是对于那些在民族或族裔、宗教或语言上有其独特性并在一个地域范围内生活了很长时间，处于非主宰性地位的、数量上较少的公民群体赋予更多的权利，给予内容更为丰富和措施更为全面的保护。

③ 参见前述国际常设法院在 1930 年对涉及希腊的保加利亚社群的外迁发表的咨询意见。参见周勇：《少数人权利的法理——民族、宗教和语言上的少数人群体及其成员权利的国际司法保护》，中国社会科学出版社 2002 年版，第 11 页。

④ "少数人" 地位与 "少数人" 的数量规模并不是一种必然的正相关关系，或者说，数量处于优势的多数人并不一定对 "少数人" 构成主宰，而是相反。即人口数量上占少数的群体由于政治的或经济上的原因，也可能对多数人构成一种统治。南非的情况正好相反，即人口数量上的 "少数人群体" 构成了一种对多数人的统治地位。

护的核心是其群体的社会学意义上的"少数",即该群体在其生活的社会中处于非主宰性地位,占主宰性地位数量上的"少数人群体"不受这种制度的保护。④国籍或公民身份。"少数人"的讨论是在国家主权范围内进行的,拥有自决权的群体不是"少数人"。一般认为,"少数人"之法律保护,是基于拥有主权国家的国籍。这种国籍的要求被广泛地采取甚至成为定义的一项标准。因此,外国人或者侨胞不属于"少数人"。⑤时间。居住期限是"少数人"的另一客观考量要素。时刻处于流动之中,无法形成一个固定的群体,那样无法被称为"少数人"。这是关于"少数人群体"稳定性的一个限定。"少数人群体"成员必须在主权国家领土范围内生活达到一定的时限。①这种规定是"少数人群体"得以成为一个固定群体的保证。

"少数人"的主观要素是其潜在的特征。"少数人群体"是一种具有文化认同的群体,这些群体可能因为先天的或者后天的因素形成共同的特征,希望保护这种共性特征并希望自己不与其他社群同化。文化是客观的。根据人权委员会的解释,不仅包括艺术的表现形式,而且涵盖生活的所有层面,包括经济活动。②"少数人"的主观要素,在笔者看来,是存在于"少数人群体"中成员的经验与认识之中,如果不能体会、认识到自身的独特性和对某一"少数人群体"的归宿,自然不能认定为"少数人"。重要的是如何判断这种主观文化认同,这种主观认同究竟是如何证明自己的存在,法律判断上世界各国均有差异。希腊和芬兰的法律要求"少数人群体"成员明确表达其主观认同;前南斯拉夫则否定这种观点,强调制度化同化压力对"少数人群体成员"的压力;在我国,对少数民族的识别是由国家组织专家学者仔细考察鉴别而得。即使如此,我国还存在若干待识别的共同体。我们不应当忽视族群的文化认同特征,它有着语言、文化、宗教的客观基础。但是,这种主观与客观并不绝对静止,一段时间内的可供识别的特征是判断少数人群体的重要因素,但"少数人"完全可能因为各种主客观特征的消失而作为群体整体消失。③

---

① 部分国家的国内立法还为"少数人群体"的形成规定了准确的时间,如匈牙利规定作为其国内的少数民族群体必须在其国内生活满 100 年方享受少数民族权利的保护。

② 朱晓青、柳华文:《〈公民权利和政治权利国际公约〉及其实施机制》,中国社会科学出版社 2003 年版,第 103 页。

③ 吴大华:《"少数人权利"概念辨析》,《人权》2007 年第 5 期。

二、"少数人权利"的发展

1. "少数人"保护的国际法律文件

《国际法》关于"少数人权利"保护的最初立法可以溯源到 1606 年匈牙利国王和特兰西瓦尼亚君主缔结的《维也纳条约》（规定了新教徒宗教礼拜自由的条款）[①]和 1654 年确认了新教徒的礼拜权的《林茨条约》、1648年的《威斯特伐利亚和约》（它结束了"欧洲三十年战争"，确立了新旧教的平等原则，不同教派享有同等的权利和宗教自由），这些条约确立作为"少数人"的宗教信仰自由。当然，第一次明确地将保护"少数人权利"列入国际条约的是《公民权利和政治权利国际盟约》（1966 年）。第一个专门规定"少数人权利"的是 1992 年的《少数人权利宣言》。[②]20 世纪 80 年代起，联合国开始致力于土著民族权利的法律保护的准备工作，这些工作包括：在人权委员会成立土著居民问题工作组、设立特别报告员对土著民族问题进行调查研究、举办专门论坛、起草《土著民族权利宣言草案》、设定"世界土著民族日"等。[③]换言之，解决土著民族人权问题进入了联合国大会讨论的议事日程，被列入联合国国际人权立法的议题。2007 年 9 月 13日通过了《联合国土著民族权利宣言》（以下简称《土著民族权利宣言》）。统观今天的国家人权法律文件，涉及"少数人权利"的分为两个层次：

一是国际性法律文件。《联合国宪章》规定：不分种族、性别、语言或宗教，促进并鼓励对于全体人类之人权及基本自由的尊重。在《联合国宪章》的指引下，许多国际人权公约提到"少数人群体"，从种族、民族或宗教群体特征上限定"少数人群体"的特征，并为基于这些因素形成的"少数人群体"提供特殊保护。在国际人权法律文件中，第二次世界大战后出于对纳粹德国法西斯的种族灭绝罪行的恐惧，人权呼声高涨，形成了专门规定"少数人"特殊权利的条约，包括：《防止及惩治灭绝种族罪公

[①] 朱晓青、柳华文：《〈公民权利和政治权利国际公约〉及其实施机制》，中国社会科学出版社 2003 年版，第 102 页。

[②] 龚战梅、刘新红：《论少数人权利的保护》，《石河子大学学报》（哲学社会科学版）2007 年第 3 期。

[③] 1993 年，第四十八届联合国大会决定将每年的 8 月 9 日定为"国际土著人日"，以进一步加强国际合作，有效帮助各国土著人解决在环境保护、经济发展、教育和医疗等方面所面临的挑战。

约》(第二条),《消除一切形式种族歧视国际公约》(第二条及第四条),《经济、社会、文化权利国际公约》(第十三条),《儿童权利公约》(第三十条),联合国教科文组织《取缔教育歧视公约》(第五条)等。

二是区域性法律文件。欧洲民族国家浪潮的兴起导致"少数人权利"的保护成为重要问题。欧洲理事会通过了两个保护"少数人"的条约:1992 年《关于地区或少数民族语言的欧洲宪章》和 1994 年《关于保护少数民族的框架公约》。联合国在 1998 年发布的"人权事实清单第 18 号"中称:"有关少数人得到的最广泛接受的,最具法律约束力的规定莫过于《公民权利和政治权利国际公约》第二十七条。"该文件进一步解释说:该条款赋予了属于少数者的人在民族、种族、宗教或者语言(或者这几者混合)方面的权利,以及保持他们所希望维持和发展的特性的权利;尽管第二十七条指的是少数人在他们所处的国家的权利,但该条的实施并不取决于该国政府是否承认该少数人。

2. 公约第二十七条的解读

《公民权利和政治权利国际公约》第二十七条规定:"在那些存在着人种的、宗教的或语言的少数人的国家中,不得否认这种少数人同他们的集团中的其他成员共同享有自己的文化、信奉和实行自己的宗教或使用自己的语言的权利。"1994 年 4 月 8 日,人权事务委员会通过了有关"少数人权利"的第 23 号一般性意见,这是对《公民权利和政治权利国际公约》第二十七条的权威解释。解释认为,《公约》第二十七条规定的权利是一种个人人权,而不是集体人权。[1]实际上,是对"少数人权利"作为一种普遍的人权而考虑的。[2]

该《公约》第二十七条确认了属于"少数人"的在民族、种族、宗教或语言方面的特性,以及保持他们所希望维持和发展这些特性的权利。由此肯定了"少数人"的三个方面的权利:①享有自己的文化;②信仰和实践自己的宗教;③使用自己的语言。[3]这为加入该《公约》的国家有义务保

---

[1] 白桂梅:《〈公民权利和政治权利国际盟约〉与中国国内立法——少数民族的权利保护问题》,载中国社会科学院法学研究所、爱尔兰人权中心编:《少数人权利保护(Protection of Minority Rights)——中国与欧盟联合国人权两公约学术交流网络第四次研讨会论文集》,2003 年。

[2] 关于"少数人权利"的基本属性,如它是个人权利还是集体权利等,现今理论界尚未达成共识。有学者主张"少数群体权利"是集体权利,也有学者认为它是一种具有集体因素的个人权利以进行调和。参见昌普生:《多民族国家中的少数群体权利保护:理论分歧与反思》,《民族研究》2013 年第 6 期。

[3] 李忠:《论少数人权利——兼评〈公民权利和政治权利国际公约〉第二十七条》,《法律科学》1999 年第 5 期。

证其管辖范围内的所有个人享有其权利提供了国家的保证。《公约》对成员国是有约束力的，在保护"少数人权利"方面起着宣誓性和原则性的作用。这种原则性的规定并不能代替对"少数人权利"的专门规定，就如《宪法》规定"尊重和保障人权"并不能替代部门法中对人权保护的具体规定一般。《少数人权利宣言》正是国际人权界在这方面努力的结果。

3.《少数人权利宣言》的解读

联合国以单独文件形式规定"少数人"特殊权利的唯一文书是《关于在民族或种族、宗教和语言上属于少数人的权利的宣言》。该《宣言》在确保属于少数的人维持和发展自己个性和特征的权利与各国相关义务之间的平衡的同时，还保证国家领土完整和政治独立。[1]《少数人权利宣言》除规定普遍性的人权之外，专门规定了一些特殊的应当受到各缔约国保护的权利，包括：各国对"少数人群体"的存在及其民族或种族、文化、宗教和语言上的特性的保护权（第一条）；在私下和公开场合享受其文化、信奉其宗教，并能够使用其语言的权利（第二条）；参加文化、宗教、社会、经济和公共生活的权利（第二条）；建立和保持自己的社团的权利（第二条）；与国内或国外的其群体的其他成员及属于其他少数的人建立并保持和平接触的权利（第二条）；不受任何歧视，单独以及与其群体的其他成员一直行使其权利的自由（第三条）。

《少数人权利宣言》系统规定了保护和发展"少数人权利"的若干措施：创造有利条件，使属于少数的人能够表达其特征，发扬其文化、语言、宗教、传统和风俗（第四条）；使属于少数的人有充分的机会学习其母语或在教学中使用其母语（第四条）；鼓励对其领土内的少数人的历史、传统、语言和文化的了解，并保证属于少数的人应有充分机会获得对整个社会的了解（第四条）；使属于少数的人可以充分参与本国的经济进步和发展（第四条）；在制定国家政策和方案以及制定和执行各国间合作与援助方案时应考虑属于少数的人的合法利益（第五条）；与他国就涉及属于少数的人的问题进行合作，包括交流资料和经验，以促进相互了解和信任（第六条）；促进对本宣言规定的权利的尊重（第七条）；履行根据各国作为缔约国的国际条约和协定所承担的义务和承诺。最后，联合国系统各机

---

[1] 朱晓青、柳华文：《〈公民权利和政治权利国际公约〉及其实施机制》，中国社会科学出版社2003年版，第104页。

关和专门机构应努力促进全面实现本《宣言》规定的权利（第九条）。这些措施性的规定是各国实施公民权利与政治权利公约的参照，也是各国在人权方面可以选择的措施。

4.《土著民族权利宣言》宣示和确认的几个重要权利

《土著民族权利宣言》宣示和确认了土著民族的集体权利和土著民族个体成员的个人权利。[①]在土著民族的集体权利中，土著民族自决权、土著民族土地和自然资源权、土著民族文化权和土著民族生态环境权等诸种重要的权利，应该作为研究的重点。土著民族自决权的有效实现是确保土著民族享有所有人权和基本自由的前提条件。土著民族土地和自然资源权是保障土著民族获得生存与发展所需物质的必需权利。土著民族生态环境权对于保护土著民族生活居住地的生态环境和维护其生计文化具有重要意义。土著民族文化权的有效行使是维护和发展土著民族的文化特征，是保持自己民族特性的保障，是土著民族传统知识、风俗习惯和制度得以传承，以及土著民族获得文化利益的保障。

三、"少数人权利"的解读

1. 平等权利

平等权是"少数人"的一项基本权利，是自然法的一种推定。[②]"少数人"在数量规模上相对较少，在文化地位上处于劣势，群体易受不平等之待遇。国际法律文件一再声明普遍人权，强调因为民族、语言、宗教和文化的因素形成的少数人群体的平等权利。《联合国宪章》和《世界人权宣言》都将不歧视和平等待遇确立为国际人权法规则。两项国际人权公约，即联合国 1966 年通过的《经济、社会、文化权利国际公约》和《公民权利和政治权利国际公约》都重申了禁止歧视规则。《少数人宣言》更进一步地阐明了禁止歧视的规则。

平等的价值观是千百年来人类社会追求的核心理念之一。作为西方法律和政治传统中的核心理念，它始于柏拉图和亚里士多德时代，是人类克

---

① 有必要指出，美国、澳大利亚、加拿大和新西兰等历史上曾有殖民经历的西方国家都拒绝加入该宣言，这使得这些国家的土著人无法享有应有的权利，也使得各国土著人之间的权利存在巨大差异。

② ［英］梅因：《古代法》，沈景一译，商务印书馆 1965 年版，第 53 页。

服社会生活苦难的一种理想。但是，柏拉图、亚里士多德及罗马人主张的是以确立人的不平等为前提的正义，不可能推导出普遍、平等的权利义务。[①]因此，平等仅仅存在于古希腊和古罗马的政治理想和宣传中。平等作为一项实践，是新兴资产阶级贵族在"从身份到契约"的运动中进行的。作为社会实践的一种结果，平等的原则也由各国的国内立法（主要是宪法）以及现行《国际法》确立为一项基本的权利。在近二百年来的世界成文宪法的历史中，绝大多数国家的宪法都确认这一基本原则。[②]与此相对应，几乎所有的国际人权法文件中，都宣示平等的价值并承诺对个人权利的不分种族、肤色、性别、语言、宗教、政治或其他见解、国籍或社会出身、财产、出生或其他身份等任何区别的平等保护。

2. 特别保护权利

特别保护权是基于对既存的社会不公以矫正的考虑，它同样构成"少数人"的一项基本权利。特殊权利并非特权，而是通过这些权利使得"少数人"能够保持他们的身份、特性和传统。[③]在一个多元文化的社会中，社会的整合应当基于在共同领域内平等原则的确保和在分立领域内文化多样性的维护。《人权法》的基本原则是对社会中的每个人的权利和尊严的平等的和非歧视的保护，每个主权国家有义务确保其所有的居民在平等和非歧视的基础上享有《世界人权宣言》中所规定的所有的人权。无论多元论者如何进行设计和安排，都不应阻碍国家非歧视地确保其管辖范围内的每个个人享有人权。人权更应当关注的是民族、语言、文化、宗教上处于劣势的群体，因为他们因数量规模和"非主宰性地位"无力主张；应当更多地倾注于人权实践，在各国根据国情和历史实践建立起自己的人权发展模式和保障模式。[④]国家保障人权，使其居民都平等地享有这种人权，不等

---

① 夏勇：《人权概念的起源——权利的历史哲学》，中国政法大学出版社 2001 年版，第 107-108 页。

② 在马尔赛文和唐对世界各国成文宪法的比较研究中，他们将 1788~1975 年近 187 年间的人类社会的 248 部《宪法》分为五个阶段进行统计，人的平等权利作为一种价值和作为一种权利在各个时间段的《宪法》中出现的最低的比率为 78.6%，最高的比率为 90%。参见［荷］马尔赛文、唐：《成文宪法的比较研究》，陈云生译，华夏出版社 1987 年版，第 251、255 页。

③ 朱晓青、柳华文：《〈公民权利和政治权利国际公约〉及其实施机制》，中国社会科学出版社 2003 年版，第 104 页。

④ 这里，笔者想，夏勇教授在 1999 年于北京大学的"论和女士及其与德、赛先生之关系——写在'五四'运动八十周年"中提出的"和女士属于全人类。不过，在中国，她应该会讲中国话"是一中肯之语。参见夏勇：《人权概念起源——权利的历史哲学》，中国政法大学出版社 2001 年版，第 107-108 页。进一步言之，她应该会不同的语言，有各个国家的本土实践。

于仅仅维护个人之间完全的形式上的机会平等，更应该依据不同社会群体之间的社会不公平之实际，确保所有的人充分享有经济的和社会的权利，要求对过去存在的不平等现象及其延续进行补救。由此，"少数人"的特别保护权应运而生。西方国家往往以 Affirmative Treatment（积极对待）或 Preferential Treatment（优惠对待）来描述这一事实。

根据联合国《消除一切形式种族歧视国际公约》（1965 年制定，1969 年生效）第一条第四款规定："专为使若干须必要保护的种族或民族团体或个人获得充分进展而采取的特别措施以期确保此等团体或个人同等享受或行使人权及基本自由者，不得视为种族歧视，但此等措施后果须不至在不同种族团体间保持个别行使的权利，且此等措施不得于所定目的达成后继续实行。"这一规定指出了授予少数民族或种族以特殊权利，以确保"少数人"享有同等权利。平等的原则与人类社会的各种等级制度是可能共存的，机会平等（形式平等）和结果平等（实质平等）一直是哲学家、政治学家和法学家的终极思考。如何调和机会平等与结果平等的矛盾，运用非歧视原则处理少数人保护问题更是令现代人权理论界和实践界棘手。[①] 因为如果采取特别保护措施，便可能对机会平等造成损害；如果一味听任机会平等发展，则并不能在本已存在不平等的现状下实现结果平等，平等与非歧视的原则不足以矫正业已存在的社会不公。美国当时是对特别保护反对最强烈的国家之一，主张国家不分种族肤色一律平等对待，订立"色盲"的宪法。然而在美国，美国的"巴克案"是关于少数人特别保护中较为典型的一个案件。[②] 在"巴克案"中，马歇尔法官说，"在 20 世纪的美国，没有必要让单个的黑人展示他们作为种族歧视的受害人。我们社会的种族主义已经弥漫到这样的程度，以至于无论其财产状况或地位如何，没有人能成功地逃避它的影响。黑人在美国的经历与其他的族群相比，不是在程度上的不同，而是在种类上的不同。"[③] 比黑人族群境况更差的则是印

---

① 有学者就当今法国移民少数族裔权利保护中的"高国家认同、高族群冲突"难题进行了分析。参见刘力达：《高认同与高冲突：反思共和模式下法国的移民问题及其政策》，《民族研究》2013 年第 5 期。

② Regents of University of California v. Bakke.（1978）438 U.S. 转引自周勇：《少数人权利的法理——民族、宗教和语言上的少数人群体及其成员权利的国际司法保护》，中国社会科学出版社 2002 年版，第 28 页。

③ Regents of University of California v. Bakke.（1978）438 U.S. 转引自周勇：《少数人权利的法理——民族、宗教和语言上的少数人群体及其成员权利的国际司法保护》，中国社会科学出版社 2002 年版，第 24 页。

第安人。当今，美国有 230 余万印第安人，占总人口的不到 1%。可他们却有着最低的家庭收入、最低的预期寿命、最低的大学毕业率、最高的失业率、最高的酗酒率、最高的自杀率，婴儿死亡率比白人高 3 倍。[①]因此，特别保护权利是在一个事实上已经难以实现平等的基础上被强调，以矫正那些因为先天性缺陷不能实现的平等权利。

一般而言，针对"少数人"的特别保护措施，依其运作的领域和宗旨，可以分为优惠政策和特殊措施两种。以达到实质平等为目标的优惠政策是在社会的共同领域之中运用的，而特别措施则是在社会的分立领域中维护和促进认同的。[②]在现代世界，各国人口都是由多民族群体组成的，即不容置疑地存在少数人群体。在不同的地域和历史时期，由于人类的认知水平、文化传统、族群之间的利益矛盾和社会力量对比等因素的作用，国家在调整不同民族群体及其成员关系时可能方式不一，但总的原则应该是保证各民族平等参与。

第二节 中国少数民族人权保障与少数民族犯罪

"少数民族"（National Minorities）的规范译名是 1950 年通过的《欧洲人权公约》第十四条。1960 年联合国教科文组织通过的《取缔教育歧视公约》中也采用同一译名。[③]1992 年联合国大会通过《在民族或族裔、宗教和语言上属于少数群体的人的权利宣言》，与《公民权利和政治权利国际盟约》

[①] 俞飞：《印第安人土地归属诉讼百年》，《法治周末》2012 年 4 月 19 日，第 20 版。

[②] 关于对"少数人"的特殊措施，譬如美国和英国的案例。1988 年，美国国会通过《印第安人赌博法》，允许其建立赌场，每年收入高达 100 亿美元，对印第安部落经济收入贡献不菲。参见俞飞：《印第安人土地归属诉讼百年》，《法治周末》2012 年 4 月 19 日，第 20 版。在英国，《1976 年种族关系法》迄今设置了总数高达 16.2 亿英镑的"少数民族教育"专项基金，努力提高黑人、巴基斯坦裔等成绩表现较差的少数民族的教育水平。参张若璞等：《英国如何协调民族关系》，《中国民族》2008 年第 4 期。

[③] "少数民族"一般译为"Minority"。但是，中文里的"民族"常常与"种族"（Race）相混淆。需要区分的是："民族"是一个社会、文化方面的概念，即具有共同社会、文化背景、共同居住地、共同价值观，甚至共同语言和宗教的一群人；"种族"是一个人类学的概念，即具有共同祖先，有共同基因特征的一群人。"Nation"和"Nationality"，更多地指向国籍、国民，是一个政治概念，而非某个民族。

第二十七条所指的"民族、宗教或语言上的少数人"相比，增加除"Ethnic"、"Religions"、"Linguistic"之外的"National"一词。① 在笔者看来，少数民族是少数人的一个类型，是通过民族特征在民族国家的框架内以"非人民"为前提理念的构想与描述，需要注意民族性、文化认同等要素。我国国内法中只有"少数民族"的平等概念，没有"少数人"的概念。前者仅指我国已经被认定的 55 个少数民族。其结果是属于没有被认定的少数民族的少数者不能得到法律的保护。实际上，我国少数民族的甄别是以斯大林为民族所下的定义为依据的。根据他的定义，民族应具备四个基本特征：共同语言、共同地域、共同经济生活和共同心理素质。② 但没有经过确认的人们生活共同体更为广泛地存在，他们的权利不能忽视。正是基于此，我们需要引入"少数人"的概念，同时便于我们在人权领域进行的国际交流。

回到少数民族的权利问题上，它是一国内部的民族关系问题，包含着个人权利和民族权利两个方面。少数民族的个人权利与人权概念中个人基本的权利和自由具有共同的内涵，而民族权利则是与同一国家内多数民族或其他民族相对而言的民族生存和发展权、平等权。所谓少数民族权利保障，主要是指国家通过国内立法保障相对于多数民族的生存和发展所需要的特殊权利，这是由于国内少数民族人数较少，经济发展水平较低的客观现实，以及历史上多处于受压迫、受歧视、被奴役的不平等地位所决定的，如果与多数民族享有法律上的平等权利，则对少数民族而言实际上存在着不平等。③ 我国的少数民族自从新中国成立以来，共同纲领中就确认

---

① 这一定语的增加引起对这一文件适用范围的多种解释。周勇：《少数人权利的法理——民族、宗教和语言上的少数人群体及其成员权利的国际司法保护》，中国社会科学出版社 2002 年版，第 10 页。现任联合国负责这一宣言的解释和监督实施的少数人问题工作组主席阿斯比约思·艾德先生认为，这一增加并没有扩展第二十七条的适用范围。在其向工作小组提交的报告中他解释说：加进"National Minority"一词或许在设定不同种类的少数人具有不同的权利这一方面是有意义的，因为我们可以说宗教上的少数人群体成员享有信仰和实践其宗教的权利，语言上的少数人群体成员享有学习和使用其语言的权利，"Ethnic"少数人群体成员享有广泛的保持和发展其文化的权利，"National"少数人群体成员享有涉及保持和发展其民族认同（National Identity）的权利。但是，他指出这种推理是否成立是值得怀疑的。因为并没有任何共识来说明"National Minority"和"Ethnic Minority"有什么区别。

② 江平主编：《中国少数民族问题的理论与实践》，中共中央党校出版社 1994 年版，第 37 页。根据这四个特征，我国 1953 年汇总登记上报的 400 多个民族名称中，绝大多数没有被认定。故有必要引入一个概念保护更多的民族人口（人们共同体），即"少数人"。

③ 鲍志才：《国际人权保护与少数民族权利保障问题》，《西南民族学院学报》（哲学社会科学版）1992年第 5 期。

民族平等、团结、互助和共同繁荣的原则，民族权利的体认在国家各个制度的具体建设中都有鲜明的体现，少数民族的个人权利在各项制度框架内也得到较高程度的保障。

一、中国少数民族人权状况及其评价

1. 中国少数民族人权状况

中国共产党及其执政的政府提出的民族区域自治制度是历史发展的必然，是党在长期的革命斗争和民族工作中形成的宝贵经验。在中国共产党创建时期，曾经提出民族自决、自治，建立联邦国家的主张，经过历史的发展和实践，历史上形成的各民族大杂居、小聚居的状况，是中国实现民族区域自治的前提。经过新民主主义革命、社会主义革命和社会主义建设各个时期的检验，证明民族区域自治是适合中国国情的正确的民族政策和制度：它为多民族的国家，特别是与中国的族情相类似的国家，找到了一条可供选择的民族政策和制度，为妥善解决民族问题，处理民族矛盾与纠纷提供了指引。作为一个单一制国家，中国实行民族区域自治制度，要求各个自治区或自治地方在中央政府统一领导下作为一级地方政府存在，而不是联邦体制下的自由联合体。自治区政府必须服从中央集中统一的领导并保证国家法令在民族自治地方的贯彻执行。所谓的"民族自决权"仅仅是民族分裂主义者打出的分裂祖国、破坏民族团结的旗号。[①]因此，中国的少数民族自治区或自治地方，不是联邦成员或任何其他自愿组合的联合体成员，民族区域自治制度下的自治地方根据《宪法》和《民族区域自治法》(2001 年修正) 享有自治权。我国的民族自治地方的自治权内容广泛，且有物质到制度的系列保障：

第一，行政。在《宪法》第三章第六节中规定了民族自治地方的自治机关的首脑（即自治区、州和县的人大常委会主任或者副主任和自治区

[①] 一个民族对于自己命运的把握是一个历史的过程，简单地实现独立并不一定能实现自己的民族社会理想。在当代，任何民族都不可能再在孤立的状态中自行发展，相反，对于绝大多数民族，特别是弱小和欠发达的民族来说，要实现自身的发展与人权保护，主体民族、友邻民族的平等相待、支持和帮助是至关重要的外部条件。中国社会科学院法学研究所、爱尔兰人权中心编：《少数人权利保护》(Protection of Minority Rights) ——中国与欧盟联合国人权两公约学术交流网络第四次研讨会论文集》，2003 年，第 24 页。

人民政府的区主席、州长或县长）由实行区域自治的民族的公民担任（第一百一十二至一百一十四条）。

第二，立法。民族自治地方的人大有权依照当地民族的政治、经济和文化的特点，制定自治条例和单行条例，但是自治区制定的自治条例和单行条例要在报全国人大常委会批准后才能生效，自治区的下级自治地方制定的自治条例和单行条例要报省或自治区人大常委会批准后才能生效（第一百一十六条）。

第三，经济、社会、文化。民族自治地方有财政的自治权，可以自主地安排使用属于民族自治地方的财政收入。可以"在国家计划的指导下，自主地安排和管理地方性的经济建设事业"，"管理本地方的教育、科学、文化、卫生、体育事业，保护和管理民族"（第一百一十七至一百一十九条）。

第四，公安。民族自治地方可以组织本地方维护社会治安的公安部队，但要依照国家的军事制度和当地的实际需要，还要经国务院批准（第一百二十条）。

第五，语言。民族自治地方的自治机关执行职务时可以使用当地通用的一种或几种语言文字（第一百二十一条）。各民族公民都有用本民族语言文字进行诉讼的权利。在少数民族聚居或多民族共同居住的地区，法院应用当地通用语言进行审理；起诉书、判决书、布告和其他文书应当根据实际需要使用当地通用的一种或几种文字。

2. 少数民族人权发展的评价

中国政府在 1991 年以来的数个人权白皮书中专设篇幅说明中国少数民族人权的保障状况，表明在民族区域自治制度下，少数民族的平等权利和特殊保护权利均获得了有效的保障。在历次的人权白皮书中多次强调：中国是一个统一的多民族国家，有 56 个民族。汉族占全国人口的 92%，其他 55 个民族占 8%。实现各民族平等、团结和共同繁荣，是中国对待民族关系的基本原则。禁止对任何民族的歧视和压迫，禁止破坏民族团结和制造民族分裂的行为。反对大民族主义，主要是大汉族主义，也要反对地方民族主义。人权状况白皮书以充分的数据和事实告诉我们：少数民族的政治权利、经济权利、发展使用本民族语言文字、保存民族风俗习惯的文化权利均获得了充分的保障。2004 年国务院新闻办公室发布的《中国人权白皮书》进一步申明：少数民族公民平等地享有宪法和法律规定的全部公民权利，并依法享有少数民族特有的各项权利。[①]对比少数民族的今昔人权状况，已经发生了翻天覆地的变化。

但是，我们不应当忽视我国现阶段少数民族人权保障的若干问题，主要集中体现在两个方面：

第一，国内少数民族人权保障的法律体系不健全。我国虽然已经加入若干人权公约，对于少数民族人权保障也已经形成宪法——民族区域自治法——自治条例三级，但是保护少数民族的法律尚未形成体系。根据张文山教授的分析，中国民族法律基本构架由四个层次构成：一是民族区域自治法；二是专门法律；三是为实施专门法而制定的行政法规和细则；四是自治条例、单行条例和地方性法规。但反观我国的民族立法，目前是两头完善、中间层次空缺。就民族区域自治法而言，2001年已经作出一定的修正，基本适应了民族工作发展的需要，即关于民族区域自治的基本原则和基本纲领是纲举目张的。但是在自治条例上，各个地方的自治条例或者应付阙如，或者立法存在问题。总体上讲，民族区域自治立法的规范性和可操作性的专门法律、实施法律的具体措施以及自治条例和地方性法规都很欠缺，由此导致民族区域自治法的实施不能得到很好的贯彻落实，我们的民族自治制度可能仅流于形式，造成不堪设想的后果。实践中，民族区域自治制度经常流于庸俗化，没有形成规范化、制度化的体系。[②]这种局面亟待纠正，以建立更为完善的民族法律体系。[③]

第二，杂居、散居少数民族人权的发展和完善较欠缺。从我国现在的民族区域自治看，已经建立五个自治区和120个自治州、自治县等。但是，不应忽视，在我国还有大量的散居、杂居少数民族人员。如何保障这些少数民族成员的权利，是我国民族立法工作者应该关注的重要问题。应当承认，在民族杂居、散居地区，我国已经建立了1500多个民族乡，使杂居、散居的少数民族能更好地享受平等的权利。但相关的民族杂居、散居法律体系没有形成。1952年我国曾经发布过《政务院关于保障一切散居

①　国务院新闻办公室：《中国人权白皮书》（2004）。

②　社会上流传着的描述我国民族自治制度的这个顺口溜应该引起我们的重视："一个头子，一块牌子，一个孩子。"意思是，自治地方的一个领导是少数民族，自治机关挂着一块牌子，计划生育政策允许少数民族多生一个孩子。

③　吴大华：《论西部开发与少数民族人权保障》，《广西民族学院学报》（哲学社会科学版）2004年第2期。

的少数民族成分享有民族平等权利的决定》，1979 年也曾发布过 《中共中央、国务院批转国家民委关于做好杂居、散居少数民族工作的报告的通知》。根据不完全统计，已经出台的散居少数民族权益保护法的省份有广东省、河北省、湖北省、湖南省、辽宁省、重庆市等。全国人大民族委员会从 1986 年开始起草《散居少数民族权益保障法》，现已数易其稿，但一直没有出台。散居少数民族权利的立法保障长期以来是学者们关注的重点。在这方面，吴宗金、敖俊德、史筠、宋才发、沈林、徐中起、王天玺、郎维伟、王允武等众多学者进行分析阐述。他们认为，我国的民族法制建设包括民族区域自治法制建设和散居少数民族法制建设两个方面。目前我国的民族区域自治法制体系已经初步建立，而散居少数民族法制体系仍处于建设之中。构建散居少数民族法制的关键是形成以散居少数民族权益保障法为基本法、国务院行政法规和规章以及地方性法规和规章相互配套的散居少数民族立法体系。为此学者们提出，要强化特殊保护散居少数民族权益不足的思想意识；加强散居少数民族权益保障立法的理论研究；拟定周密的散居少数民族权益保障立法规划；制定散居少数民族权益保障基本法。[①]杂居、散居民族的权益保障法为那些居住在区域自治地方范围内，不能获得《民族区域自治法》保护的少数民族成员提供法律的保护，它是保障散居少数民族的合法权益，维护和发展平等、团结、互助的社会主义民族关系，促进各民族共同繁荣的重要制度保障。我国杂居、散居少数民族权益保护的法律到今天还没有出台，不能不说是民族自治法律体系的一个缺憾。

[①] 史筠:《民族法制研究》，北京大学出版社 1986 年版；史筠:《民族法律法规概述》，民族出版社 1988 年版；王天玺:《民族法概论》，云南人民出版社 1988 年版；吴宗金:《民族法学导论》，广西民族出版社 1990 年版；吴宗金主编:《民族法制的理论与实践》，中国民主法制出版社 1998 年版；吴宗金、敖俊德主编:《中国民族立法理论与实践》，中国和平出版社 2006 年版；沈林等:《散杂居民族工作概论》，民族出版社 2001 年版；沈林:《中国的民族乡》，民族出版社 2001 年版；吴宗金:《中国民族法学》，法律出版社 2004 年版；宋才发等:《中国民族法学体系通论》，中央民族大学出版社 2005 年版；郎雄伟、王允武:《中国民族政策与少数民族人权》，四川人民出版社 2006 年版；陆平辉、李莉:《散居少数民族权利研究述评》，《云南大学学报》（法学版）2011 年第 3 期；徐中起:《民族法研究的理论意义》，《思想战线》1994 年第 4 期。

二、中国少数民族的特别刑事关护

1. 少数民族作为受害者的特别刑法条款

我国 1997 年《刑法》中为保护少数民族权益,专门规定相关条款。保护少数民族合法权利的三条具体规定是:

煽动民族仇恨、民族歧视,情节严重的,处三年以下有期徒刑、拘役、管制或者剥夺政治权利;情节特别严重的,处三年以上十年以下有期徒刑。(第二百四十九条)

在出版物中刊载歧视、侮辱少数民族的内容,情节恶劣,造成严重后果的,对直接责任人员,处三年以下有期徒刑、拘役或者管制。(第二百五十条)

国家机关工作人员非法剥夺公民的宗教信仰自由和侵犯少数民族风俗习惯,情节严重的,处二年以下有期徒刑或者拘役。(第二百五十一条)

从专门规定侵犯少数民族利益的犯罪行为的三个条文来看,共确定了四个罪名:①煽动民族仇恨、民族歧视罪;②刊载歧视、侮辱少数民族作品罪;③非法剥夺宗教信仰自由罪;④侵犯少数民族风俗习惯罪。

从犯罪构成和犯罪性质来看,这四种犯罪是属于侵犯同类客体的犯罪,四罪的共同之处为:客体相同,即少数民族的民主自由权利,包括少数民族的平等权利(第二百四十九条)、民族荣誉和尊严(第二百五十条)、宗教信仰自由和风俗习惯自由(第二百五十一条)。客观方面相同,要求必须实施了侵犯少数民族利益的行为(具体何种行为取决于构成的规定),而且必须达到严重程度。如果侵犯少数民族利益但只是情节一般,尚未达到"情节严重"(第二百五十一条)、"情节恶劣"(第二百五十条)或"情节特别严重"(第二百四十九条)的程度,则不构成此类犯罪。从这一意义上讲,四罪均为情节犯。

从犯罪的主体来看,四种犯罪的主体都要求为自然人,①即年龄超过

---

① 某些学者认为"刊载歧视、侮辱少数民族作品罪"的犯罪主体是法人,即书报、刊物及音像制品的编辑、出版、制作、发行单位。但刑法规定的是单罚制,即仅仅"对直接责任人员"追究刑事责任。参见赵秉志主编:《新刑法全书》,中国人民公安大学出版社 1997 年版,第 907 页。在笔者看来,刊载歧视、侮辱少数民族作品罪并非所谓的纯正单位犯罪,犯罪主体不包括单位,而只能限定在对刊载歧视、侮辱少数民族作品负有直接责任的作者、责任编辑等,出版单位不能成为本罪的主体。

16 岁且具备刑事责任的自然人。第二百四十九条和第二百五十条要求的主体为一般主体，第二百五十一条要求的主体具备特别身份，即国家机关工作人员。①主观方面四种犯罪都只能由故意造成，包括直接故意和间接故意。从《刑法》为四种犯罪配置的刑罚来看，主刑均为短期自由刑，可见社会危害的评价不高。其中的"煽动民族仇恨、民族歧视罪"，最高刑是 3 年以下有期徒刑，只有"情节特别严重的"才处 10 年以下有期徒刑。其中的"刊载歧视、侮辱少数民族作品罪"的最高刑是 3 年以下有期徒刑。"非法剥夺宗教信仰自由罪"和"侵犯少数民族风俗习惯罪"的最高刑都是 2 年以下有期徒刑。对四种犯罪刑法限制了附加刑的使用，除了对"煽动民族仇恨、民族歧视罪"可以单处剥夺政治权利外，对四种犯罪均没有并处"附加刑"的规定。

　　四种犯罪在行为方式上存在重大差别：①"煽动民族仇恨、民族歧视罪"客观表现为"煽动"，即公开或秘密地以语言、文字、图像等方式，在群众中进行宣传、鼓动、号召，但是煽动内容必须以破坏民族团结为目标，制造不同民族之间的相互敌视和歧视情绪。②严重的煽动性行为，可能造成地区性的民族不和或民族动乱。②"刊载歧视、侮辱少数民族作品罪"客观方面有"刊载"的行为和"情节恶劣，造成严重后果"的情形。所谓"刊载"即在出版物中刊登、录入歧视、侮辱少数民族的具体内容。③"非法剥夺宗教信仰自由罪"的法源是《宪法》第三十六条：中华人民共和国公民有宗教信仰自由。这里的宗教信仰自由包括信仰某种宗教的自由和不信仰宗教的自由。以任何手段强迫公民信仰某种宗教，或者禁止公民信仰某种宗教，强迫教徒退教或禁止教徒举行宗教活动等，都是非法剥夺公民宗教信仰自由的行为。笔者之所以将非法剥夺宗教信仰自由罪列入少数民族作为受害者的特别刑法条款中，是因为少数民族的宗教信仰较为普遍，民族地区的少数民族公民或全民族地或部族性地信仰某种宗教。本罪客观方面的具体表现形式主要有：阻挠公民或教徒参加正常的宗教活动；捣毁或封闭宗教活动场所及有关设施；强迫公民改变自己的宗教信仰等，要求情节严重方能构成。④"侵犯少数民族风俗习惯罪"客观方面表

---

① 国家机关工作人员的范围与《刑法》第九章规定的渎职罪主体相同，需要参考《刑法》第九十三条和全国人民代表大会常务委员会关于《中华人民共和国刑法》第九十三条第二款的解释和全国人民代表大会常务委员会关于《中华人民共和国刑法》第九章渎职罪主体适用问题的解释来进行。

② 高铭暄、马克昌主编：《刑法学》（下编），中国法制出版社 1999 年版，第 864 页。

现为"非法侵犯"，对象是少数民族风俗习惯。侵犯的主要形式包括：以暴力、胁迫等方法强制少数民族公民改变标识及民族的风俗习惯，非法禁止少数民族举行本民族传统的节庆活动，强迫少数民族改变自己的生活习惯（如饮食禁忌、服饰装束等），禁止少数民族自愿改革本民族的陈规陋习等。同样，该罪要求情节严重才能构成。①

2. 少数民族作为加害者的特别关护

少数民族公民作为加害者，既可能侵犯本民族公民，也可能侵犯外民族公民，或者违反国家法律法规的禁令，其侵犯了国家利益或社会秩序。针对少数民族的特殊身份，如何对他们实施惩罚，成为少数民族人权保障的重要部分。笔者认为，可以从刑事实体法的各个环节进行分析，包括制刑、量刑、行刑数个部分。

在制刑环节，我国现行《刑法》第九十条明确规定：民族自治地方不能全部适用本法规定的，可以由自治区或者省的人民代表大会根据当地民族的政治、经济、文化的特点和本法规定的基本原则，制定变通或者补充的规定，报请全国人民代表大会常务委员会批准施行。需要指出的是，各民族自治地方正是在《宪法》、《民族区域自治法》和《刑法》第九十条的框架中，制定变通或补充的规定，对部分刑法条文予以变通，以适应民族地区的适用。在这一变通或补充的过程中，既有非犯罪化、非刑罚化的过程，也有犯罪化的过程。对于符合民族地区风俗习惯、文化生活习俗的行为，变通或补充规定采取非罪化的渠道，实现"去罪化"。对于在汉族地区合法但是在民族地区却属于严重侵犯少数民族群众尊严和习俗的行为，也可以通过民族立法实现"入罪化"。在量刑环节，主要是一个少数民族刑事责任从宽的把握问题。在探讨"两少一宽"刑事政策的时候，笔者已经详细地研究了从宽刑事责任的范围、对象问题。需要重申的是并非一律从宽，从宽是有限制范围、有限定程度的。在行刑环节，对于少数民族公民，也要求相对从宽的管制。比如，《监狱法》第五十二条规定：对少数民族罪犯的特殊生活习惯，应当予以照顾。少数民族在押犯的生理、心理与汉族在押犯存在差别，监狱中同样存在民族差别和民族问题。正如鲁加伦先生分析指出：监狱中存在着各民族间事实上的不平等、民族偏见和民族隔阂的残余，监狱管理工作中必须尊重民族平等、维护民族团结，关注民

① 吴大华：《中国刑法与少数民族人权保障》，《人权》2005 年第 5 期。

族问题并化解民族矛盾。①因此，对少数民族行刑环节的因素必须加以关注，在执行"惩罚和改造相结合、教育与劳动相结合"的原则的同时，更广义地理解并执行"两少一宽"刑事政策，对少数民族在押犯的减刑和假释略微放宽。

3. 少数民族在刑事诉讼中的人权保护

我国《刑事诉讼法》第九条明确规定：各民族公民都有用本民族语言文字进行诉讼的权利。人民法院、人民检察院和公安机关对于不通晓当地通用的语言文字的诉讼参与人，应当为他们提供翻译。在少数民族聚居或者多民族杂居的地区，应当用当地通用的语言进行审讯，用当地通用的文字发布判决书、布告和其他文件。这是从诉讼程序角度对少数民族人权的维护，要求在刑事诉讼过程中对少数民族的诉讼参与人尊重其语言文字权利，这也是贯彻《宪法》和《民族区域自治法》对少数民族特殊保护的原则。从宏观而抽象的政策层面上看，针对少数民族的"两少一宽"刑事政策中，"两少"所指向的"少捕少杀"便是要求对少数民族罪犯根据少数民族和少数民族地区整体上的特殊性，比照对汉族犯罪分子类似行为的一般处理上，从宽掌握，更为严格地控制逮捕措施和死刑判处。"两少一宽"中的"少捕少杀"与我们一般意义上的"少捕少杀"政策是功能同向的，强调不要多捕多杀，主张可杀可不杀的不杀，可捕可不捕的不捕，杀人和捕人都要少，死刑只适用于罪大恶极者。②但是，不应忽视的是，"两少一宽"中的"少捕少杀"具有更为特别的含义：即相对于汉族犯罪分子，少数民族犯罪分子的民族身份的从宽意义。③

---

① 鲁加伦主编：《中国少数民族罪犯改造研究》，法律出版社 2001 年版，第 41–43 页。

② 肖扬主编：《中国刑事政策和策略问题》，法律出版社 1996 年版，第 263 页。

③ 吴大华：《中国少数民族人权保障与少数民族犯罪问题分析》，载中国人民大学刑事法律科学研究中心组织编，《刑事法学的当代展开》，中国检察出版社 2008 年版，第 1358–1365 页。

参考文献

一、著作

［1］［美］C.恩伯、M.恩伯：《文化的变异——现代文化人类学通论》，辽宁人民出版社 1988 年版。

［2］［美］威廉·A.哈维兰：《当代人类学》，王铭铭译，上海人民出版社 1987 年版。

［3］［英］Clive R.Hollin 主编：《服刑人员评估和治疗必备手册》，郑红丽译，中国轻工业出版社 2006 年版。

［4］［法］埃米尔·迪尔凯姆：《社会学方法的规则》，胡伟译，华夏出版社，1999 年版。

［5］［英］安东尼·吉登斯：《民族—国家暴力》，胡宗泽等译，生活·读书·新知三联书店 1998 年版。

［6］敖俊德：《中华人民共和国民族区域自治法释义》，民族出版社 2001 年版。

［7］柏果成等：《贵州瑶族》，贵州民族出版社 1990 年版。

［8］北京大学法学院刑事法学科群编：《刑法体系与刑事政策——储槐植教授八十华诞贺岁集》，北京大学出版社 2013 年版。

［9］［美］贝塔朗菲：《普通系统论的历史和现状》，《科学学译文集》，科学出版社 1980 年版。

［10］［意］贝卡利亚：《论犯罪与刑罚》，黄风译，中国大百科全书出版社 1993 年版。

［11］［美］本杰明·内森·卡多佐：《法律的生长》，刘培峰、刘骁军译，冯克利校，贵州人民出版社 2003 年版。

［12］本书编写组：《云南少数民族罪犯研究》，中国人民公安大学出版

社 1990 年版。

[13] 曹康泰主编：《中华人民共和国立法法释义》，中国法制出版社 2000 年版。

[14] 陈兴良：《刑法的价值构造》，中国人民大学出版社 1998 年版。

[15] 陈兴良：《刑事法评论》（第 12 卷），中国政法大学出版社 2002 年版。

[16] 陈兴良：《中国刑事政策检讨——以"严打"刑事政策为视角》，中国检察出版社 2003 年版。

[17] 储槐植、邓天杰、吴大华：《犯罪控制论》，贵州人民出版社 1993 年版。

[18] 储槐植主编：《犯罪场论》，重庆出版社 1996 年版。

[19] 储槐植：《刑事一体化与关系刑法论》，北京大学出版社 1997 年版。

[20] 储槐植等编：《犯罪学》，法律出版社 1997 年版。

[21] ［日］大谷实：《刑事政策学》，黎宏译，法律出版社 2000 年版。

[22] ［日］大谷实：《刑事政策论》，黎宏译，法律出版社 2001 年版。

[23] 《当代中国》丛书编辑部：《当代中国的检察制度》，中国社会科学出版社 1988 年版。

[24] 《邓小平文选》（第 1~3 卷），人民出版社 1983 年版。

[25] 邓又天主编：《劳动改造服刑人员的理论与实践》，法律出版社 1987 年版。

[26] 狄小华：《服刑人员心理矫治导论》，群众出版社 2004 年版。

[27] 杜宇：《重拾一种被放逐的知识传统——刑法视域中"习惯法"的初步考察》，北京大学出版社 2005 年版。

[28] ［意］恩里科·菲利：《实证派犯罪学》，郭建安译，中国人民公安大学出版社 2004 年版。

[29] 高铭暄、王作富主编：《新中国刑法的理论与实践》，河北人民出版社 1988 年版。

[30] ［意］恩里科·菲利：《犯罪社会学》，郭建安译，中国人民公安大学出版社 2004 年版。

[31] 高铭暄：《中国刑法学》，中国人民大学出版社 1989 年版。

[32] 高铭暄、马克昌主编：《刑法学》（下编），中国法制出版社 1999

年版。

［33］高铭暄、马克昌、赵秉志：《刑法学》，中国法制出版社 1999 年版。

［34］高铭暄、赵秉志：《21 世纪刑法学新问题研讨》，中国人民公安大学出版社 2001 年版。

［35］高铭暄、赵秉志：《中国刑法立法文献资料精选》，法律出版社 2007 年版。

［36］高铭暄：《中华人民共和国刑法的孕育诞生和发展完善》，北京大学出版社 2012 年版。

［37］高其才：《中国习惯法论》，湖南出版社 1995 年版。

［38］高其才：《中国少数民族习惯法研究》，清华大学出版社 2003 年版。

［39］高西江主编：《中华人民共和国刑法的修订与适用》，中国方正出版社 1997 年版。

［40］费孝通主编：《中华民族多元一体格局》（修订本），中央民族大学出版社 1999 年版。

［41］费正康：《中国的家法族规》，上海社会科学院出版社 1998 年版。

［42］〔德〕冯·李斯特：《德国刑法教科书》，徐久生译，法律出版社 2000 年版。

［43］凤凰：《沈从文先生文集》，湖南人民出版社 2013 年版。

［44］贵州省民族法学研究会、贵州省民族事务委员会政法处编：《民族政法工作研究》，贵州民族出版社 2001 年版。

［45］贵州省民族工作事务委员会编：《今日贵州民族》1997 年版。

［46］贵州省民族工作事务委员会编：《贵州民族工作五十年》，贵州民族出版社 1999 年版。

［47］贵州省人民政府主办：《贵州年鉴》（2003），贵州年鉴社 2003 年版。

［48］国家民族事务委员会、中共中央文献研究室编：《新时期民族工作文献选编》，中央文献出版社 1990 年版。

［49］国家民族事务委员会、中共中央文献研究室编：《民族工作文献选编（1990~2002)》，中央文献出版社 2003 年版。

［50］国家民族事务委员会：《中国民族工作年鉴》（2002 年卷），民族

出版社 2002 年版。

　　[51] 国家民族事务委员会:《中国民族工作年鉴》(2003 年卷),民族出版社 2003 年版。

　　[52] 国务院新闻办公室:《中国改造罪犯的状况》,法律出版社 1992 年版。

　　[53] [德] 哈罗德·J.伯尔曼:《法律与革命——西方法律传统的形成》,夏勇等译,中国大百科全书出版社 1993 年版。

　　[54] [德] 汉斯·海因里希·耶塞克、托马斯·魏根:《德国刑法教科书》,中国法制出版社 2001 年版。

　　[55] [德] 汉斯—乔基姆·海因茨:《国际法上的自治》,载王铁志等编,《国际视野中的民族区域自治》,民族出版社 2002 年版。

　　[56] [美] 哈罗德·伯曼:《美国法律讲话》,陈若桓译,生活·读书·新知三联书店 1988 年版。

　　[57] 郝时远、阮西湖主编:《当代世界民族问题与民族政策》,四川民族出版社 1994 年版。

　　[58] 郝时远:《田野调查实录——民族调查回忆》,社会科学文献出版社 1999 年版。

　　[59] 何积全主编:《水族民俗探幽》,四川民族出版社 1992 年版。

　　[60] 何为民主编:《服刑人员心理矫治》,法律出版社 2001 年版。

　　[61] 何润:《马克思主义民族理论经典导读》,中央民族大学出版社 1998 年版。

　　[62] [德] 黑格尔:《法哲学原理》,范扬、张企泰译,商务印书馆 1961 年版。

　　[63] 黄光成:《优秀传统文化的继承和发展》,云南人民出版社 1996 年版。

　　[64] [美] 霍金斯等:《美国监狱制度——刑罚与正义》,孙晓雳等译,中国人民公安大学出版社 1991 年版。

　　[65] [意] 加罗法洛:《犯罪学》,王新等译,中国大百科全书出版社 1996 年版。

　　[66] 江平主编:《中国少数民族问题的理论与实践》,中共中央党校出版社 1994 年版。

　　[67] 金鉴主编:《监狱学总论》,法律出版社 1997 年版。

[68] 康树华主编:《犯罪学通论》(第2版),北京大学出版社1996年版。

[69] 康树华:《犯罪学——历史·现状·未来》,群众出版社1998年版。

[70] 郎雄伟、王允武:《中国民族政策与少数民族人权》,四川人民出版社2006年版。

[71] 李德洙:《都市人类学与边疆城市理论研究》,中国民航出版社1996年版。

[72] 李德洙等:《中央第三代领导与少数民族》,中央民族大学出版社1999年版。

[73] 李资源:《中国共产党民族工作史》,广西人民出版社2000年版。

[74] 李资源:《中国共产党民族法制建设史研究》,人民出版社2009年版。

[75] 粟劲:《秦律通论》,山东人民出版社1985年版。

[76] 梁治平编:《法律的文化解释》,生活·读书·新知三联书店1994年版。

[77] 廖敏文:《为了一个和而不同的世界:〈联合国土著民族权利宣言〉研究》,中国政法大学出版社2009年版。

[78] 林纪东:《监狱学》,三民书局股份有限公司1978年版。

[79] 刘强:《美国社区矫正演变史研究——以犯罪刑罚控制为视角》,法律出版社2009年版。

[80] 刘尧汉:《彝族习惯法判例研究》,云南人民出版社1997年版。

[81] 鲁加伦主编:《中国少数民族罪犯改造研究》,法律出版社2001年版。

[82] 〔法〕卢梭:《社会契约论》,商务印书馆1982年版。

[83] 〔荷〕马尔赛文、唐:《成文宪法的比较研究》,陈云生译,华夏出版社1987年版。

[84] 马克昌主编:《中国刑事政策学》,武汉大学出版社1992年版。

[85] 马克昌、丁慕英:《刑法的修改与完善》,人民法院出版社1995年版。

[86] 马克昌、李希慧:《完善刑法典两个问题的思考》,《刑法的修改与完善》,人民法院出版社1995年版。

[87]《马克思恩格斯选集》(第1~3卷),人民出版社1972年版。

[88]《马克思恩格斯全集》(第31卷),人民出版社1998年版。

[89]［英］马林诺夫斯基：《原始社会的犯罪与习俗》，原江译，云南人民出版社 2002 年版。

[90]《毛泽东选集》（第 1~4 卷），人民出版社 1991 年版。

[91]《毛泽东选集》（第 5 卷），人民出版社 1977 年版。

[92]《毛泽东选集》（合订本），人民出版社 1968 年版。

[93]［英］梅因：《古代法》，沈景一译，商务印书馆 1997 年版。

[94]［法］米海依尔·戴尔玛斯·马蒂：《刑事政策的主要体系》，卢建平译，法律出版社 2000 年版。

[95]［法］米歇尔·福柯：《规训与惩罚》，刘北成、杨远婴译，三联书店 2003 年版。

[96]《民族工作》编辑部编：《民族工作手册》，云南人民出版社 1985 年版。

[97] 彭英明等：《邓小平民族理论研究》，广西民族出版社 1999 年版。

[98] 彭真：《论新中国的政法工作》，中央文献出版社 1992 年版，

[99]［瑞士］皮亚杰：《发生认识论原理》，王宪钿等译，商务印书馆 1981 年版。

[100]［日］日比野省三：《信息学常识》，邵占波译，书目文献出版社 1987 年版。

[101] 阮西湖：《人类学研究探索》，民族出版社 2002 年版。

[102]［日］森下忠：《犯罪者处遇》，白绿铉等译，中国纺织出版社 1994 年版。

[103] 沈林：《中国的民族乡》，民族出版社 2001 年版。

[104] 沈林等：《散杂居民族工作概论》，民族出版社 2001 年版。

[105] 石朝江：《贵州苗学》，贵州人民出版社 1999 年版。

[106] 石奕龙：《应用人类学》，厦门大学出版社 1996 年版。

[107] 史筠：《民族法制研究》，北京大学出版社 1986 年版。

[108] 史筠：《民族法律法规概述》，民族出版社 1988 年版。

[109] 师蒂：《神话与法制——西南民族法文化研究》，云南教育出版社 1992 年版。

[110] 宋才发等：《中国民族法学体系通论》，中央民族大学出版社 2005 年版。

[111] 宋蜀华、王振声主编：《民族学理论与方法》，中央民族大学出

版社 1998 年版。

[112] 苏力：《法治及其本土资源》，中国政法大学出版社 1996 年版。

[113] 孙晓雳：《劳动改造刑论》，中国人民公安大学出版社 1992 年版。

[114] 王飞：《民族文化背景下的犯罪与矫正》，中央民族大学出版社 2012 年版。

[115] 王戈柳主编：《民族区域自治制度的发展》，民族出版社 2001 年版。

[116] 王铭铭、王斯福：《乡土社会的秩序、公正与权威》，中国政法大学出版社 1997 年版。

[117] 王明迪主编：《罪犯教育概论》，法律出版社 2001 年版。

[118] 王牧主编：《犯罪学论丛》（第 1 卷），中国检察出版社 2003 年版。

[119] 王启富、刘金国：《人权问题的法理学研究》，中国政法大学出版社 2003 年版。

[120] 王泰主编：《罪犯管理概论》，法律出版社 2001 年版。

[121] 王天玺：《民族法概论》，云南人民出版社 1988 年版。

[122] 王铁志、沙伯力：《国际视野中的民族区域自治》，民族出版社 2002 年版。

[123] 王戎生主编：《罪犯劳动概论》，法律出版社 2001 年版。

[124] 王智民、黄京平：《经济发展与犯罪变化》，中国人民大学出版社 1992 年版。

[125] 吴大华：《民族与法律》，民族出版社 1990 年版。

[126] 吴大华：《少数民族地区市场经济体制与法制建设同步协调的思考》，《光辉的历程辉煌的成就》，贵州民族出版社 1996 年版。

[127] 吴大华主编：《民族法学讲座》，民族出版社 1997 年版。

[128] 吴大华：《民族法学通论》，中国方正出版社 1997 年版。

[129] 吴大华：《民族法律文化散论》，民族出版社 2004 年版。

[130] 吴大华：《中国"两少一宽"刑事政策与刑法对少数民族的特殊保护》，载陈泽宪主编：《死刑——中外关注的焦点》，中国人民公安大学出版社 2005 年版。

[131] 吴大华：《知易行难——法治演讲录》，武汉大学出版社 2006 年版。

[132] 吴大华：《中国少数民族犯罪的刑事政策考量》，载谢望原主编：

《中国刑事政策报告》，中国方正出版社 2009 年版。

[133] 吴大华：《民族法学前沿问题研究》，法律出版社 2010 年版。

[134] 吴大华等：《西部大开发中的法律制度建设研究》，西南交通大学出版社 2011 年版。

[135] 吴大华等：《侗族习惯法研究》，北京大学出版社 2012 年版。

[136] 吴大华主编：《民族法学》，法律出版社 2013 年版。

[137] 吴大华、王平主编：《中国民族法治发展报告》（2011），中央民族大学出版社 2012 年版。

[138] 吴大华、潘志成、王飞：《中国少数民族习惯法通论》，知识产权出版社 2014 年版。

[139] 吴宗金：《民族法学导论》，广西民族出版社 1990 年版。

[140] 吴宗金主编：《中国民族法学》，法律出版社 1997 年版。

[141] 吴宗金主编：《民族法制的理论与实践》，中国民主法制出版社 1998 年版。

[142] 吴宗金、张晓辉：《中国民族法学》（第 2 版），法律出版社 2004 年版。

[143] 吴宗金、敖俊德主编：《中国民族立法理论与实践》，中国和平出版社 2006 年版。

[144] 吴宗宪：《西方犯罪学》，法律出版社 1997 年版。

[145] 吴宗宪：《当代西方监狱学》，法律出版社 2005 年版。

[146] 吴宗宪：《西方犯罪学》（第 2 版），法律出版社 2006 年版。

[147] 吴正彪、祖明主编：《守护精神的家园——文化与田野在黔南》，作家出版社 2006 年版。

[148] 夏吉生主编：《南非种族关系探析》，华东师范大学出版社 1996 年版。

[149] 夏黎阳：《论少数民族公民刑事犯罪案件中刑法及"两少一宽"政策的适用》，载赵秉志主编：《新千年刑法热点问题研究与适用》，中国检察出版社 2000 年版。

[150] 夏勇主编：《走向权利的时代——中国公民权利发展研究》（修订版），中国政法大学出版社 2000 年版。

[151] 夏勇：《人权概念的起源——权利的历史哲学》，中国政法大学出版社 2001 年版。

［152］夏宗素主编：《狱政法律问题研究》，法律出版社1997年版。

［153］夏宗素主编：《监狱学基础理论》，法律出版社2001年版。

［154］肖扬主编：《中国刑事政策和策略问题》，法律出版社1996年版。

［155］徐晓光：《中国少数民族法制史》，贵州民族出版社2002年版。

［156］徐迅：《民族主义》，中国社会科学出版社1998年版。

［157］徐中起等：《少数民族习惯法研究》，云南大学出版社1998年版。

［158］宣炳昭、江献军：《民族自治地方的刑法变通规定初探》，载赵秉志主编：《新千年刑法热点问题研究与适用》，中国方正出版社2000年版。

［159］严景耀：《中国的犯罪问题与社会变迁的关系》，北京大学出版社1986年版。

［160］杨春洗等主编：《刑事法学大辞书》，南京大学出版社1990年版。

［161］杨侯第主编：《世界民族约法总览》，中国法制出版社1996年版。

［162］杨侯第主编：《中国少数民族人权述要》，北京大学出版社1997年版。

［163］杨侯第：《散杂居少数民族统计与分析》，民族出版社2003年版。

［164］杨怀英主编：《凉山彝族法律制度研究》，法律出版社1996年版。

［165］杨仁寿：《法学方法论》，中国政法大学出版社2000年版。

［166］杨一凡、田涛主编：《中国珍稀法律典籍续编》（第九册），《少数民族法典法规与习惯法》（上），张冠梓点校，黑龙江人民出版社2002年版。

［167］杨一凡、田涛主编：《中国珍稀法律典籍续编》（第十册），《少数民族法典法规与习惯法》（下），张冠梓点校，黑龙江人民出版社2002年版。

［168］杨宇冠：《人权法——〈公民权利和政治权利国际公约〉研究》，中国人民公安大学出版社2003年版。

［169］殷海光：《中国文化的展望》，上海三联书店2003年版。

［170］阴家宝主编：《新中国犯罪学研究综述》（1949~1995），中国民主法制出版社1997年版。

［171］余成刚：《对少数民族犯罪分子刑法适用的特殊认识》，载赵秉志主编：《新千年刑法热点问题研究与适用》，中国方正出版社2003年版。

［172］余建华：《民族主义——历史遗产与时代风云的交汇》，学龄出版社1999年版。

［173］张济民主编：《藏族部落习惯法研究丛书》，青海人民出版社

2002 年版。

[174] 张晋藩主编：《中国法制史》，群众出版社 1982 年版。

[175] 张明楷：《刑法学》（上），法律出版社 1997 年版。

[176] 张全仁主编：《监狱行刑学》，中国物价出版社 2003 年版。

[177] 张文华主编：《监狱服刑人员自我警示与行为规范学习读本》，法律出版社 2008 年版。

[178] 张小虎：《转型期中国社会犯罪原因探析》，北京师范大学出版社 2002 年版。

[179] 张晓辉主编：《中国法律在少数民族地区的实施》，云南大学出版社 1994 年版。

[180] 张晓辉：《多民族社会中的法律与文化》，法律出版社 2011 年版。

[181] 张有隽、徐杰舜主编：《中国民族政策通论》，广西教育出版社 1992 年版。

[182] 张远煌：《犯罪学原理》（第 2 版），法律出版社 2008 年版。

[183] 赵秉志：《全国刑法硕士论文荟萃》，中国人民公安大学出版社 1989 年版。

[184] 赵秉志：《犯罪主体论》，中国人民大学出版社 1989 年版。

[185] 赵秉志主编：《新刑法全书》，中国人民公安大学出版社 1997 年版。

[186] 赵秉志主编：《新千年刑法热点问题研究与适用》，中国检察出版社 2000 年版。

[187] 赵薇：《俄罗斯联邦刑法》，法律出版社 2003 年版。

[188] 《中国大百科全书·法学》，中国大百科全书出版社 1984 年版。

[189] 《中国共产党主要领导人论民族问题》，民族出版社 1994 年版。

[190] 中国社会科学院法学研究所、爱尔兰人权中心编：《少数人权利保护》（Protection of Minority Rights），中国与欧盟联合国人权两公约学术交流网络第四次研讨会论文集 2003 年版。

[191] 中共中央统战部：《民族问题文献汇编》（1921 年 7 月至 1949 年 9 月），中共中央党校出版社 1991 年版。

[192] 《中国人权发展 50 年白皮书》（1999）。

[193] 《周恩来选集》（上卷），人民出版社 1981 年版。

[194] 周勇：《法律民族志的方法和问题》，《人类学与西南民族》，云南

大学出版社 1998 年版。

［195］周勇：《少数人权利的法理》，社会科学文献出版社 2002 年版。

［196］周勇：《少数人权利的法理——民族、宗教和语言上的少数人群体及其成员权利的国际司法保护》，中国社会科学出版社 2002 年版。

［197］朱崇武、沈坤平：《中国监狱服刑人员行刑分级处遇研究》，华东师范大学出版社 1996 年版。

［198］朱晓青、柳华文：《〈公民权利和政治权利国际公约〉及其实施机制》，中国社会科学出版社 2003 年版。

二、论文及析出文献

［1］阿地力江·阿布来提：《少数民族流动人口犯罪问题透析》，《河南司法警官职业学院学报》2008 年第 4 期。

［2］阿地力江·阿布来提：《新时期少数民族流动人口犯罪及其控制》，《贵州警官职业学院学报》2009 年第 1 期。

［3］艾尔肯·沙木沙克：《论新时期我国少数民族刑事政策之贯彻与完善》，《中南民族大学学报》（人文社会科学版）2012 年第 5 期。

［4］鲍志才：《国际人权保护与少数民族权利保障问题》，《西南民族学院学报》（哲学社会科学版）1992 年第 5 期。

［5］曹兴：《从美、加、澳民族政策走向看多民族国家内族际关系的三级文明发展规律》，《世界民族》1996 年第 1 期。

［6］常庆：《当前俄罗斯联邦的民族问题》，《世界民族》1996 年第 1 期。

［7］陈国光：《让彝族传统道德文化进课堂》，《中国民族》2009 年第 4 期。

［8］陈薇：《渝东南少数民族地区毒品犯罪研究》，《铁道警官高等专科学校学报》2012 年第 4 期。

［9］邓又天、李永升：《试论有组织犯罪的概念及其类型》，《法学研究》1997 年第 6 期。

［10］丁成成、李向玉：《黔东南少数民族村寨村规民约研究》，《凯里学院学报》2009 年第 5 期。

［11］杜琪：《少数民族环境保护习惯法与刑法的冲突及协调：以破坏森林资源犯罪为视角》，《贵州民族研究》2013 年第 3 期。

［12］龚战梅、刘新红：《论少数人权利的保护》，《石河子大学学报》

（哲学社会科学版）2007年第3期。

[13] 古丽阿扎提—吐尔逊：《我国少数民族权利法律保护探析》，《民族研究》2011年第5期。

[14] 海乃拉莫：《彝族习惯法初探》，载贵州省彝学研究会：《贵州彝学》，民族出版社2000年版。

[15] 韩美秀：《民族自治地方刑法变通或我国立法探究》，载赵秉志主编：《新千年刑法热点问题研究与适用》，中国检察出版社2001年版。

[16] 何柏生：《论无直接受害者的犯罪》，《法律科学》1998年第5期。

[17] 洪涵：《巫蛊信仰与社会控制》，《云南大学学报》（法学版）2009年第9期。

[18] 黄会清：《"编外法官"康伏海》，《半月谈》第288期。

[19] 康耀坤：《论"两少一宽"刑事政策在我国民族自治地方的适用》，《昆明理工大学报》（社会科学版）2007年第8期。

[20] 澜清：《深描与人类学田野调查》，《苏州大学学报》（哲学社会科学版）2005年第1期。

[21] 李忠：《论少数人权利——兼评〈公民权利和政治权利国际公约〉第27条》，《法律科学》1999年第5期。

[22] 雷振扬：《关于"两少一宽"民族刑事政策的三点思考》，《西南民族大学学报》（哲学社会科学版）2011年第11期。

[23] 梁根林：《解读刑事政策》，载陈兴良主编：《刑事法评论》（第11卷），中国政法大学出版社2003年版。

[24] 梁华仁、石玉春：《论刑法在少数民族地区的变通》，载赵秉志主编：《新千年刑法热点问题研究与适用》，中国检察出版社2001年版。

[25] 梁艳菊：凉山：《一个本土化的NGO——记侯远高和凉山彝族妇女儿童发展中心》，《中国民族》2009年第1期。

[26] 刘力达：《高认同与高冲突：反思共和模式下法国的移民问题及其政策》，《民族研究》2013年5期。

[27] 刘希：《论我国少数民族地区犯罪的社会控制——基于法律人类学视角》，《犯罪研究》2006年第3期。

[28] 刘希：《论宗教对我国少数民族地区犯罪的社会控制》，《四川警察学院学报》2008年第1期。

[29] 刘希：《论我国少数民族地区犯罪社会控制中的习惯法——以法

律人类学为视角》,《时代法学》2008 年第 4 期。

[30] 刘希、周明明:《论我国少数民族地区的犯罪矫正》,《贵州警官职业学院学报》2008 年第 4 期。

[31] 刘希:《民间法:一种少数民族地区犯罪控制的乡土力量——以云南宁蒗跑马坪乡彝族社区民间禁毒个案为样本》,《东方法学》2008 年第 5 期。

[32] 龙里县司法局:《布依山歌普唱新〈村规民约〉》,《贵州司法》2009 年第 8 期。

[33] 陆平辉、李莉:《散居少数民族权利研究述评》,《云南大学学报》(法学版) 2011 年第 3 期。

[34] 吕普生:《多民族国家中的少数群体权利保护:理论分歧与反思》,《民族研究》2013 年第 6 期。

[35] 马斗:《"少数人"辨析——兼论宪法上的少数者》,《云南大学学报》(法学版) 2011 年第 3 期。

[36] [美] 萨莉·法尔克·穆尔:《法律与社会变迁:以半自治社会领域作为适切的研究主题》,胡昌明译,舒国滢校,载郑永流主编:《法哲学与法社会学论丛》(7),中国政法大学出版社 2005 年版。

[37] 潘晓东:《论少数民族犯罪的社会控制路径》,《世纪桥》2009 年第 1 期。

[38] 彭清燕:《少数民族青少年犯罪预控创新模式论纲》,《政法学刊》2011 年第 6 期。

[39] 彭清燕:《少数民族青少年犯罪预控的实践与路径选择》,《法制与社会》2012 年第 36 期。

[40] 彭清燕:《实证与诠释:少数民族青少年犯罪预控的现状分析:以湘西地区为例》,《长春大学学报》(社会科学版) 2013 年第 2 期。

[41] 齐文远、苏永生:《宽严相济刑事政策下的少数民族犯罪控制——以治理、互动和谦抑理念为视角》,《甘肃政法学院学报》2009 年第 6 期。

[42] 覃菊:《浅析少数民族地区青少年犯罪现象及预防措施》,《法学教育》2012 年第 3 期。

[43] 曲新久:《论刑事政策——作为权力知识的公共政策》,载陈兴良主编:《刑事法评论》(第 11 卷),中国政法大学出版社 2003 年版。

[44] 沙莉：《城市少数民族流动人口中未成年人犯罪的特点及成因分析》，《学理论》2013 年第 7 期。

[45] 石水平：《少数民族地区地方刑事立法问题》，载马克昌、丁慕英主编：《刑法的修改与完善》，人民法院出版社 1995 年版。

[46] 宋勤实：《国内外彝学研究综述》，载贵州省彝学研究会：《贵州彝学》，贵州民族出版社 2002 年版。

[47] 汤夺先：《试论城市少数民族流动人口违法犯罪的特点》，《公安研究》2007 年第 2 期。

[48] 汤夺先：《试析城市少数民族流动人口违法犯罪的特点——基于对兰州市的实地调查》，《安徽警官职业学院学报》2008 年第 1 期。

[49] 汤夺先：《城市少数民族流动人口违法犯罪防控问题研究》，《公安研究》2009 年第 9 期。

[50] 王飞：《矫正少数民族服刑人员的理念、制度与文化》，《贵州社会科学》2011 年第 2 期。

[51] 王飞：《少数民族人员与汉族人员犯罪特征差异的比较研究：基于贵州两所监狱服刑人员的调查》，《贵州社会科学》2012 年第 11 期。

[52] 王铁志、吴金光：《关于澳大利亚多元文化政策的考察报告》，《民族政策与民族理论研究》1992 年第 34 期。

[53] 王铁志：《澳大利亚的民族社区和社区服务》，《世界民族》1996 年第 1 期。

[54] 王亚鹏、李慧：《少数民族的文化适应及其研究》，《集美大学学报》（哲学社会科学版）2004 年第 1 期。

[55] 韦轩元：《少数民族地区地方刑事立法问题》，载马克昌、丁慕英主编：《刑法的修改与完善》，人民法院出版社 1995 年版。

[56] 吴大华：《少数民族地区犯罪控制的研究》，《江苏公安专科学校学报》1998 年第 6 期。

[57] 吴大华：《重视和加强少数民族地区犯罪控制的研究》，《云南法学》1999 年第 3 期。

[58] 吴大华：《中国少数民族犯罪问题及对策研究论纲》，《贵州民族学院学报》（哲学社会科学版）2004 年第 3 期。

[59] 吴大华：《中国少数民族犯罪社会控制的实践与反思》，《湖北民族学院学报》（哲学社会科学版）2005 年第 1 期。

［60］吴大华：《论少数民族犯罪的司法控制》，《云南大学学报》（法学版）2005 年第 1 期。

［61］吴大华：《论少数民族犯罪的立法控制》，《云南大学学报》（法学版）2005 年第 2 期。

［62］吴大华：《少数民族犯罪社会控制论》，《青海民族研究》2005 年第 2 期。

［63］吴大华：《中国刑法与少数民族人权保障》，《人权》2005 年第 5 期。

［64］吴大华：《论民族习惯法的渊源、价值与传承——以苗族、侗族习惯法为例》，《民族研究》2005 年第 6 期。

［65］吴大华：《"少数人权利"概念辨析》，《人权》2007 年第 5 期。

［66］吴大华、朱灿平：《刍议民族民间法》，《云南大学学报》（法学版），2001 年第 2 期。

［67］吴大华：《中国少数民族犯罪的原因结构系统》，载吴大华主编：《民族法学评论》（第 4 卷），华夏文化艺术出版社 2006 年版。

［68］吴大华：《中国少数民族人权保障与少数民族犯罪问题分析》，载中国人民大学刑事法律科学研究中心组织编写：《刑事法学的当代展开》，中国检察出版社 2008 年版。

［69］吴大华、郭婧：《款：侗族社会的"法律"》，载贵州世居民族研究中心编：《贵州世居民族研究》，贵州民族出版社 2009 年版。

［70］伍强力：《民族地区传统文化与经济互动发展探析——以都匀市开发利用民族文化资源探索与实践为例》，载吴正彪、祖明主编：《守护精神的家园——文化与田野在黔南》，作家出版社 2006 年版。

［71］"西南地区禁毒问题研究"课题组：《当前贵州省禁毒新形势及对策思考》，《贵州警官职业学院学报》2010 年第 1 期。

［72］夏骏：《谈谈散居少数民族的权益保障问题》，《黑龙江民族丛刊》1998 年第 2 期。

［73］夏黎阳：《论少数民族公民刑事犯罪案件中刑法及"两少一宽"政策的适用》，《中南民族学院学报》（人文社会科学版）2001 年第 2 期。

［74］［新加坡］侯赛因·穆塔利布：《自治民族在现代多民族国家中的影响》，载王铁志、沙伯力主编：《国际视野中的民族区域自治》，民族出版社 2002 年版。

［75］徐中起：《民族法研究的理论意义》，《思想战线》1994 年第 4 期。

［76］杨薇、朱雪平：《少数民族犯罪的法律控制》，《法制与社会》2007年第9期。

［77］杨武标：《村基层群众自治的新探索——锦屏县隆里乡华寨村实行村民自治合约管理调研报告》，《贵州调研》2010年第1期。

［78］杨志梅、雷文彬、沈玲：《云南少数民族妇女犯罪基本特征研究：以300名在押少数民族女性罪犯为例》，《思想战线》2011年第S1期。

［79］游伟、谢锡美：《非犯罪化思想研究》，载陈兴良主编：《刑事法评论》（第10卷），中国政法大学出版社2001年版。

［80］余俊：《西部开发中环境犯罪的法文化诠释》，《中南民族大学学报》（人文社会科学版）2008年第6期。

［81］张济民、张竹、孙明轩：《对少数民族中的犯罪分子必须实行"两少一宽"政策》，《青海民族学院学报》1991年第1期。

［82］张建军：《少数民族刑事政策的内涵及适用——以甘南藏族自治州犯罪现状为视角》，《犯罪研究》2008年第3期。

［83］张晋藩：《多元一体法文化：中华法系凝结着少数民族的法律智慧》，《民族研究》2011年第5期。

［84］张庆方：《恢复性司法——一种全新的刑事法治模式》，载陈兴良主编：《刑事法评论》（第12卷），中国政法大学出版社2002年版。

［85］张穹：《关于"严打"的政策和策略》，载中国人民大学刑事法律科学研究中心组织编写：《现代刑事法治问题探索》（第1卷），法律出版社2004年版。

［86］张若璞等：《英国如何协调民族关系》，《中国民族》2008年第4期。

［87］张晓辉等：《云南少数民族民间法在现代社会中的变迁与作用》，载《跨世纪的思考——民族调查专题研究》，云南大学出版社2001年版。

［88］赵宝成：《犯罪问题是一个公共政策问题——关于犯罪及其控制的政治经济学思考》，载王牧主编：《犯罪学论丛》，中国检察出版社2001年版。

［89］周振想：《论刑事政策》，《中国人民大学学报》1990年第1期。

［90］邹杨：《扩大西部法律人才队伍之我见》，《人大论坛》2011年第7期。

［91］邹渊：《少数民族习惯法》，《贵州民族研究》1999年第4期。

三、报纸

[1] 蔡林伦、刘鑫:《村里有支"火枪队"——赫章警方打掉一非法组织》,《贵州都市报》2003 年 7 月 25 日。

[2] 陈建樾:《土著人权利保护,长路漫漫》,《人民日报》2013 年 8 月 9 日。

[3] 杜宇:《表达与实践:当代刑法中的习惯法》,《中国社会科学报》(法学版) 2010 年 5 月 4 日。

[4]《法制日报》(社区版),2014 年 5 月 11 日。

[5]《公共治理呼唤软法之治》,《法制日报》2010 年 4 月 27 日。

[6] 海风:《澳大利亚对殖民史的勇敢反思——回望马宝诉昆士兰案》,《法治周末》2011 年 11 月 24 日。

[7] 贺建涛:《加拿大如何应对分离主义》,《学习时报》2013 年 11 月 4 日。

[8] 焦红艳:《少数民族地区法官检察官后继无人》,《法治周末》2011 年 3 月 24 日。

[9] 李景卫:《悉尼土著人大战警察》,《环球时报》2004 年 2 月 18 日。

[10] 李学江:《加拿大印第安人抗议政府修法》,《人民日报》2013 年 1 月 8 日。

[11] 李永君:《澳大利亚也有"流动人口"》,《法制日报》2012 年 2 月 14 日。

[12]《灵地村的平安密码》,《法制日报》2009 年 10 月 14 日。

[13] 刘仁文:《恢复性司法面对面化解矛盾》,《检察日报》2003 年 7 月 23 日。

[14]《我国将建民族关系监控系统》,《人民日报》2007 年 3 月 30 日。

[15] 杨政:《俄罗斯极端主义猖獗》,《光明日报》2002 年 8 月 2 日。

[16] 俞飞:《印第安人土地归属诉讼百年》,《法治周末》2012 年 4 月 19 日。

[17]《种族歧视的背后》,《参考消息》2002 年 6 月 5 日。

[18] 周春荣、刘昌举:《"寡妇村"的今与昔》,《法制生活报》2007 年 6 月 25 日。

四、其他

[1] 白桂梅:《〈公民权利和政治权利国际盟约〉与中国国内立法——少数民族的权利保护问题》,载中国社会科学院法学研究所、爱尔兰人权中心编:《少数人权利保护（Protection of Minority Rights）——中国与欧盟联合国人权两公约学术交流网络第四次研讨会论文集》,2003 年。

[2] 国务院新闻办公室:《中国人权白皮书 2004》。

[3] 侯远高:《川滇大小凉山彝族地区社会文化变迁中的民族关系》,http://bbs.guoxue.com/archiver/? tid-417047.html,2006-6-20。

[4]《文献通考》,卷 330。

[5]《续资治通鉴长篇》,卷 480。

[6]《学术动态》第 17 期,2004 年 7 月 5 日。

[7] 中国第一历史档案馆《朱批奏折》民族类,胶片编号 70。

五、英文文献

[1] Hans –GrüntherHeiland etc.eds., Crime and Control in Comparative Perspectives, New york: de Gruyter, 1991.

[2] D.E.L. Macnamara, "The Medical Model in Corrections: Requiescat in Pace", Criminology, Vol.35, 1977.

[3] Hans-Grünther Heiland, Souiese Shellley, "Civilization, Moderniazation and the Development of Crime and Controll", in Hans-Grünther Heiland etc.eds., Crime and Control in Comparative Perspectives, New york: de Gruyter, 1991.

[4] Jay E. Goldstein, Rita M. Bienvenue eds., Ethnicity and Ethnic Relations in Canada, Butterworths Law, 1980.

[5] Joseph F. Sheley, Understanding Crime: Concepts, Issues, Decisions, Wadsworth publication, 1979.

[6] Robert Martinsen, "What Works? Questions and Answers about Prison Reform." The Public Interest, Vol.35, 1974.

[7] Stanton Wheeler, "Socialization in Correctional Communities", American Sociological Review, Vol.26, 1961.

[8] Thomas Hobbes, Leviathan, F. M Dent & sons Ltd., 1979.

索　引

Y

Z

后　记

　　2002 年 7 月，我有幸进入中国社会科学院法学研究所博士后流动站进行博士后研究。经过与合作导师夏勇教授和陈泽宪教授协商，我的出站报告选定"中国少数民族犯罪问题及对策研究——以贵州省世居少数民族为视角"作为题目。2004 年 8 月我顺利出站。为进一步深入研究本领域，我于 2005 年 5 月申请了教育部人文社会科学研究项目，课题名称就是"中国少数民族犯罪对策研究——以贵州省世居少数民族为视角"。同年 12 月 20 日，教育部社会科学研究与思想政治工作司以〔2005〕216 号通知书批准立项（项目批准号：05JA82005）。

　　之所以做这类研究，是因为我一直从事民族法和刑事法学的研究工作，并且作为少数民族的一员，在贵州省工作时间已逾 28 年。自 1980 年进入西南政法大学（当时名为西南政法学院）那天起，我在治学历程中逐渐体悟到两点：一是实证研究的重要，在国外称之为 Field Work 的工作在国内或者因为经费的匮乏或者因为研究主体的自身原因没有进行，单纯对二手文献资料的分析容易导致忽视实践，更容易导致因为文献资料的本身谬误而"以讹传讹"；二是民族法研究需要理论深化，向来我们的民族法研究停留在材料搜集、整理上，没有对民族法相关材料的分析、消化，缺乏理论上的深化。材料的搜集、整理固然重要，但仅仅是资料的堆砌将导致民族法研究的表层化。多年来我坚持了一个习惯，即利用各种机会深入民族地区进行走访调查，获得数量颇丰的珍贵一手资料，并梳理和提炼其中诸多问题，立足于一定理论的高度关照民族法的理论与实践。我所获的硕士与博士学位都是刑法专业，立足于刑事法学与民族法学的学科交叉点上研究少数民族犯罪及其对策是我研究的出发点。

　　从理论到实践，再从实践到理论，我辗转在具体实务工作与学术理论研究之间，深深体悟到学问之难，真学问之难。首先我本人是侗族，研究少数民族犯罪及其控制可以说具有"先天"优势；其次是"地利"优势。贵州省作为一个多山的西南省份，历来各民族混居、杂居，能够给我的研究带来许多便利。为撰写出站报告，我进行了广泛的田野调查，曾先后与云南大学"中国少数民族村寨"调研组陈庆德教授、张晓辉教授等深入贵州省黎平侗族、雷山苗族、大方仡佬族村寨进行调研，利用出差机会和寒暑假对广西壮族自治区、宁夏回族自治区、西藏自治区、内蒙古自治区、新疆维吾尔自治区、甘肃省、四川省、云南省、青海省少数民族犯罪状况进行调研，并委托贵州省民族事务委员会、贵州省监狱管理局对贵州省民族状况、各监狱少数民族服刑人员状况进行调查和统计。在整理、分析与消化各类数据和走访材料的基础上，我完成了出站报告，希望融实证研究、理论提炼和比较与展望的视野为一炉，对我国少数民族犯罪的控制提出具有可操作性的建议。

有幸获得教育部人文社科研究项目后，我和课题组几位成员重新设计了调查提纲，深入贵州省的民族地区进行调研。我在云南大学指导的2007级民族法学博士研究生王飞选择了"民族文化背景下的犯罪与矫正——对两所监狱少数民族服刑人员的法人类学研究"为博士论文选题后，我们又多次到贵州省的一些监狱进行调研，为研究项目的完成奠定了良好的基础。在调研基础上我们先后形成了若干阶段性成果。

回顾整个研究过程，也许真是应了"好事多磨"这句俗语，课题的研究可谓是"一波三折"。课题原本定于2006年结项，由于本人受上级组织的安排，先后于2005年9月至12月赴中国浦东干部学院第一期中青班、2006年3月至2007年1月赴中共中央党校第二十二期中青班学习，致使课题不得不一再延期结题。在贵州省教育厅社政处的大力支持和教育部社会科学与思想政治教育司的充分谅解下，课题得以顺利延期。2010年4月，本人从贵州民族学院（2011年更名为贵州民族大学）院长任上，调任贵州省社会科学院，相对而言，社科院比大学要"清闲"一些，因为少了许多事务性工作和压力，故立马重拾课题，深知再不加紧完工，就太说不过去了。

本课题主要由我完成。贵州省社会科学院法律研究所研究员王飞博士执笔撰写了第五章第四节，对第一、三、五章进行了补充，我的博士研究生——贵州省社会科学院法律研究所助理研究员胡月军，贵州师范学院副教授郭婧博士分别对第二、四、六、七章进行了一些补充。此外，中国社会科学院法学研究所副研究员蒋熙辉博士（现江西警察学院副院长、教授）和贵州民族大学法学院兰元富副教授也参与了部分章节内容的撰写。

原课题在申报、研究、结项过程中，得到了贵州民族大学、贵州省教育厅的极大支持，尤其是 2002 年贵州省教育厅又将本课题列为人文社科研究项目，予以一定资助，2004 年课题论文又评定为二等奖，更是雪中送炭。教育部也给予课题组再三延期的机会以及宽容理解，谨此表示由衷的谢意。在本书修改中参阅了不少学者的最新研究成果，在此也一并表示感谢。

感谢中国社会科学院法学研究所的领导与师长给我提供一次再度学习的机会，感谢中国社会科学院法学所原所长、国家保密局原局长、现国务院法制办副主任夏勇教授、中国社会科学院国际法研究中心主任陈泽宪教授的精心指导，夏、陈二位教授在治学、做事与为人方面足以为我的楷模。感谢中国社会科学院法学所博士生导师王敏远教授、屈学武教授、周汉华教授、莫纪宏教授、马小红教授、陈云生教授、张绍彦教授和国家检察官学院张志铭教授在论文开题和历次报告进展汇报过程中对文章提出的中肯意见。他们最后评议的结论为"具有填补国内同类研究空白的开创性，是一篇优秀论文"。中国人民大学刑事法律科学研究中心执行主任、博士生导师黄京平教授评审为"具有重大理论价值，是一个优秀的研究项目，对推进犯罪学、刑法学理论体系的完善具有重要作用"。他们的鼓励与鞭策将成为我继续前进的动力。

感谢邓又天教授、伍柳村教授、王者香教授的指引之功，是他们把我领入民族法学和刑事法学的殿堂。2003 年 6 月 25 日和 2006 年 10 月 13 日，邓又天教授和伍柳村教授先后驾鹤西归。人事代谢，昨是今非，先生的音容笑貌将永存我心中。感谢博士生导师、中国刑法学研究会会长、北京师范大学刑事法律科学研究院暨法学院院长赵秉志教授长期以来对我的关心和提携。

感谢贵州省民族事务委员会、贵州省监狱管理局和贵州省、云南省、青海省、四川省、广西壮族自治区、西藏自治区、内蒙古自治区等民族地区的法院、检察院、公安局、政法委、司法局的近 200 位同志为我提供相关数据、收集典型案例和介绍近几年少数民族犯罪的新情况、新特点。虽这里不一一列出其名字，但心中充满了对他们的感激之情。

2011 年 11 月 3 日，本课题经教育部社会科学司验收结项（证书编号：

2011JXZ1082），就在准备交由中央民族大学出版社付梓之际，欣闻经济管理出版社第三批《中国社会科学博士后文库》征稿，得知《中国社会科学博士后文库》乃全国博士后管理委员会与中国社会科学院为繁荣我国的哲学社会科学领域博士后事业，打造集中展示哲学社会科学领域博士后优秀研究成果的学术平台，是中国社会科学院创新工程学术出版资助项目，入选者同时将获得"优秀博士后学术成果"证书，作为中国社会科学院博士后第一届理事会贵州省分会理事长，自觉责无旁贷，故积极申报，不想竟有幸通过评选。于是最近抓紧时间与贵州民族大学民族法学研究所副所长、法学院副教授、中国社会科学院法学研究所·贵州省社会科学院博士后研究人员潘志成博士，贵州省社会科学院法律研究所副所长、研究员王飞博士，副研究员胡长兵博士，助理研究员胡月军博士，贵州民族大学法学院刑法学硕士研究生喻琴瑶、聂雪再次对书稿进行修改，博士研究生黄孝慧翻译了英文摘要，同时就相关问题与国家民委政法司、最高人民法院、中国民族法学研究会的一些专家、学者进行交流后补充完善，终于定稿。感谢上述同人的帮助，感谢国家新闻出版广播电影电视总局王保庆博士、经济管理出版社《中国社会科学博士后文库》编辑部副主任宋娜以及梁植睿责编和重大选题申报中国家新闻出版总局、国家民委的专家们在本书出版、编审过程中的关心与支持。

吴大华

2015 年 4 月于贵阳甲秀楼